Manfred Pfeifer

—

Rassismus im Reisegepäck?

Für Herrn Pfarrer Silbermann

herzlichst

Manfred Pfeifer

Kulturtransfer

Alltagskulturelle Beiträge

herausgegeben von

Burkhart Lauterbach

Band 12

Manfred Pfeifer

Rassismus im Reisegepäck?

Diskriminierungen in Internetreiseberichten
über „Afrika" – eine Stichprobe

Königshausen & Neumann

Der 1943 in München geborene Autor Manfred Pfeifer promovierte an der LMU im Fach Europäische Ethnologie. Er studierte Kunstgeschichte und BWL und publizierte zum Thema „Unternehmensbereiche"

Bibliografische Information der Deutschen Nationalbibliothek

Die Deutsche Nationalbibliothek verzeichnet diese Publikation in der Deutschen Nationalbibliografie; detaillierte bibliografische Daten sind im Internet über http://dnb.d-nb.de abrufbar.

D 19 (zugl.: Dissertation LMU München)

© Verlag Königshausen & Neumann GmbH, Würzburg 2022
Gedruckt auf säurefreiem, alterungsbeständigem Papier
Umschlag: skh-softics / coverart
Umschlagabbildung: © mauritius images
Printed in Germany
ISBN 978-3-8260-7557-5
www.koenigshausen-neumann.de
www.ebook.de
www.buchhandel.de
www.buchkatalog.de

Für Gabriele und Marion

„The whole problem with the world is that fools
and fanatics are always so certain of themselves,
and wiser people so full of doubts."
Bertrand Russell

„Infolge langer Erfahrung hat man aufgehört,
von den Menschen viel zu erwarten; da sie, im
ganzen genommen, nicht zu den Leuten gehören,
welche bei näherer Bekanntschaft gewinnen …"
Arthur Schopenhauer, Paränesen und Maximen

Vorwort

Mehr und mehr Institute für Volkskunde an den Universitäten der deutschsprachigen Länder bezeichnen sich, zum Teil bereits seit den frühen 1970er Jahren, als Institute für Europäische Ethnologie oder Empirische Kulturwissenschaft oder Kulturanthropologie, womit sie signalisieren, dass vergleichende Alltagsforschung in erweiterter, nämlich europäischer, Perspektive betrieben wird, wobei diese übergreifende Perspektive durchaus auch den Blick in die außereuropäische, aber europäisch beeinflusste Welt sowie den Einbezug der dazugehörigen Kulturbeziehungen umfasst, gegenwartsbezogen wie auch historisch ausgerichtet. Zentrale Bedeutung innerhalb dieses Forschungsfelds besitzen unter anderem die Phänomene des Kulturtransfers als Ensembles aus alltäglicher Lebenswelt, mündlichen oder medialen Überlieferungen und Übertragungen sowie insbesondere Auseinandersetzungen mit Milieus, die auf der Basis von identitätskulturellen Selbst- und Fremdzuschreibungen erfahren werden.

Die vorliegende Studie widmet sich einem auffälligen Desiderat im Bereich der Alltagskulturforschung: Einerseits liegen zahlreiche Studien vor, welche sich mit innereuropäischen, neuerdings besonders transnationalen Migrationen befassen, auch solchen, deren Akteure aus Afrika stammen, bietet doch die Anwesenheit von Menschen aus diesem Teil der Welt in Europa bekanntermaßen jede Menge Anschauungsbeispiele für das, was wir uns Interkultur oder Multikultur zu nennen angewöhnt haben: Man denke nur an neuere Entwicklungen in Frankreich und Großbritannien. Andererseits liegen Studien vor, welche sich auf touristisches Reisen von Europäern in/nach Afrika beziehen. Was bisher weitgehend fehlt, ist eine aufmerksame Auseinandersetzung mit touristischen Reaktionsweisen auf alltägliche Erlebnisse in unterschiedlichen afrikanischen Ländern und Kulturen, Reaktionsweisen, die sich vorwiegend anhand von Kommentaren, gleich ob öffentlich oder privat geäußert, festmachen lassen und die in der Regel von einer Vielzahl an Stereotypvorstellungen und Vorurteilen geprägt sind. Hier liegt zweifellos eine wissenschaftliche Herausforderung; und Manfred Pfeifer stellt sich die Aufgabe, einen Vorstoß in dieses insofern höchst heikle Forschungsfeld zu unternehmen, als, um nur ein einziges Beispiel zu bringen, noch im Jahr 1994 die damalige Direktorin des Bundesinstituts für Bevölkerungsforschung, Charlotte Höhn, anlässlich der Weltbevölkerungskonferenz in Kairo zur Erklärung gebracht hat, die besonders geringe Durchschnittsintelligenz von Afrikanern sei wissenschaftlich bewiesen, was wohl für kurzfristige Aufregung gesorgt hat, aber schnell in Vergessenheit geraten ist (El-Tayeb 2001, S. 210).

Der Autor geht davon aus, dass touristisches Reisen die Chance bietet, mit fremden Kulturen oder Lebenswelten in Kontakt zu kommen, diese anerkennen zu können, alternative Perspektiven eröffnet zu bekommen und sich in diesem Zusammenhang selbst zu hinterfragen. Er verfolgt das Ziel, mittels einer gegenwartsbezogenen Untersuchung, die sich gleichermaßen der Tourismusforschung, der Kommunikationsforschung sowie der Stereotypenforschung verpflichtet fühlt, eine Auswahl von in deutscher Sprache via Internet verbreiteten Reiseberichten, gewissermaßen als Fortsetzung einstiger, mittlerweile als „klassisch" geltenden Reiseberichte in gedruckter Form, genauer unter die Lupe zu nehmen, um potentielle Diskriminierungspraktiken, Stereotypvorstellungen und Vorurteile herauszuarbeiten. Es geht also darum, die inhaltlichen, formalen und funktionalen Schwerpunkte derselben näher zu bestimmen, dies einschließlich der jeweils dazu gehörenden historischen Vorbilder. Zur Untersuchung gelangt ein Textkorpus von rund vier Dutzend Internet-Reiseberichten aus dem ersten Jahrzehnt unseres Jahrhunderts, mit deutschsprachiger Autorenschaft, mit Betonung textlicher (nicht: bildlicher) Medien sowie einer als allgemein (nicht: einer bestimmten Gruppierung, Partei o.ä. verpflichtet) zu kategorisierenden Öffentlichkeit.

Manfred Pfeifers Studie sorgt dafür, dass wir nun mehr darüber wissen, in welcher Weise, aus welchen Gründen und mit welchen Folgen wie auch Veränderungen Menschen aus verschiedenen afrikanischen Ländern auch heute noch als Projektionsfläche für westlich-fremdgesellschaftliche Vorstellungen dienen; wir bekommen vorgeführt, mit welchen Bewertungen diese Vorstellungen verknüpft sind, welche Interessen hinter den vertretenen Positionen stehen und woher diese Bilder stammen. Nicht zuletzt wird erreicht, dass Klarheit darüber herrscht, mit welchen Konzepten aus der multidisziplinären Forschung sich im konkreten Fall arbeiten lässt, wenn man zu Erkenntnisfortschritt gelangen will.

Burkhart Lauterbach
München, im Januar des Jahres 2022

Inhalt

Anmerkungen

Sofern es sich nicht um Zitate handelt, werden bewusst die Begriffe „Schwarze"/ „Schwarzer" bzw. „People of Color" bei der Benennung von Afrikaner_innen gewählt. Denn nach Deutschlands erster „media-watch-Organisation" *der braune mob e.V.*[1] ist zwar „Farbige"/„Farbiger" eine „höflich gemeinte", weil schwächere Form von Schwarz, aber eine „von Weißen gewählte und koloniale Zuschreibung", die von Schwarzen als „Beschönigungs"-versuch eines „Makels" verstanden wird.[2]

Der oder die Verfasser der Reiseberichte hatten als Person bei der Suche nach diskriminierenden Formulierungen keine Bedeutung. Die Internet-Reiseberichte fungieren nur als Vehikel, Zusammenhänge zwischen Einst und Jetzt darzustellen; sie sind lediglich ein Alternativkorpus zu Zeitungsartikeln, Lexika oder Wörterbüchern, die bereits mittels der Textanalyse ausgewertet wurden.[3]

---

[1] Die Organisation wurde 2001 von professionell Medienschaffenden, Jurist_innen, Künstler_innen und Aktivist_innen gegründet. In: http://www.derbraunemob.de/deutsch/index. htm (01.07.2012) (Kursiv wie Original).

[2] „Mit dem Konzept ‚People of Color' setzt man erstmals voraus, dass Menschen, die nicht weiß sind, über einen gemeinsamen Erfahrungshorizont in einer mehrheitlich weißen Gesellschaft verfügen." In: http://www.derbraunemob.de/deutsch/index.htm (01.07.2012).

[3] Z.B. Awes, Gazelle; Arndt/Hornscheidt, Afrika und die deutsche Sprache; Plüss Siegrist, Diskriminierende Sprachformen.

Einleitung

Ein Bild ist kein Spiegel,
daher erkennen sich die Menschen darin nicht.
Elfriede Jelinek[1]

„Menschen sind zu allen Zeiten und aus den verschiedensten Gründen auf Reisen gegangen[2]; entsprechend sind Berichte über Reisen in vielen kulturellen Kontexten entstanden", schreibt Barbara Korte in ihrem Buch „Der englische Reisebericht".[3] Und auch der britische Soziologe Stuart Hall zählt Reiseberichte zu den vielleicht fruchtbarsten Informationsquellen,[4] mit denen die „sehr verschiedenen Diskurse, mit einem je unterschiedlichen Status der ‚Evidenz', den kulturellen Rahmen bereitstellen, in dem die Völker, Orte und Dinge der Neuen Welt gesehen, beschrieben und repräsentiert wurden."[5] Wenn auch nicht mehr Pilgerfahrten,[6] Entdeckerreisen oder die Grand Tour im Mittelpunkt touristischer Aktivitäten stehen, so ist doch der regelmäßige Urlaub, entweder als „Gegenwelt zum Alltag"[7] oder als „dessen teilweiser Fortführung"[8], fester Bestandteil für einen Großteil der in Europa lebenden Menschen geworden.[9]

> „[...] tourism has become such an established part of everyday life, culture
> and consumption that it is hard to differentiate it from other domestic
> and leisure activities."[10]

Welche Bedeutung das Reisen mittlerweile hat, belegen nicht nur die ansteigenden Wachstumsraten der Tourismusindustrie – mit Ausnahme der Jahre,

---

[1] Jelinek, Elfriede: Neid. Privatroman S. 2. In: http://www.elfriedejelinek.com/ (01.07.2012).
[2] Zur Geschichte und Definition einer Reise siehe z.B. Hey, Und ewig lockt die Ferne 9-26 oder Rühm, Die Umwelt der Reisenden 69f.
[3] Korte, Der englische Reisebericht 1.
[4] Für einen konzisen Überblick zur Entwicklung der beschreibenden Reiseliteratur siehe Greverus, Kultur und Alltagswelt 14-19.
[5] Hall, Rassismus und kulturelle Identität 158.
[6] Zur Pilgerreise siehe Herbers, Reisen für das Seelenheil 27-51; zur Entdecker- und Bildungsreise siehe Schütze, Bildet Reisen? 75-86.
[7] Wöhler, Karlheinz: Temporäres Sein in alltagsabgewandten Räumen und die Wissensproduktion darüber. Vortrag am 16.12.2008 an der lmu.
[8] Scheuch, Soziologie der Freizeit 807.
[9] Auf die Frage ob sie sich ein Leben ohne Urlaub/Reisen vorstellen können, antworten nahezu 95 % mit nein. Wöhler, Karlheinz: Temporäres Sein in alltagsabgewandten Räumen und die Wissensproduktion darüber. Vortrag am 16.12.2008 an der lmu.
[10] McCabe. Zit. in: Smith, Issues in Cultural Tourism Studies 18.

in denen das Reisen durch die Pandemie eingeschränkt wurde –, die immer neue Urlaubsvarianten[11] in teilweise immer weiter entfernt liegende Länder anbietet, sondern auch das „Reden" über das Reisen, das „‚Mitreden-‘ oder ‚Berichten-Können‘ zu Hause bei Freunden, Verwandten, Bekannten und Kollegen"[12]. Denn in einer Statistik, worüber sich die Leute am häufigsten unterhalten, rangiert das Thema Urlaub/Reisen mit 58 Prozent an sechster Stelle[13], was u.a. darauf hinweist, dass zum einen mit Verreisen an sich Prestige und Anerkennung verbunden sind, und zum anderen finden sich die Reiseakteure mit ihrer Reiseaktivität bestätigt, am Sozialisierungsprozess teilzunehmen, weil sie mit Reisen die „Normen einer konformistischen Gesellschaft" erfüllen[14]

Mit dem riesigen Tourismusangebot erschließt sich für die Reisenden die Möglichkeit eines Blicks auf andere Räume und Kontinente, auf die dort lebenden Menschen und ihre Kulturen; und damit einhergehend, eventuell vorhandene, tradierte Stereotypen und Vor-Urteile revidieren zu können, weil Reisen eben auch die Chance bietet, Nationalismus und Fremdenfeindlichkeit zu überwinden.[15] Fraglich bleibt dabei, inwieweit Reisende zum Abbau vorgefasster Meinungen überhaupt bereit sind und die Gelegenheit nutzen, die ihnen durch das Reisen geboten wird; oder aber, ob sie dazu bereit wären, dies jedoch aufgrund ihrer präfigurierten Bilder, die sich „durch nichts mehr ‚beeindrucken‘"[16] lassen, gar nicht bzw. nur in geringem Umfang umsetzen können. Gilt letzteres, dann hätte die von dem römischen Dichter Horaz (65-27) schon vor über 2000 Jahren getroffene Feststellung „Coelum, non animum, mutant, qui trans mare currunt"[17] nach wie vor Gültigkeit und touristisches Erleben bliebe auf Konsum und Kommerz beschränkt, weil Reisen nach Martina Backes ohnehin nicht viel mit „Völkerverständigung" zu tun hat.[18] Oder wie Elfriede Jelinek es ausdrückt:

> „Touristische Aktivitäten zur Vermarktung von Kultur und Geschichte sollen, ausgerechnet an so einem Ort, plötzlich zusammengefügt werden wie kurzgeschlossene Drähte, bis sie, nicht einmal ein Auto in Gang setzend, funkensprühend, zischend zurückschlagen, um den Einzug in unser Fassungsvermögen ordentlich vorzubereiten, was bedeutet: Spaßfaktor! Spaßfaktor!"[19]

---

[11] Die Tourismusforscherin Melanie K. Smith weist darauf hin, dass alle Formen von globalen Tourismus Wachstumsraten aufweisen. In: Smith, Issues in Cultural Tourism Studies IX-XI, 18, 31.

[12] Schrattenecker, Die Beurteilung von Urlaubsländern 19.

[13] sz-Magazin, Nr. 27, 09.07.2010, S. 12.

[14] Schrattenecker, Die Beurteilung von Urlaubsländern 19.

[15] Backes et al, Im Handgepäck Rassismus 6.

[16] Hüther, Die Macht der inneren Bilder 79.

[17] Horaz, Briefe 1, 11, 27.

[18] Backes et al, Im Handgepäck Rassismus 7.

[19] Jelinek, Elfriede: Neid. Privatroman S. 1. In: http://www.elfriedejelinek.com/ (01.07.2012).

Damit wäre freilich die Chance vertan, das „Andere" zu sehen, sich selbst zu hinterfragen, „Perspektiven zu öffnen"[20] und Alternativen zur eigenen Lebens- und Seinsform wahrzunehmen und anzuerkennen. Die bereisten Länder als Orte, wo „Eigenes und Fremdes aufeinandertreffen"[21] und „in denen man sich angesichts der Möglichkeiten des Anderen erfinden, erschaffen, finden oder aber auch bestätigen kann"[22], blieben dann ungenutzte Optionen der Selbst- reflexion. Nach dem Soziologen Heinz-Günter Vester steht jedoch zu befürch- ten, dass das Realitätsmerkmal Reflexivität Anlass zur Skepsis gibt, weil es erstens doch so ist, „daß der Tourist im Fremden immer auch das Bekannte und Vertraute wiedererkennen will"[23] während das „Andere" auf Distanz gehalten wird.[24]

> „Die Praxis des Tourismus, auf allseits bekannte Zeichen zurückzugreifen, sowie die Allgegenwart bestimmter Embleme, Unterhaltungsangebote, Getränke und Speisen unterstreichen den reflexiven Charakter der touris- tischen Realität und bestätigen, daß das Interesse für das Fremde und Unbekannte rhetorisch ist."[25]

Und zweitens die Resistenz von Rassismen, Stereotypen und Vorurteilen gegen kognitive und rationale Argumente evident ist:

> „Die Tatsache, daß der moderne Massentourismus bisher nur wenig zum Abbau von Stereotypen beigetragen hat, mag als Nachweis dafür gelten, daß die direkte Erfahrung Stereotypen eben nicht widerlegt; meist ent- steht eine charakteristische Argumentationsweise, die die Erfahrung als Ausnahme abtut."[26]

Das wiederum ist nicht erstaunlich wenn man Achim Bühls „Spielarten des Rassismus"[27] in Betracht zieht, weil durch die dort erwähnten, mannigfaltigen Diskriminierungsmöglichkeiten, gepaart mit diskursiven Rassifizierungstech- niken wie Kollektivierung, Generalisierung, Verewiglichung[28], um nur einige zu nennen, das Verhalten von uns Weißen so stark geprägt wurde und wird, dass Zweifel an unseren tradierten Einstellungen gegenüber Schwarzen nur eine geringe Chance haben sich zu entwickeln.

---

20 Backes et al, Im Handgepäck Rassismus 7.
21 Wöhler, Karlheinz: Temporäres Sein in alltagsabgewandten Räumen und die Wissenspro- duktion darüber. Vortrag am 16.12.2008 an der LMU.
22 Wöhler, Karlheinz: Temporäres Sein in alltagsabgewandten Räumen und die Wissenspro- duktion darüber. Vortrag am 16.12.2008 an der LMU.
23 Vester, Tourismustheorie 43.
24 Goethe, Das Erlebnis der Grenze 15.
25 Vester, Tourismustheorie 43.
26 Hahn, Nationale Wahrnehmungen 19.
27 Bühl, Rassismus 64-80.
28 Bühl, Rassismus 133-212.

Das wirft die Frage auf, ob unsere Vorstellungen vom Gruppen- oder individuell Reisenden, dem doch eine gewisse Weltoffenheit zugesprochen werden kann[29], überhaupt realistisch sind; oder uns die Tourismusbranche eine assoziative Verknüpfung von Reisen und Weltoffenheit nur vorgaukelt? Scheinbar ist letzteres der Fall, weil, wie die Auswertung der Reiseberichte zeigen wird, ein nicht unerhebliches Diskriminierungspotential der „offenen", die „Träume der Kindheit und Jugendzeit" sich erfüllenden „leidenschaftlichen Afrikafahrer" (Rb[30] 2, 18, 21) in den Reiseberichten zu erkennen ist.[31] Doch eignet sich die Realität eines stereotypbehafteten, vorurteilsbeladenen Reisenden weder für eine Marktstrategie zur Förderung des Tourismus noch zur Selbstdarstellung der Reiseakteure, weshalb dieser Aspekt im Tourismusdiskurs kaum Berücksichtigung findet. Das ist auch ein Grund, warum wir lediglich eine geschönte, idealisierte Wirklichkeit vom Reisen und den Reisenden wahrnehmen können, die nur durch eine genauere Analyse revidiert werden kann.

Besonderes Interesse wurde dabei auf den Zusammenhang gelegt, der zwischen den Bildern aus der Zeit des deutschen Kolonialismus, die die damals „bestehende[n] Herrschaftsverhältnisse auch in den Augen der Menschen festigen soll[ten]"[32], und den in den Reiseberichten formulierten Rassismen, Stereotypen, Vorurteilen und Diskriminierungen besteht. Um die „verwaschenen Kopien"[33] dieser Bilder, wie sie noch heute in den Köpfen der Reisenden herumschwirren, aufzuzeigen, wurden in das Internet gestellte Reiseberichte über „Afrika" auf ihr sprachliches Diskriminierungspotential hin untersucht,[34] um eventuell existierende Denkstrukturen herauszudestillieren, die sich aus der Vergangenheit bis in die Gegenwart erhalten haben, selbst wenn sich die sprachlichen Ausdrucksformen zwischenzeitlich veränderten. Das Erkenntnisinteresse richtete sich deshalb zum einen darauf, das „Unbewusste" herauszustellen und zum anderen, die Durabilität von in eine Gesellschaft eingeschriebenen „Bildern" aufzuzeigen. Dabei sollten weder die diskriminierten Menschen idealisiert noch einem Postulat eines Antirassismus nach dem Munde geredet werden. „Afrika" bildete deshalb den Bezugsrahmen der Arbeit, weil Deutschland, wenn auch nur für die relativ kurze Zeit von 1884-1914,[35] auf eine koloniale Vergangenheit in diesem Erdteil zurückblickt; und in dieser Zeit ein

---

[29] Prahl, Freizeitsoziologie 109.
[30] Rb = Reisebericht.
[31] Bei den ausgewerteten Reiseberichten handelt es sich ausschließlich um Berichte von Individualreisenden.
[32] Zanella, Kolonialismus in Bildern U4.
[33] http://www.derbraunemob.de/deutsch/index.htm (01.07.2012).
[34] Der Einfluss von Reiseberichten auf das Reiseverhalten, die Auswahl der Reiseländer und die Meinungsbeeinflussung im Verhalten gegenüber „Fremden" bedarf einer eigenen Untersuchung, die nicht Gegenstand der Arbeit ist, die aber von Bedeutung wäre, da die Anzahl der ins Netz gestellten Reiseberichte zunimmt (d. Verfasser).
[35] Gründer, Geschichte der deutschen Kolonien 9.

hohes Rassismus- und Diskriminierungspotential in der deutschen Öffentlichkeit geschaffen wurde – realisiert in Literatur, Karikaturen, Fotos, Filmen und Völkerschauen – das noch heute seine sprachlichen Nachwirkungen zeigt. Im Verlauf der Auswertung der Reiseberichte hat sich dieser Konnex bestätigt und es wurde ersichtlich, wie passgenau der Kontinent und die dort lebenden „People of Color", denen vom „weißen Europa" ein inferiorer Platz zugeteilt wurde, für die Reisenden war, um darüber tradierte Rassismen, Stereotypen und Vorurteile in Diskriminierungsvarianten zu formulieren, denen unisono als Basis der biologische Unterschied zwischen Schwarz und Weiß zugrunde liegt.

Allerdings wurde aus den Einleitungstexten der Reiseberichte auch ersichtlich, dass neben dem tradierten, historischen Gedächtnis[36] mit seinen intoleranten Relikten, die „gewissermaßen als ‚sedimentierte Erfahrungen‘ den Objekten, Institutionen und Verhaltensweisen zugrunde"[37] liegen, tolerante Ansichten über das „Andere", das „Fremde" vertreten werden; was zeigt, „daß in unserer Gesellschaft einander widersprechende Normen gleichzeitig existieren können"[38], denn mit

> „Verharmlosungs- und Verdeckungsstrategien reagieren viele Menschen [...] auf die heute verbreitete soziale Norm, daß es unanständig und undemokratisch ist, rassistisch zu sein. Diese Norm ist historisch, sozial und situativ jedoch erheblichen Schwankungen unterworfen. Rassismus äußert sich je nach den Umständen mehr oder minder offen. Er kann auch durch bestimmte anerzogene Grundhaltungen („christliche Nächstenliebe" etc.) überdeckt sein.[39]

Zur Beantwortung der Frage, wie stark historisch zu verortende Rassismen, Stereotypen und Vorurteile mit der Gegenwart verknüpft sind, und diese noch heute individuelle Vorstellungen vom „Schwarzen" „deuten, erklären, ordnen und definieren"[40], eignen sich Internet-Reiseberichte als Quelle besonders deshalb, weil sie das von dem Schweizer Soziologen Peter Atteslander für eine empirische Forschung geforderte Kriterium der „spezifischen Wirklichkeit"[41] erfüllen. In ihrer Eigenschaft als Quelle sind sie ein Mittel zum einen um ein eventuelles Diskriminierungspotential aufzuzeigen und zum anderen um eine mögliche Koexistenz des Ablehnenden und Affirmativen zu eruieren und zu belegen, wenn in ihnen, neben positiven Äußerungen über „Afrika", gleichzeitig diskriminierende Textpassagen (explizit oder implizit) aufscheinen. Doch

---

[36] Zum Begriff „historisches Gedächtnis" siehe z.B. das Thesenpapier des Instituts für Afrikawissenschaften der Humboldt-Universität zu Berlin; insbesondere die dort angeführte Literaturliste. In: http://www.mhudi.de/geschichte-gedaechtnis.html (01.07.2012).

[37] Zimmermann, Implikationen des direkten Kulturkontaktes 325.

[38] Awes, Gazelle 13.

[39] Jäger, BrandSätze 256. In: http://media.de.indymedia.org/media/2010/08/288847.pdf (01.07.2012).

[40] Geschichte und Gedächtnis. In: http://www.mhudi.de/geschichte-gedaechtnis.html (01.07.2012).

[41] Atteslander, Methoden der empirischen Sozialforschung 4.

verraten Reiseberichte nicht nur etwas über das bereiste Land und den dort lebenden Menschen, sondern

> „immer auch etwas über das reisende Ich. Sie gewähren Einblicke in die kulturspezifischen und persönlichen Denk- und Wahrnehmungsweisen, die jeder Reisende an die bereisten Gegenden heranträgt."[42]

Insofern fungieren sie auch als Quelle, aus der sich historisch geprägte Denkstrukturen einer Gesellschaft herauslesen lassen, weil sich diese bewusst und unbewusst aus „einem Zusammenspiel des persönlichen Gedächtnisses und der gemeinsamen, kollektiven Erinnerung"[43] generieren. Rassismen, Stereotypen und Vorurteile können somit entweder mit Absicht in die Internet-Reiseberichte eingebracht worden sein, oder sie wurden verwendet, ohne, dass die Autoren sie als solche erkannten. Wenn sich auch diese Untersuchung auf Letzteres fokussiert, also auf das, „was Texte [unbewusst] verraten [und] nicht, was sie angeblich intentional besagen sollen"[44], so muss doch auf die Gefährlichkeit beider Varianten hingewiesen werden.

> „In dem Augenblick des Sichloslösens von der unmittelbaren Kommunikation beginnen die schriftlich fixierten Worte ein Eigenleben zu führen. Der Leser beginnt zu glauben, daß das schriftlich Festgehaltene nicht mehr nur etwas festhält, was in einer zwischenmenschlichen Kommunikation stattgefunden hat, sondern daß das Wort etwas Allgemeingültiges repräsentiert, daß hinter dem Wort eine Idee steht, der eine eigenständige Existenz zukommt."[45]

Internet-Reiseberichte, als Fortsetzung der „klassischen" Reiseberichte[46] in Buchform, gehören zur Gattung der Erzähltexte, in denen der Verlauf einer tatsächlich stattgefundenen Reise, mit den für den Reisenden signifikanten Erlebnissen, einer Vielzahl von Rezipienten geschildert wird. Hinsichtlich des Umgangs mit der Sprache unterscheiden sich Reiseberichte von alltäglichen sprachlichen Interaktionen insofern, als bei letzteren, durch das höhere Sprechtempo im Vergleich zum Schreibtempo, willkürliche oder situativbezogene, momentane, diskriminierende Äußerungen unter Umständen unbedacht ein Gespräch bestimmen können, während Reiseberichte meist wohlüberlegt in einem elaborierten Code verfasst werden. Doch ist nicht nur auf die unterschiedlichen Tempi des Sprechens und des Schreibens hinzuweisen. Ein zeitlicher Unterschied ergibt sich beim Schreiben selbst, ob von Hand oder mit einer Maschine ausgeführt. Da nach dem Medienphilosophen Vilém

---

42 Korte, Der englische Reisebericht 9.
43 Geschichte und Gedächtnis. In: http://www.mhudi.de/geschichte-gedaechtnis.html (01.07.2012).
44 Awes, Gazelle 11.
45 Pöppel/Edingshaus, Geheimnisvoller Kosmos Gehirn 179.
46 Aufgrund der unüberschaubaren Anzahl an Reiseliteratur kann auf einzelne Publikationen nicht eingegangen werden. Zum Arbeiten mit historischen Reiseberichten sei auf den Beitrag von Bönisch-Brednich, Reiseberichte verwiesen.

Flusser (1920-1991) bei letzterem die Gedanken sozusagen nicht ununterbrochen vom Kopf über die Hand auf das Papier gebracht, sondern zerlegt in Buchstaben in einen PC eingegeben und dort wieder in Zeilenform zu „kalkulierten" Gedanken werden,[47] hätten die Reiseberichtverfasser durch den zeitlich längeren Umsetzungseffekt die Chance gehabt, die eine oder andere diskriminierende Äußerung zu überdenken, zu revidieren oder gar auf sie zu verzichten. Haben die Verfasser letzteres jedoch nicht getan, dann bestünde zwar bei den Rezipienten die Möglichkeit diese Stereotypen und Vorurteile zu erkennen, zu reflektieren und abzulehnen. Allerdings hätte das nicht dieselbe Wirkung wie wenn die Reiseberichtverfasser von vorneherein darauf verzichtet hätten, denn selbst erkannte Vorurteile verfehlen nicht ihre Wirkung, weil uns allen bisher noch das Verständnis fehlt, wie „these stereotypes work in a cultural system, living in interactional space created in mutual engagement, as people get jokes, apprehend stances, and orient toward identities."[48] Denn wenn

> „wir lesen, dann identifizieren wir uns mit etwas Aufgeschriebenem, das an einem anderen Ort und zu einer anderen Zeit geschah. Lesen ist insofern ein narzißtischer Akt, bei dem wir uns auf uns selbst zurückziehen und eine virtuelle Welt in unserem Gehirn aufbauen."[49]

Insofern macht es eben einen Unterschied ob auf eine rassistische, diskriminierende Formulierung von Anfang an verzichtet oder von den Rezipienten gelesen und abgelehnt wird.

In diesem Zusammenhang ist auch darauf hinzuweisen, dass eine bestimmte Art, stereotype Formulierungen zu gebrauchen, mit einer bestimmten Art, sich die „eigene" und die „andere" Gesellschaft vorzustellen, zusammenfällt. Oder, wie es Umberto Eco ausdrückt, sich eine Ideologie in semiotischer Hinsicht als abschließende Konnotation der Kette der Konnotationen oder als Konnotation aller Konnotationen eines Ausdrucks manifestiert.[50] Dabei ist es gleichgültig, inwieweit Begrifflichkeiten und „Tatsachen" über „Afrika" intendiert oder sogar verfälscht werden, denn wenn

> „,Menschen Situationen als real interpretieren, dann sind diese in ihren Folgen real.' Eine Realitätseinschätzung kann so falsch oder irrational sein, wie sie will – die Schlussfolgerungen, die aus ihr gezogen werden, schaffen nichtsdestoweniger ihrerseits neue Wirklichkeiten."[51]

Neben der Sender-Empfänger-Beziehung Verfasser zu Rezipienten besteht auch ein Problemfeld im Verhältnis der Reisenden zu den Bereisten, weil beide keinen von historischen Stereotypen unbeeinflussten Zugang zu sich selbst

---

[47] Flusser, Ins Universum der technischen Bilder 23-30, hier 24.
[48] Hill, The Everyday Language 154.
[49] Pöppel/Edingshaus, Geheimnisvoller Kosmos Gehirn 226.
[50] Eco/Trabant, Einführung in die Semiotik 190.
[51] Neitzel/Welzer, Soldaten 21.

finden, da ihnen in der Vergangenheit und zum Teil noch heute ein fester Platz in einer von den Europäern bestimmten Hierarchie zugeteilt wurde und wird.[52] Damit wird eine Revision ihrer jeweils eigenen Sichtweise erschwert, mit der Folge, stets in den präfigurierten Reaktionsmustern „hängenzubleiben" was aber à la longue die eigene Entwicklung „über den Tellerrand blicken zu können" hemmt. Das wiederum birgt die Gefahr für beide Gruppen; zum einen für die Reisenden, dass sie das superiore Weißsein-Denken nicht überwinden können weil es für sie eine Selbstverständlichkeit darstellt, und andererseits für die Bereisten das inferiore Schwarzsein eine Alltagsgewohnheit geworden ist mit der man leben muss. Um diese eingefahrenen Denkschemata aufzubrechen wäre es, wie dies schon Hesiod[53] forderte, notwendig, alle Dinge selber zu erkennen, was jedoch ein generell kritisches Bewusstsein voraussetzt. Damit also diese Welt in unseren Köpfen nicht nur aus main-stream-Argumenten bestehen bleibt, wäre es unerlässlich alles kritisch zu hinterfragen und auch scheinbar glaubhafte Feststellungen nicht als „unumstößliche Wahrheiten" automatisch zu akzeptieren.

Bei der Auswertung der Reiseberichte war die schriftlich formulierte Diskriminierung die ausschlaggebende Kategorie nach der gesucht wurde. Unterkategorien bildeten das Stereotyp und das Vorurteil, die beide ebenfalls Diskriminierungspotential in sich tragen. Die Aufteilung in die zusätzlichen Kategorien Stereotyp und Vorurteil hatte lediglich die Funktion, Zusammenhänge im Material besser zu erkennen und damit alle diskriminierungsrelevanten Faktoren in den untersuchten Texten zu erfassen. Sie waren somit nur eine erweiternde Differenzierung der Kategorie „Diskriminierung", um „das Material in bestimmten Untersuchungsdimensionen umfassend analysieren zu können."[54] Von Interesse waren folgende Fragen:
1. Enthalten Internet-Reiseberichte, die „im Spannungsfeld zwischen Intimität und Öffentlichkeit"[55] stehen, überhaupt diskriminierende Formulierungen?; und falls ja,
2. handelt es sich bei den Diskriminierungen um eine neue Variante, im Sinne einer Verlagerung von „Rasse" auf „Kultur"?;[56] oder,

---

[52] Nach Anke Poenicke enthalten „Reisemagazine besonders viele Stereotypen [...] vor allem als Produktionen privater Sender." In einer Anmoderation war beispielsweise die Rede vom „Herz Afrikas, wo sich Vodoo und Christentum, Trance, zweites Gesicht und Glaubensriten wunderlich vermischen"; wobei der „Begriff ‚wunderlich' [...] gleich die europäische Beobachtungs- und Bewertungsperspektive" verdeutlicht. In: Poenicke, Afrika in deutschen Medien und Schulbüchern 26.

[53] Hesiod, Werke und Tage 292.

[54] Schreiber, Wie mache ich Inhaltsanalysen? 107.

[55] Hengartner, Volkskundliches Forschen im, mit dem und über das Internet 204.

[56] Siehe dazu weiter unten „Rassismus ohne Rassen".

3. dominieren noch immer althergebrachte, aus der deutschen Kolonialzeit stammende Rassismen, Stereotypen, Vorurteile und Diskriminierungen in den Reiseberichten, trotz eines zeitlichen Abstands von rund 130 Jahren?

Allgemeiner und verkürzt ließe sich auch fragen: Welche diskriminierenden Argumente treten gehäuft in den Reiseberichten auf und auf welche Beeinflussungsfaktoren rekurrieren diese?

Dazu war zu prüfen, ob die Reisenden mit einem schon vorgefassten Weltbild nach „Afrika" kommen, dort mit Situationen konfrontiert werden, aus denen sie die für sie relevanten Bausteine herausziehen, die ihre präfigurierten Ansichten über „Afrikaner" bestätigen oder sogar bekräftigen. In diesem Fall wäre anstelle einer Offenheit gegenüber dem Fremden, die medial benutzte, oberflächlich-positivistische und von tradierten Bildern bestimmte Sichtweise getreten. Die Reisenden fänden sich dann nur bestätigt in ihren Ansichten gegenüber den Menschen, die auch schon in der Vergangenheit die Rolle der Diskriminierten innehatten und deren Ansehen systematisch durch den Kolonialismus erodierte.

Oder aber besuchen die Reisenden ihre Urlaubsziele mit der gebotenen Offenheit und begegnen den dort Lebenden auf Augenhöhe, indem sie, trotz historischer Altlasten, durch eigenen kritischen Sprachgebrauch, durch die Autorität des Geistes oder der Vernunft[57], Rassismen, Stereotypen, Vorurteile und Diskriminierungen eliminieren? Dass dies kein einfaches Unterfangen ist, steht fest, denn es ist leichter zu Simplifizieren, als sich kritisch mit komplexen Sachverhalten auseinanderzusetzen.

> „Das allermeiste, was geschieht, lässt sich in eine bekannte Matrix einordnen. Das wirkt entlastend. Kein Handelnder muss immer wieder bei null beginnen und stets aufs Neue die Frage beantworten: Was geht hier eigentlich vor? Der allergrößte Teil der Antworten auf diese Frage ist voreingestellt und abrufbar – ausgelagert in einen kulturellen Orientierungs- und Wissensbestand, der weite Teile der Aufgaben im Leben in Routinen, Gewohnheiten, Gewissheiten auflöst und den Einzelnen kolossal entlastet."[58]

So ist es, um einige Beispiele vorweg zu nehmen, bequemer, von „Afrikanern" zu sprechen, die Maschinen mit komplizierter Elektrik nicht bedienen können (Rb 7), als sich mit den Ursachen der Ausbildungsproblematik auseinanderzusetzen. Oder sich über verschleierte Frauen lustig zu machen (wenigstens haben sie keine Probleme mit den Fliegen [Rb 29]), als deren Kleidung in einen religiösen Kontext zu stellen.

> „Eine Vereinfachung der Argumente ermöglicht Reduzierung geistigen Aufwandes auf ein Minimum: Wenn ein Mensch das Gefühl hat, gegen irgend etwas zu Felde ziehen zu müssen oder etwas anzugreifen, ist es weit

---

57 Voegelin, Hitler und die Deutschen 88.
58 Neitzel/Welzer, Soldaten 17.

wirtschaftlicher für ihn, nur gegen ein einziges Hindernis auf seinem Weg anzurennen, als seinen Angriff auf die vielen oft gar nicht recht erkannten Ursachen seiner Schwierigkeiten zu verzetteln."[59]

Bezieht man zudem Gerald Hüthers These, deren Fundament auf der neueren Hirnforschung basiert, nach der sich „Bilder" in den Köpfen von Menschen über Generationen hinweg einschreiben und dadurch Einstellungen und Handlungen beeinflusst werden,[60] in die Überlegung mit ein, dann müssten diese Rassismen, Stereotypen, Vorurteile und Diskriminierungen einen Bezug zur deutschen Kolonialzeit bzw. zur Zeit des Nationalsozialismus aufweisen. Verstärkt wird die Annahme durch den Volkskundler und Erzählforscher Albrecht Lehmann, der feststellt, dass sämtliche äußeren Bilder, ob Skulpturen, Gemälde, Fotografien oder synthetische Bilder, zu einer „kultur- und milieuspezifischen Enkulturation"[61] beitragen. Da seit etwa Mitte des 19. Jahrhunderts bis in die Nachkriegszeit verstärkt mit Bildern gearbeitet wurde um das „Fremde" zu diskriminieren, war anzunehmen, dass Rassismen, Stereotypen, Vorurteile und Diskriminierungen in den Internet-Reiseberichten in Bezug auf „Afrika" ihr Pendant in der deutschen Kolonialzeit, wie auch in der Zeit des Nationalsozialismus finden.

Und in der Tat zeigt die Auswertung der Reiseberichte, dass die in der deutschen Kolonialvergangenheit und später verortbaren Bildwahrnehmungen noch heute in sprachlichen Artikulationen aufscheinen. Es ist jedoch darauf hinzuweisen, dass dieser Input auch damals bereits auf existierende Stereotypen und Vorurteile traf, die nur aufgefrischt und bestätigt werden mussten:

„Bestimmte, bereits im Betrachter [der Völkerschauen] verankerte Klischees von fremden Kulturen wurden durch die Werbung für die Zurschaustellung außereuropäischer Menschen aktiviert und in der Inszenierung derselben bestätigt."[62]

Und auch damals schien, wie Anne Dreesbach schreibt, kein wirkliches Überdenken der Stereotypen und Vorurteile beim Gros der Zuschauer der Völkerschauen oder Filmen stattgefunden zu haben, denn einer „kleinen Zahl von kritischen, ablehnenden oder auch nur hinterfragenden Stimmen stehen Tausende und Abertausende von begeisterten Zuschauern gegenüber."[63] Diese Stereotypen und Vorurteile wurden weitergetragen, sowohl „im Kopf" als auch sprachlich, denn

„die kontinuierliche ethnisch-kulturelle Distinktion gesellschaftlicher Gruppen im öffentlichen Diskurs schafft bzw. reproduziert entsprechende

---

[59] Allport, Treibjagd auf Sündenböcke (Auszug) 24.
[60] Hüther, Die Macht der inneren Bilder.
[61] Lehmann, Bilder als Vorbild 159.
[62] Dreesbach, Gezähmte Wilde 14.
[63] Dreesbach, Gezähmte Wilde 12, 16.

Bewusstseins- und Habitusstrukturen bei den Gesellschaftsmitgliedern [...]. Solche Deutungen werden den Menschen zur zweiten Natur, was nichts anderes heißt, als dass sie in das Referenzschema des ‚kognitiven Stils der Praxis‘ und auf der gesellschaftlichen Ebene in die kollektiven Mentalitätsstrukturen sozialer Wissensbestände eindringen, d.h. sie wirken, von den Akteuren unhinterfragt, wahrnehmungs-, deutungs- und handlungsleitend, sie sind zu einer sozialen Selbstverständlichkeit geworden.[64]

Wie die Reiseberichtauswertungen zeigen werden, tragen diese kolonialen Bilder noch immer zur „Orientierung in der Welt"[65] bei. Die darin enthaltenen diskriminierenden Formulierungen sind sichtbarer Beleg eines sich hartnäckig haltenden Bildgedächtnisses[66] das sich „durch die beständige Wiederholung von Bildwahrnehmungen"[67], in Form von Fotografien, Filmen und Völkerschauen generiert und erhalten hat.

---

[64] Spitzer, Neorassismus und Europa 109f.
[65] Lehmann, Bilder als Vorbild 161.
[66] So sprach selbst der Gründer der kritischen Münchner Lach- und Schießgesellschaft, Sportreporter und Journalist Samy Drechsel (1925-1986) noch 1965 von kanadischen Eishokeyspielern „Sie benähmen sich, als wenn sie aus dem Urwald kämen." In: Radiowelt, Bayern2 19.01.2011, 6.45 Uhr.
[67] Lehmann, Bilder als Vorbild 159.

„Bilder" im kolonialen Kontext

Die Kulturanthropologin Ina-Maria Greverus weist in ihrem Buch „Kultur und Alltagswelt" auf die Ohnmächtigkeit gegenüber den Massenmedien hin, wenn sie von „Massenkultur als Negativbegriff" schreibt.[68] In diesem Kontext sind auch die „Bilder" zu sehen, die den Menschen zur Zeit des deutschen Kolonialismus in Form von Fotografien, Filmen und Völkerschauen präsentiert wurden. Sie waren gedacht als „Instrument", das sich zur Beeinflussung von Menschen als nützlich erweist, weil mit ihnen die Wahrnehmungs-, Auffassungs- und Sprachbeeinflussung[69] als Normen- und Wertegeber, im Sinne kolonialer Interessen manipuliert werden konnte.

Mit dieser Bilderflut wurde versucht, die Vorstellung vom Wesen der „Afrikaner" zu prägen. Dabei wurden Einzelbilder durch Wiederholung und Variation der intendierten Aussageabsicht zu einem ganzheitlichen Weltbild zusammengefügt, was für den Einzelnen aber als individuelle mentale Leistung interpretiert wurde, von der er glaubte, sie selbst steuern zu können.

> „Durch permanente Wiederholungen schleichen sich Stereotype subtil in individuelle Wahrnehmungen ein und werden dann als gegeben, eindeutig und natürlich angenommen. Das erklärt die Veränderungsresistenz von Stereotypen.[70]

Tatsächlich aber waren die Rezipienten automatisch ablaufenden, unbewussten, physiologischen und psychologischen Mechanismen ausgesetzt; das heißt, die den Bildern innewohnende Wirkungsmacht blieb ihnen weitestgehend verborgen.[71] Daneben spielten auch Erwartungen, Normen, Enkulturation sowie sozioökonomische und sozialpsychologische Faktoren eine Rolle, wie es Rudolf Schenda in seinem kybernetischen Modell veranschaulicht hat.[72] Da Bildwelten optisch „prägnanter und bewusstseinskonformer als die Wirklichkeit"[73] sind, und die Quantität der Bildpräsentationen besonders hoch war, wirkte sich das gravierend auf die Generierung innerer Bilder aus.

---

[68] Greverus, Kultur 189-199.
[69] Deleuze, Bewegungsbild 14f.
[70] Arndt/Hornscheidt, Afrika und die deutsche Sprache 47.
[71] „‚Der Zustand bewußt' ist begründet in unserer zeitlichen Erfahrung. [...] Wahrnehmungen, gefühlsmäßige Bewertungen, Erinnerungen und willentliche Absichten oder Bewegungsmuster [werden] in zeitlichen Intervallen zusammengefaßt, die auf wenige Sekunden beschränkt sind. Die in etwa drei Sekunden stattfindende Integration wird als neuronale Grundlage des jeweils einzelnen ‚Zustandes bewußt' herangezogen." In: Pöppel/Edingshaus, Geheimnisvoller Kosmos Gehirn 181.
[72] Schenda, Wandschmuck und Kommunikationsprozeß 100.
[73] Bolz, Medien 40.

Jürgen vom Scheidt sieht darin eine besondere Gefahr, weil „das optische Medium seine enorm verdichteten Inhalte [...] manchmal ohne Umweg über das kritische Bewusstsein direkt dem Unbewussten einprägen"[74] kann; und diese Einprägevorgänge dann der Kontrolle des Ich entzogen sind.

Gerade in der Massenhaftigkeit der Fotografien, Filme und Völkerschauen konstituierten „visuelle Codes, verhaltensbestimmende Vorbilder, Leitmotive, Identifikationspunkte, erstrebenswerte Wunschwirklichkeiten", und damit wurde die „Gleichgültigkeit gegen das mit den Sachen Gemeinte forciert".[75]

> „Es fröstelt den Betrachter alter Fotografien. Denn sie veranschaulichen nicht die Erkenntnis des Originals, sondern die räumliche Konfiguration eines Augenblicks; nicht der Mensch tritt aus seiner Photographie heraus, sondern die Summe dessen, was von ihm abzuziehen ist. Sie vernichtet ihn, indem sie ihn abbildet, und fiele er mit ihr zusammen, so wäre er nicht vorhanden."[76]

Fotografien

„Ein Bild sagt mehr als 1000 Worte"[77] schreibt Kurt Tucholsky; und auf die Wichtigkeit fotografischer Bilder in Verbindung mit der Beeinflussung von Menschen weist auch Wolfgang Brückner hin, wenn er meint „daß wir das Medium Fotografie ‚als breiten sozialhistorischen Quellenfundus ernstnehmen' sollen"[78]; wie ebenfalls die amerikanische Menschenrechtlerin Susan Sontag (1933-2004) feststellt, dass Fotografie „a tool of power"[79] sei, weil „the images [...] have virtually unlimited authority"[80]. Bilder bahnen sich – vor allem, wenn das Motiv „in unablässiger Wiederholung nach stets gleichem Schnittmuster, doch immer wieder in neuem Tuch vorgetragen wird"[81], am „leichtesten den Weg in die Köpfe der Menschen."[82] Der Einbezug der Bilderwelt in eine „Gesamtschau" der Einflussgrößen kultureller Äußerungen ist deshalb wichtig, weil „[j]eder Zeit, oder genauer: jedem Herrschaftsverhältnis [...] eine bestimmte visuelle Wahrnehmung"[83] entspricht. Und gerade der Bereich der Fotografien von fremden Völkern, mit dem „Zerrbild des ‚negroi-

---

74 Jügen vom Scheidt, Innenweltverschmutzung 206f.
75 Waibl, Fotografie und Geschichte (II) 4f.
76 Waibl, Fotografie und Geschichte (II) 5.
77 Kurt Tucholsky: Ein Bild sagt mehr als 1000 Worte: Zur Entstehungsgeschichte und Montagetechnik von „Deutschland, Deutschland über alles" von Sarah Hans.
78 Brückner. Zit. in: Lauterbach, Exakt lesen lernen ... 312.
79 Sontag, On Photography 8.
80 Sontag, On Photography 153.
81 Alonzo/Martin, Einleitung 15.
82 Alonzo/Martin, Einleitung 15.
83 Waibl, Fotografie und Geschichte (II) 4.

den Untermenschen'" und dem „„aggressiven barbarischen Schwarzen'"[84] – ob als Postkarte[85], Flugblatt, Plakat[86], auf Medaillen, in Bucheditionen oder in Zeitschriften abgedruckt – gibt dafür ein exzellentes Beispiel wie Bild und Macht untrennbar miteinander verbunden sind.[87] Das zeigt sich in besonderem Maße bei der Vermessung von Menschen, um damit die pysiologische Überlegenheit der weißen „Rasse" zu dokumentieren.

a) Vermessungsfotografie

Damit ist das Porträtieren von „physischen Typen", frontal und im Profil gemeint, zum Zwecke der vergleichenden Forschung, um die Weltbevölkerung nach bestimmten Aussehenscharakteristika in „Rassen" einteilen zu können. Es gab genaue Anweisungen, wie die Personen aufzunehmen waren, um damit den dichotomischen Konstruktionen von „wertvollen" und „weniger wertvollen" „Rassen" einen wissenschaftlichen Anstrich zu verleihen. Unter wissenschaftlichem Vorwand wurden u.a. Brustformen und Genitalien genauestens untersucht und statistisch ausgewertet.[88] Auch gefesselte Gefangene wurden „ausgemessen" was zum Teil mit einer neben den Deliquenten gestellten Messlatte geschah.

> „Wegen ihres naturwissenschaftlichen Duktus und der Unmöglichkeit, die ‚wissenschaftlichen Befunde' direkt zu überprüfen, konnten Thesen, wie etwa die, dass sich ‚Rassenunterschiede' genetisch belegen lassen, besonders machtvoll wirken. Entscheidend war, dass diese Forschungen politische Begehrlichkeiten bekräftigten und absicherten."[89]

Dass diese Messungen entwürdigend waren und sich die Menschen dagegen wehrten, ist verständlich. Doch neben dem Aspekt des rigorosen Umgangs mit deren Würde und Schamgefühl, kam noch ihre Angst hinzu, weil die/derjenige nicht wusste, was im einzelnen mit ihr/ihm geschehen wird. Über eine angstbesetzte Untersuchung einer Inuit-Frau berichtete 1880 der Arzt Rudolf Virchow:

> „[...] und sowie es an die Körpermessung ging, fing sie an zu zittern und geriet in die höchste Aufregung. [...] Sie sprang mit beiden Beinen in einer etwas zusammengebückten Stellung im Zimmer umher, arbeitete

---

84 Alonzo/Martin, Einleitung 15.
85 „1889 wurde auf der Weltausstellung in Paris [...] eine Erfindung vorgestellt, die [...] noch perfektere Photographien von Sehenswürdigkeiten, Monumenten oder pittoresken Winkeln produzierten – die Postkarte." Sie trat in der zweiten Hälfte des 19. Jahrhunderts einen wahren Siegeszug an. In: Zanella, Kolonialismus in Bildern 43, 51.
86 Zur Plakatwerbung siehe Dreesbach, Gezähmte Wilde 131-135.
87 Ausstellung: Köln Postkolonial – Die Geschichte des Afrika-Viertels in Nippes. 2. bis 26. November 2010. Köln.
88 Eißenberger, Entführt, verspottet und gestorben 192.
89 Arndt/Hornscheidt, Afrika und die deutsche Sprache 12.

auf die Stühle und Tische los, und schmiss sie nach allen Richtungen um; während sie aber im Zimmer umhertollte, machte sie nicht den geringsten Versuch, aus der Thür zu entweichen oder auf die Anwesenden loszugehen. Sie sprang von der einen Ecke nach der anderen und schrie dabei in heulender Weise; ihr hässliches Gesicht sah dunkelroth aus, die Augen leuchteten, es bildete sich etwas Schaum vor dem Munde, genug es war ein höchst widerwärtiger Anblick."[90]

Ähnliche Fälle ereigneten sich häufig, doch wurde auf die Menschen keine Rücksicht genommen, da das Interesse der deutschen Naturwissenschaftler an Vertretern außereuropäischer Ethnien für ihre Rasseforschungen Priorität hatte.[91] Von einer Anteilnahme des Fotografen oder des Wissenschaftlers an der misshandelten Würde oder am Schicksal der Betroffenen ist bei den anthropologischen Aufnahmen und Vermessungen nichts zu spüren.[92] Neben dem Erkenntnisgehalt zur wissenschaftlichen Auswertung trugen diese entwürdigenden Fotos auch dazu bei, die Hierarchie zwischen Schwarz und Weiß zu festigen und hatten damit eine eindeutig instrumentelle Funktion.

b) Ethnografische Fotografie

Ethnografische Aufnahmen sollten nicht nur den Archetypen abbilden, der quasi für das Erscheinungsbild einer Ethnie oder eines Stammes stand, sondern sie gaben Einblicke in die jeweilige Kultur der Kolonisierten. Die Menschen wurden mit handwerklichen Geräten gezeigt, bei der Herstellung dieser Werkzeuge, in der Ausübung von Tätigkeiten sowie bei Spiel, Tanz und Ritual. Da diese Bilder mit „technischer Raffinesse und ‚naturwissenschaftlich' belegt konstruiert [wurden], so dass die Grenzen zwischen Realität und Fiktion verschwanden"[93], wirkten sie authentisch. Der Einfluss der Fotos auf die deutsche Bevölkerung war deshalb so stark, weil bis ins frühe 19. Jahrhundert „die meisten Europäer gewöhnt [waren], Dinge und Ereignisse mit ihren eigenen Augen aus ihrem überschaubaren Gesichtskreis wahrzunehmen."[94] Nun konnten sie durch die in Illustrierten und Zeitschriften abgedruckten Fotografien „zum ersten Mal über ihren persönlichen Erfahrungshorizont"[95] blicken. Mit der ethnografischen Fotografie erfüllte das Bild in der Tat – neben der instrumentellen Aufgabe, nämlich die der Meinungsbildung im Sinne europäischer Interessen – eine dokumentarische, wenngleich auch künstlich inszenierte Funktion.

---

90 Eißenberger, Entführt, verspottet und gestorben 192.
91 Eißenberger, Entführt, verspottet und gestorben 196.
92 Lederbogen, Fotografie 48.
93 Zanella, Kolonialismus in Bildern 43.
94 Zanella, Kolonialismus in Bildern 51.
95 Zanella, Kolonialismus in Bildern 51.

c) Reise- und Andenkenfotografie

Zu diesem Genre der Fotografie schreibt Jan Lederbogen: „Die Reise- und Andenkenfotografie prägte vielleicht noch entschiedener europäische Vorstellungen über fremde Völker"[96] als andere Medien. Dieses Genre, das vor allem durch die verbesserten Verkehrsmittel zur Blüte kam, erfüllte zweierlei. Zum einen waren die Aufnahmen Reiseandenken und zum anderen stellten sie einen Ersatz für unerfüllbare Reisewünsche dar. Übernahmen anfänglich geschulte Fotografen die Reise- und Andenkenfotografie, nahm Ende des 19. Jahrhunderts der Reisende die Andenkenfotografie selbst in die Hand. Das bedeutete zugleich das Ende der professionellen Fotostudios in den Reiseländern.

Die Fotografien waren eine „Bebilderung des Reiselandes, so wie der Europäer es sah"[97], das heißt, Exotisches, Altmodisches oder Ärmliches wurde explizit hervorgehoben. Mit der Kamera, als „device that makes real what one is experiencing"[98], sind sie eindeutige Belege dafür, wie „afrikanische Inferiorität" zur Schau gestellt wurde.

> „Fotos von Afrikanerinnen und Afrikanern hingegen sind meist ‚gestohlene Fotos'. Die Aufnahmen wirken häufig so, als seien sie ohne Einverständnis der Dargestellten (oft ältere Personen, fast nie Fotomodell-Typen), in einer für sie nicht selbst bestimmten Situation und Position aufgenommen worden. Sie wirken für die Zielgruppe vermutlich häufig fremd, exotisch und zugleich unattraktiv."[99]

Die Aufgabe der Fotografien bestand auch darin, den Betrachtern nahe zu bringen, dass diesen „sittlich unterentwickelten" Menschen europäische Manieren, Moral- und Religionsvorstellungen eingeschärft werden müssen und deshalb die Kolonisation eine legitime Notwendigkeit, das kulturelle Sendungsbewusstsein geradezu eine missionarische Aufgabe sei. Auf die angenommene Legitimität, die Kolonisierten domestizieren zu müssen, weist auch Hans Peter Duerr in seinem Vorwort hin, wenn er schreibt, dass nach herrschender europäischer Auffassung die „Domestikation unserer tierischen Natur [...] bei den ‚Primitiven' – vor kurzem noch ‚Wilde' genannt – erst zu allerjüngster Zeit begonnen habe und dieses Bild [...] zwanglos zur Rechtfertigung des Kolonialismus verwendet werden konnte, indem man darauf hinwies, es gehe darum, die ‚kulturarmen' zu gesitteten und mithin zu *wahren* Menschen zu machen."[100] Folglich wurde es als edle Aufgabe gesehen, den Prozess der Zivilisation – der im westeuropäischen Raum seit dem 9. Jahrhundert schon in vollem Gang war[101] – auch in die Kolonien hineinzutragen;

---

[96] Lederbogen, Fotografie 50.
[97] Lederbogen, Fotografie 51.
[98] Sontag, On Photography 9.
[99] Poenicke, Jenseits vom Forschungsstand 714f.
[100] Duerr, Nacktheit 7 (Kursiv wie Original).
[101] Elias, Zivilisation 5ff.

ein Vorgang den „schottische Moralphilosophen der Aufklärung den Übergang von ‚savage' zur ‚civil society' oder ‚from rude to refined' genannt haben."[102]

d) Erotische Fotografie

„‚If one were properly educated', heißt es im Jahre 1878 in einem Artikel, welcher in der von ‚Washington Woman's Club' herausgegebenen Zeitschrift *Alpha* erschien, würde niemand durch irgendeinen unbekleideten Körperteil des Menschen sexuell gereizt werden."[103] Die Realität in Deutschland Ende des 19. Jahrhunderts sah jedoch anders aus. Anstelle des natürlichen Umgangs mit Nacktheit, regelte ein strenger Sittenkodex die Intimsphäre der Menschen; es galt die „keusche zurückhaltende Frau als Weiblichkeitsideal".[104] „Fotos unbekleideter Menschen galten nur dann als zulässig, wenn sie beispielsweise den ästhetischen Kategorien der damaligen Kunstfotografie entsprachen, also die dargestellte Person ‚malerisch' und vor allem unscharf wiedergaben."[105] Diese Reglementierung galt freilich nur für Europäer_innen, denn fotografierte „Wilde" wurden in der Regel nackt oder nur spärlich bekleidet abgelichtet.

> „Meist wurden für diese Darstellung andere Motivationen, wie eine ‚anthropologische' oder eine ‚ethnographische' Darstellung vorgeschoben – etwa das Abbilden verschiedener Frisuren. Das wichtigste Augenmerk der Abbildung ist aber nicht die Frisur oder der Schmuck, sondern die Nacktheit der Frau. Nahezu jede Abbildung einer Afrikanerin vor dem Ersten Weltkrieg zeigte diese nackt und erotisierend.[106]

Bilder unbekleideter Männer und Frauen fremder Völker wurden in populärwissenschaftlichen Editionen veröffentlicht und die Nachfrage nach diesen Büchern im sexuell verklemmten und prüden Deutschland damaliger Zeit war groß.[107] Die „Faszination für die ‚Andersartigkeit' von Nicht-Europäern führte auch zu eindeutig erotischen Fotografien fremder Völker"[108], die der Bedürfnisbefriedigung (meist) der Männerphantasien und des Voyeurismus' dienten.

> „Postkarten wurden gekauft, auf denen sie abgebildet waren, oft mit Autogrammen, der heimlich verehrten oder öffentlich bewunderten Krieger oder mit (Nackt-)Aufnahmen der hinreißenden Schönheiten."[109]

---

102 Elias, Zivilisation 10.
103 Zit. in: Duerr, Nacktheit 150 (Kursiv wie Original).
104 Lutz, Rassismus und Sexismus 68.
105 Lederbogen, Fotografie 55.
106 Zanella, Kolonialismus in Bildern 54.
107 Zanella, Kolonialismus in Bildern 44.
108 Lederbogen, Fotografie 55.
109 Dreesbach, Gezähmte Wilde 12.

Die fremde Frau wurde so zum Inbegriff des Begehrens.[110] Das zeigte sich auch daran, dass nach Völkerschauen Bildpostkarten „von dem Objekt der Begierde in unbekleidetem Zustand"[111] angeboten, und weil diese besonders begehrt waren, zu einem höheren Preis als „normale" Postkarten, verkauft wurden.

> „[...] mit der Entgrenzung der europäischen Welt durch die seefahrenden Entdecker traten die Bilder der Frauen aus Übersee hinzu: die schwarze Sklavin, die Frauen mit den Mandelaugen, die Indianerin [...]. Sie alle zusammen beginnen, den Körper zu bilden, der sich den Wünschen zum Aufbruch gerüsteter Männer als geheimnisvolles Ziel anbietet; dieser Körper enthält mehr Lockungen als der Rest der Welt zusammen."[112]

Das heißt, mit den erotischen Sujets wurde auf europäische Wunschvorstellungen eingegangen und diese „mit den gewünschten Darstellungen und ‚Typen', die für die BesucherInnen eingängig waren, befriedigt."[113]

Wie peinlich das nackte Posieren vor Europäern für die Abgelichteten war, ist ausführlich behandelt in Hans Peter Duerrs Werk „Nacktheit und Scham"; denn die bei den Kolonisierten gängige Nacktheit bedeutete noch lange nicht Schamfreiheit, die den Blick anderer ungehindert zuließe.[114] Dass Nacktheit nicht gleich Mangel an Scham bedeutet, stellte auch Sigmund Freud fest: „Über den heute lebenden Primitiven haben wir durch sorgfältigere Erkundung erfahren, dass sein Triebleben keineswegs ob seiner Freiheit beneidet werden darf; es unterliegt Einschränkungen von anderer Art, aber vielleicht von größerer Strenge als das des modernen Kulturmenschen."[115] Die Eingeborenen nackt oder halbnackt zu fotografieren war für diese Menschen also nicht nur angsteinflößend,[116] sondern vor allem ein gravierender Eingriff in deren kulturell-spezifische Intimität. Doch von den Produzenten dieser Bilder wurde darauf keine Rücksicht genommen.

e) Sonstige Fotos

Neben den bisher angesprochenen Motiven wurden auch Lithografien des Genres Kolonialexotik angeboten, die Löwen-, Elefanten-, Nilpferd-, Nashorn- und Büffeljagd-Szenen enthielten, und unter die „schaurige Jagdunglücke gemischt sind, die allerdings nur farbigen Gehilfen zustoßen"[117]. Wie auch Anzeigen, beispielsweise für Kaffee, abgedruckt wurden, auf denen „‚Neger'-

---

[110] Lutz, Rassismus und Sexismus 69.
[111] Eißenberger, Entführt, verspottet und gestorben 88.
[112] Zit. in: Akashe-Böhme, Exotismus 119.
[113] Zanella, Kolonialismus in Bildern 131.
[114] Duerr, Nacktheit 165.
[115] Freud, Sigmund, 1978, II, S. 403. Zit. in: Duerr, Nacktheit 341 (Anmerkung).
[116] Sontag, On Photography 85.
[117] Brückner/Pieske, Bilderfabrik 126f.

Silhouetten in rassistischer Stilisierung [...] fleißig Tengelmanns Kaffeesäcke tragen."[118]

Gerade bei Fotos von Menschen indigener Völker, bei denen dem Betrachter mangels weiterer (objektiverer) Informationen, die Vergleichsmöglichkeiten fehlten und er die Umstände der Entstehung nicht kannte, war die Möglichkeit der „fotografischen Gestaltung" bis hin zur „fotografischen Lüge"[119] besonders groß.[120] Dabei musste nicht mit gefakten Motiven gearbeitet werden, in denen Personen entfernt oder hinzugefügt wurden. Es genügte bereits, das Fremdartige, wie Aussehen, Bekleidung oder Handwerk herauszustellen, um sie von „zivilisierten" Vorstellungen abzugrenzen. Eine Enttarnung der Bilder war nicht möglich, da eine Referenz, im Sinne eines objektiven, kontextorientierten, ethnologischen Bildes fehlte. Man glaubte, was man immer wieder sah, denn die Wissensvermittlung erfolgte durch eine mit der „truth machine"[121] erzeugten Fotografie auf der Plattform einer „Komplizenschaft zwischen Bild und Macht".[122]

> „Viele Menschen neigen dazu, Bilder, die mit der ‚objektiven' Technik einer Kamera aufgenommen wurden, als getreue Wiedergabe von Teilen der Wirklichkeit zu sehen, und verstehen nicht, dass Fotos neben leicht erkennbaren Aspekten der Realität auch weniger ins Auge springende, vom Fotografen bewusst kalkulierte Botschaften enthalten können. ‚Man hält', [...] ‚jedes Bild für einen genauen Abklatsch der Natur, glaubt, dass die Photographie eine Urkunde sei, und bemerkt nicht, dass man auch beim Lichtbild der Wahrheit nachhelfen kann. [...]'"[123]

Auch sind Bildunterschriften, auf deren mögliche Verstärkung einer Bildaussage der Volkskundler Burkhart Lauterbach explizit hinweist, so wichtig „als daß wir sie vernachlässigen dürfen!"[124] Im Kolonialkontext ergänzten sie nicht nur das Dargestellte, sondern evozierten zusätzliche negative Assoziationen über das Fremde,

> „welche dem Foto an sich nicht unbedingt anzusehen sind: Der Bildredakteur kann ‚die negative oder positive Einstellung des Lesers zu dem im Bilde Dargestellten oder den damit verknüpften geistigen Umständen in

---

118 Mergner, „Unser Nationales Erbe" 160.

119 Feininger. Zit. in: Lauterbach, Exakt lesen lernen ... 312f.

120 Um Simplifikationen und Typisierungen zu erzielen, hat schon Ende des 19. Jahrhunderts Francis Galton Porträts übereinandergelegt und so kopiert, „dass ein Mischbild entstand, welches alle individuellen Züge der auf den einzelnen Bildern dargestellten Personen eliminierte und nur noch die allen *gemeinsamen* ‚typischen' Züge wiedergab." In: Alonzo/Martin, Einleitung 16.

121 Fuhrmann: „Von fremden Ländern und fremden Völkern". Reise, Kolonialismus und Ethnographie im frühen Film.

122 Ausstellung: Köln Postkolonial – Die Geschichte des Afrika-Viertels in Nippes. 2. bis 26. November 2010. Köln.

123 Alonzo/Martin, Einleitung 16.

124 Lauterbach, Exakt lesen lernen ... 316.

der Unterschrift herausfordern'. ‚Wort und Bild gemeinsam schaffen eine Gedankenverbindung' [...], ‚die nachhaltiger wirkt als das Eine o d e r das Andere. [...] Text und Bild sind [für den Leser] zu einer Einheit geworden, die sich nicht mehr trennen läßt.'"[125]

Durch den, die Inferiorität des Dargestellten unterstreichenden Text, leisteten sie das ihrige, um die Beeinflussung der Menschen zu verstärken. Umso markanter die verwendeten Begriffe waren (Menschenfresser, krakeelen, Affen, Buschmänner)[126], desto einprägsamer waren sie in der Rezeption, denn

> „[u]mso machtvoller der Sprachgebrauch ist, umso größer und frequenter ist seine Verbreitung. Durch ständige Wiederholungen bestimmter Wörter, Phrasen und Ausdrucksweisen [in Verbindung mit Bildern] aus einer Machtposition heraus schleifen sich ihre Gebrauchsweisen und damit die mit diesen vertretenen Konzepte in das Denken ein. Dass diese nicht neutral und objektiv sind, nicht unausweichlich, nicht die einzig mögliche Sichtweise und Benennung, wird so immer schwieriger zu durchschauen. Die Macht der sprachlichen Benennung verselbständigt sich auf diese Weise zunehmend."[127]

Bei den Bildlegenden und bildbegleitenden Texten fällt auf, dass den Etikettierungen von Schwarzen homogenisierende Vorstellungen und Stereotypen zugrunde liegen und besonders herausgestellt wird, was die People of Color angeblich von Weißen unterscheidet. Durch das Repetieren von Wörtern und das Fokussieren auf bestimmte markante Begriffe konnten Stereotypen, als „unkritische Verallgemeinerungen, die gegen Überprüfung abgeschottet, gegen Veränderung resistent sind"[128] gefestigt werden. Zudem ist von Bedeutung, unter welchen individuellen und kollektiven Geisteshaltungen diese Bilder gesehen wurden, denn der „Umgang mit Bildern ist stets abhängig von der vorherrschenden allgemeinen Interessenslage"[129]; und die war eindeutig vom deutschen Überlegenheitsgefühl geprägt. Auch damit war ein objektiver Blick auf diese Bilder verstellt, der jedoch ohnehin unmöglich zu sein scheint, da Bilder dann nicht mehr objektiv rezipiert werden können „[s]obald es [...] auf den Fotografien zentral um die abgebildeten Menschen geht."[130]

---

[125] Alonzo/Martin, Einleitung 17 (Sperrung wie Original).
[126] Siehe dazu ausführlicher: http://www.schaubuden.de/Schaubuden_Dateien/Schaubuden_Dateien_pdf/i%20Kapitel%208%20Voelkerschau.pdf (01.07.2012).
[127] Arndt/Hornscheidt, Afrika und die deutsche Sprache 62f.
[128] Bausinger. Zit. in: Lauterbach, Exakt lesen lernen ... 319.
[129] Gockerell, Bilder 331.
[130] Lauterbach, Exakt lesen lernen ... 320.

Filme

Neben Fotografien trugen auch ethnographische Filme über sogenannte „Naturvölker" zur Erzeugung innerer Bilder bei.

> *„Sie schaffen und stillen den Wunsch nach Exotik, nacktem Fleisch, Abenteuern und ‚wirklichen Bildern' vom ‚Dunklen Kontinent'. Hinter dem Bedürfnis nach Bildern verbirgt sich das Gefühl, es in Bezug auf Afrika mit etwas Unheimlichem zu tun zu haben, das mit visuellen Fixierungen und erklärenden Kommentaren beruhigt werden sollte. Die Angst, die Kolonisierten könnten sich ihrer völligen Vereinnahmung erwehren und ihre Statistenrolle in der Geschichte ablegen wollen, sollte mit ‚Informationen' über das für primitiv befundene Leben der AfrikanerInnen neutralisiert werden."*[131]

Filme hatten die Funktion, ein anthropologisches Gegenbild zu erzeugen, das die „Primitivität und Andersartigkeit, die Trägheit und Faulheit und die sexuelle Hyperaktivität"[132] – Attribute die sich nahezu wortgetreu in den analysierten Reiseberichten wiederfinden – herausstellte. Damit wurde dem Sendungsglauben sowie der moralischen Verpflichtung der Kolonisierenden, mit der „reinigenden Kraft des Westens"[133] einzugreifen, Plausibilität verliehen. Analog zu den Fotografien sagten auch sie nichts aus über die Entstehungsumstände, so dass die Möglichkeit einer Rekontextualisierung und Reevaluierung für den Betrachter im Grunde nicht bestand.

Begünstigend kam hinzu: die frühen ethnologischen Filme[134] hatten keine Handlung, sondern sie begannen mit einer Aktion (Tanz, Arbeitsverrichtung, Kampf) und endeten mit dieser. Sie lieferten keine Kontextstruktur, die (vielleicht) mit einer Struktur herkömmlicher Filme hätte verglichen werden können, da die meisten Filme über das „Schnappschussniveau" nicht hinauskamen („the use of ancillary actions to signal the beginning and end of a central action"[135] war erst den späteren ethnografischen Filmen vorbehalten). Durch die kontextlose Präsentation war eine realistische Einschätzung, inwieweit es sich um kompilierte, inszenierte Szenen handelte, die nur dem „kolonialistischen und sexistischen Schauens"[136] wegen gedreht wurden, nicht gegeben. Im Gegenteil: gerade das Fehlen einer Handlung ohne Schnitt und Zwischentitel (im Gegensatz zu den späteren Filmen „in denen die Bilder in eine Argumentation eingebettet wurden und als Beweismittel zur Unterstüt-

---

[131] Gutberlet. Zit. in: Zanella, Kolonialismus in Bildern 73 (Kursiv wie Original).
[132] Osterhammel. Zit. in: Fuhrmann: „Von fremden Ländern und fremden Völkern". Reise, Kolonialismus und Ethnographie im frühen Film.
[133] Fuhrmann: „Von fremden Ländern und fremden Völkern". Reise, Kolonialismus und Ethnographie im frühen Film.
[134] Die ersten ethnographischen Filme entstanden um 1900 im Zuge von Kolonialisierung und Entdeckungs- und Forschungsreisen. In: http://de.wikipedia.org/wiki/Ethnologischer_Film (01.07.2012).
[135] Deutelbaum, Structural Pattering 310.
[136] Gunning, Vor dem Dokumentarfilm 117.

zung oder Verstärkung eines Diskurs dienten"[137]), ließ eine Beurteilung, die zu eventuell anderen, (kritischeren) inneren Bildern hätte führen können, nicht zu.

Auch wenn sich ab 1918 die frühen nicht-fiktionalen, ethnografischen Filme Dokumentarfilme nannten, blieb doch das Manko der Kontextualisierung bestehen. Erst Ende der 50er Jahre hat das Institut für den Wissenschaftlichen Film (IWF) in Westdeutschland darauf reagiert und Regeln für Standards aufgestellt, die bei einem Film über fremde Völker zu beachten sind.[138] Wie stark gerade der Film, neben Bild- und Textmedien, als gesellschaftliches Massenphänomen die Menschen beeinflussen kann, hat sich auch in der NS-Zeit gezeigt, als die Nationalsozialisten die breite Masse mit Propagandafilmen[139] von der Notwendigkeit eines Euthanasieprogrammes überzeugen wollten.[140]

Völkerschauen[141]

„Das Bedürfnis der Nationalstaaten, ihre Potenz mittels der Präsentation ihrer Kolonien in den Welt- und Kolonialausstellungen unter Beweis zu stellen, und die Darstellung der fremden Kulturen der Kolonien als zu zivilisierende"[142] Lebensformen vorzuführen, führte zu einer verstärkten Präsentation von Menschen aus den unterworfenen Gebieten. Diese Zurschaustellungen coram publico waren eine weitere Einflussgröße, stereotype, innere, „wahre" Bilder zu erzeugen und zu festigen.[143] In diesen Völkerschauen, die von privaten Unternehmen mit Gewinnabsicht, meist auf Jahrmärkten oder in Zoologischen Gärten[144] veranstaltet wurden, zeigte man Rituale, Sitten und Gerätschaften, die von den angeworbenen Personen aus den jeweiligen, außereuropäischen Ländern vorgeführt wurden.[145] So wurde beispielsweise 1908 „[e]ine ganze Beduinenhorde mit sämtlichen Tieren aus Afrika nach München ver-

---

[137] Gunning, Vor dem Dokumentarfilm 117.

[138] Taureg, Standards 19-29.

[139] Z.B. „Erbkrank" (1936); „Ich klage an" (1941) oder „Opfer der Vergangenheit" (1937), um nur einige zu nennen.

[140] Weikart, From Darwin to Hitler 226.

[141] Zum Begriff, dem Umfang, der Inszenierung und dem Ende der Völkerschauen siehe Dreesbach, Gezähmte Wilde 10-12, 154-161, 312-318, 319f.

[142] Zanella, Kolonialismus in Bildern 30.

[143] Z.B. in Berlin 1896 die Kolonialausstellung, auf der neben Produkten auch Menschen aus den Kolonien ausgestellt waren, oder 1897 auf dem Brüsseler Kongress die „Kongoausstellung"; und später vor allem Hagenbecks Völkerschauen. Mamozai, Frauen und Kolonialismus 141.

[144] „In Köln wurden im Zoo, in Castans Panoptikum auf der Hohe Straße und in den Vergnügungslokalen ‚An der goldenen Ecke' [...] zwischen 1879 und 1932 allein 30 afrikanische Völkerschauen gezeigt." In: Ausstellung: Köln Postkolonial – Die Geschichte des Afrika-Viertels in Nippes. 2. bis 26. November 2010. Köln.

[145] Lewerenz, Die Deutsche Afrika-Schau 65.

pflanzt" und „[m]uhamedanische Handwerker bei der Arbeit in der muhamedanischen Ausstellung München 1910"[146] gezeigt. Neben der Zurschaustellung fremder Menschen dienten diese Veranstaltungen auch der Verbreitung der Kolonialidee, indem die Vorstellungen einen „meist inoffiziellen Teil der kolonialen Propaganda"[147] beinhalteten.

Völkerschauen stellten zwar Ende des 19. Jahrhunderts kein Novum mehr dar,[148] doch konnte erst zu dieser Zeit, als Folge des Kolonialismus, ein breiteres Publikum dafür gewonnen werden.[149]

> „Einzelausstellungen mag es [...] oft gegeben haben. Die Organisation sogenannter ‚Völkerschauen' aber, die Zurschaustellung von ‚Völkerkarawanen', die bei aller geschäftlicher Einstellung doch einen ethnographischen Anschauungsunterricht vermitteln sollten, gibt es erst seit 1874. Sie sind in ihrer ersten Form mit dem Namen Carl Hagenbeck verknüpft."[150]

Deutschlands erfolgreichster Völkerschau-Veranstalter[151], mit zahlreichen Veranstaltungen in den Jahren 1874-1931, war der Hamburger Tierhändler Carl Gottfried Hagenbeck (1844- 1913).[152] Er stellte mit seinen Präsentationen, als allseits akzeptiertes Vergnügungsangebot[153] zu dem manchmal 30.000 Zuschauer pro Tag kamen[154], einer „gaffenden Menge"[155] den deutschen Suprematismus der fernen Inferiorität gegenüber.

> „So wechselten noch im Tierpark in bunter Reihenfolge Nubier, Hottentotten und *Aschanti,* letztere als typische Vertreter der Negervölker und andere mehr miteinander ab."[156]

---

[146] Münchener Messe- und Ausstellungsgesellschaft mbh 135, 137.

[147] Joeden-Forgey, Die „Deutsche Afrika-Schau" 452.

[148] Völkerschauen im allgemeinen Sinn, in denen die zur Schau gestellten Menschen stets als unterlegen angesehen wurden, existierten schon seit 2000 Jahren; und erste ethnographische Schaustellungen gab es bereits im ersten Drittel des 19. Jahrhunderts vor allem in Leipzig (Michaelismesse 1814, Ostermesse 1819). In: Eißenberger, Entführt, verspottet und gestorben 79 und Lehmann, Zeitgenössische Bilder der ersten Völkerschauen 32.

[149] Erste größere Völkerschauen wurden in Deutschland ab der zweiten Hälfte des 19. Jahrhunderts präsentiert, doch zu einem Durchbruch dieser Schauen kam es erst „kurz nach der Reichsgründung ab Mitte der 1870er-Jahre, als sich der Tierhändler Carl Hagenbeck mit großem Erfolg als Völkerschauveranstalter etablierte." In: Lewerenz, Die Deutsche Afrika-Schau 66.

[150] Lehmann, Zeitgenössische Bilder der ersten Völkerschauen 34.

[151] Zur Entwicklung des Schaustellerwesens siehe Dreesbach, Gezähmte Wilde 40-109.

[152] In: www.geo.de/geo/mensch (01.07.2012).

[153] Mamozai, Frauen und Kolonialismus 141.

[154] Beispiele: Am ersten Tag der Ausstellung 1877 in Breslau waren es 30.000 Besucher; an einem Sonntag 1883 im Berliner Zoo 93.000 Besucher. In: Lehmann, Zeitgenössische Bilder der ersten Völkerschauen 34f.

[155] In: www.geo.de/geo/mensch (01.07.2012).

[156] Sokolowsky, Carl Hagenbeck und sein Werk 166. (Die Ashanti Region ist eine Region Ghanasmit der Hauptstadt Kumasi. In: http://de.wikipedia.org/wiki/Ashanti_Region (01.07.2012) (Kursiv wie Original).

Eugen Neisser schrieb anlässlich zurschaugestellter Nichteuropäer auf der Berliner Gewerbeausstellung 1896:

> „In dieses Bild der tropischen Kolonien [...] brachten die Eingeborenen ein bunt bewegtes Leben. Sie verpflanzten mitten hinein in die Weltstadt mit ihren verfeinerten Sitten [...] ein Stück natürlicher Wildheit, rohester Kultur. Gerade diese Gegensätze [...] in engem Rahmen nebeneinander mit greifbarer Deutlichkeit vorgeführt, machten die Ausstellung so fesselnd und reizvoll für jedermann."[157]

Hagenbecks Völkerschauen waren nicht nur in der Bevölkerung beliebt, sondern besaßen auch bei Anthropologen und Ethnologen einen guten Ruf. So kam es beispielsweise zwischen Rudolf Virchow (1821-1902) und Hagenbeck zu einer intensiven Zusammenarbeit, indem letzterer seine Völkerschaugruppen Virchow für Forschungszwecke überließ.[158] Damit

> „gelang es Hagenbeck, sich über die Unterstützung von Vertretern der physiologischen Anthropologie und der Ethnologie eine wissenschaftliche Legitimation seiner Schauen zu verschaffen; im Gegenzug konnten diese Schauen wiederum nutzen, um in Deutschland ihre Forschungen ‚am Objekt' voranzutreiben."[159]

Am Rande der Völkerschauen wurden auch Bilder der fremden Menschen aufgenommen, wie beispielsweise von dem Geographen Friedrich Ratzel (1844-1904), die als Illustrationen in ethnologischen Standardwerken oder populärwissenschaftlichen Publikationen Verwendung fanden.[160]

Die Präsentationen dieser Art von Völkerschauen endeten mit dem Ersten Weltkrieg[161] und lebten nicht mehr auf, u.a. auch wegen der „Schwierigkeit ‚unzivilisierte' Menschen nach Europa zu ‚bekommen.'"[162] Doch es genügten die wenigen Jahrzehnte der repetierten Medienpräsentationen, um Bilder, Träume und Vokabeln vom „Buschmann", der einer den Affen ähnelnden „Rasse" angehört zu kreieren, einen Diskurs von der Überlegenheit der eigenen und der Minderwertigkeit der afrikanischen „Rasse" zu intensivieren, Stereotypen und Vorurteile, die zur Dekulturierung Afrikas beitrugen, entstehen zu lassen, und die „Vorstellung eines ‚imagined dark continent'"[163] zu vermitteln. Mit dem

---

[157] Zur Berliner Gewerbeausstellung von 1896 gehörte auch eine Kolonialausstellung, deren Ziel es war, die Bevölkerung für die koloniale Idee zu gewinnen. In: Lederbogen, Völkerschau 47, 62.

[158] Zur Zusammenerbeit von Völkerschauveranstaltern und Wissenschaftlern siehe Dreesbach, Gezähmte Wilde 280-300.

[159] Lewerenz, Die Deutsche Afrika-Schau 67.

[160] Viele der Aufnahmen in Friedrich Ratzels Werk „Völkerkunde", der innerhalb der Ethnologie als Evolutionist und Sozialdarwinist gilt, stammen von solchen Völkerschauen. In: Lederbogen, Völkerschau 50.

[161] Eißenberger, Entführt, verspottet und gestorben 97.

[162] Lederbogen, Völkerschau 48.

[163] Hund, Rassismus 140.

„panoptischen Modus"[164], einer Art „plastischer Ethnologie"[165], einem insze-
nierten Arrangement der Schauen, sollte dem europäischen Publikum der Eindruck nahe gebracht werden, „die Ausgestellten bis ins kleinste Detail dabei
beobachten zu können, wie diese ihrem Alltag nachgingen"[166]. Dabei traten die
Besucher „den Völkerschau-Gruppen meist nicht unvoreingenommen gegenüber, sondern verfügten bereits über in mehreren Jahrhunderten geprägte
Fremdvölker-Stereotype."[167] Die so reproduzierten Stereotypen legitimierten
„Herrschaftsverhältnisse und damit verbundene Manifestationen von Ausgrenzung und Diskriminierungen",[168] die sich bis heute erhalten haben. Wie stark
der Einfluss der Darbietungen fremder Gruppen auf den einzelnen Besucher
sein konnte, belegt der Völkerkundler Alfred Lehmann, wenn er schreibt,

> „daß der Besuch solcher Völkerschauen in meiner Kindheit, bewußt also
> etwa ab 1897, [...] ganz erheblich dazu beigetragen hat, den Gesichtskreis
> des Knaben gewaltig zu erweitern, sondern obendrein in etwas späteren
> Jahren geradezu den Wunsch in mir erweckte, Völkerkunde zu studie-
> ren."[169]

Wenngleich hier durch die Völkerschauen ein positiver Impuls auf einen
Zuschauer ausging, der in Relation zur Gesamtmenge der Völkerschaubesu-
cher aber als marginal zu werten ist, so zeigt doch Lehmanns Äußerung die
Mächtigkeit des Beeinflussungspotentials dieser Veranstaltungen. Das heißt,
der Überzeugung, die zivilisierten Weißen hätten „die farbigen Horden von
Schwarzen" unter Kontrolle zu halten, weil sie „von den Weißen aus ihrer
angestammten Trägheit geweckt worden seien"[170]; wie auch der gesteuerten,
mangelnden Differenzierung und Reduzierung „des Neger-Image auf das stereotype Klischee des Primitiven"[171], konnte sich in Deutschland in der Zeit
zwischen 1870 und 1918 kaum einer entziehen.

Der Blick auf die „Unzivilisiertheit" der Kolonisierten förderte zugleich
das Wissen um die eigene „Zivilisiertheit" und steigerte die eigene Identität
und das Gefühl der Überlegenheit. Das hatte Auswirkungen sowohl auf diejenigen, die diese Medien für sich nutzten (Steigerung des Überlegenheitsgefühls) als auch auf diejenigen, die davon betroffen waren (Bestätigung ihrer
Inferiorität).

Inwieweit bewusst die Absicht bestand, durch die visuellen Darreichun-
gen auch zukünftige Generationen mental zu beeinflussen, lässt sich nicht
belegen. Dass aber diese Stereotypen und Vorurteile noch bestehen, lässt sich

---

164 Lewerenz, Die Deutsche Afrika-Schau 69.
165 Zanella, Kolonialismus in Bildern 46.
166 Lewerenz, Die Deutsche Afrika-Schau 69.
167 Eißenberger, Entführt, verspottet und gestorben 14.
168 Arndt/Hornscheidt, Afrika und die deutsche Sprache 47.
169 Lehmann, Zeitgenössische Bilder der ersten Völkerschauen 31.
170 Fredrickson, Rassismus 167.
171 Steins, Das Bild des Schwarzen 53.

nicht bestreiten. Der Grund liegt zum einen – folgt man Gottfried Mergner – in der „kulturell erworbene[n] Fähigkeit“, das Fremde als anormal zu sehen, wovon er die bis „‚heute andauernden Innen- und Außenwirkungen' des ‚kolonialistischen Diskurses'" ableitet, weil die visuellen Medien „als Spuren in unseren heutigen Welt- und Menschenbildern tief eingeschrieben sind.“[172] Und zum anderen auch in der Tatsache, dass nach Gerald Hüther durch „äußere“ Bildmedien bleibende „innere“ Bilder generiert werden. Sie sind eine der relevanten Ursachen für die Langlebigkeit von Stereotypen und Vorurteilen in diesem Kontext.

---

[172] Foitzik et al, „Ein Herrenvolk von Untertanen" 29.

Stereotyp, Vorurteil und Diskriminierung

Im Folgenden sollen, dem besseren Verständnis der Auswertung geschuldet, kurz die Begriffe Stereotyp, Vorurteil und Diskriminierung skizziert werden.

Das Stereotyp[173]

Das Stereotyp in der Funktion der „Konstruktion von Identität und für die Konstruktion von Alterität"[174], ist ein interdisziplinär verwendeter Begriff verschiedener Fachrichtungen (Psychologie, Soziologie, Ethnologie, Geschichtswissenschaft, Literaturwissenschaft, Linguistik) der meist in einem sozialwissenschaftlichen Kontext Verwendung findet.[175] Stereotypen nutzen der „Orientierung in einer als unübersichtlich empfundenen Welt", reduzieren Komplexität, dienen als „Zeichen für Gruppen" und tragen zur Festigung des „Wir-Gefühls" bei.[176] Man versteht darunter „Überzeugungen oder Annahmen über die Eigenschaften und Merkmale einer Gruppe von Personen."[177] Diese Auffassung vertritt auch der Sozialwissenschaftler Wilfried Gottschalch (1929-2006), der darunter „relativ dauerhafte, auf wenige Merkmale reduzierte und festgelegte Vorstellungsbilder von Menschen, Gruppen, Verhältnissen oder Dingen, die in bestimmten Situationen, vom Denken als Probehandeln entlastend, verhaltensrelevant werden können"[178] versteht. Stereotype „also in Worte oder Bilder gefasste verallgemeinerte Wahrnehmungen der Welt"[179], die sich durch permanente Wiederholungen einschleichen[180] und von Generation zu Generation weitergegeben werden,[181] können sich auf Gruppen oder gar auf alle Angehörigen einer Ethnie beziehen; sie können als änderungsresistente „kleine Bilder, die wir in unseren Köpfen herumtragen"[182] verstanden werden.

> „Entscheidend ist dabei der Aspekt der Generalisierung, die Verallgemeinerung bestimmter Meinungen über typische Zusammenhänge zwischen

---

173 15 Thesen zur Stereotypenforschung sind zu finden in: Hahn/Mannová, Nationale Wahrnehmungen 15-24.
174 Hahn/Mannová, Nationale Wahrnehmungen 22.
175 Hahn/Mannová, Nationale Wahrnehmungen 23.
176 Hahn/Mannová, Nationale Wahrnehmungen 15, 16, 19, 21.
177 Ganter, Ursachen und Formen der Fremdenfeindlichkeit in der Bundesrepublik 14.
178 Gottschalch, Stereotyp 580.
179 Hahn/Mannová, Nationale Wahrnehmungen 16.
180 Arndt/Hornscheidt, Afrika und die deutsche Sprache 47.
181 Hahn/Mannová, Nationale Wahrnehmungen 18.
182 Lippmann. Zit. in: Zick et al, Die Abwertung der Anderen 33.

Personen und deren Eigenschaften auf alle oder die meisten Personen, die einer bestimmten Gruppe oder Kategorie zugeordnet werden."[183]

Meist treten Stereotypen nicht in Reinform auf „also als rein ethnische, politische oder soziale Stereotypen, sondern sehr häufig in Mischformen, d.h. [...] es schwingen meist auch Bedeutungsinhalte sozialer oder anderer Stereotypen mit (je nach Kontext)".[184] So sind beispielsweise mit Formulierungen aus den in dieser Arbeit untersuchten Reiseberichttexten „Seit wann kommt's denn hier auf Pünktlichkeit an, wir sind doch schließlich in Afrika" (Rb 35) oder, „Weiße begreifen schneller als Schwarze" (Rb 32) nicht nur ethnische oder rassische Inhalte gemeint, sondern diese Formulierungen enthalten gleichzeitig auch ein soziales und kulturelles Stereotyp. Stereotypen kann sogar eine doppelte Funktion innewohnen. Bezogen auf die vorgenannten Beispiele handelt es sich zum einen um eine negative Verallgemeinerung von „Afrikanern", „Afrika" oder „Schwarzen" (Heterostereotyp) und zum anderen um eine positive Verallgemeinerung, weil unterstellt wird, alle Deutschen seien pünktlich bzw. intelligent (Autostereotyp).[185]

Doch obwohl beim Stereotyp eine Zuschreibung bestimmter Eigenschaften (unpünktlich, begriffsstutzig) erfolgt, handelt es sich noch nicht um ein Vorurteil im „Sinne generalisierter negativer Einstellungen, die der Abwertung dienen"[186], sondern um „allgemeine" Wahrnehmungen und Konstruktionen, die sich in Phrasen verdichten.[187]

Das Vorurteil

Es ist leichter einen Atomkern zu spalten als ein Vorurteil
Albert Einstein

Das Vorurteil, das sich „von bloß falschen Urteilen durch die Resistenz gegen die Richtigstellung"[188] unterscheidet, ist ein vorab wertendes Urteil, das eine Handlung leitet und in diesem Sinne endgültig ist. Es ist eine meist wenig reflektierte Meinung – ohne verständige Würdigung aller relevanten Eigenschaften eines gewerteten Sachverhaltes oder einer Person. Anders als ein Urteil ist das wertende Vorurteil für den, der es hat, häufig Ausgangspunkt für motivgesteuerte Handlungen.[189]

---

183 Ganter, Ursachen und Formen der Fremdenfeindlichkeit in der Bundesrepublik 14.
184 Hahn/Mannová, Nationale Wahrnehmungen 18.
185 Zu den Begriffen Autostereotyp und Heterostereotyp siehe Hahn/Mannová, Nationale Wahrnehmungen 22.
186 Zick et al, Die Abwertung der Anderen 34.
187 Arndt/Hornscheidt, Afrika und die deutsche Sprache 49.
188 Ostermann/Nicklas, Vorurteile und Feindbilder 1.
189 Bergman: Was sind Vorurteile? Heft 271.

„Im Alltagsverständnis gebrauchen wir den Begriff Vorurteil, um ausgeprägte positive und negative Urteile oder Einstellungen eines Mitmen-
schen über ein Vorurteilsobjekt zu bezeichnen, wenn wir sie für nicht
realitätsgerecht halten und der Betreffende trotz Gegenargumenten nicht
von seiner Meinung abrückt. Da wir in unseren Urteilen zumeist nur
unsere Sichtweise wiedergeben und Urteile fast immer gewisse Verallgemeinerungen enthalten, sind in jedem Urteil Momente des Vorurteilshaften
zu finden."[190]

Als einzelne Schritte, die zu einem Vorurteil führen, nennen der Konfliktfor-
scher Andreas Zick et al:

- die *Kategorisierung* (Unterscheidung von ingroup und outgroup);
- die *Stereotypisierung* (die outgroup entspricht einem homogenen, bestimmten „Typen");
- die *Bewertung* der kategorisierten Menschen aufgrund der ihnen zugewiesenen Stereotype.[191]

Dabei sind drei Aspekte zu berücksichtigen[192], nämlich der:

- *kognitive* Aspekt: Das Vorurteil wirkt sich unmittelbar auf die Art und
  Weise des Denkens über bestimmte Personengruppen aus: z.B. Afrikaner
  sind intellektuell zurückgeblieben: *„Da er offensichtlich das Kleingedruck-
  te mit dem Großgedruckten verwechselte, das Einreisedatum nicht vom Ausstellungsdatum unterscheiden und obendrein nicht rechnen konnte"*;
- *affektive* Aspekt: Dieses Denken hat Auswirkungen auf Emotionen und
  Affekte:
  z.B. *Es nervt mich wenn jemand so dumm ist und ich deshalb aufgehalten
  werde;*
- *konative* Aspekt: Das durch das Vorurteil evozierte und durch Emotionen
  verstärkte Gedankengut manifestiert sich im konkreten Handeln: z.B.
  „habe ich ihn über die Funktionsweise des Stempels seines Staates aufgeklärt"
  (alle Beispiele aus Rb 7).

Beim Vorurteil handelt es sich also um „eine negative Einstellung – eine Prädisposition, sich bei der Wahrnehmung, beim Handeln, Denken und Fühlen
‚gegen' eine andere Person oder Gruppe zu richten."[193] Nach Zick et al werden
Vorurteile aus sozialpsychologischer Perspektive als „soziale Einstellungen, die
in der Wechselwirkung von individuellen Ursachen und Umweltfaktoren
zustande kommen"[194] verstanden. Ausschlaggebend ist, dass die Menschen zu

---

[190] Bergman: Was sind Vorurteile? Heft 271.
[191] Zick et al, Die Abwertung der Anderen 33f. Ausführliches zum Vorurteil ist zu finden bei
       Zick et al, Die Abwertung der Anderen 31-42 und bei Ahlheim, Die Gewalt des Vorurteils,
       insbesondere 40-59.
[192] Ostermann/Nicklas, Vorurteile und Feindbilder 2f.
[193] Markefka, Vorurteile 65.
[194] Zick et al, Die Abwertung der Anderen 31.

Vorurteilen kommen, weil sie durch den Kontext in dem sie leben (Enkulturation, Diskurse, innere Bilder) indirekt dazu gebracht werden, da in diesem bereits Vorurteile eingebettet sind.[195]

Doch wenngleich die Abgrenzung zum Stereotyp unscharf ist, es sich beim Vorurteil auch um Einstellungen handelt, „die ebenfalls allgemein dadurch gekennzeichnet sind, dass sie sich auf alle oder die meisten Personen beziehen, die einer Gruppe oder Kategorie zugeordnet werden"[196], so liegt ein Unterschied darin, dass ein charakteristisches Merkmal eines Vorurteils das Einschließen einer *Bewertung* der Eigenschaften bestimmter Personengruppen beinhaltet. Das kann zur Folge haben, dass Vorurteile „diskriminierende Handlungen auslösen und sich in aggressiven Worten und Taten Luft machen"[197] wie auch eine „Zirkelbeziehung zwischen Vorurteil und Diskriminierung"[198] vorliegen kann.

> „Zwischen Vorurteil und Diskriminierung können wir uns nicht mit der Feststellung einer Beziehung von Ursache und Wirkung zufriedengeben, selbst wenn es eine starke positive und negative Korrelation zwischen beiden gibt. Wenn auch keine Gesetze gegen das Vorurteil erlassen werden können, kann doch die Diskriminierung beseitigt werden: ‚So verringert sich das Vorurteil, wenn die Symbole der unterstellten ethnischen Minderwertigkeit verschwunden sind.'"[199]

Wenn auch zwischen einer Vorurteilshaltung und einer abwertenden Handlung ein Zusammenhang besteht muss ein Vorurteil nicht zwangsläufig zu diskriminierenden Reaktionen führen, obgleich das Potential dazu besteht.

> „Zwischen Vorurteil und Diskriminierung besteht in der Regel eine Interdependenz dergestalt, daß entweder das Vorurteil zu Diskriminierungen oder die Diskriminierung zu Vorurteilen führt. In der Mehrzahl der Fälle verstärken sie sich gegenseitig."[200]

Wie bei empirischen Untersuchungen zur Fremdenfeindlichkeit in Deutschland festgestellt wurde, spielt die Anzahl an Kontakterfahrungen für das Ausmaß an Vorurteilen eine signifikante Rolle. Ein höheres Ausmaß an Kontakterfahrungen führt zu einer stärkeren Reduktion der Vorurteile, während sich umgekehrt, der Einfluss von Vorurteilen auf die Anzahl der Kontakte geringer auswirkt. Doch ist nicht nur die Anzahl der Kontakte auf das Maß der Vorurteile ausschlaggebend, sondern die Art der Begegnungen.[201] Außerdem können sich vermittelte, positive Informationen über Ausländer, beispielsweise durch die Eltern, reduzierend auf eine hierarchisch orientierte Kategorien-

---

195 Zick et al, Die Abwertung der Anderen 31.
196 Ganter, Ursachen und Formen der Fremdenfeindlichkeit in der Bundesrepublik 14.
197 Allport, Treibjagd auf Sündenböcke (Auszug) 17.
198 Taguieff, Die Macht des Vorurteils 247.
199 Taguieff, Die Macht des Vorurteils 247.
200 Hirsch, Diskriminierung 191.
201 Staatslexikon, Bd. 2, Sp. 66.

bildungsbereitschaft auswirken.[202] Wie bereits erwähnt, führen Vorurteile nicht immer zu einem diskriminierenden Verhalten. Dies gilt insbesondere dann, wenn „das Vorurteilsobjekt nicht dem typischen Vorstellungsbild von der Gruppe entspricht" oder „ein nicht-diskriminierendes Verhalten einen größeren (wirtschaftlichen, politischen oder sozialen) Nutzen verspricht"[203]. Gleiches gilt, wenn sich keine Umsetzungsgelegenheit ergibt und/oder der gesellschaftliche Druck oder ein Gesetz ein diskriminierendes Handeln nicht zulassen.

Untersuchungen in den USA haben ergeben, dass rassische Vorurteile nicht allein schuld an der Nichtakzeptanz Schwarzer sind, sondern auch vordergründige, individuelle Interessen eine Rolle spielen.[204] Das traf auch in anderer Form beispielsweise für die Zeit des Nationalsozialismus zu. Als ein zusätzliches Movens spielte hier, neben der Auslöschung der „Rasse" der Juden, die individuelle oder kollektive Bereicherung (Beschlagnahmung von Haus, Barvermögen, Geschäft) eine nicht unerhebliche Rolle.

Wie weiter oben bereits angedeutet, enthalten die untersuchten Reiseberichte vermutlich auch unbewusst formulierte, diskriminierende Äußerungen. Das deckt sich mit dem, worauf Zick et al explizit hinweisen, nämlich, dass Vorurteile auch unbewusst geäußert werden können, ohne dass sich die Akteure darüber im klaren sind. Meist handelt es sich dann um tradierte Meinungen, die „ohne großes Nachdenken weitergetragen werden"[205], was wiederum auf Gerald Hüthers „Macht der inneren Bilder" verweist.

Ist das Stereotyp als eine generalisierende Überzeugung zu verstehen und das Vorurteil als eine Überzeugung mit Bewertung, die zu emotionalen Reaktionen führen kann[206], so wird mit sozialer/ethnischer Diskriminierung eine konkrete Handlung oder Verhaltensweise gegenüber Personen verstanden.[207]

Die Diskriminierung

Von Diskriminierung, verstanden als Handlung mit erkennbaren Folgen, ist zu sprechen, wenn

> „Akteure andere Akteure aufgrund wahrgenommener sozialer oder ethnischer Merkmale als ungleiche bzw. minderwertige Partner angesehen und, im Vergleich zu den Angehörigen des eigenen Kollektivs, entsprechend abwertend behandelt haben."[208]

---

[202] Wagner et al, Sozialpsychologische Analysen 59-79.

[203] IDA-NRW 3.

[204] Staatslexikon, Bd. 2, Sp. 65.

[205] Zick et al, Die Abwertung der Anderen 37.

[206] Ganter, Ursachen und Formen der Fremdenfeindlichkeit in der Bundesrepublik 14.

[207] Ganter, Ursachen und Formen der Fremdenfeindlichkeit in der Bundesrepublik 15.

[208] Markefka, Vorurteile 43.

Nach Gordon Allport wird mit einer Diskriminierung

> „ein Ausschluß vollzogen. Der Diskriminierende wurde aufgestachelt durch das Vorurteil. Im allgemeinen stützt sich eine Diskriminierung nicht auf die wahren Qualitäten einer einzelnen Person, sondern auf das ‚Aushängeschild‘, auf das Merkmal, das jene Person als ein Mitglied einer verunglimpften Gruppe brandmarkt."[209]

Eine Ursache für Diskriminierung liegt laut Jordan Ecker in der Tendenz des Menschen, das, was in der eigenen Kultur geschieht, als natürlich und richtig, und das, was in anderen Kulturen üblich ist, als unnatürlich anzusehen. Zu diesem „Überzeugungssystem"[210] gehört auch, die Gebräuche der Eigengruppe nicht in Frage zu stellen und sie als Vorbild und Orientierungsgröße für die Fremdgruppe anzusehen. Ebenso wie auch zu glauben, es sei selbstverständlich, mit Mitgliedern der eigenen Gruppe zu kooperieren und Fremdgruppen mit Skepsis zu begegnen. Der Grund dafür liegt in der Tatsache, dass der Mensch „von Natur aus" dazu neigt, auf die eigene Gruppe stolz zu sein und sie zu bevorzugen, während er der Fremdgruppe feindselig gegenüber stehe.[211]

Beurteilungsmaßstab der Fremdgruppe ist das „Konzept des kulturellen Habitus als einer weithin unbewussten, ‚inkorporierten‘, also buchstäblich in den Körper eingeschriebenen sozialen Identität"[212] der Eigengruppe, und dieses „Mir-san-mir-Gefühl"[213] wird als nicht verhandelbar angesehen. Das „Nicht-Verhandeln"[214] der eigenen Normen impliziert zugleich, sich gegenüber anderen Argumenten und Sichtweisen zu verschließen, und dies bedeutet „Die-san-die", also Ausgrenzung. Weist die Erscheinungsform der bewerteten Person/Gruppe keine Kongruenz mit den Standards der Eigengruppe auf, z.B. durch andere Ethnizität, Religion oder Sprache, dann werden innere Bilder aktiviert, die durch kulturelle Traditionen einer Gesellschaft und deren unreflektiert ethnozentrischen Vorstellungen über „Fremde" entstanden sind. Das Abrufen von inneren Bildern, verbunden mit der Bildung sozialer Kategorien und hierarchisch strukturierter Bewertungen, liefert dann die Grundlage und schafft den Raum, die „Andersartigkeit" – auch sprachlich – zu diskriminieren. Wie stark gerade tradierte Wertvorstellungen unsere Einstellungen gegenüber dem Fremden prägen, beschreibt Gerald Hüther:

> „[Die] von unseren jeweiligen Vorfahren entwickelten und über Generationen hinweg erfolgreich benutzten Welt-, Feind- und Menschenbilder haben sich tief in die Gehirne der Nachkommen eingegraben, sie sind noch immer so fest im kollektiven Gedächtnis von Familien, Sippen,

---

[209] Allport, Treibjagd auf Sündenböcke 15.
[210] Zick, Konflikttheorie 413.
[211] Jordan-Ecker, Interkulturelle Kommunikation 70f.
[212] Kaschuba, Einführung 156.
[213] Kaschuba, „Mir san mir"!? Vergemeinschaftspraxen in der späten Moderne. Vortrag am 04.02.2010 an der LMU.
[214] Kaschuba, Einführung 240.

Stämmen und Volksgruppen verankert und werden durch Gesetze, Glaubens- und Verhaltensregeln und Vorschriften so stark befestigt, dass sie die inzwischen notwendige über alle Unterschiede hinausgehende, gemeinsame Suche nach Lösungen bis heute weitgehend verhindern."[215]

Betroffen sind Personen, die aufgrund ihrer gruppenspezifischen Merkmale (Ethnie, Hautfarbe, Sprache) mittels der Konstruktion von Differenz, die aus einem normativ gebotenen oder von einer Bevölkerungsgruppe postulierten Gleichheitssatz erwächst,[216] benachteiligt werden. Es handelt sich damit um „Unterscheidungen, die eine Ungleichbewertung und/oder Ungleichbehandlung von Individuen, realen und imaginierten sozialen Gruppen einschließen."[217]

Mögliche Handlungen können sich von Kontaktvermeidung bis hin zur Gewaltanwendung erstrecken, wobei verbale und schriftliche Verunglimpfungen einen breiten Raum einnehmen. Insbesondere körperliche oder kulturelle Spezifika des „Fremden" bestimmen die Wortbilder, die als „Wort-Waffen"[218] eingesetzt werden, um den oder die „Anderen" sozial unterzuordnen. Dabei spielen Dichotomien (Schwarze / Weiße, wild / zivilisiert) eine wichtige Rolle, da sie „den Akteuren auch als kognitive Basis dienen, um sich als Eigengruppenangehörige[219] von jeweils anderen ‚ein Bild zu machen', abzugrenzen und sich ihnen gegenüber entsprechend zu verhalten."[220]

Doch darf sich der Blick nicht nur auf den Mechanismus selbst, auf die normativ-bewertenden Argumente der Diskriminierenden einerseits bzw. die Kategorisierung der zu Diskriminierenden andererseits, reduzieren. Nach dem Soziologen Albert Scherr ist es vielmehr von Bedeutung, zu fragen *warum* und in *welchen Kontexten* diskriminiert wird.[221] Denn es besteht in der Regel in der Wahrnehmung eines Deutschen von einem „schwarzen" Menschen ein deutlicher Unterschied, ob letzterer im Kontext einer hilfsbedürftigen, von Abschiebung bedrohten Situation steht, oder im Kontext eines Spielers eines Bundesligavereins.[222]

> „Im Unterschied also zu gängigen Vorschlägen, neben Klasse auch Geschlecht, ‚Race' und ‚Ethnizität' als diskriminierungs- und ungleichheitsrelevante Strukturkategorien gesellschaftstheoretisch zu reklamieren [...], ist

---

[215] Hüther, Macht 101.

[216] Hirsch, Diskriminierung 190.

[217] Scherr, Diskriminierung, systemtheoretisch 1. In: www.Sozialarbeit.ch/dokumente/diskriminierung.pdf (01.07.2012).

[218] Markefka, Vorurteile 38.

[219] Zum Thema Gruppen/Gruppenkonflikt siehe z.B. Bonacker, Konflikttheorien 213, 411, 425f oder Mikl-Horke, Soziologie 88-95.

[220] Markefka, Vorurteile 6.

[221] Scherr, Diskriminierung, systemtheoretisch. In: www.Sozialarbeit.ch/dokumente/diskriminierung.pdf (01.07.2012) (Kursiv wie Original).

[222] Zu Beispielen unterschiedlicher Wahrnehmung und daraus resultierender Diskriminierungen siehe Diskriminierung – Erscheinungsformen. In: http://www.ida-nrw.de/Diskriminierung/html/hdiskriminierung.htm (01.07.2012).

es erforderlich, empirisch zu rekonstruieren, in welchen sozialen Kontexten welche Unterscheidungen wie verwendet und relevant gesetzt werden sowie welche privilegierenden oder benachteiligten Effekte dies nach sich zieht."[223]

Diskriminierungen sind weit verbreitet. Das liegt auch daran, weil der Mensch in einem kulturellen Rahmen von Vorstellungen über unterschiedliche Klassen lebt und somit Schlussfolgerungen auf den unterschiedlichen Wert von Menschen zieht; das heißt, „unsere gesellschaftliche Struktur macht das Kind von vornherein mit sozial festgelegten Umgangsmöglichkeiten [...] bekannt."[224] Der Grund für diese gesellschaftliche Sichtweise liegt in der Absicht, einer gesellschaftlichen Gruppe ein eigenständiges, markantes Profil zu geben und sich dadurch von Mitgliedern anderer „unterprivilegierter" Gruppen abzuheben. Um diese Vorstellungen zu realisieren haben sich unterschiedliche Erscheinungsformen sozialer Diskriminierung (strukturelle, institutionelle, symbolische, mittelbare, unmittelbare, positive, alltägliche und sprachliche Diskriminierung) herausgebildet, die sich zum Teil überschneiden und in ihren Überschneidungen zu neuen Formen von Diskriminierungen führen können[225].

Im Zusammenhang mit der Auswertung der Reiseberichte sind vor allem die sozialen und sprachlichen Gesichtspunkte einer Diskriminierung relevant. Sie stehen in Bezug zu überstaatlichen, innerstaatlichen und wirtschaftlichen Interessen und Rahmenbedingungen, die die Basis bilden, in welchem Umfang soziale und sprachliche Diskriminierungen verboten, toleriert, erlaubt oder gar erwünscht sind.

a) Die soziale Diskriminierung

Wenn Diskriminierung „in ihrem elementaren Sinn meint ‚to differentiate or to make a difference'"[226], so meint soziale Diskriminierung „eine Unterscheidung auf kategorialer Basis, z.B. in Form von Gruppen- oder Klassenzugehörigkeit"[227] bzw. „die mit dem vorherrschenden Wertesystem unvereinbare und deshalb willkürlich erscheinende Ungleichbehandlung von Individuen und sozialen Gruppen."[228]

---

[223] Scherr, Diskriminierung – eine eigenständige Kategorie 2015. In: http://home.ph-freiburg.de/scherrfr/Diskriminierung.pdf (01.07.2012).

[224] Allport, Treibjagd 40.

[225] Das Bielefelder Forschungsprojekt „Gruppenbezogene Menschenfeindlichkeit", das auf dem Bielefelder Desintegrationsansatz von Wilhelm Heitmeyer basiert – es handelt sich dabei um einen sozialwissenschaftlichen Begriff, bei dem Einstellungen im Bereich Rassismus, Rechtsextremismus, Diskriminierung und Sozialdarwinismus zu einem integrativen Konzept zusammengefasst werden – geht davon aus, dass die verschiedenen Diskriminierungsformen ein Syndrom bilden, dem eine generalisierte Ideologie der Ungleichwertigkeit zugrunde liegt. In: Heitmeyer, Deutsche Zustände, Bd. 6, S. 21f.

[226] Graumann, Discriminatory Discourse 8.

[227] Graumann, Discriminatory Discourse 8.

[228] Staatslexikon, Bd. 2, Sp. 64.

> „In disregard of their individual properties or merits others are treated as mere instances or typical specimens of a social category, such as race, gender, age, ethnic or national membership, religious or professional affiliation."[229]

Bei der sozialen Diskriminierung – sie ist in der Soziologie zunächst als Handlung verstanden worden –, ist von Bedeutung, dass

1. Demokratie und Gleichbehandlungsgebot fester Bestandteil einer Kultur geworden sind; ferner muss
2. soziale Diskriminierung von sozialer Differenzierung unterschieden werden.[230] Und
3. ist die Stoßrichtung eines mit sozialer Diskriminierung in Verbindung zu bringendes Diskriminierungsverbot, die Beseitigung der „Benachteiligung einer Person, unabhängig von ihren individuellen Eigenschaften und Verdiensten, allein aufgrund ihrer Zugehörigkeit zu einer bestimmten sozialen Kategorie."[231]

Ein sozial orientiertes Diskriminierungsverbot stellt nicht nur ab auf Indikatoren, die auf unterschiedliche kulturelle Landschaften hinweisen, wie Ethnizität, „Rasse", Sprache, Tradition, sondern wirkt sich nach neuerer Auffassung auch auf Personen, wie Senioren, Behinderte, Obdachlose etc. aus, für die eine unzulängliche staatliche Fürsorge gegeben ist.[232]

Wie schwer es trotz gesetzlicher Rahmenbedingungen, die vielfältige Diskriminierungsverbote beinhalten, ist, soziale Diskriminierung zu unterbinden zeigt ein Beispiel aus den USA:

> „Attempts by American universties to protect subordinated groups from hurtful speech have been similiarly frustrated. When white fraternity members staged an ‚ugly woman' contest in the student refectory by painting their faces black, donning fright wigs, and using pillows to exaggerate breasts and buttocks, George Mason University suspended them from social activities and sports for two years. Although ‚it was' conceded

---

[229] Graumann, Discriminatory Discourse 8.

[230] „Nicht jede Art von sozialer Differenzierung ist gleichbedeutend mit sozialer Diskriminierung. Auch in Gesellschaften, die den Gleichheitsgrundsatz bejahen, gibt es Bereiche, in denen Ungleichbehandlung nicht nur geduldet, sondern geradezu gefordert wird." So verzichtet kein Gesellschaftssystem darauf, an unterschiedliche Fähigkeiten und Leistungen unterschiedliche Belohnungen zu knüpfen und den einzelnen wegen schuldhafter Gesetzesverstöße zur Rechenschaft zu ziehen. In: Staatslexikon, Bd. 2, Sp. 64.

[231] Staatslexikon, Bd. 2, Sp. 64.

[232] Diese Begriffserweiterung ist nicht unbedenklich, denn im Grunde geht es hier nicht um eine Gleich-, sondern um eine Vorzugsbehandlung, als Ausgleich für verminderte Entfaltungschancen. Damit verschiebt sich zugleich die Argumentation von der Ebene des demokratischen Rechtsstaats, aus dessen Begründungskontext das Diskriminierungsverbot stammt, hin zu jener des Planungs- und Sozialstaats. In: Staatslexikon, Bd. 2, Sp. 64.

that the contest was ‚inappropriate and offensive,' [...] the penalty was ‚grossly inappropriate.'"[233]

Die Intensität sozialer Diskriminierung steht in direktem Bezug mit den in einer Mehrheitsgesellschaft festgelegten Gleichbehandlungsgrundsätzen und Bewertungsmaßstäben. Es handelt sich dabei um gesetzgeberische, tradierte und/oder diskursiv ausgehandelte Normen und „Konstruktionen"[234], die vorgeben, welchen Standards eine Person oder Personengruppe zu entsprechen habe.[235] Dabei wird auch argumentiert, sozialen Diskriminierungs- und Ausgrenzungspraktiken käme eine wichtige Funktion für die Diskriminierenden zu, als sich

> „[d]urch die Absetzung von einer ‚negativen Bezugsgruppe' und die gemeinsame Definition eines Gegners [...] sich die Mehrheit ihrer kollektiven Identität [versichere, und damit] würden jene Gefühle der Solidarität erzeugt, ohne die insbesondere Wettbewerbs- und Konfliktsituationen kaum zu meistern seien."[236]

Da diese Einstellung zur Ungleichwertigkeit für die Erhaltung bestehender Macht- und Interessensverhältnisse geradezu ideal ist, hat sich, laut dem Pädagogen Wilhelm Heitmeyer, diese Argumentation als generalisierte Ideologie etabliert.[237]

Heitmeyer kann in einem, auf zehn Jahre angelegten Projekt (Start 2002) über „Gruppenbezogene Menschenfeindlichkeit"[238] aufzeigen, dass Menschenfeindlichkeit sich nicht an individuellen Feindschaftsverhältnissen festmachen lässt, sondern auf Gruppen zielt. Das bedeutet, Personen werden nicht aufgrund individueller Faktoren angefeindet, sondern aufgrund ihrer zugewiesenen Gruppenzugehörigkeit als ungleichwertig markiert.[239] Der Eigengruppe (in-group) wird eine Fremdgruppe (out-group) gegenübergestellt, von der man sich distanziert. Dabei muss sich diese räumlich nicht weit entfernt befinden, weil es im Grunde soziale Hindernisse, wie Sprachbarrieren oder unterschiedliche Berufspositionen sind, die Distanz zwischen den Menschen schaffen.[240]

---

[233] Abel, Speech & Respect 35.
[234] Kaschuba, Einführung 132-147, 235-245.
[235] In Deutschland könne die Norm einer Mehrheitsgesellschaft etwa durch „weiß, deutsch, heterosexuell, gesund, leistungsfähig, christlich" umschrieben werden. In: Informations- und Dokumentationszentrum für Antirassismusarbeit in Nordrhein-Westfalen.
[236] Staatslexikon, Bd. 2, Sp. 65; ebenso Heitmeyer, Ideologie 38.
[237] Heitmeyer, Ideologie 22, 39.
[238] Heitmeyers „Syndrom" umfasst die Elemente Rassismus / Fremdenfeindlichkeit /Antisemitismus / Homophobie / Abwertung von Obdachlosen / Abwertung von Behinderten / Islamophobie / Etabliertenvorrechte / Sexismus / Langzeitarbeitslose. Der Kern aller Elemente ist die „Ungleichwertigkeit", weshalb er den Begriff „Syndrom" wählte. Gleiche Kernfragen werden jährlich neu gestellt; damit zeigen sich historische Verläufe und Trends. In: Heitmeyer, Deutsche Zustände, Bd. 6, S. 19-22.
[239] Heitmeyer, Deutsche Zustände, Bd. 6, S. 18.
[240] Jordan-Ecker, Interkulturelle Kommunikation 69.

Wie zahlreiche Arbeiten aus dem Bereich der Medienwirkungsforschung belegen[241] wird die Wahrnehmung von Fremdgruppen auch von den Medien beeinflusst. Eine Besonderheit dabei ist, dass zwei Drittel der Informationen in unseren Presseartikeln über „Entwicklungsländer" von westlichen Agenturen zusammengestellt werden und nur ein Drittel der Berichte aus den Ursprungsländern selbst stammt; mit der Folge, dass „[d]ie Massenmedien [...] so als primäre Quelle der Dritte-Welt-Bewusstseins-Vermittlung" fungieren.[242] Das kann, wie Awes in seiner Studie und Heitmeyer mit seinen Zwischenergebnissen anschaulich belegen, zu einer Fixierung des bereits in der Kolonialzeit entstandenen und bis heute evidenten, ethnozentrischen[243] Denkens führen.[244] So waren auf die Frage, ob es zuträfe, dass Weiße zu Recht führend in der Welt sind, immerhin rund 5-10% der Befragten der Meinung, die Superiorität gegenüber den People of Color sei richtig.

Dieser Prozentsatz lässt erahnen, wie sich eurozentrisches Überlegenheitsdenken, das aus einer europäisch-kolonialen Denktradition stammt und mit erstaunlicher Zähigkeit weiterlebt, seinen Niederschlag im Alltagsdiskurs in Stereotypen und Vorurteilen gegenüber „Negern" findet.[245] Zu diesen eurozentrischen Vorstellungen tragen neben den Medien auch Politiker in ihren Reden an potentielle Wähler bei, indem sie gelegentlich bewusst gruppendiskriminierende Formulierungen gebrauchen und damit den Konflikt, der zwischen Integration und Identität[246] besteht, unterstützen. So sah sich der ehemalige bayerische Ministerpräsident Edmund Stoiber im Oktober 2000 veranlasst, seine positive Voreingenommenheit[247] gegenüber der Eigengruppe kundzutun: „Wir wollen, daß die christlich-abendländische Kultur die Leitkultur bleibt, und nicht aufgeht in einem Mischmasch"[248]; wie auch der frühere Bundeskanzler Helmut Kohl in seiner Amtszeit wiederholt den Begriff des „Asylmissbrauchs" verwendete. Für den Rezipienten ist die tatsächliche

---

241 Ellinghaus, Fernsehmacher; Awes, Schwarze Gazelle; Rogge, Kinder; Lenk, Rundfunk; Gyr, Medien und Alltag; Wienker-Piepho, Deutschland; Simon, Wirkungen; Tiemann, Fernsehen; Kreuzer, Fernsehforschung; Halloran, Wirkungen des Fernsehens; Cohen-Seat, Wirkungen; Rath, Medienethik, Bergler, Psychologie, Bourdieu, Über das fernsehen.

242 Awes, Gazelle 9f. Zur westlichen Berichterstattung über „Entwicklungsländer" siehe auch Poenicke, Afrika 12-28.

243 Zur Definition „Ethnozentrismus": „Ethnozentrismus ist eine technische Bezeichnung für die Ansicht, daß die eigene Gruppe das Zentrum aller Dinge ist; alle anderen werden in bezug auf sie skaliert und bewertet. [...] Jede Gruppe sieht ihre Sitten als die einzig richtigen an, und wenn sie beobachtet, daß andere Gruppen andere Sitten haben, rufen diese Geringschätzung hervor." In: Markefka, Vorurteile 16.

244 Awes, Gazelle 13.

245 Awes, Gazelle su 4.

246 Hammerich, Soziologische Studien 71.

247 Positive Voreingenommenheit gegenüber der eigenen Gruppe (Ethnozentrismus) bedeutet für die „anderen", dass sie negativ (minderwertiger) gesehen und beurteilt werden. Markefka Vorurteile 5.

248 Wahlrede am 23. Oktober 2000.

Intention – Diskriminierung aus eigener Überzeugung, oder Ethnozentrismus durch das „Wir"-Gefühl zu stärken und damit der „Volkesstimme" Genüge zu tun – meist nicht auf Anhieb ersichtlich, denn:

> „[i]t is impossible to distinguish unlawful speech from the routine opportunism of politicans pandering to populare prejudice: [...] emphasising the ‚costs' of immigration, calling for ‚law and order,' depicting aids as divine retribution, attacking racial quotas, or extolling family values. Legal distinctions elevate form over substance [...]"[249]

Doch ist der Effekt gleich, nämlich die Schaffung eines Klimas, in dem sich die verbal-soziale Diskriminierung in die Alltagspraxis einschreibt.[250] Das bedeutet:

> „[o]ne does not have to be an applied linguist to recognise that one key obstacle to the development of contemporary society is not resources or infrastructure but human interaction and communication."[251]

Auf die Rezipienten wirkt von der „Senderseite" somit ein Bündel an unbedachten, unbewussten oder intendierten Einflussgrößen, denen eines gemeinsam ist, nämlich die Benachteiligung von Menschen aufgrund gruppenspezifischer Merkmale, wenn diese nicht den dominanten Normen der Mehrheit[252] entsprechen. Dies wiederum wirkt sich auf alltägliche Sprachproduktionen aus, die zwischen Individuen geführt werden und die Teil eines Gesamtdiskurses sind; und als Folge, die Diskriminierungsbereitschaft beeinflussen können.[253] Wie stark die einzelnen Diskriminierungsfaktoren rezipiert werden und in diskriminierende Aktivitäten münden, ist von diversen Einflussgrößen abhängig, u.a. von der Perspektive[254], der Situation und den Voreinstellungen, also von mannigfaltigen überindividuellen und individuellen Variablen.[255] Wir haben es somit sowohl auf Sender- wie auf der Empfängerseite mit verschiedenen Beeinflussungsfaktoren zu tun, die die Wirksamkeit der Ausgrenzungs- und Diskriminierungspraktiken bestimmen. Sie müssen nicht zwangsläufig auf Erfahrung oder Wirklichkeit basieren, sondern können ideologischer Natur oder eine

---

[249] Abel, Speech & Respect 105.

[250] Ebenso fördern Privatinitiativen wie der Hamlyn Trust in Großbritannien die Distinktionsbereitschaft und liefern damit „Fakten" des Trennenden: „The goal of the Hamlyn Trust is to educate ‚the Common People of the United Kingdom' to ‚realise the privileges which in law and custom they enjoy in comparison with other European People [...]". In: Abel, Speech & Respect 1.

[251] Roberts et al, Language and Discrimination IX.

[252] Es muss sich nicht immer um eine quantitative Mehrheit handeln, was sich am Beispiel der Diskriminierung von Frauen zeigt.

[253] Rummer et al, Reden über Ereignisse

[254] Sommer et al, Aggressive Interaction 3f, 20-22.

[255] Dazu gehören: soziale Mobilität, Normen der Bezugsgruppe, Prädispositionen der Perzeptienten, Erwartungshaltungen, gesellschaftliche Position, Schichten- und Klassenzugehörigkeit etc. Eine Übersicht über die Vielfalt der Wirkungsvariablen ist zu finden in: Bergler, Psychologie des Fernsehens 92f.

Form von „truthiness"[256] sein. Gerade letzteres wird deutlich, wenn bewusst, anstelle von tatsächlichen Merkmalen, intuitiv zugedachte, gruppenspezifische Kategorien, mittels sprachlicher Ausgrenzungsargumentationen, im öffentlichen Diskurs eingesetzt werden; und als Steigerung, „wenn sie sich mit der messianischen Berufung verbinden, die Welt dementsprechend aufklären und ordnen zu müssen"[257].

b) Die sprachliche Diskriminierung

Unter einer sprachlichen Diskriminierung wird eine soziale Diskriminierung verstanden, die sprachlich/schriftlich realisiert wurde:

> „Unter einer sozialen Diskriminierung soll die *kategoriale Behandlung* einer Person verbunden mit einer *Bewertung* verstanden werden. Die kategoriale Behandlung besteht in der *sprachlichen Bezugnahme* auf eine Person mittels einer *sozialen Kategorie* [z.B. Afrikaner, Schwarzer, Kasese]. Die bezeichnete Person wird dabei nicht als Individuum wahrgenommen, sondern als Vertreterin dieser sozialen Kategorie."[258]

Wenn die Sprache ein „Bild der Seele"[259] ist, und ferner als Output eines „Bündel[s] politischer und weltanschaulicher Meinungen"[260] zu verstehen ist, dann fungiert die Sprache als Indikator individueller und kollektiver Anschauungen, in der sie ihren Wert nur behält, wenn sie in „vertretbarem Ausmaß geteilten gesellschaftlichen Vorstellungen entspricht."[261] Werden Menschen also sprachlich diskriminiert, dann verstößt dies entweder gegen Antidiskriminierungsbestimmungen und ist verboten, oder die sprachliche Diskriminierung befindet sich in einer, von der Gesellschaft bewusst oder unbewusst tolerierten Grauzone. Wie groß diese sein kann, zeigen die vielen Varianten des Gebrauchs von Ethnophaulismen[262] wie Neck-, Spitz- oder Spottnamen

---

[256] Nach Dick Meyer von CBS News in Washington hat Webster's für den Neologismus „truthiness" zwei Definitionen zugelassen: „truth that comes from the gut, not books" und „the quality of preferring concepts or facts one wishes to be true, rather than concepts of facts known to be true". In: http://www.cbsnews.com/stories/2006/12/12/opinion/meyer/main2250923.shtml (01.07.2012).

[257] Watzlawick, Wirklichkeit 9.

[258] Wagner, Implizite sprachliche Diskriminierung als Sprechakt 13.

[259] Kunze, Die Sprache, die die Sprache spricht 1. In: http://www.sprache-werner.info/index.php?id=15805 (01.07.2012).

[260] Zimmer, Die Sprache. In: DIE ZEIT/Themen der Zeit, Nr. 11, 23. Februar 1996, S. 56 Titel: „Leuchtbojen auf einem Ozean der Gutwilligkeit". In: http://www.dezimmer.net/PDF/1996pcsprache.pdf (01.07.2012).

[261] Eichinger, Die Macht der Sprache 12. In: http://www.goethe.de/lhr/pro/mac/Online-Publikation.pdf (01.07.2012).

[262] Ein Ethnophaulismus ist ein herabsetzender und verunglimpfender Ausdruck für ein Volk, eine Nation oder eine landsmannschaftliche Gruppe. Im Angloamerikanischen hat sich dafür auch der Ausdruck „Derogatory Ethnic Label" eingebürgert. In: Deutsch-Englisches Wörterbuch.

von ethnischen und über ethnische Gruppen bis hin zur Verächtlichmachung, Beleidigung und Beschimpfung. Gleiches gilt, wenn Volksgruppenangehörige über typische Vornamen charakterisiert werden, so zum Beispiel, „wenn jeder Deutsche ‚Michel' oder jeder Russe ‚Iwan' genannt wird".[263]

> „Wir beleidigen uns mit Wörtern, wir erfreuen uns an Wörtern, wir verfolgen Menschen mit Wörtern, wir verleumden, feiern, begeistern oder vernichten Menschen durch den Gebrauch jeweils gewisser Wörter."[264]

Die Indikatoren einer Fremdgruppe die die Grundlage für Diskriminierungen bilden, müssen nicht zwingend aktuell sein, da Ethnopaulismen über „Nigger", „Zigeuner", Pollacken" etc. bis heute kursieren. Gruppennamen zeigen sich bei genauerem Hinsehen vielmehr „weitgehend als Dokumente *historischer* Gesellschaftsgegebenheiten [...]. Sie sind gewissermaßen zu methaphorischen Gemeinplätzen geworden, die in der Alltagssprache [...] als Substantive, Verben, Eigenschaften, Wortzusammensetzungen, Redensarten und Witze vorkommen."[265] Ethnophaulismen weisen häufig eine Konstanz auf und tradieren das Konfliktverhältnis (Nigger – Sklave, Zigeuner – Betrüger, Jude – Feilscher) aus der Vergangenheit unverändert in die Gegenwart.

Sprachliche Artikulationen schaffen soziale Identität; ebenso drückt Sprache Machtverhältnisse aus und zeigt sich als Indikator hierarchischer Vorstellungen. Das erklärt u.a., weshalb Individuen oder soziale Gruppen aufgrund ihrer tatsächlichen oder zugeschriebenen Merkmale verbal diskriminiert werden. Und dies, obwohl im öffentlichen Diskurs demokratische Vorstellungen über gleiche Menschenrechte grundsätzlich vorhanden sind und mittels Erklärungen und Konventionen auf internationaler, europäischer und nationaler Ebene juristisch umgesetzt wurden.[266] Während öffentlich vorgebrachte, rassistische Äußerungen in den meisten europäischen Staaten und in den USA nicht mehr akzeptiert oder sogar strafrechtlich verfolgt werden (das Gleichheitsprinzip wirkt verstärkt im öffentlich-rechtlichen Bereich) sind subtilere Formen sprachlicher Diskriminierung in expliziter oder/und impliziter Form immer noch existent.[267] Die Einhaltung gesetzlicher oder sozialer Regeln bedeutet also nicht zwingend einen Rückgang sprachlicher Diskriminierung oder rassistischer Tendenzen in der Gesellschaft, sondern es findet lediglich eine Verlagerung auf eine andere Artikulationsform statt. „Das aber bedeutet, dass *die* Ablösung der expliziten durch die implizite Diskriminierung nicht die Abnahme, sondern – im Gegenteil – die

---

263 Markefka, Vorurteile 35, 39.

264 Deichsel, Die Macht der leeren Worte 240.

265 Markefka, Vorurteile 40 (Kursiv wie Original).

266 So versuchte man die Folgen des Zweiten Weltkriegs in Bezug auf verbale Differenzierungen (Volksschädlinge, Untermenschen etc.) sowohl bei der Verfassungsgebung für die Bundesrepublik als auch im Rahmen des Europarates und der Vereinten Nationen, sog. „Minderheitenprobleme" nach 1945 über die Gewährung allgemeiner Menschenrechte (Individualrechte) zu lösen. In: Markefka, Vorurteile 46.

267 Galliker/Wagner, Kategoriensystem 34.

hinreichende Verbreitung sozialer, ethnischer und rassischer Vorurteile zur Voraussetzung hat."[268]

Untersuchungen haben ergeben[269], dass implizite sprachliche Diskriminierungen langfristig effizienter wirken als grobe explizite. Während letztere leicht auszumachen sind, besteht bei ersteren das Problem, den diskriminierenden Inhalt oder die Absicht zu erkennen und dessen Intention belegbar zu fassen. Wenn aber die herabwürdigende Intention eines Textes nur schwer oder differierend interpretierbar festgestellt werden kann, weil die diskriminierende Äußerung nicht direkt ausgedrückt wird, sondern nur aus dem Kontext hervorgeht, dann kann der Sprachproduzent bei Einwänden der Betroffenen, auf deren Fehlinterpretation seines Textes verweisen. „Das heißt: Implizite Diskriminierungen sind weder eindeutig bestimmt noch meist bestimmbar und damit auch nicht einklagbar."[270]

Sprachlich diskriminiert werden kann sowohl auf der *Wortebene* (Gebrauch von abwertenden Namen und Begriffen), als auch auf der *Textebene* (Gebrauch tradierter Stereotypen und Vorurteile). Eine sprachliche Diskriminierung besteht aus mindestens zwei Bestandteilen, nämlich der sozialen Kategorie und der Bewertung, wobei diese in Bezug auf die jeweilige Kategorie stehen muss. Eine Kategorisierung allein stellt noch keine Diskriminierung dar, doch kann sie auch selbst zur Diskriminierung werden, wenn „die zugeschriebene Kategorie mit so geringem sozialen Prestige verbunden ist, dass eine Gleichbehandlung zum [sic] vornherein ausgeschlossen ist."[271] Sind die soziale Kategorie – ob direkt oder indirekt formuliert –, wie auch die Bewertung lexikalisiert, dann handelt es sich um eine explizite sprachliche Diskriminierung; ist eines von beiden oder sind beide nicht lexikalisiert, um eine implizite sprachliche Diskriminierung. Bei letzterer besteht das grundsätzliche Problem des Erkennens der Diskriminierung, weil zum einen keine markanten lexikalisierten Indikatoren gegeben sind, oder der Sprecher/Autor auf Kontextwissen[272] rekurriert, über das der Hörer/Leser ebenfalls verfügen muss.[273]

---

[268] Graumann 1994, S. 12. Zit. in: Galliker/Wagner, Kategoriensystem 40 (Kursiv wie Original).

[269] Die meisten Untersuchungen über soziale Diskriminierung wurden in den USA durchgeführt. Sie betrafen die Beziehungen der verschiedenen Einwanderergruppen zur nordamerikanischen Gesellschaft und vor allem das gespannte Verhältnis zwischen Schwarzen und Weißen. In: Staatslexikon, Bd. 2, Sp. 64.

[270] Galliker/Wagner, Kategoriensystem 40.

[271] Wagner, Implizite sprachliche Diskriminierung als Sprechakt 14.

[272] „Mit ‚Kontext' ist dabei z.B. der *soziale* oder der *situationale Kontext* gemeint, nicht der *textuelle Kontext* (auch *Kontext* genannt). In: Wagner, Implizite sprachliche Diskriminierung als Sprechakt 122.

[273] Zu den weniger markanten lexikalischen Indikatoren zum Erkennen impliziter sprachlicher Diskriminierung gehören nach den Philosophen Friedrich L. G. Frege (1848-1925) und John Rogers Searle Konjugationen, Relativpronomina und epistemische Ausdrücke, Hilfs- und Modalverben, Adverbien, Adverbialen, Konjunktionen, Konjunktionaladverbien und Metaphern. Weitere lexikalische Implizitheitsindikatoren sind nach Franc Wagner kognitive

Beim Kontextwissen ist es vor allem der „Allgemeine Wissenskontext", der „als die Gesamtheit des in einer bestimmten Kultur oder Gesellschaft allgemein verfügbaren Wissens betrachtet"[274] wird, und auf den Bezug genommen wird, um die Diskriminierung als Diskriminierung zu identifizieren.[275]

Zwischen einer sprachlichen Diskriminierung als verbale Handlungsäußerung und dem Stereotyp bzw. dem Vorurteil wird ein enger Zusammenhang vermutet. Tatsächlich können Stereotypen und Vorurteile „eine wichtige Rolle spielen, indem sie die ‚Definition der Situation' beeinflussen und bestimmte Verhaltensdispositionen aktivieren; aber sie sind in der Regel nur ein Bestimmungsgrund des Handelns".[276] So können auch andere Faktoren wie materielle Interessen, Gruppenzwang, rechtliche Sanktionen oder Zeitnot sprachliche Diskriminierungen evozieren oder unterbinden, was sicherlich auch für die sprachlichen Diskriminierungen in den Reiseberichten zutrifft; doch wie stark bzw. schwach diese Einflussgrößen wirkten, lässt sich für den Einzelfall nicht belegen.[277]

Ausdrücke, Partikel und Modalwörter. Er hat in seiner Studie gezeigt, dass sich insbesondered „Partikel und Modalwörter, die eine kognitive Bezugnahme realisieren [als] Implizitheitsindikatoren [...] eignen [um] implizite sprachliche Diskriminierungen in Printmedientexten aufzufinden."

Auch bei fehlender lexikalischer Referenz, können mittels Indikatoren, implizite sprachliche Diskriminierungen erkannt werden. Dazu gehören nach dem Sprachphilosophen Herbert Paul Grice (1913-1988) rhetorische Mittel, wie Ironie, Metapher, Unter- und Übertreibung; und nach John Rogers Searle, die Andeutung. Weitere Implizitheitsindikatoren (ohne lexikalische Indikatoren) sind die morpho-syntaktischen Mittel, wie Sarkasmus, Wortfolge, Ellipse und der Verbmodus. In: Wagner, Implizite sprachliche Diskriminierung als Sprechakt 113-119, 127-141.

[274] Wagner, Implizite sprachliche Diskriminierung als Sprechakt 123.

[275] Zu weiteren Kontextarten siehe Wagner, Implizite sprachliche Diskriminierung als Sprechakt 123f.

[276] Ganter, Ursachen und Formen der Fremdenfeindlichkeit in der Bundesrepublik 14.

[277] Zu dieser Problematik siehe Ganter, Ursachen und Formen der Fremdenfeindlichkeit in der Bundesrepublik 16-18.

Rasse, Rassismus, Geschichte des Rassismus

Zum Begriff „Rasse"[278]

„Kein Konzept hat in der Weltgeschichte in den letzten 100 Jahren eine so dramatische Rolle gespielt wie das Konzept der Rasse", stellt der südafrikanisch-britische Soziologe John Rex fest.[279] Das liegt auch daran, weil in der öffentlichen Diskussion und im Alltagsgebrauch der Begriff „Rasse" arbiträr und ungenau verwendet wurde und immer noch wird, wie er auch in der Wissenschaft, je nach Blickwinkel des Forschers, variiert. Wir haben es somit nicht mit einer, sondern mit mehreren Orientierungsgrößen zu tun, auf die sich der Diskurs berufen kann, was zu einer zusätzlichen Willkür im Gebrauch des Begriffs „Rasse" beiträgt.

Laut einem Lexikoneintrag in der Europäischen Enzyklopädie zu Philosophie und Wissenschaften von 1990 wird der Begriff „Rasse", im Sinne einer biologischen Taxonomie und Systematik, als eine „Population tierischer oder pflanzlicher Organismen definiert, die nach biologischen Merkmalen (Genbestand) von anderen Populationen unterscheidbar ist, aber einer Art zugehört."[280] Im Kontext der physischen Anthropologie bezeichnet man damit die Eigenheiten einer raumgebundenen Gruppe, die „ein Ensemble von gemeinsamen vererbbaren physischen Eigenschaften aufweis[t], wie zum Beispiel ihre Sprache, ihre Sitten oder ihre Nationalität"[281], und diese Spezifika auf alle Mitglieder dieser Gruppe zutreffen.[282]

Der Begriff „Rasse" dient seit dem späten 16. Jahrhundert dazu, die Vielfalt der Lebewesen zu gliedern; im 17. Jahrhundert wird er zur Systematisie-

---

[278] Der Terminus „Race" wird im Deutschen erstmals von Blumenbach und Kant verwendet, doch bleibt er im deutschen Sprachraum, bis zu Beginn des 19. Jahrhunderts, im Gegensatz zum Englischen und Französischen, unbedeutend. Erst ab Mitte des 19. Jahrhunderts erlangt der Begriff größere Popularität. Es kommt zu „einer neuen Rezeption des Rassenkonzepts und der Idee des Rassenkampfs", doch zum gebräuchlichen Terminus zur Klassifizierung der Menschheit wird er erst nach der Reichsgründung von 1871. In: Geulen, Rassismus 60f.

[279] Rex, „Rasse" 141.

[280] Sandkühler, Europäische Enzyklopädie 14.

[281] Taguieff, Die Macht des Vorurteils 448.

[282] Rassen unterscheiden sich von Nationen (Gruppierungen, die politischen Gemeinschaften entsprechen), und Ethnien (Gruppierungen, die auf den „Eigenschaften der Zivilisation, insbesondere auf einer Sprache oder einer Gruppe identischer Sprache") beruhen. In: Taguieff, Die Macht des Vorurteils 448.

rung menschlicher Großgruppen verwendet und seit dem späten 18. Jahrhundert für die Völkerkunde erschlossen.[283]

Nach dem Soziologen W.D. Hund lässt sich die Vorstellung von „Rasse", die „von jeher zur Erklärung der Gegenwart und als Hoffnung für die Zukunft gedient"[284] hat, in zwei Phasen einteilen. In der ersten Phase dient der Begriff im 15. und 16. Jahrhundert dem traditionellen Geburtsadel, dem Haus von „edlem Geschlecht"[285] bzw. den machtvollen Dynastien und wird als Synonym für „Herrscherhaus" gebraucht. Man geht von der Vorstellung einer langen Ahnenreihe aus, in der sich die herausragenden adligen Qualitäten vererbt haben und grenzt sich mit dem Begriff „Rasse" vom Amtsadel und dem bürgerlichen Geldadel ab.[286] In einer zweiten Phase wird der Rassebegriff im 18. Jahrhundert anthropologisiert und „zur Einteilung der Weltbevölkerung in unterschiedlich entwickelte Gruppierungen benutzt."[287] Ein rasserelevantes Kriterium des anthropologischen Rassebegriffs zur Identifikation von „Rasse" ist im 18. Jahrhundert zunächst die Hautfarbe. Im 19. Jahrhundert kommt es zur Erweiterung der Identifikationsmerkmale, indem der anthropologische Rassebegriff in Verbindung gebracht wird mit der Vermessung von Schädeln, Blut, Knochen und Gehirngröße. Und im 20. Jahrhundert sind es die genetischen Differenzen, an denen die verschiedenen „Rassen" festgemacht werden. Die Vorstellung von der Existenz rassischer Ungleichheit der Menschen ist also vom 18. Jahrhundert an bis zur Mitte des 20. Jahrhundert fest etabliert.

> „Kein Zweifel besteht dabei daran, dass die Entwicklung des Rassenbegriffs vor dem Hintergrund des europäischen Kolonialismus erfolgte und dessen Ausbreitung kategorial reflektierte, dass die Wissenschaften an der Begründung und Systematisierung des Rassenrassismus wesentlich beteiligt waren, dass dieser dabei neben äußerer Abgrenzung auch innerer Differenzierung diente, dass sich mit ihm unterschiedliche politische Interessen und Optionen verbanden und dass er auf die Begründung, Durchsetzung und Aufrechterhaltung weißer Vorherrschaft abstellte.[288]

Realiter ist die Abgrenzung nach biologischen Differenzen ungenau, da es nach dem deutsch-us-amerikanischen Politologen Eric Voegelin (1901-1985) unmöglich sei, „reine Linien zur Grundlage der beschreibenden Klassifikation des Menschen zu machen"[289], da „schon in frühesten historischen Zeiten

---

283 Schmuhl, Rasse 22f.

284 Mosse, Geschichte des Rassismus 102.

285 Cremer, „...und welcher Rasse gehören Sie an?" 7.

286 In Frankreich versuchte der Geburtsadel ab Mitte des 16. Jahrhunderts unter Berufung auf seine „Rasse" („Race") den Aufstieg des Amtsadels zu verhindern. In: Cremer, „...und welcher Rasse gehören Sie an?" 7. „In der Unterscheidung zwischen der *noblesse de robe* und der *noblesse de race* war letzteres zunächst der Begriff, auf den sich der traditionelle Geburtsadel berief [...]" In: Geulen, Rassismus 36.

287 Hund, Rassismus 13f.

288 Hund, Rassismus 73.

289 Voegelin, Rasse und Staat 56.

wirklich ‚reine' Rassen in ganz Europa, also auch in Deutschland, nicht mehr anzutreffen sind."[290] Selbst 1933 schreibt der Agrikulturbotaniker Friedrich Merkenschlager (1892-1968): „Jede Form der belebten Welt ist herausgewachsen aus zahllosen Bastardierungen früherer Erdperioden. Eine Form kann rassenhaft werden, d. h. sie kann sich morphologisch und biologisch so spezialisieren, daß gruppenweise spiegelähnliche Individuen entstehen. Eine ‚reine' Rasse aber gibt es nicht, hat es nie gegeben und wird es nie geben [...]".[291] Dagegen schreibt 1940 Philipp Hiltebrandt kurz und bündig: „Die Rasse ist mehr als ein Mythus [sic], sie ist eine Tatsache".[292] Schließlich der deutsche Anthropologe Karl Saller (1902-1969): Er sieht den Rassenbegriff in dreifachem Sinn gebraucht, nämlich als „morphologischen Rassenbegriff"[293], als „biologischen Rassenbegriff"[294] und in Bezug auf die Rassenhygiene im Sinne einer „Vitalrasse"[295]. Und Ivan Hannaford vertritt die These, „daß es vor dem 17. Jahrhundert keinen klaren Rassenbegriff gab, und stellt damit die Frage, ob irgend etwas, das vor der Erfindung des Rassenbegriffs im modernen Verständnis existierte, legitimerweise als Rassismus etikettiert werden darf."[296]

Doch auch die heutige Wissenschaft ist inzwischen auf breiter Basis der Auffassung, „das Konzept der ‚Rasse', das aus der Vergangenheit in das 20. Jahrhundert übernommen wurde, sei nicht geeignet, die augenfällige Vielfalt der Menschen angemessen zu erfassen"[297], weshalb sich eine Definition im streng wissenschaftlichen Sinn als unseriös erweist. Zudem gilt nicht mehr „Rasse" „als ein Produkt der Natur"[298] zu verorten, sondern es setzte sich die „Vorstellung durch, ‚Rasse' wäre eine soziale Konstruktion und deswegen nicht Grundlage, sondern ‚Produkt des Rassismus'".[299]

---

[290] Muckermann, Rassenkunde 82.

[291] Merkenschlager, Rassensonderung 28 (Sperrung wie Original).

[292] Hiltebrandt, Grundlagen 5.

[293] „Er ist [...] historisch der älteste. Er geht, wie der Name besagt, von der Morphe, der Gestalt aus und sucht von hier aus die Rasse zu definieren." In: Saller, Rassebegriff 28.

[294] „Neben diesem ersten und älteren Rassenbegriff entwickelte sich [...] etwa von der Jahrhundertwende ab, das heißt mit der Entdeckung der Mendelschen Erblichkeitsregel und ihrem Ausbau, ein neuer Rassenbegriff, den wir heute den *biologischen Rassenbegriff* nennen." In: Saller, Rassebegriff 32.

[295] „Unter Vitalrasse wurde [...] das Erbgut und der Erbstrom durch die Generationen schlechthin verstanden, ohne Rücksicht darauf, daß sich dieses Erbgut in verschiedenen morphologische oder biologische Rassen [...] ausgliedert, [unter Berücksichtigung], daß der Erbstrom durch die verschiedensten Umwelteinflüsse in günstiger oder ungünstiger Weise beeinflußt werden kann. Die Beurteilung wird für die Vitalrasse [...] getroffen [...], ob das Erbe gut oder schlecht sei [...]. Die praktische Konsequenz aus einer solchen Betrachtungsweise der Vitalrasse ist die Eugenik beziehungsweise ‚Erbhygiene', auch als ‚Rassenhygiene' bezeichnet [...]." In: Saller, Rassebegriff 39f.

[296] Fredrickson, Rassismus 171.

[297] Cremer, „...und welcher Rasse gehören Sie an?" 6.

[298] Hund, Rassismus 9.

[299] Hund, Rassismus 9, 20.

In der Vergangenheit sind immer wieder Versuche unternommen worden, den Begriff „Rasse" einzugrenzen. So versteht der deutsche Anthropologe Rudolf Martin (1864-1925) unter „Rasse" „die Variationen innerhalb der morphologisch wohl unterschiedenen Art Homo sapiens", weil „zur Definition der Formgruppen innerhalb der Art seien in erster Linie die erblichen Anlagen heranzuziehen, denn ‚das eigentliche Wesen des Menschen' sei erblich bedingt"[300]. Ähnlich der Anthropologe Walter Scheidt (1895-1976) der „Rasse" als einen „ausgelesenen Komplex erblicher Eigenschaften" interpretiert:

> „Bei der Fortpflanzung der Geschlechter wirken eine Reihe von Faktoren zusammen: die Erblichkeit, die Änderung durch Mischung erblicher Eigenschaften, die Erbänderung selbst, die Erbhäufung und die Auslese. Das Erbgut wird immer wieder neu zusammengefügt, in seiner Struktur durch Mutationen geändert und durch die physisch-umweltlichen und sozialen Auslesevorgänge so gesiebt, daß bestimmte Erbelemente häufiger überliefert werden als andere. Wenn die auslesenden Umweltverhältnisse durch längere Zeit gleich bleiben, wird sich allmählich ein bestimmter Merkmalkomplex in einer Population als der bleibende ausprägen. Ein solcher ausgelesener Merkmalkomplex ist die Rasse."[301]

Während der Rassenhygieniker und unmittelbare Wegbereiter der nationalsozialistischen Rassentheorien Eugen Fischer (1874-1967) „Rasse als eine größere Gruppe von Menschen, welche durch den hereditären Gemeinbesitz eines bestimmten angeborenen körperlichen und geistigen Habitus untereinander verbunden und von anderen derartigen Gruppen getrennt ist"[302] versteht, spricht der Rassenhygieniker Hermann Muckermann (1877-1962), der als wichtigster Repräsentant des „katholischen Flügels" 1933 aus politischen Gründen seines Amtes als Leiter im Kaiser Wilhelm Institut enthoben worden ist und 1937 Rede- und Ausreiseverbot erhielt,[303] anstelle von Reinrassigkeit von Heimrassigkeit, weil es

> „[e]benso wenig wie eine Einrassigkeit [...] es im deutschen Volke eine Reinrassigkeit [gibt]. Aber das ist auch nicht das Entscheidende. Wichtiger und entscheidender ist, daß all die Erbströme, die sich in die Ufer der Umwelt eingeschmiegt haben, zu einer Heimrassigkeit[304] führten und damit verbunden zu einem deutschen Volkstum, das wir schätzen und lieben und daher mit allen uns zu Gebote stehenden Mitteln verteidigen werden."[305]

---

300 Voegelin, Rasse und Staat 57.
301 Voegelin, Rasse und Staat 58.
302 Voegelin, Rasse und Staat 59.
303 Schmuhl, Rassenforschung 336.
304 Zu dieser „Heimrassigkeit" zählte er jedoch nicht – von wenigen Ausnahmen abgesehen – die in Deutschland lebenden Juden, da „sie als fremdrassig" zu bezeichnen sind. In: Muckermann, Rassenkunde 99.
305 Muckermann, Rassenkunde 83 (Sperrung wie Original).

Man erkennt an den Beispielen, abseits der politischen Intentionen, die Unsicherheit der Wissenschaftler, inwieweit in das Rassebild nur erbliche Merkmale implementiert werden sollen, oder eben auch andere Faktoren (Gruppe, Gruppengröße, Habitus, Heimat) rassebestimmend sind. So besteht beispielsweise das Problem an einem, eine Gruppe charakterisierenden Habitus, festzustellen, welchen Anteil die wirklichen Erbmerkmale am Gesamtverhalten der Gruppe einnehmen.[306] Oder ob eine soziale Gruppe, aufgrund der ihr innewohnenden Komplexität der Merkmale, mit einer biologischen Konstellation in Deckung zu bringen ist.[307] Das heißt, wie der Begriff „Rasse" zu definieren sei, darüber gehen die Meinungen der Wissenschaftler weit auseinander.

> „Bis in die 1929er Jahre hinein hatte man sich etwa in der Zoologie noch nicht einmal darüber verständigt, ob man „Rassen" als willkürlich festgelegte gedankliche Konstrukte auffassen wollte, um die Fülle der in der Natur vorkommenden Lebensformen in eine künstliche Ordnung zu bringen, oder als in der Natur real existierende Lebensformen höherer Ordnung."[308]

Neben der Problematik, eine biologische Bestimmung von „reinen Rassentypen" empirisch zu belegen,[309] hängen die Definitionsschwierigkeiten auch mit unterschiedlichen Ansätzen zusammen; abhängig davon, ob man den Begriff „Rasse" vom biogeographischen, klimatischen, räumlichen, sozio-ökonomischen, kulturgeschichtlichen, psychologischen oder ethnisch-anthropologischen Standpunkt aus betrachtet. Das heißt, auf einen kurzen Nenner gebracht, eine verbindliche Definition scheint schwierig, doch bedeutet die Unschärfe des Rassebegriffs nicht, „daß er als forschungsleitende Kategorie untauglich war."[310]

Der us-amerikanische Evolutionsbiologe und Biogeograf Jared Diamond fordert deshalb einen interdisziplinären Ansatz,[311] in dem Erkenntnisse der Evolutionsbiologie, Linguistik, Geschichte, Archäologie und weiterer Disziplinen berücksichtigt werden, um die Unterschiede der Menschen zu begründen. Nicht-rassistische Erklärungen für Merkmalsunterschiede, wie beispielsweise

---

[306] Voegelin, Rasse und Staat 60.

[307] Memmi, Rassismus 17.

[308] Schmuhl, Rassenforschung 23.

[309] Staatslexikon, Bd. 4, 634.

[310] Schmuhl, Rassenforschung 26.

[311] Die 1978 von der Generalkonferenz der Organisation der Vereinten Nationen für Erziehung, Wissenschaft und Kultur abgegebene „Erklärung über Rasse und Rassenvorurteile" fordert [...] „objektive Forschungsarbeiten auf einer breiten interdisziplinären Grundlage" (Erklärung 1979, 10). Den Versuch, ein solches Konzept durch Bündelung einzelwissenschaftlicher Ansätze zu realisieren, repräsentiert die unesco-Publikation „Race, Science and Society", in der die Soziologie vertreten ist, zusammen mit der komprimierten Darstellung der begrifflichen und historischen Entwicklung des Rassedenkens und des Rassismus, zu dessen Erklärung biologische, sozioökonomische, psychologische, kulturgeschichtliche und psychoanalytische Ansätze eingesetzt werden. In: Kerber, Soziologie 460.

die der Dominanz „eurasischer" Kulturen, die sich aus der naturräumlichen Ausstattung der Kontinente ableiten lässt, sind deshalb so wichtig, da, falls sie als Deutungsalternativen nicht bereitgestellt werden, automatisch auf rassistische Erklärungsangebote zurückgegriffen wird. Differenzen im „Fortschritt" erklären sich für Jared Diamond nämlich nicht aus der „Rasse", sondern sind den unterschiedlichen Ausgangsvoraussetzungen, wie der geografischen Verbindung untereinander, dem Klima oder den domestizierbaren Pflanzen- und Tierarten, geschuldet.

> „Die Vielzahl der Nomenklaturen war einerseits Ausdruck eines epistemologischen und methodischen Dilemmas: Obwohl ,Rasse' beanspruchte, nur Resultate eines naturhistorischen Prozesses auf den Begriff zu bringen, ließ sie sich trotz aller wissenschaftlichen Anstrengung nicht außerhalb sozialer Beziehungen nachweisen. Andererseits waren sich alle diese Bemühungen darin einig, neben den von ihnen behaupteten Unterschieden in erster Linie auf die Befestigung einer prinzipiellen Trennungslinie zwischen Wilden und Zivilisierten, Weißen und Farbigen gerichtet zu sein."[312]

Die Ungenauigkeit des Begriffs „Rasse" zeigt sich auch in dessen unterschiedlicher Verwendung. Ist J.G. Herder[313] (1744-1803) beispielsweise das Wort und der Begriff „Rasse" zuwider, da es seinen Humanitätsvorstellungen widerspricht; so verwendet J.W. Goethe (1749-1832) den Begriff gelegentlich, ohne, dass er in seinem Denken eine besondere Wirkung ausgeübt hat. Der Naturforscher Henrich Steffens (1773-1845) hingegen teilt die Menschen in vier Rassen ein, ohne aber die Europäer mit einzubeziehen. F.W.J. Schelling (1775-1854) verwendet den Begriff in pejorativer Weise, indem ein Teil der Menschheit „zu Racen degradiert" sei, im Gegensatz dazu solle man „die europäische Menschheit [...] eigentlich keine Race"[314] nennen. Dagegen kann der Sexualwissenschaftler Magnus Hirschfeld (1868-1935) „der seiner Zeit voraus war [...], am Konzept der Rasse kaum etwas finden das Wert oder Bestand hätte: ,Wenn es sich machen ließe, täten wir gewiß gut daran, den Ausdruck ,Rasse' zu streichen, soweit damit Unterteilungen der menschlichen Spezies gemeint sind."[315]

Für die Willkür „Rassen" zu bestimmen, sei als weiteres Beispiel Alfred Ploetz (1860-1940) genannt, – er bediente sich nahezu beliebiger Rassekrite-

---

312 Hund, Rassismus 94.

313 Nach Fredrickson war Herder „ein kultureller Pluralist, der Respekt gegenüber allen Völkern einschließlich der Afrikaner bekundete, biologische Theorien über die Unterschiede zwischen den Menschen ausdrücklich ablehnte und gegen Sklaverei und Kolonialismus eingestellt war. Doch seine Behauptung, jeder ethnischen Gruppe oder Nation sei ein einzigartiger und mutmaßlich ewiger Volksgeist eigen, schuf die Grundlage für einen kulturell kodierten Rassismus." In: Fredrickson, Rassismus 73.

314 Brunner u.a., Geschichtliche Grundbegriffe 153.

315 Zit. in: Fredrickson, Rassismus 165.

rien[316] – der zusammen mit Wilhelm Schallmayer (1857-1919) als der bedeutendste Begründer der Rassenbiologie und -hygiene in Deutschland gilt,[317] und der den verschiedenen „Rassen" immer wieder andere, unterschiedliche „Culturwerte" zuordnet: „[...] wobei ihm die ‚Westarier' als ‚die thatsächlichen Beherrscher fast der ganzen Erde' galten: sie ‚documentiren sich dadurch, dass man darüber keine Worte weiter zu verlieren braucht'"[318]. Er liegt damit in der Tradition des 17. Jahrhunderts[319], das eine neue Verwendungsweise des Rassekonzepts mit sich bringt, indem der Rassebegriff „einen Großteil der Semantik des Begriffs der Bevölkerung [übernimmt]. Rassen nannte man jetzt Volksgruppen, die als Stämme und in sich geschlossene Abstammungsgemeinschaften gedacht wurden."[320] Allen Auslegungsvarianten einer Rassenbestimmung gemeinsam ist allerdings der Ausdruck eines generellen Vorurteils gegenüber dem „Fremden", der auch das Kriterium der Abstammungsgemeinschaft beinhaltet.[321]

Um der Schwierigkeit zu entgehen, einen konkreten biologischen Rassebegriff zu formulieren, wurde versucht auf dessen Bedeutung auszuweichen. Aus semantischem Blickwinkel gibt Léon Poliakov insofern eine Orientierungshilfe, als er den Begriff, wie er im 19. und 20. Jahrhundert gebraucht wurde, in zwei zu trennende Bedeutungen einteilt:

1. *Biologische Bedeutung:* In diesem Sinn ist die „Rasse" eine sich selbst reproduzierende Population, die die Gene anderer Populationen gar nicht oder nur in geringfügigem Maße aufnimmt. Dies inkludiert die Gefahr der Ausgrenzung und Verachtung des „Anderen" durch „vorurteilsbeladene Verfälschung und illegitime ideologische und politische Verwendung"[322],

---

[316] Einmal charakterisierte er „Franzosen" und „Yankees" als Rassen, dann wiederum hob er die „Germanen" (Skandinavier, Deutsche und Angelsachsen) unter den verschiedenen „arischen Rassen" hervor, wobei er sich in beiden Fällen sozialer Abgrenzungskriterien bediente: in einem Falle der Nationalität, im anderen der Verschiedenheit der Sprachen. In: Weingart u.a., Rasse 92.

[317] Mosse, Geschichte des Rassismus 103.

[318] Zum „Beweis" für die Überlegenheit der germanischen Rasse galt ihm der Prozentsatz der Analphabeten in verschiedenen Ländern, der in Schweden bei 0,39 und im Deutschen Reich bei 1,59 liege, in Ungarn hingegen bei 50,8 und in Rumänien gar bei 79,6. In: Weingart u.a., Rasse 92.

[319] Nach Fredrickson wurde ab dem 17. Jahrhundert der „Begriff ‚Rasse' beziehungsweise ein entsprechendes Äquivalent häufig verwendet, um Nationen oder Völker zu bezeichnen – etwa ‚die englische Rasse' oder ‚die französische Rasse'. [...] Die Idee einer einzigen paneuropäischen beziehungsweise ‚weißen' Rasse entwickelte sich langsam und kristallisierte sich erst im 18. Jahrhundert heraus." In: Fredrickson, Rassismus 55.

[320] Geulen, Rassismus 47.

[321] Zit. in: Cremer, „...und welcher Rasse gehören Sie an?" 6.

[322] Hund, Rassismus 9.

wie es beispielsweise bis in die jüngste Vergangenheit mit der Apartheid-
politik in Südafrika zu erleben war.[323]

2. *Soziologische Bedeutung:* Gemeint ist die politische oder kulturelle Einheit
oder der Glaube an einen gemeinsamen und besonderen Ursprung.[324]
Diese Einstellung fußt auf einem „komplizierten Geflecht von Einschlie-
ßungen und Ausschließungen"[325], beinhaltet die Gefahr einer Haltung der
Feindseligkeit oder Verachtung gegenüber einer anderen Gruppe und dient
zu deren Unterdrückung, bei gleichzeitiger Stabilisierung der eigenen
Herrschaftsverhältnisse; und das bedeutet „Racism [...] does not necessarily involve the concept of race".[326]

Doch ob nun „Rasse" als scheinbar biologisch homogene Gruppe „belegt"
oder im spekulativen Bereich verbleibt, bzw. im Sinne einer soziologischen
Bedeutung verstanden wird, ist für einen Rassisten mit seiner rassistischen
Argumentation unerheblich. Denn ihm genügt es, eine bestimmte soziale
Gruppe, beispielsweise die „Schwarzen" pauschal als „Rasse" zu bezeichnen,
auch wenn sich eine Verbindung zwischen äußerem Erscheinungsbild und der
damit assoziierten rassischen Andersartigkeit nicht belegen lässt. Ihm genügen
die sichtbaren Tatsachen wie Haut, Form der Nase, der Lippen und des Schä-
dels, um legitim und überzeugend den „Anderen" zu diskreditieren und sich
selbst über diesen zu erhöhen.[327] Das bedeutet, nicht die „Rasse" erzeugt
Rassismus, sondern das Gegenteil ist der Fall, der Rassismus kreiert die „Rasse".[328] Umgekehrt gilt aber, dass Rassentheorien „nach denen sich unterschiedliche menschliche ‚Rassen' definieren ließen, in jedem Falle rassistisch
sind"[329], denn eine „[d]iscussion of racism implies a definition of race."[330]

Wie stark noch Vorstellungen von „Rassen" im Umlauf sind, belegen die weiter unten dargelegten Auswertungen der analysierten Reiseberichte. Sie zeigen,
dass Alltagsgespräche in der Vergangenheit und Gegenwart zum Themenkom-
plex „Rasse" von unwissenschaftlichen Meinungen geprägt waren und sind.[331]
Diese beeinflussten jedoch den Diskurs über die biologische Ausstattung der

---

[323] Als Apartheid wird eine, bereits Anfang des 20. Jahrhunderts beginnende und erst 1994
endende, Periode der institutionalisierten Rassentrennung in Südafrika bezeichnet. Der
Begriff wird auch ganz allgemein als Synonym für Rassentrennung verwendet.

[324] Poliakov, Rassismus 12f.

[325] Hund, Rassismus 10.

[326] Hund, Rassismus 11.

[327] Memmi, Rassismus 98.

[328] Kerber, Soziologie 460.

[329] Cremer, „...und welcher Rasse gehören Sie an?" 6.

[330] Tuplin, „Greek Racism" 47. Zur Problematik antirassistischer Argumente siehe Taguieff,
Die Macht des Vorurteils.

[331] Hund verweist beispielsweise auf das Diskussionsforum zum Stichwort Rassentheorien bei
Wikipedia, in dem Mitwirkende auf die wissenschaftliche Berechtigung von Rassentheorien
hinweisen. Hund, Rassismus 128f.

Menschen, den tagtäglichen Umgang mit dem „Anderen" und dessen Bewertung, weil sie Teil einer Begriffsgeschichte sind, „die schließlich zu dem Begriff ‚Rassismus' führte."[332] Diese Erkenntnis findet ihre Bestätigung in der negativen Bilanz der Weltkonferenz gegen Rassismus im Jahre 2001, wo festgestellt wurde, „dass wesentliche Ziele bei der Bekämpfung des Rassismus durch die internationale Gemeinschaft bislang nicht verwirklicht wurden."[333]

Zum Begriff „Rassismus"

Der Soziologe Achim Bühl schreibt, dass „der Terminus ‚Rasse' bereits mehrere hundert Jahre alt ist, [jedoch] der Begriff Rassismus nur auf eine vergleichsweise kurze Zeitspanne zurückblicken"[334] kann. Er kam spät, „vermutlich erst in den 1920er Jahren auf" und lexikographisch trat er erst 1932 in Erscheinung[335], just zu einem Zeitpunkt „als am Rassenbegriff oder zumindest an einigen seiner Verwendungen Zweifel aufkommen"[336]. Diskursiv gebraucht wird der Begriff

> „zur Bezeichnung ‚von Einstellungen zur Schaffung oder Wahrung ungleicher Verhältnisse zwischen rassischen Gruppen' [...], d.h. zur ‚Rassenbildung' aller Gruppen durch eine Einstellung, die von Mißachtung, Aggression oder Feindseligkeit geprägt ist."[337]

Was zur Folge hat, dass nach George M. Fredrickson, Rassismus „[t]rotz seiner häufigen Verwendung [...] zu einem gefühlsbeladenen und unscharfen Begriff geworden"[338] ist, über den „es eine Unmenge Gebote, Verbote, Pamphlete, jedoch bisher keine umfassende sachlich-wissenschaftliche Darstellung" gibt."[339] Die folgenden, wenigen Beispiele, geben einen Eindruck über die Bandbreite an Rassismusdefinitionen und zeigen, auf welch unklaren Terrain man sich bewegt, wenn von Rassismus gesprochen wird.

---

[332] Zit. in: Cremer, „...und welcher Rasse gehören Sie an?" 6.

[333] Hund, Rassismus 5.

[334] Bühl, Rassismus 51.

[335] Taguieff, Die Macht des Vorurteils 54. Der Pionier unter den Historikern des Rassismus war der Belgier Théophile Simar, der in seiner Geschichte der Rassenlehre (erschienen 1922) als erster die Ausdrücke „rassistisch" und „Rassismus" in einem historischen Werk benutzte. Der Sexualwissenschaftler Magnus Hirschfeld hat den Begriff „Rassismus" 1933 als Buchtitel verwandt und so zum ersten Mal wirklich in Umlauf gebracht. In: Fredrickson, Rassismus 161f, 164.

[336] Fredrickson, Rassismus 159.

[337] Taguieff, Die Macht des Vorurteils 249.

[338] Fredrickson, Rassismus 154.

[339] Gerhardt, Aggression 53.

Nach Léon Poliakov ist Rassismus keine Einstellung gegenüber dem „Anderen", die durch einen realen Grund anhand einer Differenz evoziert wird, sondern Rassismus ist

> „eine Haltung, die sich einen Grund ,erschafft', indem sie offensichtlich nur der Einbildung entsprungene rassische Unterschiede erfindet, mit denen dann alle anderen eingebildeten oder tatsächlichen Unterschiede in Verbindung gebracht werden."[340]

Der britische Soziologe Stuart Hall unterscheidet zwischen einer gemeinsamen und universellen Struktur des Rassismus und den spezifischen Bedingungen, in denen er wirksam wird. Er sieht Rassismus

> „als ein Ensemble klar unterschiedener ökonomischer, politischer und ideologischer Praktiken, die konkret mit anderen Praktiken in einer Gesellschaftsformation artikuliert sind. [...] Es sind Praktiken, die die Hegemonie einer dominanten Gruppe über eine Reihe von untergeordneten Gruppen in einer für die langfristige Entwicklung der produktiven Grundlage der gesamten Gesellschaftsformation günstigen Weise sichern. [...] Es gibt keinen Rassismus als allgemeines Merkmal menschlicher Gesellschaften, nur historisch-spezifische Rassismen. Wir unterstellen daher zunächst Differenz und Spezifik, keine einheitliche, transhistorische und universale ,Struktur'. Damit leugnen wir nicht, daß dennoch einige Merkmale herausgefunden werden können, die allen als ,rassistisch strukturiert' bezeichneten Gesellschaftssystemen gemeinsam ist."[341]

Die Afrikawissenschaftlerin Susan Arndt beschreibt Rassismus als einen

> „[...] Komplex von Einstellungen – Gefühlen, Vorurteilen, Vorstellungen – und Handlungen, [...] die darauf beruhen, dass Weiße ausgehend von ,Rassentheorien', die den Anspruch auf Wissenschaftlichkeit erhoben haben, aus einer Vielzahl von zumeist visuell sichtbaren körperlichen Merkmalen einzelne (wie etwa die Hautfarbe) selektieren, dichotomieren und zu einem ,natürlich gegebenen' und relevanten Kriterium der Unterscheidung erklären. Dabei werden den vermeintlich gegebenen, statischen und objektiven ,Rassenmerkmalen' bestimmte soziale, kulturelle und religiöse Eigenschaften und Verhaltensmuster zugeschrieben."[342]

Die Historikerin und Soziologin Karin Priester wiederum sieht Rassismus als

> „pseudowissenschaftliche Strategie zur Ablenkung von sozialen Konflikten und zu Legitimation von Vorherrschaft [...] in Verbindung mit reaktionären, konservativen oder faschistischen Doktrinen, Organisationen und Programmen."[343]

---

[340] Poliakov, Rassismus 37.
[341] Hall, Rassismus 127, 129f.
[342] Arndt/Hornscheidt, Afrika und die deutsche Sprache 11.
[343] Priester. Zit. in: Hund, Rassismus 127.

Der Historiker George Fredrickson, der auf den problematischen Rassismusbegriff verzichten wollte, ihn aber mangels befriedigender Alternative doch wieder verwendet, legt bei seiner Definition die Betonung auf die angeborenen oder unveränderlichen Merkmalen einer Gruppe:

> „Rassismus [liegt vor], wenn eine ethnische Gruppe oder ein historisches Kollektiv auf der Grundlage von Differenzen, die sie für erblich und unveränderlich hält, eine andere Gruppe beherrscht, ausschließt oder zu eliminieren versucht.“[344]

H. Lutz beschreibt bei ihrer Gegenüberstellung von Sexismus und Rassismus letzteren:

> „Bei Rassismus bilden die Hautfarbe oder andere physiologische Kennzeichen oder die ethnische Zugehörigkeit die Elemente, die die rassistische Ausschließung und Unterdrückung von Menschen legitimieren. In beiden Fällen [Sexismus und Rassismus] geht es um *Unterdrückung* als Ausdruck asymmetrischer gesellschaftlicher Machtverhältnisse.“[345]

Kurt Gerhardt wiederum unterscheidet zwischen *Überheblichkeits-Rassismus* „wonach eine bestimmte Rasse oder eine bestimmte Rassengruppe zur Eigenvergottung ausgestattet und zugleich befugt sei, andere skrupellos als inferior zu behandeln“; und *Verleugnungs-Rassismus*, bei dem „die gewordenen Eigenständigkeiten der Menschenformen und ihre[r] Verhaltensstile“ bagatellisiert bzw. verleugnet werden.[346]

Schließlich die „offenere Definition“ des Soziologen Albert Memmi, die sowohl den Rassismus enthält, der auf biologische Unterschiede abstellt, wie auch den Rassismus „im weiteren Sinne“ beinhaltet, bei dem die biologischen Unterschiede nicht zur Grundlage der rassistischen Abgrenzung gemacht werden[347]:

> „Der Rassismus ist die verallgemeinerte und verabsolutierte Wertung tatsächlicher oder fiktiver Unterschiede zum Vorteil des Anklägers und zum Nachteil seines Opfers, mit der seine Privilegien oder seine Aggressionen gerechtfertigt werden sollen.“[348]

Nach Memmis Rassismusanalyse liegt Rassismus nur dann vor, wenn folgende drei Indikatoren *zusammen* gegeben sind: die Hervorhebung von *Unterschieden,* deren *Wertung* und der Gebrauch dieser Wertung *im Interesse und zugunsten* des Anklägers. Keine dieser Indikatoren für sich genommen, auch wenn die jeweilige Äußerung noch so absurd oder verletzend ist, reicht aus, um von Rassismus zu sprechen. Erst wenn alle drei Verhaltensweisen zusammentref-

---

[344] Fredrickson, Rassismus 173.

[345] Lutz, Rassismus 58 (Kursiv wie Original).

[346] Gerhardt, Aggression 54.

[347] Die Rassismusdefinition von Albert Memmi gilt seit ihrer Aufnahme in die Encyclopaedia Universalis als gültig in Forschung und Lehre. In: Memmi, Rassismus 2.

[348] Memmi, Rassismus 97, 103.

fen – und dazu gehört eben auch die Verwendung des Unterschiedes gegen den anderen, „mit dem Ziel, aus dieser Stigmatisierung einen Vorteil zu ziehen"[349], liegt Rassismus vor.[350]

Wie zu ersehen ist, weichen Definitionen und Theorien[351], was Rassismus sei, voneinander ab und haben unterschiedliche Ausgangsüberlegungen und Erklärungsziele. Die Problematik einer einheitlichen Definition ergibt sich auch, weil die Autoren zum Teil „mit unterschiedlichen Varianten der Kategorie Rasse operieren", wie auch „perspektivisch eingeschränkte Vorschläge, [formulieren] die sie politischen Optionen und spezifischen Fragestellungen verdanken, ohne auf allgemeine Formulierungen verzichten zu wollen."[352] Desweiteren ergeben sich Definitionsprobleme weil sich der Begriff „Rassismus":

1. anfänglich auf die natürlichen Unterschiede von „Rassen" bezog, also die Existenz von „Rassen" als conditio sine qua non vorausgesetzt wurde;
2. andererseits Rassismus auch innerhalb einer gleichen „Rasse" existiert; und
3. der Rassismusbegriff die Inferiorität der „Anderen" inkludieren sollte.

Anja Weiss kritisiert deshalb die Diskussion um die Definition:

> „The debate about narrow or wide definitions of racism tries to solve a normative question by developing clear-cut content-oriented definitions. This is impossible and sociologists should rather shed light on the complex processes by which arbitrary classifications develop into social facts."[353]

Um das Definitionsproblem, das sich durch die Auslegungsbandbreite des Begriffs „Rassismus" ergibt, zu umgehen, wurde versucht, nur Charakteristika und Indikatoren herauszuarbeiten, bei deren Auftreten Rassismus zugrunde liegt. Dazu einige Beispiele

Der Historiker Gavin Langmuir (1924-2005) hat drei Aussagen erarbeitet[354]:
1. *Realistische Aussagen*
   Beispiel: *Afrikaner haben eine andere Hautfarbe und für uns fremde Rituale* (Rb 1).
2. *Fremdenfeindliche Aussagen*
   Beispiele: *Afrikaner haben andere Gene* (Rb 7) und *sind langsam im Denken* (Rb 26).

---

[349] Memmi, Rassismus 46.
[350] Für weitere Definitionen siehe Bühl, Rassismus 55-64.
[351] Taguieff hat beispielsweise eine Theorie der drei Ebenen (Primär-, Sekundär- und Tertiärrassismus) entwickelt. In: Taguieff, Die Macht des Vorurteils 63-89.
[352] Hund, Rassismus 127.
[353] Weiß, Racism 138.
[354] Poliakov, Rassismus 36.

3. *Abwegige und phantastische Aussagen*
   Beispiele: *Afrikaner fahren mit offenem Mund* (Rb 8) und *Afrikaner, die etwas von einem wollen, sind Idioten* (Rb 7).

Für Martin N. Marger ist dagegen Rassismus ein „Komplex von drei Grund-ideen"[355]:
1. Die Menschheit ist von Natur aus in unterschiedliche Gruppen mit typi-schen körperlichen Merkmalen geteilt.
   Beispiele: *Naturmenschen* (Rb 1), *Buschmänner, die nur 1,6 m groß sind* (Rb 29) *mit starkem Fortpflanzungstrieb* (Rb 7).
2. Diese körperlichen Merkmale sind maßgeblich für Eigenart, Kultur, Ver-haltensweisen und Intelligenz der Menschen.
   Beispiele: *Da wird gepfiffen, getrommelt, gelacht, getanzt* (Rb 1), *Sammler und Jäger* (Rb 18) *einer wilden, pralles Leben zeugenden Kultur* (Rb 25), *Schwarze sind zu keiner anspruchsvollen Tätigkeit fähig* (Rb 32).
3. Dieses genetische Erbe bewirkt, dass bestimmte Gruppen zwangsläufig anderen unterlegen sind.
   Beispiele: *Afrikaner können nicht genau arbeiten* (Rb 7), *Weiße begreifen schneller als Schwarze* (Rb 32), *Die Intelligenz der Weißen ist am höchsten entwickelt* (Rb 45).

Und für den Soziologen Gordon W. Allport existieren fünf Formen, wie sich Rassismus durch aktives Handeln zeigen kann[356]:
1. *Verbale Angriffe*
   Beispiel: *Zum wiederholten Male erläuterte X höflichst einem cadeaux-for-dernden Stempelgesellen, dass er sich doch glücklich schätzen könne einen so ehrvollen Job beim Staat zu haben und von diesem so reich belohnt würde, dass er es eigentlich nicht nötig habe nach einem Geschenk zu fragen* (Rb 7).
2. *Sich-aus-dem-Wege-Gehen*
   Beispiel: Bevorzugte Variante bei Kontrollen: *Gar nicht erst anhalten. Blick-kontakt herstellen, lächeln und weiter geht es* (Rb 2).
3. *Diskriminierung*
   Beispiele: *Explizit: Der schmierbäuchige Senegalese; lässt den Fettsack ...; Kindermeute, die tollwütig „cadeaux" von uns fordert* (Rb 12).
   Beispiel: *Implizit: Die Deutschen haben ihnen* (den Menschen in Kamerun) *während der Kolonialzeit gezeigt, wie man das macht. Deutsche Sauberkeit konnten sie ihnen offensichtlich nicht näher bringen* (Rb 7).
4. *Direkter körperlicher Angriff*
   Beispiel: Alexje[357], ein Russe, der beim *„Leute verscheuchen (wir waren wie*

---

[355] Staatslexikon, Bd. 4, 633.
[356] Poliakov, Rassismus 40.
[357] Name geändert.

üblich von ca. 30 Leuten umzingelt) ein ‚Give me money!' mit einer schallen-
den Ohrfeige quittierte." (Rb 32).

5. *Ausrottung*
Hier fand sich (natürlich) kein Beispiel in den analysierten Reiseberichten.

Die Beispiele zeigen, dass mit Rassismus im wesentlichen drei Sachverhalte
angesprochen werden:

1. die soziale Konstruktion von „Rassen": *„marokkanische Verhältnisse"*
   (Rb 7), *„Afrikaner"* (passim);
2. der biologische Determinismus *„afrikanisches Gen"* (Rb 7), *„afrikanische
   Logik"* (Rb 7, 18, 29, 35) und
3. die Negativbewertung der als „Rasse" konstruierten (Gegen)-Gruppe *„in
   Afrika gibt es noch sehr viele ungebildete Leute"* (Rb 34), *„es regiert der Instinkt, von Zivilisation weit entfernt"* (Rb 35)[358]

Anders ausgedrückt: mit Rassismus ist eine unterschiedliche, negative
Bewertung natürlich-biologischer und kultureller Differenz von Menschen
verbunden, wobei eine Homogenität von Gruppen unterstellt wird. Diese
Differenz wird bewahrt, indem man das ablehnt, was anders ist.[359] Doch
bleibt, wie die Definitionsbeispiele zeigen, der Begriff „Rassismus" problematisch; es ist ein Begriff „an dem eine Vielzahl von Fragen hängt, das eine
Vielzahl von Fragen provoziert"[360], weshalb „einige Historiker und Sozialwissenschaftler [...] eine Zeitlang versucht [waren], das Wort aus ihrem
Wortschatz zu streichen."[361]

Nachdem, wie bereits erwähnt, der Rassist die „Rasse" selbst konstruiert,
ist Rassismus von einem, wie auch immer geschaffenen, genuin biologischen
oder kulturell begründeten Rassebegriff unabhängig.

> „Der Rassismus beschränkt sich weder auf die Biologie noch auf die Öko-
> nomie, die Psychologie oder auf die Metaphysik; *er ist eine vielseitig ver-
> wendbare Beschuldigung,* die von allem Gebrauch macht, was sich anbie-
> tet, selbst von dem, was gar nicht greifbar ist, weil sie es je nach Bedarf
> erfindet."[362]

Das macht den Rassisten umso gefährlicher, da er aus nahezu willkürlichen
Selektionskriterien auswählt und diese Auswahl zu relevanten, typischen Rassemerkmalen macht. Hinzu kommt, dass der mit diversen Inhalten aufgefüll-
te Rassebegriff auch in menschenrechtlichen Texten und Gesetzen, in den
Medien, sowie umgangssprachlich verwendet wird, was dazu führt, Rassismus
nicht glaubwürdig bekämpfen zu können, solange der Begriff „Rasse" per se

---

[358] Nach Leiprecht, Rassismus 14; ergänzt mit Beispielen aus den Reiseberichten.
[359] Taguieff, Die Macht des Vorurteils 37, 39.
[360] Taguieff, Die Macht des Vorurteils 55.
[361] Fredrickson, Rassismus 155.
[362] Memmi, Rassismus 83 (Kursiv wie Original).

beibehalten wird.[363] Auch die Verlagerung des Begriffs „Rasse" auf den Begriff „Kultur" ändert nichts an der Schwierigkeit, Rassismus entgegenzuarbeiten, denn „[d]ie Geschichte des Rassismus belegt zur Genüge, dass dessen Beweisführung sein phänomenologisches Glacis im Zweifelsfall ohne Zögern räumt und sich in die onotologische Bastion kulturalistischer Gewissheit zurückzieht."[364] Wenn beispielsweise der Sozialwissenschaftler Samuel Huntington vom „Kampf der Kulturen" spricht, dann „zeigen schon die Schlagworte und die bellizistische Metaphorik seiner Sprache, dass es hier um ideologische Agitation im besten neorassistischen Sinn geht."[365]

Die Auswahlkriterien, die der Rassist anführt, um eine zu diskriminierende „Rasse" oder Kultur zu bestimmen, variieren im Zeitablauf (der englische Soziologe Robert Miles spricht von Prozesshaftigkeit rassistischer Konstruktionsvorgänge[366]); sie sind als „flexible Ressourcen"[367] epochenabhängig und unterliegen politischen und wirtschaftlichen Interessen der jeweiligen Gruppe, die die Deutungshoheit innehat.[368]

> „Aber wo immer wir Rassismus vorfinden, entdecken wir, dass er historisch spezifisch ist, je nach der bestimmten Epoche, nach der bestimmten Kultur, nach der bestimmten Gesellschaftsform, in der er vorkommt."[369]

Doch nicht nur die „Rassen" die diskriminiert werden, ändern sich. Auch die für den Rassisten ausgewählten und kritikablen Merkmale derselben „Rasse" variieren im Zeitablauf. So können es anfänglich die Arbeitsplätze sein, die (angeblich) von den türkischen Gastarbeitern den Deutschen weggenommen werden und später sind es dann deren Religion, Kultur oder Sitten, die ein Ärgernis für einen Rassisten darstellen.

Innerhalb einer Epoche oder eines politischen Systems kann Rassismus temporärer oder konstanter Natur sein. Ersteres trifft beispielsweise auf eine Situation zu, wie die in den fünfziger und sechziger Jahren in Deutschland, als die ersten Gastarbeiter aus Italien, Spanien, Portugal, Griechenland und dem damaligen Jugoslawien mit einer starken Aversion seitens der Deutschen konfrontiert wurden[370]; die aber inzwischen gegenüber diesen Nationalitäten abebbte, während sich in den achtziger Jahren „das Bild des gefährlichen Eindringlings vom sogenannten Gastarbeiter zum sogenannten Asylanten"[371] verschob, und gegenwärtig der Fokus auf Türken und Muslime, bzw. allgemein auf Migranten gerichtet ist. Konstant blieb dagegen die „rassische" Dif-

---

363 Cremer, „...und welcher Rasse gehören Sie an?" 5.
364 Hund, Rassismus 7.
365 Spitzer, Neorassismus 131.
366 Scherschel, Rassismus 31.
367 Scherschel, Rassismus 59.
368 Weiß, Racism 7, 135.
369 Scherschel, Rassismus 31.
370 McRae, Gastarbeiter.
371 Geiger, Festungsgeschichten 179.

ferenz zwischen Schwarzen und Weißen oder der „Arier" und den Juden, die „per definitionem in den Augen des Rassisten das bleiben, was sie sind."[372] Das heißt, die Legitimationsmuster rassistischer Diskriminierung (Rassenreinheit, Herrenrasse, Gefahr bei Rassenmischung etc.) variieren, aber der Kern, die Unterschiede hervorzuheben, sie negativ zu bewerten, zu diffamieren und daraus die Unterdrückung des „Anderen" abzuleiten, bleibt unverändert. Denn, so schreibt Léon Poliakov, „der Rassist ist kein nachdenklicher Mensch; er braucht lediglich einige vorgefasste Meinungen, um die Verherrlichung seiner eigenen Rasse und die Verleumdung der anderen"[373] zu rechtfertigen.

Die „Fehlfunktion in der Beziehung zum anderen"[374] ist kein neues Phänomen; es handelt sich vielmehr um einen Mechanismus, der auf eine lange Tradition zurückgeht, und der sich in der Geschichte des Rassismus widerspiegelt.

Geschichte des Rassismus

„Es genügt nicht, ‚den Rassismus [...] anzuprangern. Man muss [...] seine verschiedenen Veränderungen im Laufe der Jahrhunderte nachvollziehen, erkennen, wie viele Gestalten sozialer und kultureller Art er annahm'", zitiert W. D. Hund den Rassismusforscher Christian Delacampagne (1949-2007).[375] Die Überlegung, das Zurückliegende immer in die Betrachtung mit einzubeziehen, trifft eben auch auf die rassistischen Erscheinungen der Gegenwart und somit auch auf die diskriminierenden Formulierungen in den Reiseberichten zu. Sie sind nur im Lichte der Vergangenheit nachzuvollziehen, was Kurt Gerhardt bestätigt, für den zur Betrachtung des Rassismus als anthropologisches Phänomen, unabdingbar die geschichtliche Dimension hineingehört.[376] Nur unter Einbeziehung der historischen Entwicklung des Rassismus sind die Ergebnisse der ausgewerteten Reiseberichte, die als unbewusst aufscheinende Relikte der Vergangenheit dem historischen Gedächtnis geschuldet sind, zu verstehen. Besonders prägend wirkten das 19. und 20. Jahrhundert, obwohl die Wurzeln wesentlich weiter zurückliegen. Gerade in diesen Jahrhunderten erhält das Rassedenken, meist durch die Postulierung absurdester, wissenschaftlicher Theorien und Phantastereien, seinen entscheidenden Impetus, wie es auch durch die sich konstituierende Anthropologie seine Unterstützung erfährt. Wissenschaftler „machten aus der Rasse einen Glaubenssatz und hielten die Unterteilung der Menschheit in hochwertige und minderwertige Rassen für so offensichtlich evident wie die Gesetze, die den Blutkreislauf

---

[372] Poliakov, Rassismus 43.
[373] Poliakov, Rassismus 28.
[374] Memmi, Rassismus 35.
[375] Hund, Rassismus 34.
[376] Gerhardt, Aggression 53.

beherrschen."[377] Die Erörterung der Problematik, inwieweit eine Geschichte des Rassismus objektiv sein kann, muss in diesem Rahmen unberücksichtigt bleiben. Doch sei darauf hingewiesen, dass viele Quellen aus einer Zeit stammen „in der Vorstellungen von rassischen Hierarchien breite Zustimmung fanden."[378]

Zum Thema Rassismus gehört im besonderen Maße die leidvolle Geschichte der Juden. Doch bleibt dieser Aspekt auf das Notwendigste beschränkt, da die Erörterung der Komplexität der Diskriminierungen denen die jüdische Bevölkerung ausgesetzt war, den Rahmen dieses Buches sprengen würde; weshalb die Geschichte des Rassismus auf rassistisch orientierte Diskriminierungen gegenüber den People of Color reduziert bleiben muss. Im Folgenden wird in gestraffter Form – aufrissartig, begrenzt auf Brüche, grobe Chronologie und nur die wesentlichen Strömungen thematisierend – auf die Geschichte des Rassismus eingegangen. Es werden historisch große Zeitspannen generalisiert, und nur das für die jeweilige Periode Wesentliche herausgestellt, wobei zwangsläufig viele Details außer acht bleiben. Lediglich das 19. Jahrhundert, ab dem Zeitpunkt der deutschen Kolonisationsbewegung, wie sie Mitte der 1880er Jahre unter Bismarck begann, sowie das 20. Jahrhundert bis zum Ende der NS-Herrschaft 1945, sind breiter angelegt, da diese Zeitspanne so prägend für das historische Gedächtnis war, wie sich das in der Gegenwart, in Form von Diskriminierungspraxen gegenüber „Fremden", „Anderen" oder eben „Afrikanern" auch in den Reiseberichten zeigt.

a) Das Bild des Fremden in der Antike und im Mittelalter[379]

In der *Antike und im Mittelalter* bringen Reisen in fernere Gebiete[380] sowie Kriegsberichte genauere Kenntnisse über andere Völker und veränderten die bisherige rudimentäre Vorstellung des Fremden.[381] Die Frage nach der „Rassen"zugehörigkeit wird in der Antike noch nicht gestellt, weshalb nach Léon Poliakov der Unterscheidung in zivilisierte und unterentwickelte Völker noch keine Rassismusvorstellung im heutigen Sinn zugrunde liegt. Wenn beispiels-

---

[377] Poliakov, Rassismus 105.

[378] Fredrickson, Rassismus 160.

[379] Als wichtige Namen im Zusammenhang mit dem Kulturbegriff und der Ethnologie sind zu nennen bei den Griechen: Herodot (490-424), Aristoteles (384-322), Poseidonios von Apameia (135-51); Cäsar (100-44), Tacitus (58-120) bei den Römern, sowie im Mittelalter der islamische Historiker Ibn Chaldun (1332-1406). In: Stagl, Ethnologie 32-52. Siehe dazu auch Greverus, Kultur und Alltagswelt 18f.

[380] Zunächst waren es vor allem Geistliche, die die fremden Völker beschrieben und kategorisierten. Für Rom stellten sie ein erhebliches Potential dar, um die frohe Botschaft zu verbreiten. In: Geulen, Rassismus 45.

[381] An die Berichte der Eroberer und Missionare, die „pseudoethnographische Charakterisierungen der ‚Wilden' unter Rückgriff auf antike, christliche oder eben rassistische Topoi formulierten" lehnten sich auch die ersten wissenschaftlichen Rassensystematiken des 17. und 18. Jahrhunderts an. In: Geulen, Rassismus 41.

weise die Zivilisation der Pharaonen im Vergleich zu ihren Nachbarn einen höheren Grad an Vollkommenheit repräsentiert, dann drückt sich das dadurch hervorgerufene Überlegenheitsgefühl nicht in deren Abwertung aus.[382]

Auch den Griechen, mit ihrer höheren Kultur im Vergleich zu den Barbaren, ist eine Diskriminierung aufgrund niedrigerer kultureller Entwicklung letzterer fremd.[383] „Nur die Tatsache, daß sie in einem ungünstigen Milieu lebten, hinderte sie daran, es den Griechen gleichzutun."[384] Zwar rechtfertigt das Überlegenheitsgefühl der Griechen die Sklaverei[385], doch „entspricht dem [...] keine geschlossene Theorie der (Rang-)Unterschiede zwischen Menschenrassen",[386] wie das ab dem 17. Jahrhundert der Fall ist; das heißt, es lässt sich „nicht von der Geburt des Rassismus aus dem Geist der Antike sprechen."[387] Es bildet sich vielmehr im Hellenismus ein Ideal der Einheit des Menschengeschlechtes heraus, das vom Christentum übernommen werden konnte.[388]

Für Rom ergibt sich ein ähnliches Bild: es steht fremden Einflüssen grundsätzlich offen gegenüber da die Römer ihre Eroberungen nicht als Rassen- oder Kulturkämpfe betrachten, sondern vielmehr den eroberten Gebieten ein „ausgeprägtes System der ‚kulturellen Selbstverwaltung'"[389] auferlegen[390]: „Gegenüber Ägyptern und Karthagern entwickelten die Römer unterschiedliche Vorurteile, aber keine Rassennomenklatur."[391] Allerdings lässt die Quellenlage unterschiedliche Interpretationen zu. So liefert der afroamerikanische Altphilologe F.M. Snowden jr. den Hinweis, dass es keine moralische Abwertung, beispielsweise der schwarzen Bevölkerung, gegeben habe.[392] Er kann

---

[382] Allerdings glaubte der französische Ägyptologe Jean Yoyotte (1927-2009) in der Auffassung der Ägypter vom „Anderen" einen „Proto-Rassismus" feststellen zu können. In: Poliakov, Rassismus 45f.

[383] Die Unterscheidung zwischen Hellenen und Barbaren war eine Unterscheidung „zwischen Kultur und ihrer Abwesenheit, zwischen Gesetz und Gesetzlosigkeit, zwischen Ordnung und Unordnung." In: Gehlen, Rassismus 20; Hund, Rassismus 72.

[384] Poliakov, Rassismus 48f.

[385] Aristoteles (384-322) erklärte die Barbaren zu einem Phänomen der Natur und explizierte daraus eine politische Ordnung insofern, als die Barbaren „von Natur aus minderwertig und deshalb auch von Natur aus allein zur Knechtschaft geschaffen – geborene Sklaven", seien. In: Geulen, Rassismus 20f.

[386] Ritter u.a., Historisches Wörterbuch, Sp. 25.

[387] Geulen, Rassismus 21.

[388] Ritter u.a., Historisches Wörterbuch, Sp. 25.

[389] Geulen, Rassismus 23.

[390] „Auch in der Existenz fremdkultureller Gemeinschaften innerhalb der Reichsgrenzen an sich eine Gefahr für die eigene Kultur zu sehen, war dem römischen Selbstverständnis so fremd wie dem griechischen. Das änderte sich erst in der Spätantike, mit der Christianisierung und beginnenden Aufspaltung des römischen Imperiums." In: Geulen, Rassismus 23.

[391] Hund, Rassismus 72.

[392] Poliakov, Rassismus 49.

„keinen Beleg dafür finden, daß eine dunkle Hautfarbe irgendwo in der antiken Welt ein negatives Unterscheidungsmerkmal gewesen wäre. Die frühen Christen feierten beispielsweise die Bekehrung von Afrikanern als Beweis für ihren Glauben an die spirituelle Gleichheit aller Menschen."[393]

Wie dies auch M.T. Cicero (106-43) dokumentiert: „Die Menschen unterscheiden sich durch ihr Wissen, aber alle sind gleich, was die Fähigkeit zu wissen betrifft; es gibt keine Rasse, die nicht von der Vernunft gelenkt, zur Wahrheit gelangen könnte."[394] Und der römische Historiker P.C. Tacitus (um 58-um 120) hat in seiner Germania, die spätere Dekadenzidee Rousseaus antizipierend, sogar den „Edlen Wilden" (= Germanen) als Gegenentwurf zur eigenen römischen Gesellschaft dargestellt.

Andererseits wird in einigen Dokumenten aus der Kaiserzeit ersichtlich, „daß die Fremdartigkeit des Schwarzen über die des einfachen Barbaren hinausgeht. Man ist über die schwarze Haut erstaunt und bringt sie in Verbindung mit der Unterwelt, dem Tod, sogar mit Kot"; und der römische Dichter D.J. Juvenalis (um 60-nach 127) behauptet sogar, man könne sich „mit vollem Recht über die Schwarzen lustig machen."[395]

Diese römische Ambivalenz findet sich auch im Christentum. Immerhin bejaht das AT die Einheit des Menschengeschlechts, indem alle Menschen als Nachkommen von Adam und Eva anzusehen sind, wie auch das Urchristentum die Abschaffung aller sozialen und ethnischen Unterschiede betont.[396] Nach W. Hund unterscheidet das frühe Christentum zwar Hautfarben, verbindet sie aber nicht mit kulturellen Qualitäten[397]; und laut Christian Geulen hat das christliche Weltbild bis zum 13. Jahrhundert einen eher abschließenden Effekt, da eine permanente Ausweitung des christlichen Einflussbereichs, an dem sich eine rassistische Dimension erkennen ließe, nicht angestrebt wird.[398] Zudem besteht grundsätzlich für alle Noch-Nicht-Christen die Möglichkeit sich mit der Taufe in das Christentum zu integrieren. Doch fand das Toleranzideal, ab etwa dem 5. Jahrhundert keine durchgängige Umsetzung, da während des Mittelalters und später bestimmte Gruppen von Menschen (Nicht-mehr-Christen[399]), wie Heiden, Häretiker, Ketzer,[400] geächtet und verfolgt werden.[401]

---

393 Fredrickson, Rassismus 21.
394 Poliakov, Rassismus 50.
395 Poliakov, Rassismus 50.
396 Poliakov, Rassismus 52.
397 Hund, Rassismus 72f.
398 Geulen, Rassismus 28f.
399 Geulen, Rassismus 28.
400 Diese Gruppierungen kannten die Heilsbotschaft, weshalb ihr Abfall oder Unglaube mit Vehemenz verfolgt werden musste; im Vergleich zu den Menschen, denen das Christentum generell fremd war, und die nur bekehrt werden mussten. In: Geulen, Rassismus 31.
401 Poliakov, Rassismus 52; Geulen, Rassismus 28.

Allerdings gibt es Vorstellungen im mittelalterlichen Christentum, die zwar im christlichen Weltbild nicht mit der Trennung nach ethnischen Stämmen oder Völkern in Verbindung gebracht werden können, die aber im späteren Rassismusdiskurs als Argumente für Rassentrennung und Rassenreinheit aufgegriffen werden. Zu diesen gehören die augustinische Prädestinationslehre, die von einer Binnenaufteilung der Menschheit, in die zum Heil Berufenen und jenen der Verdammnis Vorbestimmten, ausgeht. Der Ausschluss eines Teils der Menschen aus der gesamten Menschheit beinhaltet die Idee, die Exklusion könne „ein konstitutives Element in der Erhaltung und vorher bestimmten Entwicklung dieses Ganzen sein".[402] Eine Idee, die sich in der Vorstellung des wissenschaftlichen Weltbildes des 17. und 18. Jahrhunderts wiederfindet, nach dem die Menschheit in zu separierende Rassen aufgeteilt ist und diese Separation notwendig sei, zugunsten der Gesamtmenschheit.

Eine weitere, in der zweiten Hälfte des 19. Jahrhunderts erneut auftretende Vorstellung des mittelalterlichen Christentums ist die kollektive Dimension der individuellen Seelsorge, nach der „mit jedem einzelnen Schaf die ganze Herde, mit jeder einzelnen Seele die Gemeinde und die Christenheit als Ganzes gestärkt würde."[403] Diese Idee, der Einzelne sei notwendig zur Erhaltung des Ganzen, wird im späteren Rassismusdenken von den Eugenikern wieder aufgegriffen. Man erinnere sich nur an die nationalsozialistisch geprägten Rassentheorien zur Rassenreinheit, die sich in „der Vorstellung, dass Erhalt, Gesundheit und Reinheit des biologischen Kollektivs wesentlich vom Verhalten und ‚rassischen Bewusstsein' des einzelnen abhängen"[404], manifestieren.

Setzt man den Begriff Rassismus in Beziehung zu „Rasse", dann liegt in der Tat – mangels eines biologischen Rassebegriffs – für den beschriebenen Zeitraum kein Rassismus vor. Zwar werden die versklavten Völker mit herabwürdigenden Klassifizierungen bedacht, doch führt dies „nicht notwendigerweise zum Gebrauch speziell rassistischer Kategorien."[405] Auch trotz der zum Teil rigorosen Vorgehensweise gegenüber nicht-mehr-christlichen Gruppierungen durch Inquisition, antijüdischer Pogrome und Kreuzzüge, lag noch kein Rassismus im heutigen Sinn vor, da diese Maßnahmen sich nicht gegen eine „Rasse" richteten, sondern damit alternative, religiös-theologische oder antichristliche Strömungen eliminiert werden sollten. Es handelt sich vielmehr um ein „Syndrom tiefsitzender Fremdheiten, unter denen der Glaubensfeindschaft eine gewissermaßen rationalisierende, scheinbar auch legitimierende Funktion zukam."[406] Durch die mögliche Bekehrung der Nicht-Christen zum Christentum stellt sich auch nicht das Problem der Irreversibilität einer Gruppenzu-

---

[402] Geulen, Rassismus 30.
[403] Geulen, Rassismus 31.
[404] Geulen, Rassismus 31.
[405] Hall, Rassismus 128.
[406] Rabe, Deutsche Geschichte 101f.

hörigkeit, wie es sich im 19. und 20. Jahrhundert für die Juden mit dem Begriff der Rassenzugehörigkeit entwickeln sollte. Das heißt, laut W.D. Hund aber nicht, dass es keinen Rassismus gegeben hätte, denn es existieren Anhaltspunkte, die auf einen kulturalistischen Rassismus hinweisen, der aus dem Gegensatz zwischen hellenischen und barbarischen Verhältnissen erwächst. „Sie verdeutlichen, dass der antike Rassismus weit reichende Parallelen mit dem der Moderne aufwies, in der aristotelischen Konzeption des Barbaren eine theoretische Grundlegung fand und dabei das Argument mangelhaften Menschseins ins Zentrum rückte."[407] Dieser Auffassung widerspricht Christian Geulen insofern, als von Rassismus in der Antike nur gesprochen werden kann, wenn man „die Besonderheiten der antiken Wahrnehmungsweisen ignoriert, moderne Auffassungen sorglos rückprojiziert und sie in jeder Form von Exklusion oder Feindschaft wiederzuerkennen sucht".[408]

b) Ausgehendes Mittelalter, 16. und 17. Jahrhundert

In diese Zeitspanne fällt der Vorgang der Rekatholisierung Spaniens, der Reconquista,[409] „mit der Spanien seinen Anspruch betonte, Vorkämpfer der wahren Kirche zu sein, und die Ausdehnung eines Reiches, das von spanischem Heldentum und spanischer Frömmigkeit künden sollte."[410] Das seit dem 8. Jahrhundert von der muslimisch-arabischen Kultur dominierte Spanien betrieb ab dem 12. Jahrhundert eine Vertreibungspolitik gegenüber den Mauren, bei der auch die in Spanien lebenden Juden durch Pogrome unter Druck gerieten und sich zum Christentum zwangsbekehren mussten. Der Abschluss der Reconquista, bei der 1492 die religiöse Einheit durch eben diese Zwangsbekehrungen durchgesetzt wurde, war geprägt von der „Reinhaltung des (spanischen) Blutes" (limpieza de sangre). Zum ersten Mal erlangte die Vorstellung von der Reinheit des Blutes als Rassemerkmal Bedeutung, um einen Feind zu identifizieren.[411] Das Problem für die christlichen Spanier war: Die Zwangsbekehrten waren zwar nach der Taufe Christen, übten jedoch insgeheim ihre jüdischen Glaubensrituale weiter aus oder wurden dessen verdächtigt. Um nun zwischen „echten" Christen (Altchristen) und Neubekehrten zu unterscheiden, wurde das Blut als Indikator herangezogen. Mit der, nur für die Altchristen vermutete Reinheit des Glaubens, wurde die Idee von der Reinheit des Blutes verknüpft, die die konvertierten Juden aber nicht erlangen konnten,

---

407 Hund, Rassismus 12.
408 Geulen, Rassismus 22.
409 Siehe dazu Fredrickson, Rassismus 35-39.
410 Fredrickson, Rassismus 45.
411 „Im darauffolgenden Jahrhundert erließen etliche Institutionen und örtliche Behörden Gesetze über die Reinheit des Blutes, und im Jahre 1547 wandte der Erzbischof von Toledo diesen Grundsatz auf alle ihm unterstehenden kirchlichen Einrichtungen an. Bald wurden Nachweise über die Reinheit des Blutes vor der Aufnahme in vielen geistlichen oder weltlichen Orden und Organisationen verlangt." In: Fredrickson, Rassismus 37.

da die Bekehrung zum Christentum kein ausreichendes Mittel zur Reinigung des Blutes darstellte.[412] Mit dieser Vorstellung von der Reinheit des Blutes wurde ein biologisches Unterscheidungsmerkmal geschaffen, das im rassistischen Sinn zwischen christlicher und jüdischer Herkunft differenzierte: „Die Vorstellung, wonach die Taufe nicht genügt, um den ursprünglichen Makel zu tilgen, taucht also im 14. und 15. Jahrhundert in Spanien auf. Als Konvertierter – und sei er der bigotteste Christ – bleibt der Jude mit einem unauslöschlichen Makel behaftet."[413]

Doch im Vergleich zur radikalisierten Form einer „Reinheit des Blutes", wie es die Nationalsozialisten propagierten, war im Spanien des 15. Jahrhunderts der „biologische Makel" der Neu-Christen eher kulturell-religiösen als biologischen Gründen geschuldet. Die Vorgehensweise richtete sich nicht primär gegen die „Rasse", sondern das „Fremde" musste erst konstruiert werden durch das Unreinheitsstereotyp[414]; das heißt, die Diskriminierung stellte eher eine Sonderform von Intoleranz gegenüber Glaubensgegnern dar, da auch andere „ketzerische Sekten" als religiöses Gefahrenpotential eingestuft und bekämpft wurden. Trotz dieser Ausnahme in Spanien ist festzuhalten, dass es (vermutlich) keine Repressalien gegen Fremde, gleich welcher Hautfarbe, gab, die auf biologischen Indices beruhten.

> „Seit dem 15. Jahrhundert führte Portugal Schwarze aus Afrika als Sklaven ein. Sie [...] wurden wegen ihrer Hautfarbe nicht als minderwertig betrachtet. Spätmittelalterliche Bilder von der Anbetung der Könige stellten einen von ihnen, Balthasar, sogar mit den Zügen eines Afrikaners dar, was darauf hinweist, daß es damals keinerlei rassistische Vorurteile gab."[415]

Zudem existierte das kreationistische Weltbild noch bis zum Ende des 17. Jahrhunderts, das aufgrund des von den Christen vertretenen Gleichheitsgrundsatzes, „daß alle Menschen, welches immer ihre Stellung in der Welt ist, vor Gott gleich seien"[416] einen Rassismus im heutigen Sinn ausschloss.[417] Denn der

> „orthodoxe christliche Glaube an die Einheit der Menschheit, der sich auf die biblische Darstellung von Adam und Eva als Vorfahren aller Menschen stützte, stellte ein mächtiges Hindernis für die Entwicklung einer kohärenten und überzeugenden rassistischen Ideologie dar."[418]

---

[412] Memmi, Rassismus 80f.

[413] Poliakov, Rassismus 59.

[414] Hund, Rassismus 71.

[415] Poliakov, Rassismus 63f.

[416] Fredrickson, Rassismus 27.

[417] Eine Ausnahme bildeten die Juden: „Der meistzitierte Satz aus der Bibel, der die Juden kollektiv mit Satan in Verbindung bringen sollte, sind die anklagenden Worte, die Christus an die Juden richtete, die ihn nicht als Messias anerkannten: ‚Ihr habt den Teufel zum Vater, und nach eures Vaters Gelüste wollt ihr tun' (Joh. 8,44)." In: Fredrickson, Rassismus 26f.

[418] Fredrickson, Rassismus 53.

Doch traten zur gleichen Zeit Veränderungen ein, die die ursprünglich christliche Idee der Menschwerdung, als von Gott geschaffene Einzellösung, ins Wanken brachten. Ideengeschichtlich begann ein Umdenkungsprozess, bei dem das christliche Urbild der göttlichen Vorsehung, das sich in den unscheinbarsten Geschöpfen manifestiert, abgelöst wurde durch ein nachchristlich-paganes, das auf einer entwicklungsbiologischen Vorstellung beruhte, bei der der Mensch das letzte Glied einer Reihe ist, „die aus der Vergangenheit kommend sich durch die Kette der Zeugungen weiterverlängert ins Künftige."[419]

Zu dieser liminalen Phase trugen vor allem, durch die Eroberungen bisher unbekannter Weltteile[420], neue Erkenntnisse über die Welt bei. Weil „der planetare Charakter unseres Lebensraums spätestens 1521 nicht mehr zu leugnen"[421] war, kam es erstens zu einem enormen Anwachsen des stofflichen Wissens im Bereich Zoologie und Botanik und zu einer Klassifizierung und Systematisierung nach Gattung und Art. Zweitens wuchs die Kenntnis von den Erscheinungsformen des Menschen, der Unterschiedlichkeit der Völker und deren Sitten, und damit einhergehend, deren hierarchische Einstufung in Weiße und Andersfarbige. Informationslieferanten über die fremden „Rassen" waren neben Reisebeschreibungen vor allem schriftliche Aufzeichnungen der Eroberer und Missionare, deren Berichte allesamt hierarchisch geprägt waren. Denn obwohl letztere den „Integrationsgedanken des christlichen Universalismus"[422] propagierten, verhinderte dies nicht die baldige Unterdrückung der kolonisierten Menschen. Und drittens kam durch Landgewinne ein neuer, wirtschaftlicher Aspekt im Umgang mit den Fremden hinzu, nämlich die Ausbeutung und Versklavung von Menschen.[423] Verkürzt ausgedrückt lässt sich festhalten: die Entdeckung und Eroberung der Welt mit der darauffolgenden Kolonisation brachte einen Mentalitätswechsel der „Weißen" in der Beurteilung der „Fremden" und „Andersfarbigen" mit sich.

---

[419] Voegelin, Rassenidee 11.

[420] Stuart Hall datiert den Ausbruch der europäischen Expansion grob auf zwei Schlüsselereignisse: „die frühen portugiesischen Entdeckungsreisen an der afrikanischen Küste (1430-1498) und Columbus' Reisen in die Neue Welt (1492-1502)." Den Expansionsprozess selbst unterteilt er in fünf Hauptphasen. Siehe dazu ausführlich: Hall, Rassismus 144 sowie 147-149.

[421] Geulen, Rassismus 38.

[422] Geulen, Rassismus 39.

[423] Die Zahlen der verschleppten und ums Leben gekommenen afrikanischen versklavten Menschen variieren. Im Jahre 1510 verließ das erste Schiff mit 50 schwarzen Sklaven Westafrika. Bis in das 19. Jahrhundert wurden etwa 11 bis 15 Millionen Menschen zwangsdeportiert. In: Geulen, Rassismus 39. „Vorsichtige Historiker schätzen, daß in den vier Jahrhunderten des europäischen Handels mit ‚Schwarzhäuten' mehr als 10 Millionen Menschen geraubt, verschleppt und versklavt wurden. Etwa ein Drittel davon waren Frauen." In: Mamozai, Frauen und Kolonialismus 127. Nach dem Religions- und Kirchenkritiker Karlheinz Deschner waren es etwa „60 Millionen, die man in Afrika einfing" wovon nur circa vier Millionen nach Amerika gelangten. In: Deschner, Der Moloch 106.

„Wenn auch die Folgen dieser Entdeckungen sich erst in der zweiten Hälfte des 16. Jh. zeigten und erst im 19. voll zum Durchbruch kamen, so war mit ihnen doch der Weg zur Kolonisation eröffnet. Sie kann äußerlich als die größte Leistung des Ariertums bezeichnet werden [...]"[424]

Aus kolonialstrategischen Gründen kam es zu einer Geringschätzung Schwarzer, da man durch die Gegenüberstellung der eigenen, überlegenen Gesellschaft mit der „freien Gesellschaft der Wilden", die Eroberungszüge und die damit einhergehende Sklaverei, Missionierung und Unterdrückung legitimieren wollte. So schreibt der Soziologe P. Gilroy:

> „Racially differentiated groups no longer shared the same present. The dominant groups could enlist the irresistible momentum of history on their side and treat their apparently anachronistic subordinates as if they belonged to the past and had no future."[425]

Nach F. Fanon haben die Kolonisierenden in ihren Bemühungen, die „fremden" Kulturen abzuwerten, nicht differenziert; es wurde „nur immer wieder behauptet, daß der Neger ein Wilder sei, und der Neger war für [sie] weder der Angolese noch der Nigerier", sondern eben ein Neger[426] (diese Generalisierungstendenz „Afrikaner" bzw. „Schwarzer" findet sich auch in den Reiseberichten [passim]). Auch „zögerten die Kolonisierenden aus sehr eigennützigen Gründen nicht, den Eingeborenen – über die einige glaubten, sie stammen von einem anderen, seelenlosen Adam ab, der nach der Sintflut geboren wurde"[427] – jedes menschliche Aussehen abzusprechen. Wenn sie Tiere waren, – und die Debatte darüber „tobte während des größten Teils des sechzehnten Jahrhunderts"[428] – dann konnte man sie wie Schädlinge ausrotten, oder man konnte sie mit gleichem Recht wie den Esel oder den Ochsen als Arbeitstiere gebrauchen."[429] Ch. Geulen sieht in dieser Degradierung der Afrikaner zu Arbeitstieren den eigentlichen historischen Ursprung für deren spätere Plazierung auf der alleruntersten Stufe der Rassenhierarchien.[430]

Dieser rein ökonomisch begründeten Ausbeutungsansicht stand die immer noch präsente, christliche Auffassung der Monogenese des Menschen entgegen, so dass sich kirchlicherseits die Frage „Menschen oder Tiere?" nicht stellte. Am 2. Juni 1537 verkündete Papst Paul III. (1468-1549), der von Missionaren auf das genealogische Problem hingewiesen wurde, in der Bulle „Sublimis deus" ein Verbot der Versklavung der indianischen Ureinwohner von Amerika und aller anderer Menschen:

---

[424] Hiltebrandt, Grundlagen 19.
[425] Gilroy, Against Race 57.
[426] Fanon, Verdammten 179.
[427] Hall, Rassismus 168.
[428] Hall, Rassismus 168.
[429] Poliakov, Rassismus 67.
[430] Geulen, Rassismus 43.

„Der Feind der Menschheit [verhindert], daß den Menschen die göttlichen Worte der Erlösung übermittelt würden: er veranlaßte [...], daß man
die Indios [...] die vor kurzem entdeckt wurden, als arme Tiere, geschaffen, uns zu dienen, behandeln sollte, und daß sie nicht fähig seien, Christen zu werden. Wir [...] indessen betrachten die Indios als Menschen und
nicht nur fähig, die Religion zu begreifen, sondern auch, soviel wir wissen, äußerst begierig, sie anzunehmen."[431]

Auch der Bischof in den spanischen Kolonien Amerikas, Bartolomé de Las
Casas (1484-1566) vertrat die Auffassung, alle Indianer seien „wirkliche Menschen", die die Fähigkeit der Vernunft besäßen[432] und ein zivilisiertes Leben
führen könnten. Ebenso war für Benedictus de Spinoza (1632-1677) „die
Einheitlichkeit des Menschengeschlechts eine schlechterdings unhintergehba-
re Tatsache, wenn anders man ‚nicht in den Traum verfallen‘ wolle, ‚die Natur
habe einst verschiedene Menschenarten hervorgebracht‘ (‚nisi somniare veli-
mus naturam olim diversa hominium genera procreavisse‘)".[433]
   Nachdem die christlichen Repräsentanten die Idee, bestimmte Menschen
seien Tiere und/oder stammten nicht von Adam ab, ablehnten, wurde ein
anderer, ausbeutungs-legitimierender Argumentationshebel gefunden: derjenige, der zivilisatorischen Rückständigkeit. Die Frage, warum bestimmte Völker
kulturell zurückgeblieben seien, ließ sich nun mit dem neuen, nachchristli-
chen Weltbild der Entwicklungsgeschichte der Lebewesen, die sich nach
einem lebewesen-immanenten Gesetz entwickeln und fortpflanzen, beantwortet: „Die wilden Völker dieser Erde sind dem unbebauten Erdboden vergleichbar, der Unkraut oder unnütze Dornen hervorbringt, der aber alle natürlichen
Kräfte enthält, damit er durch Arbeit und Pflege gesunde und wohltuende
Früchte hervorbringen kann."[434] Eine Handhabe war gefunden; die neu entdeckten Völker waren noch nicht auf der Höhe der europäischen Zeit. Sie
befanden sich in einem „rohen Naturzustand"; dieser war gleichbedeutend mit
Minderwertigkeit[435] und diese wiederum legitimierte die Ausbeutung. Die
Deutungshoheit, was als zivilisiert bzw. rückständig anzusehen war, besaßen
die Kolonisierenden, und dieser Blickwinkel „führte schließlich dazu, daß man

---

[431] Der Hintergrund war: Mit der europäischen Entdeckung Amerikas erhoben sich Spekula-
       tionen über die Frage, ob die indigene Bevölkerung dieser Länder „wahre Menschen" seien
       oder nicht. Damit einher ging eine Debatte über die Misshandlungen der Einheimischen
       durch die Eroberer. Eine starke Fraktion glaubte, dass diese Völker nicht menschlich seien.
       Sie spekulierten, dass Gott ihnen das Christentum und das Evangelium so lange vorent-
       halten habe, weil es sich nicht um menschliche Wesen mit Seelen handele und sie daher zu
       keiner Erlösung fähig seien. Darüber hinaus war nach ihrer Auffassung die Menschheit
       eingeteilt in drei Rassen (Europäer, Asiaten und Afrikaner), die den Söhnen von Noah ent-
       sprachen, weshalb die amerikanische Bevölkerung nicht in dieses Schema passte. In: http://
       de.wikipedia.org/wiki/Sublimis_Deus (01.07.2012).
[432] Hall, Rassismus 168f., ebenso Fredrickson, Rassismus 41f.
[433] Ritter u.a., Historisches Wörterbuch, Sp.25.
[434] Las Casas: Apologetica Historia de las Indias. Ausg. Madrid 1909, S. 127f.
[435] Poliakov, Rassismus 70.

den ‚Anderen', gleich ob gelber oder schwarzer Hautfarbe, radikal abwerte-
te.“[436] Es entstand ein Teufelskreis: „die Neger waren Sklaven, weil minderwertig, minderwertig weil Sklaven“[437]; und, sie verfügten nur über eine geringe oder keinerlei Intelligenz (eine Auffassung die sich in abgemilderter Form
auch in den Reiseberichten wiederfindet [passim]). Diese Meinung vertrat
später unter anderem auch Arthur Schopenhauer (1788-1860) am Beispiel der
Geselligkeit,

> „daß jeder in dem Maße gesellig ist, wie er geistig arm und überhaupt
> gemein ist. [...] Die geselligsten aller Menschen sollen die Neger sein, wie
> sie eben auch intellektuell entschieden zurückstehn: nach Berichten [...]
> sperren die Schwarzen, Freie und Sklaven durcheinander, [...] weil sie ihr
> schwarzes Stumpfnasengesicht nicht oft genug wiederholt erblicken kön-
> nen.[438]

Dieser abendländische Mentalitätswechsel führte zu neuen Klassifizierungen
und neuen Termini. Zum einen wurde der Rassebegriff nun zur Einteilung
und Schematisierung neu entdeckter Völkerverbände verwendet. So brachte
der französische Arzt und Philosoph F. Bernier (1620-1688) zum ersten Mal
den Begriff „Rasse“ („Race“) in einen Zusammenhang mit physischen Merkmalen wie Hautfarbe, Statur und Gesichtsform.[439] In seinem 1684 erschienen
Werk, *Nouvelle division de la Terre, par les differentes Espèces ou Races d'Hommes
qui l'habiten,* schlug er vor, „den Begriff der Rasse für eine neue Einteilung der
Welt und der sie bewohnenden Menschen zu verwenden.“[440] Er nahm eine
Klassifizierung der menschlichen Gattung in vier Rassen[441] vor: Unterscheidung in Europäer (ohne Lappen, einschließlich Südasiaten, Nordafrikaner
und Amerikaner), übrige Afrikaner, übrige Asiaten und Lappen. Doch behielt
der Begriff „Rasse“ zugleich seine bisherige Bedeutungvielfalt bei.[442] Zum
anderen wurden bis dahin unbekannte Ausdrücke in den Sprachschatz aufgenommen: „Neger“ (1516), „Mestize“ (1615) und „Mulatte“ (1604). Diese
Neologismen – afrikanische Eigenbezeichnungen wurden ignoriert –, dienten
auch der „Herstellung und Vermittlung des Legitimationsmythos, Afrika sei
das homogene und unterlegene ‚Andere' und bedürfe daher der ‚Zivilisierung'
durch Europa.“[443]

---

[436] Poliakov, Rassismus 73.

[437] Poliakov, Rassismus 74f.

[438] Schopenhauer, Aphorismen 25.

[439] Cremer, „...und welcher Rasse gehören Sie an?“ 7.

[440] Hund, Rassismus 22.

[441] Spitzer, Neorassismus 16.

[442] Sie „bezog sich auf die Summe kollektiver wie individueller Eigenschaften, [...] war externe
Kategorie der Unterscheidung von Gruppen nach körperlichen Eigenschaften und [...] verwies auf eine ursprüngliche und ‚wahre' Ordnung in aktuell scheinbar verworrenen Verhältnissen.“ In: Geulen, Rassismus 46.

[443] Arndt/Hornscheidt, Afrika und die deutsche Sprache 18.

Der Versuch ab dem 17. Jahrhundert die unterschiedlichen Arten von Menschen auf breiterer, wissenschaftlicher Basis zu erforschen und zu systematisieren, geschah vorerst in der Absicht, die Ergebnisse mit den Lehren der Kirche in Einklang zu bringen. So gab es Anstrengungen, die beiden antagonistischen Vorstellungen, biblische Tradition einerseits und Empirie andererseits zu einer gemeinsamen Wissenschaft (Physikotheologie) zu verbinden.[444] Doch setzte sich diese Idee nicht durch, die Trennung der beiden Vorstellungen blieb bestehen, die Kluft zwischen beiden Auffassungen wurde mit dem Anwachsen des Wissens immer größer und die Naturkunde stand am Ende in einem direkten Gegensatz zur Schöpfungslehre.[445]

Nach L. Poliakov liegt in der eingangs erwähnten Zeitspanne des Umbruchs des Menschenbildes noch kein Protorassismus vor, da „das Abendland noch immer in einer religiösen Weltanschauung befangen war."[446] Es blieb bei der Vorstellung des gemeinsamen Urvaters für Weiße und Menschen mit anderer Hautfarbe: „Deum ex uno Adami sanguine totum derivasse humanum genus, generationes innumerabiles ac gentes longe dissitas et lingua ac moribus multum inter se differentes."[447] Die göttliche Ordnung wies jedem dem ihn vorgesehenen Platz im menschlichen Dasein – das ohnehin sein Ziel im Jenseits sah – zu. Deshalb, weil von Gott gewollt, hat Rassismus und Diskriminierung aufgrund niedrigeren Standes, keinen Platz, wohl aber die Ausnutzung inferiorer Völker durch superiore aufgrund zivilisatorisch-kultureller Differenzen. Auch wäre es falsch den Kolonialismus als Folge eines latent vorhandenen Rassismus zu sehen. Vielmehr war es umgekehrt, der europäische Kolonialismus lieferte einen starken Impetus zur weiteren Herausbildung des europäischen Rassismus[448] und der Entwicklung von Rassentheorien, die der nachträglichen Legitimierung der Kolonisation dienten. Nach George Fredrickson scheint es klar zu sein, „daß der Kauf und Transport von afrikanischen Sklaven durch Europäer religiös und rechtlich leicht zu rechtfertigen war, ohne daß es dazu eines expliziten Rassismus bedurft hätte."[449] Dies beurteilt Ch. Geulen insofern anders, als für ihn „Sklaverei und Sklavenhandel die erste Form eines voll ausgebildeten Rassismus in der europäischen Neuzeit" darstellt, „der

---

[444] Der englische Geistliche und Naturphilosoph W. Derham (1657-1735) ging 1713 von zwei Prämissen aus: „die Konstanz der Arten (species), die, einmal geschaffen, sich nicht mehr essentiell veränderten" und „die Stufenleiter der Natur. Von den Mineralien über die Pflanzen zu den Tieren, vom Einfachen zum Höheren, habe die göttliche Vorsehung die ‚Kette der Lebewesen' in wohlgeordneter Abstufung geschaffen, jede Spezies genau ausgerüstet für ihre bestimmte Umgebung." In: Brunner u.a., Geschichtliche Grundbegriffe 143f.

[445] Geulen, Rassismus 45.

[446] Poliakov, Rassismus 75.

[447] Vincentius Rumpf: Dissertatio critica de hominibus orbis nostri incolis, specie et ortu avito inter se non differentibus (Hamburg 1721), Praefatio. Zit. in: Brunner u.a., Geschichtliche Grundbegriffe 144.

[448] Geulen, Rassismus 41.

[449] Fredrickson, Rassismus 35.

400 Jahre Bestand hatte und die neuzeitliche Verflechtung Europas mit dem Rest der Welt antrieb und prägte."[450] Doch trotz der Grausamkeit der Vernichtung von Menschen und deren Kulturen, ist diese Praxis mit dem neuzeitlichen Rassismus der Nationalsozialisten nicht vergleichbar. Denn letzterer legitimierte sich aus einer vorher aufgestellten Ideologie, einem politischen Programm und diversen Rassentheorien, die dann zur Ausrottung der „Untermenschen" führte.

In der Zeit, in der „das Bild eines endlichen Anfangs der Reihe durch göttliche Formgebung schon zurücktritt, das neue Bild einer Substanz, die ihr Artgepräge als Baugesetz in sich trägt und es in der Reihe der Einzelformen entfaltet, noch nicht gewonnen ist"[451], wurde das Drehbuch geschrieben für die spätere Dominanz der Idee, die sich im 18. Jahrhundert mit der Aufklärung in Deutschland manifestierte: Die lebende Substanz entfalte sich nach einem inneren Gesetz und nicht nach einem göttlichen Plan.[452] Diese vermutete Entwicklungsreihe evozierte eine Intensivierung der Erforschung der Natur und des Lebens selbst und führte schließlich zu einem Paradigmenwechsel, der in der Emanzipation von der bisher dominanten kirchlichen Lehre mündete. Damit erodierte im 18. Jahrhundert das über rund 1500 Jahre dominante christliche Weltbild, da die Differenzen und Wertungen von „Rassen" sozusagen wissenschaftlich belegt werden konnten.

c) 18. Jahrhundert

Im Wissenshorizont der Aufklärung war „Rasse" zunächst noch kein biologischer Begriff, sondern ein historisches Konzept.[453] Es entwickelte sich die Überzeugung, die Welt sei sinnvoll geordnet, der Mensch in toto habe in dieser Ordnung seinen Platz in der hierarchischen Stufenleiter, in der er als Lebewesen über den Tieren steht, wie auch die jeweilig spezifische Menschenrasse innerhalb der Menschenrassen an einem vorbestimmten Platz verortet ist.[454] Wenn man beispielsweise die „Schwarzen" als minderwertigste „Rasse"

---

[450] Geulen, Rassismus 42f.

[451] Voegelin, Rassenidee 11f.

[452] Voegelin, Rassenidee 11.

[453] Geulen, Rassismus 48; Fredrickson, Rassismus 101.

[454] Die Rassengeschichte des französischen Historikers Henri de Boulainvilliers (1658-1722) war eines der ersten Beispiele für ein modernes Geschichtsverständnis. In seiner 1727 erschienenen Geschichte des französischen Adels stellte er den Adel und das Volk als zwei getrennte Rassen dar, deren Auseinandersetzungen die Geschichte Frankreichs prägten. Dieses Konzept bereicherte der französische Historiker Augustin Thierry (1795-1856) nach der Revolution durch die Vorstellung, dass der Adel germanischer oder fränkischer Abstammung sei und das gallisch-keltische Volk somit die Herrschaft einer fremden Rasse abgeschüttelt habe. Ähnliche Ansichten waren zuvor auch schon in England entwickelt worden, wo Rechtsgelehrte wie Edward Coke (1552-1634) und John Selden (1584-1654) das

einstufte und sie in die Nähe der Affen, als die am höchsten stehenden Tiere, stellte, dann lag das daran, dass man sie von der Idee einer Naturgeschichte der Menschheit ausgehend – also als Prozess ihrer allmählichen Entfaltung –, als „so etwas wie zurückgebliebene Artgenossen, Menschen einer unteren Entwicklungsstufe und zugleich Archetypen der eigenen Vergangenheit"[455] betrachtete (der Gesichtspunkt, zu den „Archetypen der Menschheit" zu reisen, findet sich auch in den Reiseberichten [passim]).

Mit der Konstituierung der Anthropologie als Wissenschaft – die „ersten wirklich einwandfreien anthropologischen Untersuchungen gehen in die zweite Hälfte des 18. Jahrhunderts zurück"[456] – entstanden Rassentheorien u.a. von Meiners, Linné, Buffon, Blumenbach und Kant[457], auf deren Hypothesen

---

Herrscherhaus der Stuarts als normannische Fremdrasse der angelsächsischen Bevölkerung gegenübergestellt hatten. In: Geulen, Rassismus 49f.

[455] Geulen, Rassismus 50.

[456] Muckermann, Rassenkunde 10.

[457] CHRISTOPH MEINERS (1747-1810): Er sah „eine Hierarchisierung der verschiedenen menschlichen Typen vor, und zwar auf der Basis einer Wechselbeziehung zwischen äußerer Schönheit und Intelligenz. ‚Hellhäutige' Menschen waren seiner Ansicht nach in beiderlei Hinsicht überlegen, während er die ‚dunkleren, farbigen Völker' für ‚häßlich' und bestenfalls ‚halbzivilisiert' hielt." In seinem 1783 erschienenen *Grundriß der Geschichte der Menschheit* tat er kund, dass „das gegenwärtige Menschengeschlecht aus zween Hauptstämmen bestehe, dem (...) Kaukasischen, und dem Mongolischen Stamm: daß der letztere nicht nur viel schwächer von Cörper und Geist, sondern auch viel übel gearteter und tugendleerer (...) sey". Er entwickelte ein Rangsystem der Rassen und sprach sich für die Sklaverei aus. In seinem Rangsystem stufte er Juden zwar über „Orang-Utans", „Negern", „Finnen" (Lappen) und „Mongolen" ein, aber unter Weißen und Christen. Deshalb stünden ihnen weniger Rechte als diesen zu. Fredrickson, Rassismus 61.

CARL VON LINNÉ (1707-1778): *Systema naturae*, 1735: Er teilte die Spezies Mensch in vier Kategorien: Europaeus (weiß), Americanus (rot), Asiaticus (gelb), Afer (schwarz). „Obwohl er keine explizite Rangordnung der verschiedenen Rassen aufstellte, gingen Linnés Präferenzen aus seinen Beschreibungen klar hervor. Die Europäer beschrieb er als ‚intelligent, einfallsreich. [...] Von Gesetzen geleitet.' Die Schwarzen hingegen waren seiner Ansicht nach ‚verschlagen, träge, nachlässig. [...] Von Launen geleitet.'" Fredrickson, Rassismus 58.

GEORGES-LOUIS LECLERC DE BUFFON (1707-1788): *Histoire naturelle générale et particulière*, 1749: Er unterteilte die Menschen nach drei Kriterien: 1. Farbe, 2. Gestalt und Größe, 3. natürliche Eigenschaften. Diese Merkmale waren seiner Meinung nach nur gültig, wenn sie über mehrere Generationen vererbt wurden. Dabei hielt er die weiße, europäische „Rasse" („Race") für die „schönste" und „beste". Hund, Rassismus 93.

JOHANN FRIEDRICH BLUMENBACH (1752-1840): *De generis humanis varietate nativa*, 1775: Fünf Rassen: Kaukasier, Mongolen, Äthiopier, Amerikaner, Malayen. Hund, Rassismus 93.

IMMANUEL KANT (1724-1804): *Von den verschiedenen Racen der Menschen*, 1775: Er unterteilte die Menschheit in vier „Races": 1. die „Race" der Weißen", 2. die „Negerrace", 3. die „hunnische Race" (mungalische oder kalmuckische) und 4. die „hinduische oder hindistanische Race". Cremer, „...und welcher Rasse gehören Sie an?" 8; Kant-Lexikon 439. Weitere Rassenthoretiker waren der Anatom SAMUEL THOMAS VON SOEMMERING (1755-1830), der Naturforscher ANDERS JAHAN RETZIUS (1742-1821), der Botaniker JEAN-BAPTISTE DE LAMARCK (1744-1829) und der Arzt CARL GUSTAV CARUS (1789-1869). Zu deren Theorien siehe z.B. Muckermann, Rassenkunde.

und Annahmen aus Platzgründen auf Spezialliteratur verwiesen werden muss. Sie waren, nach George Fredrickson, die Wegbereiter für einen säkularen bzw. wissenschaftlichen Rassismus: „Für sie waren die Menschen ein Teil des Tierreichs und nicht Kinder Gottes im biblischen Sinne, die im Gegensatz zu anderen Lebewesen mit geistigen Gaben ausgestattet waren."[458] Und auch Robert Miles „qualifiziert diesen Rassismus des beginnenden 18. Jahrhunderts als *wissenschaftlichen Rassismus*"[459], weil diese – wenngleich recht unterschiedlichen – Theorien die Hierarchie der Menschen in dieser Zeit plausibel erklären konnten.

Um die Bandbreite der spekulativen Theorien zu veranschaulichen, seien hier einige Beispiele aufgeführt. So hat der Schweizer Botaniker Carl Nägeli (1817-1891) in seiner Vervollkommnungstheorie, die Varietät von „innen" ausgehend vermutet, nach der die organische Substanz sich von der urgezeugten Zelle zu immer komplizierteren Formen – und eben nur in dieser Richtung – umbilde: „Die klimatischen Verhältnisse haben auf die Erzeugung von Varietäten und Racen einen sehr geringen Einfluss, [...]".[460] Der Zoologe G. H. Theodor Eimer (1843-1898) dagegen sah die Veränderung durch Einwirkungen von „außen", das heißt, der Organismus sei eine reagible Substanz auf Klima und Nahrung: „Nach meinen Unterlagen ist das von beständigen äußeren Einflüssen, Klima und Nahrung, auf das Plasma bedingte o r g a n i s c h e W a c h s e n (Organophysis), dessen Ausdruck wiederum die b e s t i m m t g e r i c h t e t e E n t w i c k l u n g (Orthogenesis) ist, die hauptsächlichste Ursache der Transmutation [...]".[461] Ähnlich argumentierte Immanuel Kant:

> „In den Nachkommen des ersten Menschenpaares war noch die ganze ursprüngliche Anlage für alle künftigen Abartungen ungeschieden. Sie paßten daher (potentiell) zu allen Klimaten; je nach dem Klima entwickelte sich (unter dessen Einfluß) der zu ihm passende Keim. ‚Die Entwicklung der Anlagen richtet sich nach den Örtern.'"[462]

Im Vergleich dazu ging Charles Darwin (1809-1882) von einer zweiseitig verursachten Variation der Individuen aus[463]: „[...] sind zwei Faktoren tätig: die Natur des Organismus, welches das weitaus wichtigste von beiden ist, und die Natur der Bedingungen."[464] Und schließlich gab es noch die Auffassungen, „daß sich ein einheitliches Prinzip der Artentstehung wohl überhaupt nicht finden lassen werde, sondern daß in jedem einzelnen Fall besondere Bedingungen der Genesis vorgelegen seien"[465]; wie auch Kant später seine Klima-

---

[458] Fredrickson, Rassismus 59.

[459] Scherschel, Rassismus 37 (Kursiv wie Original).

[460] Nägeli, Entstehung und Begriff 28f; ebenso Voegelin, Rasse und Staat 47.

[461] Voegelin, Rasse und Staat 47 (Sperrung wie Original).

[462] Kant-Lexikon 440.

[463] Voegelin, Rasse und Staat 38, 44-64.

[464] Darwin, Entstehung der Arten 168-171.

[465] Voegelin, Rasse und Staat 55.

theorie verwarf und postulierte, „daß als Rassenmerkmale im strengen Sinne nur diejenigen gelten können, die sich umweltunabhängig vererben."[466] In Bezug auf die Vererbung und die verschiedenen Umwelten bestanden somit unterschiedliche und wechselnde Meinungen über die „Modifikationsmöglichkeiten und auch tatsächlichen Modifikationen für die menschlichen Rassen"[467]. Zudem existierte Ende des 18. Jahrhunderts auch die Idee der Polygenese, also des mehrfachen Schöpfungsaktes. Die Hypothesensituation war verworren; sie war von nahezu beliebigen körperlichen, kulturellen und geographischen Faktoren zur Bestimmung und Erklärung von Rassemerkmalen geprägt. Die meisten unterschiedlichen Denkansätze hatten aber ein gemeinsames Ziel: man wollte auf der Basis eines universalistischen, monogenetischen Menschheitsbegriffes ein „Tableau" der Welt entwerfen, „auf dem alles in der Form eines bereits gesicherten oder aber möglichen Wissens immer schon seinen Ort hatte."[468] Und diese so erschlossene Ordnung der Welt sollte, unabhängig von den Lehren der Kirche, plausibel sein.[469]

Die von den Theoretikern entwickelten Klassifizierungen von „Rassen" und Wertehierarchien, zunächst aufgrund der Hautfarbe, später unter Einbezug somatischer Merkmale, ästhetischer und moralischer Kriterien, Kleidung, Sitte, Sprache bzw. klimatisch-geographischer oder/und historisch-politischer Faktoren, führten meist zu dem Ergebnis, die „weiße Rasse" sei den anderen überlegen. Beispielsweise schrieb 1785 Christoph Meiners (1747-1818): „Eines der Hauptmerkmale der Stämme und Völker ist die Schönheit oder Häßlichkeit des ganzen Körpers oder des Gesichtes"[470]. Linné stellte dem zu „Erfindungen geschickte, [...] durch Gesetz regierten Europäer" den Afrikaner, mit seiner verschlagenen, boshaften, faulen und nachlässigen Gemütsart, gegenüber, der sich durch die Willkür seiner Herrscher regieren läßt"[471] (Äußerungen, „Afrikaner" seien nachlässig, langsam, technisch ungeschickt, träge und faul, finden sich auch in den Reiseberichten [passim]). Die Ansicht Buffons, der „die ‚weiße', europäische Rasse als die schönste und beste vor den Rassen der schwarzen, roten und gelben Menschen" hervorhob, implizierte zugleich die „Häßlichkeit der Nicht-Weißen, insbesondere der Schwarzen."[472]

---

[466] Geulen, Rassismus 59.

[467] Saller, Rassebegriff 36.

[468] Geulen, Rassismus 50.

[469] In diesem Zusammenhang sei erwähnt, dass mit der Verdrängung des Schöpfungsgedankens durch die naturwissenschaftlichen Theorien von den Rassentheoretikern die Frage nach der Herkunft der Urzellen, dem Anfang des Lebens, auf verschiedene Weise verdeckt wurde: „sei es durch die Annahme göttlichen Eingriffes oder durch die Annahme, daß die anorganische Natur an irgendeiner Stelle aus ihrer eigenen Gesetzlichkeit heraus plötzlich aufhört anorganisch zu sein und nun zur Abwechslung einmal ein bißchen organisch wird, und zwar gleich so organisch, daß die gesamte Gesetzlichkeit der lebenden Welt, die Menschen inbegriffen daraus folgt." In: Voegelin, Rasse und Staat 46f.

[470] Mosse, Geschichte des Rassismus 37.

[471] Brunner u.a., Geschichtliche Grundbegriffe 145. Poliakov, Rassismus 79.

[472] Brunner u.a., Geschichtliche Grundbegriffe 147. Poliakov, Rassismus 80.

Für Blumenbach war Weiß, „welche wir ebenfalls für die ursprüngliche, ächte Farbe des Menschengeschlechts halten können, da aus ihr, [...] eine Verartung in Schwarz leicht ist, weit schwerer hingegen aus Schwarz in Weiß", die *norm*gebende Hautfarbe[473] (auch die Tatsache, dass alle Reisenden „Weiß" als Norm bei ihren Beurteilungen zugrunde legen, findet sich in den Reiseberichten [passim]). Und Kant postulierte, die Neger von Afrika hätten von Natur aus kein Gefühl, welches über das läppische stiege und warnte vor Rassenmischung, die nur „halbschlächtige Kinder oder Blendlinge (Mulatten) hervorbringe."[474]

Zwar waren diese Klassifizierungen wenig präzise und vermischten sowohl biologische wie auch kulturelle Kriterien, doch brachten sie eine „Hierarchisierung mit sich; und jede Gruppe nahm einen festgelegten Platz auf einer Skala ein, die vom Schreckenerregenden bis zum Vollkommensten reichte, vom Monstrum zum Europäer."[475] Mit dieser Wertigkeit, bei der durch wissenschaftliche Erkenntnisse das Weiß-Sein[476] als Norm gesetzt und das Nicht-Weiße zum Un-Normalen[477] mutierte, wurde eine Vorstellung geschaffen, deren Inhalt sich in das Gedächtnis der Menschen einschrieb; und, wenn auch in abgeschwächter Form, in den Folgejahrhunderten, als historisches Gedächtnis fortleben sollte.

Die These, den „Neger" aufgrund seiner Normabweichung gering zu schätzen, findet sich auch außerhalb des wissenschaftlichen Diskurses. So beispielsweise bei Voltaire (1694-1778), der in der Geschichte „eine langsame, kontinuierliche Bewegung auf einen Fortschritt hin, auf ein besseres Dasein, das immer noch besser gestaltet werden kann"[478] sah, und für den der primitive Schwarze in rückständiger Unvernunft verharrte, im Vergleich zum Europäer, der „an der Spitze der kulturellen und technologischen Evolution der Menschheit"[479] steht.

Zur Klassifizierung der Menschheit aufgrund biologischer Kriterien kam im 18. Jahrhundert eine weitere, die hierarchische Einteilung unterstützende Einflussgröße hinzu: die des unterschiedlichen kulturellen und technischen Fortschritts (eine Verbindung von einfacher = rückständiger Kultur und rückständiger Technik wird auch in den Reiseberichten vertreten [passim]). Die Denkweise einer „quasi-maschinell funktionierenden Ordnung"[480] zeigte sich dahingehend, als man davon ausging, die Kulturentwicklung erfolge analog

---

473 Brunner u.a., Geschichtliche Grundbegriffe 150.
474 Brunner u.a., Geschichtliche Grundbegriffe 147.
475 Poliakov, Rassismus 78f.
476 Zur Problematik, ob jemand rechtlich gesehen als „weiß" eingestuft wird (aufgrund juristischer Präzedenzfälle, wissenschaftlicher Beweisführung, rassistischer Gesetzgebung oder des „gesunden Menschenverstandes") siehe Hund, Rassismus 100-105.
477 Arndt/Hornscheidt, Afrika und die deutsche Sprache 12.
478 Poliakov, Rassismus 83.
479 Poliakov, Rassismus 83.
480 Geulen, Rassismus 49.

den Gesetzmäßigkeiten des technischen Fortschritts, was zu einer Konstruktion menschlicher Entwicklungsstufen führt. Naturwissenschaft, Evolutionismus und Anthropologie verbanden sich und die Trias „Rassenlehre – Kolonialismus – Wilde = Tiere" sollte in Form der Evolutionsidee[481] bis Ende des 19. Jahrhunderts Gültigkeit haben. Die Postulate der Aufklärung „Freiheit und Gleichheit" blieben auf Europäer beschränkt. Diese Geisteshaltung, verstärkt durch den ab etwa 1850 aufkommenden Kolonialismusdrang in Deutschland[482], führte zu der fixen Vorstellung, „wir" seien schon fortgeschritten, während die „anderen", zu Kolonisierenden, noch weit zurücklägen und dieses Niveau, durch uns, die Kolonisierenden, erst erreichen müssten.

Hinzu kamen weitere Strömungen im 18. Jahrhundert: die des „edlen Wilden"[483] und die der natürlichen Menschenrechte. Erstere resultierte aus dem in der Aufklärung aufkommenden Interesse an fremden Kulturen, die zu einer toleranten (Locke, Montesquieu, Turgot, Lafitau), ja sogar schwärmerischen Einstellung (Condorcet, Condillac, Rousseau) gegenüber Menschen mit anderer Hautfarbe führte.[484] Bei Jean-Jacques Rousseau[485] (1712-1778) diente die Idee des „edlen Wilden" dem Protest gegen die nur auf die Ratio ausgerichtete Denkweise, der er den glücklichen, naturhaften Urzustand der Menschheit gegenüberstellte, in dem der Wilde wachsam, kraftvoll und positiv, im Sinne des Unschuldszustands des Garten Eden gesehen wurde und in dem er ein einfaches unkompliziertes Leben im Naturzustand „ungehindert von Gesetzen, Regierung, Eigentum oder sozialen Teilungen"[486] führen konnte. Rousseaus Zivilisationskritik zielte auf einen Naturzustand ab, dessen ursprüngliche „humane Natürlichkeit und Freiheit, [...] im zivilisatorischen Prozess selbstverschuldet verlorengegangen sei."[487] Ferner wurden von den Kolonisierenden bestimmte afrikanische „Stämme" wie die nordafrikanischen Berber, „die Massai in Ostafrika oder die Tuareg, die als Nomaden im nordafrikanischen Raum verstreut leben"[488] aufgrund ihrer „anziehenden Formvollendung" als „edle Wilde" bezeichnet. Die Vorstellung des gutherzigen, arglosen, ehrlichen, liebevollen und schönen Wilden[489] schlug sich auch in der europäischen Literatur unter anderem in Romanen, Geschichten und Gedich-

---

481 Unter den Evolutionisten gab es verschiedene Strömungen; es existierten lineare und multilineare Evolutionismusvorstellungen.

482 Gründer, Kolonien 25-50.

483 Zur Kritik „edler Wilder" siehe Akashe-Böhme, Exotismus 118.

484 Doch hat bereits im 16. Jahrhundert der Philosoph Michel Eyquem de Montaigne (1533-1592) in einem Essay über den Kannibalismus, die Grundzüge des Bildes vom ‚Guten Wilden' entworfen. In: Geulen, Rassismus 44.

485 Rousseau: Discours sur l'origine et les fondements de l'inégalité parmi les hommes (Abhandlung über den Ursprung und die Grundlagen der Ungleichheit unter den Menschen) 1755.

486 Hall, Rassismus 170.

487 Zimmermann, Schlegel 43.

488 Lutz, Rassismus und Sexismus 66.

489 Stein, Die edlen Wilden 2.

ten von Johann Gottfried Herder[490] (1744-1803), Gottfried Keller[491] (1819-1890) und Richard Hülsenbeck[492] (1892-1974) nieder. Auch wurden Gemälde und Stiche populär, auf denen Indianer, wie antike Griechen oder Römer gekleidet, zu sehen waren; und in Theaterstücken sprachen idealisierte „Wilde" „in klingendem Ton und in begeisterten Versen auf den Bühnen."[493]

Von der Idee der natürlichen Menschenrechte und der Gleichheit der Menschen (sie richtete sich vornehmlich gegen innereuropäische Diskriminierungen) profitierten die Schwarzen kaum. Die antikolonialistischen und gegen die Sklaverei gerichteten Bemühungen ließen sich nur zögerlich umsetzen, da den gut gemeinten moralischen und humanitären Überlegungen handfeste wirtschaftliche und politische Interessen im Weg standen.[494] Auch wenn der Menschenhandel durch den Antikolonialismusdiskurs in Misskredit geriet, wurde er nicht aus Gründen der Caritas beendet, sondern aufgrund des technischen Fortschritts. Es trifft eben zu, was Karl Marx (1818-1883) später feststellte, dass sich Verbesserungen für Benachteiligte primär erst dann ergeben, wenn sich die ökonomischen Bedingungen verändern;[495] wenn es sich beispielsweise nicht mehr lohnt, Sklaven auf den Feldern zu beschäftigen, weil Erntemaschinen rentabler sind.

Das 18. Jahrhundert, das mit seinen Kultur- und Geistesbewegungen auf religiöser oder politischer Autorität beruhende Anschauungen abzulehnen begann und durch die, aus der Betätigung der menschlichen Vernunft sich ergebende, ersetzte, veränderte die Beziehung zwischen den Europäern und den „Anderen" beträchtlich. Entscheidend dabei war die Vorstellung der „Überlegenheit des Abendlandes über die anderen Völker der Erde, die ihren Ausdruck im Hang zur Versklavung und zum Kolonialismus fand."[496] Für George Fredrickson war die Aufklärung ein zweischneidiges Schwert:

---

[490] Die Frucht am Baume; Die rechte Hand; Zimeo. In: Stein, Die edlen Wilden 171-178.

[491] Don Correa und Zambo-Maria. In: Stein, Die edlen Wilden 182-188.

[492] Afrika in Sicht. In: Stein, Die edlen Wilden 189-191.

[493] Hall, Rassismus 170.

[494] Der Antikolonialismusdiskurs und die Ablehnung der Sklaverei setzte erst Mitte des 18. Jahrhunderts ein und blieb auf die intellektuelle Ebene beschränkt. Es wurden in Frankreich und England „Gesellschaften der Freunde der Schwarzen" gegründet und Schriften gegen den Menschenhandel veröffentlicht. Nutznießer des Sklavenhandels leisteten starken Widerstand; doch setzte sich allmählich die Vorstellung durch, die Sklaverei sei nicht von Gott gewollt. Trotzdem erzielten die Maßnahmen gegen die Sklaverei nur bescheidene Ergebnisse. In: Poliakov, Rassismus 86-88.

[495] „Das Christentum ist am allmählichen Aussterben der antiken Sklaverei vollständig unschuldig. Es hat die Sklaverei jahrhundertelang im Römerreich mitgemacht und später nie den Sklavenhandel der Christen verhindert, weder den der Deutschen im Norden noch den der Venetianer im Mittelmeer, noch den späteren Negerhandel. Die Sklaverei bezahlte sich nicht mehr, darum starb sie aus." In: Marx, Karl; Engels, Friedrich: Über Deutschland und die deutsche Arbeiterbewegung, Bd. 1, Von der Frühzeit bis zum 18. Jahrhundert. Berlin ⁷1982, S. 24f.

[496] Poliakov, Rassismus 83.

„Ihr Naturalismus ließ einen auf die Hautfarbe bezogenen und scheinbar wissenschaftlich fundierten Rassismus denkbar werden und bereitete damit den Boden für den biologischen Determinismus des 19. Jahrhunderts. Doch gleichzeitig verbreitete sie den Grundsatz der Gleichheit auch im Diesseits, nicht nur im Himmel oder vor Gott: ein Prinzip, das geeignet war, die Legitimität und Vernünftigkeit der Versklavung von Schwarzen [...] in Zweifel zu ziehen. So erhielt der Begriff der Rasse in der Aufklärung eine neue und schärfere Bedeutung, während zugleich die Frage auftauchte, ob es gerecht und vernünftig war, ihn zur Grundlage einer sozialen Rangordnung mit den entsprechenden Privilegien zu machen."[497]

Das Widersprüchliche dieses Jahrhunderts ist evident. Einerseits wurden Grundsätze der Freiheit, Gleichheit und Brüderlichkeit postuliert und andererseits entwickelte sich die, für die Zukunft dominierende, Idee der naturwissenschaftlich orientierten, kulturellen Evolution, sowie die der überwiegend biologischen Relevanz bei der Klassifizierung der Menschen. Daneben verlor das genuin antirassistisch geprägte Christentum durch die Französische Revolution und in der Folge durch die Säkularisation und die Auflösung des Heiligen Römischen Reiches immer mehr an Mitwirkungs- und Gestaltungskraft. Es handelte sich, laut Colette Guillaumin, um

„einen ideologischen Sprung, den der Rassismus macht, indem er von einem Typus, bei dem Gott und der freie Wille die zentralen Achsen der Menschheitsgeschichte bilden, zu einem neuen Typus übergeht, bei dem die Biologie (in ihrer symbolischen Form der Rasse) und der Determinismus die Schlüssel der Geschichte sind."[498]

Die Bio-Macht[499] gewann an Boden, und das Bollwerk des Christentums, das den Ursprung aller Menschen bei Adam sah und damit das Handlungspotential des Menschen über „Andere" – zumindest von der Idee her – einschränkte, verlor an Terrain. Das biblisch geoffenbarte Ursprungsdenken wurde durch Arbeiten der Naturforscher in Frage gestellt, denn die „[v]ernünftige Kritik marginalisierte die *historica sacra* und ihre biblischen Geschichtsmythen so erheblich, dass sie durch *wahrscheinlichere* Hypothesen vom Naturzustand ersetzt werden konnten, wiederum gestützt von neuen anthropologischen Grundannahmen."[500]

Mit der Entfaltung der Bio-Macht und der Loslösung vom christlichen Universalismus konnte sich nun ein Rassismusdiskurs entwickeln der für die Folgejahrhunderte ausschlaggebend wurde:

„So paradox es auch erscheinen mag: erst mußte die Hierarchie als soziales und politisches Ordnungsprinzip abgelöst und durch das Streben nach

---

[497] Fredrickson, Rassismus 67.
[498] Zit. in: Poliakov, Rassismus 89.
[499] Zur Erklärung des Begriffs Bio-Macht siehe Magiros, Foucaults Beitrag zur Rassismustheorie 97-109.
[500] Zimmermann, Schlegel 42f (Kursiv wie Original).

Gleichheit in dieser Welt, nicht nur vor Gott, ersetzt werden, ehe sich der Rassismus als eigenständige Ideologie voll entfalten konnte."[501]

Auch die Gegenströmungen, die des „edlen Wilden" bzw. der natürlichen Menschenrechte, konnten dem beginnenden, biologisch begründeten Rassismus nicht entgegenwirken, der aber erst im Laufe des 19. Jahrhunderts, mit explizit rassistischer Begründung, Gestalt annehmen sollte. Dies bestätigt P. Gilroy indem er fest stellt, dass

> „[f]rom various political standpoints, many of them [gemeint sind Eric Voegelin, Martin Bernal, Ivan Hannaford] have argued that ‚race' as we comprehend it now simply did not exist until the nineteenth century."[502]

Noch überwog also das primär wissenschaftliche Interesse an fremden Kulturen. Ein Rassismus, im Sinne einer systematischen Niederschlagung, Ausbeutung oder gar Vernichtung „minderwertiger Rassen", aufgrund rassistischer Begründung, lag noch nicht vor. Wurde Gewalt gegen fremde Völker angewendet, war die Ursache eher deren Verhaltensweise geschuldet, „die nicht mehr exakt der stereotypen Projektion der Europäer entsprach"[503], als dass sie, nur weil sie einer anderen „Rasse" angehörten, bekämpft wurden. Nach Ch. Geulen reduziert sich der im 18. Jahrhundert unsystematisch angewendete und unscharfe Rassebegriff deshalb auf zwei Funktionen: „Für die Entdecker selbst war er vor allem eine Kategorie der Charakterbeschreibung, wenn es um die wichtige Frage nach der generellen Freundlichkeit oder Feindseligkeit [der neu entdeckten Völker] ging." Und ferner nützte er bei „systematische[n] Darstellungen der globalen Verteilung von Rassen und Rassenmerkmalen."[504]

d) 19. Jahrhundert

In der ersten Hälfte des 19. Jahrhunderts kam es zur weiteren Ausdifferenzierung des Rassebegriffs[505] und dessen vielfältiger Verwendung. Er wurde nun – da den Nationen ein substantieller, rassenhafter Charakter angedichtet wurde[506] – verstärkt für die historisch zu begründende Vorherrschaft eines Volkes über ein anders, wie auch zur Kategorisierung neuer sozialer Lebensformen herangezogen. „Der Begriff der Abstammung, der schon für den vorwissenschaftlichen Rassebegriff konstitutiv gewesen ist, war in allen Werken über

---

[501] Fredrickson, Rassismus 52.
[502] Gilroy, Against Race 57.
[503] Geulen, Rassismus 58.
[504] Geulen, Rassismus 58.
[505] So unterschied der französische Naturforscher Georges Cuvier (1769-1832) drei Rassen, der Arzt und Ethnologe J. C. Prichard (1786-1848) sieben Rassen, der Naturforscher Louis Agassiz (1807-1873) acht Rassen, und der russisch-französische Anthropologe J. Deniker (1852-1918) 29 Rassen allein in Europa.
[506] Geulen, Rassismus 82.

‚Race' enthalten"[507]; und damit einhergehend verlor die biblische Erzählung von der Erschaffung des Menschen durch Gott an Gewicht. „Die biblische Chronologie war prinzipiell, wenn auch noch nicht de facto, gesprengt"[508] und das 19. Jahrhundert beraubte sie sukzessive jeglicher Autorität.[509]

Neben die Geschichtsschreibung anhand politischer Ereignisse trat jetzt die Geschichtsschreibung aufgrund der neuen Rassenklassifikationen; das heißt, es wurde der Versuch unternommen, die Verschiedenheit der „Rassen" in die Geschichte zu implementieren und dem Begriff „Rasse" politisch-historische Elemente zuzuordnen. Traditionelle Geschichtsschreibung wurde damit mit stammesgeschichtlichen Faktoren der Rassenevolution angereichert bzw. abgelöst. Die eingangs erwähnte Ausdifferenzierung ging weit über die im 17. und 18. Jahrhundert entwickelten Klassifikationen hinaus. So wurde auch die weiße oder kaukasische „Rasse" – bis dahin ein Beispiel „monolithischer Vollkommenheit"[510] – in Unterrassen und historische Rassen gegliedert. Die Differenzierungen führten, wie alle bisherigen, zu einer Hierarchisierung, jetzt innerhalb der „Weißen", wobei die Urmenschheit, die Arier, aus Indien stammend, als die „wertvollste Rasse" eingestuft wurde.

> „Die Deutschen waren nicht einfach Weiße oder Kaukasier; sie waren Angehörige eines überlegenen Zweigs der kaukasischen Rasse – nämlich Arier. Der politische Zweck des arischen Mythos [...] bestand darin, die Deutschen und andere Nordeuropäer von den Juden zu unterscheiden. Da die Ethnologen die Semiten im allgemeinen als Zweig der kaukasischen Rasse betrachteten, genügte das Merkmal ‚weiß' nicht, um die Herrenrasse auszuzeichnen."[511]

Zu diesen Überlegungen lieferten die Sprachwissenschaften[512] einen wichtigen Beitrag, indem sie sprachlich verwandte Großgruppen als „Rassen" verstanden: „‚Germanismus' entsprach der ‚germanischen Rasse', dem ‚Romanismus' die ‚race latine' und dem ‚(Pan-)Slawismus' die ‚slawische Rasse."[513] Auf der Suche nach dem Ursprung orientierte man sich an der Linguistik, da man zwischen dem Ursprung der Menschen und dem Ursprung der Sprachen einen Zusammenhang vermutete. Durch die vergleichende Sprachwissenschaft wurden weltweite Verflechtungen verwandter Sprachen (Latein, Griechisch, Sanskrit) entdeckt, so dass aus Sprachfamilien Völkergruppen wurden, die man mit „Rasse" in Verbindung brachte. Sprache und „Rasse" bildeten nun das Scharnier um Hierarchien auch innerhalb der „weißen Rasse" zu erklären und zu legitimieren. Dabei gab es ein grundsätzliches Problem: beide

---

[507] Brunner u.a., Geschichtliche Grundbegriffe 150.
[508] Brunner u.a., Geschichtliche Grundbegriffe 150.
[509] Poliakov, Rassismus 94.
[510] Poliakov, Rassismus 93.
[511] Fredrickson, Rassismus 95.
[512] Zu Sprache und Kulturanthropologie siehe Girtler, Kulturanthropologie 54-106.
[513] Brunner u.a., Geschichtliche Grundbegriffe 159.

Sprachfamilien, Indogermanisch und Semitisch gehörten zur „weißen Rasse", die als ranghöchste aller Menschenrassen bewertet wurde. Es setzte sich dennoch die Tendenz durch, die arischen Sprachen gegenüber den semitischen höherwertig einzustufen, denn

> „die Unterscheidung zwischen einer aus Asien stammenden arischen und einer minderwertigen, aus Judäa stammenden semitischen Rasse, [war] ein Glaubenssatz, ein unumstößliches, von einer wissenschaftlichen Aura umgebenes Dogma."[514]

Durch die weitere Annäherung von Sprache und „Rasse" kam es folglich auch zur Überlegenheit der „Arier" gegenüber den Semiten, denn „Gott habe die Herrschaft der Erde in die Hände der Arier und nicht der Semiten gegeben"[515], da „die intellektuelle Überlegenheit der arischen über die semitische Rasse, deren Denkweise durch einen engen und kulturell unfruchtbaren Geist gekennzeichnet sei"[516], als gegeben unterstellt wurde. Welche Folgen diese Einwertung und welchen Stellenwert die „arische Rasse" in der Zukunft einnehmen sollte, ist wohlbekannt. Doch muss erwähnt werden, dass in der ersten Hälfte des 19. Jahrhunderts der Ausdruck „Arier" hauptsächlich dazu diente, Indoeuropäer in toto, sowohl sprachlich als auch rassisch gegen Semiten abzugrenzen.

Die neuen Erkenntnisse stellten die „Rasse" „an den Platz der göttlichen Vorsehung oder des Fortschrittideals"[517] und dienten als Erklärungsprinzip der Weltgeschichte und einer neuen Kosmogonie. Ausgehend von der Theorie der Konstanz von Rassenmerkmalen und Merkmalsgruppen, die in der Generationenfolge auch bei Kreuzungen verschiedentypiger Individuen den Gesetzen der Vererbung folgen, wurde die geschichtsphilosophische These entwickelt, dass

> „die mit bestimmten Merkmalgruppen im reinen Fall verknüpften Geistqualitäten dauernd wirkende Ursachen der Geschichte seien, und daß mit der Ausbreitung oder Zurückdrängung der einen oder andern Rasse bedeutende Folgen für die Geschichte der Gesellschaft, des Staates und der geistigen Welten verbunden seien.[518]

Für den Kulturhistoriker Christoph Meiners war deshalb die Rassengeschichte die eigentliche und lohnende Geschichte der Menschheit. Für ihn war es weniger wichtig was der Mensch in verschiedenen Zeiten tat oder litt, als was er war, oder was er noch ist,[519] oder anders ausgedrückt „All is race: there is no other truth".[520]

---

[514] Poliakov, Rassismus 96.
[515] Brunner u.a., Geschichtliche Grundbegriffe 160.
[516] Poliakov, Rassismus 96.
[517] Poliakov, Rassismus 95.
[518] Voegelin, Rasse und Staat 37.
[519] Brunner u.a., Geschichtliche Grundbegriffe 150.
[520] Poliakov, Rassismus 97.

In dieser Zeit entstanden Rassentheorien, die den Rassebegriff für die Entstehung und die Geschichte der Menschheit systematisch anwendeten; es traten die „Gründerväter' des modernen Rassismus, die großen Theoretiker auf den Plan."[521] Einer davon, von dem ein entscheidender Einfluss auf den Rassediskurs ausging und der nach Ch. Geulen „in der Tat als einer der wichtigsten Begründer des modernen Rassismus gelten"[522] kann, war der französische Diplomat und Graf J. A. de Gobineau (1816-1882) mit seinem 1854 erschienenen, vierbändigen Werk (1852-1854), *„Essai sur l'inégalité des races humaines"* („Versuch über die Ungleichheit der Menschenrassen"). Auf der Grundlage zyklischer Vorstellungen vom Aufstieg und dem Untergang von Reichen und Kulturen, orientierte er sich an der Rassenlehre Blumenbachs. Er veränderte dessen Klassifikationen insofern, als er die Großrassentypen auf drei Hauptrassen (Weiße, Gelbe, Schwarze) reduzierte[523], wobei die Weißen die am höchsten stehende „Rasse" sei.[524] Gobineaus Rassenvorstellung beinhaltete die Ungleichheit der Rassen und inkorporierte ihr eine Wertigkeit, bei der er nur der weißen, allein geschichtsträchtigen „Rasse" eine göttlich vorbestimmte Fähigkeit zuschrieb.[525] Die Mehrzahl der Menschenrassen sei unfähig, sich zu zivilisieren, wie auch die geistige Entwicklungsfähigkeit des Menschen nicht unbegrenzt und bei allen Rassen gleich vervollkommnungsfähig sei, weshalb „der Europäer [...] niemals den Neger zivilisieren und [...] dem Mulatten nur ein Bruchstück seiner Fähigkeiten übertragen [kann]."[526]

Arier – Gobineau übertrug den ursprünglich in der Linguistik verorteten Begriff in den Bereich der Rassentheorien – waren für ihn „die schönste [Rasse], von der man jemals gehört hat."[527] Die Reinheit der Rassen war von zentraler Bedeutung, da durch die Rassenvermischung der Untergang und der völlige Verfall der eigenen, angeblich überlegenen „Rasse" unausweichlich sei.[528] Gobineau sah in der Entartung den eigentlichen Todeskeim für ein Volk. Der Gedanke war zwar kein Novum, doch neu war, dass Gobineau den Begriff der Entartung präzisierte:

> „Entartet ist bei ihm dasjenige Volk, in dessen Adern infolge mannigfacher Mischungen und Kreuzungen nicht mehr das reine Blut seiner Völker fließt [...]"[529]

---

[521] Poliakov, Rassismus 97.

[522] Geulen, Rassismus 72.

[523] Im Vergleich dazu AUGUSTE COMTE (1798-1857): *Cours de philosophie positive,* 1841: Weiße, Gelbe, Schwarze, oder CARL GUSTAV CARUS (1789-1869): *Über die ungleiche Befähigung der verschiedenen Menschenstämme für höhere geistige Entwicklung,* 1849: Rasse des Morgenrots (Gelbe), Tagrasse (Weiße), Rasse der Dämmerung (Rote), Nachtrasse (Schwarze).

[524] Cremer, „...und welcher Rasse gehören Sie an?" 8.

[525] Brunner u.a., Geschichtliche Grundbegriffe 162.

[526] Kleinecke, Gobineaus Rassenlehre 34, 78, 87.

[527] Poliakov, Rassismus 100.

[528] Geulen, Rassismus 71.

[529] Kleinecke, Gobineaus Rassenlehre 15. (Sperrung wie Original)

Nach dieser Auffassung hört ein siegreiches Volk durch Mischung mit anderen „Rassen" auf, ein Herrenvolk zu sein und dieser Niedergang der überlegenen Rasse führt unweigerlich zum Tod eines Kulturvolkes, das in sich nicht „selbst absterben würde, wenn die ursprünglichen Elemente seiner nationalen Kraft stets unverändert, von Mischung unberührt blieben."[530] Es war dies ein Argument, das ab 1918, nach der Niederlage im Ersten Weltkrieg, die auch in der Rassentheorie eine Krisenstimmung hervorrief,[531] zum Hitlerschen Gedankengut gehörte.[532] Für die Europäer, deren Blut durch Mischung mit weniger ausdifferenzierten Rassen (= weniger zivilisierten) verunreinigt werde – und dies eine Reduzierung „reinen" arischen Blutes zur Folge habe – traf Gobineau eine pessimistische Prognose: „Von jetzt an ist die weiße Rasse vom Erdboden verschwunden [...]".[533]

Obschon Gobineau „Rasse" zum Schlüsselbegriff der Weltgeschichte[534] machte, definierte er den Begriff nicht ausdrücklich, gebrauchte ihn aber konsequent. Paraphrasiert meinte Gobineau mit „race" „eine in ihren körperlichen und psychischen Merkmalen einheitliche Gruppe mit ‚ursprünglich reinem Blut', die im Gattungsvorgang ihr Erbe weitergibt [...]."[535] Gobineaus Theorie wurde von zahlreichen Zeitgenossen aufgegriffen und übte für die Entwicklung des Rassismus in der Folgezeit – bis in das 20. Jahrhundert hinein – eine starke Wirkung aus.

War Gobineaus Prognose für die Zukunft der „weißen Rasse" pessimistisch, so veränderte sich der Tenor bei S. H. Chamberlain (1855-1927) in einen „triumphierenden Rassismus"[536], indem er in seiner 1899 erschienenen zweibändigen Publikation *„The Foundations of the Nineteenth Century"* („Die Grundlagen des 19. Jahrhunderts") die Überlegenheit der arischen „Rasse" behauptete, deren Hauptteil die Deutschen ausmacht.[537] Chamberlain war zwar stark beeinflusst von Gobineau (Betonung der Ungleichheit) und Darwin (geschlechtliche Zuchtwahl, Modell der Tierrassenzüchtung), lehnte aber beide in ihren Grundlagen ab.[538] Auch warnte er davor, „sprachliche Verwandtschaft als zwingenden Beweis für Gemeinschaft des Blutes zu neh-

---

530 Kleinecke, Gobineaus Rassenlehre 19.

531 Geulen, Rassismus 96.

532 „Endlich aber vergehen sich die Eroberer gegen das im Anfang eingehaltene Prinzip der Reinhaltung ihres Blutes, beginnen sich mit den unterjochten Einwohnern zu vermischen und beenden damit ihr eigenes Dasein; [...]. In: Hitler, Mein Kampf 319f.

533 Poliakov, Rassismus 100.

534 Brunner u.a., Geschichtliche Grundbegriffe 162f.

535 Brunner u.a., Geschichtliche Grundbegriffe 161.

536 Poliakov, Rassismus 102.

537 Zu Chamberlain und die Juden siehe Fredrickson, Rassismus 94.

538 Brunner u.a., Geschichtliche Grundbegriffe 172. Chamberlain „displayed considerable ambivalence toward Darwinism. While overtly rejecting Darwinian theory on philosophical grounds, calling it too materialistic, he nevertheless embraced key elements of it." Weikart, From Darwin to Hitler 124.

men."[539] Sein Rassismus fußte vielmehr auf somatischen Kriterien, bei gleichzeitiger Ablehnung anthropologischer Daten und Verherrlichung psychologischer Charakteristika.[540] „Der ‚Geist' setzte sich gegen die ‚Rasse' durch; doch waren beide durch eine unerbittliche Logik miteinander verknüpft."[541] Chamberlain war neben zahlreichen anderen Naturforschern wie Francis Galton[542] (1822-1911), Ernst Haeckel[543] (1834-1919), – „the earliest significant German advocate for killing the ‚unfit'"[544] –, Alfred Ploetz[545] (1860-1940) und Wilhelm Schallmayer[546] (1857-1919), zudem ein Verfechter der Idee, die Entwicklung der Rassen „mit Hilfe aller zur Verfügung stehenden sozialen, politischen, kulturellen und biologischen Eingriffsmöglichkeiten", künstlich steuern und die Bevölkerung als Ganzes perfektionieren zu können (Eugenik)[547]. Mit Verweis auf die Tierzucht argumentierte er:

> „Horses and especially dogs give us every chance of observing that the intellectual gifts go hand in hand with the physical; this is specially true of the moral qualities: a mongrel is frequently very clever, but not reliable; morally he is always a weed. Continual promiscuity between two pre-eminent animal races leads without exception to the destruction of them both. Why should the human race form an exception?[548]

---

[539] Brunner u.a., Geschichtliche Grundbegriffe 172.

[540] Poliakov, Rassismus 103.

[541] Poliakov, Rassismus 103.

[542] Der britische Anthropologe Francis Galton prägte 1883 den „Begriff der Eugenik als Name einer neuen, angewandten Wissenschaft [...], die sich der biologischen Verbesserung von Bevölkerungen widmen sollte [...]" In: Geulen, Rassismus 92.

[543] Der Zoologe Ernst Haeckel, der nicht nur Kindesmord, Abtreibung und freiwilligen Suizid befürwortete, sondern auch „the involuntary killing of the mentally ill" unterstützte, lobte in seiner 1868 erschienenen *Natürlichen Schöpfungsgeschichte* die Praxis der Spartaner, „schwächliche, kränkliche oder mit irgendeinem körperlichen Gebrechen behaftete" Neugeborene zu töten, weil „[n]ewborn infants thus have no soul, so killing them is no different than killing other animals and cannot be equated with murder." In: Weikart, From Darwin to Hitler 147f und Stöckel, Säuglingsfürsorge 21f.

[544] Weikart, From Darwin to Hitler 146.

[545] Alfred Ploetz vertrat in seinem 1895 erschienenen Buch *Die Tüchtigkeit unserer Rasse und der Schutz der Schwachen* die Auffassung „eine Medizin, die sich für die Erhaltung jedes Lebens einsetze, wirke der natürlichen Auslese entgegen und begünstige die Degeneration. Als Lösung proklamierte er die Zeugung nach wissenschaftlichen Grundsätzen. Sollten dennoch Mißbildungen vorkommen, werde dem Kind ‚von dem Ärzte-Collegium, das über den Bürgerbrief der Gesellschaft entscheidet, ein sanfter Tod bereitet, sagen wir durch eine kleine Dosis Morphium." In: Stöckel, Säuglingsfürsorge 21.

[546] Der Arzt Wilhelm Schallmayer veröffentlichte 1891 ein Werk *Über die drohende physische Entartung der Kulturmenschheit*, in dem er die Meinung vertrat, „die Medizin gereiche zwar dem Individuum, nicht aber der Gattung zum Heile, da sie der Auslesefunktion der Krankheit, die nur die Kräftigsten überleben lasse, entgegenwirke." In: Stöckel, Säuglingsfürsorge 19.

[547] Geulen, Rassismus 74, 93. Mosse, Geschichte des Rassismus 109-111.

[548] Chamberlain, Foundations 261. Zit. in: Gilroy, Against Race 64.

Das Ziel war die biologische Verbesserung der Bevölkerung, die deshalb so wichtig wurde, da in der zweiten Hälfte des 19. Jahrhunderts die Idee eines ewigen Rassenkampfes „als einem übergreifend gültigen Prinzip jeder Art von Gesellschaftsentwicklung"[549] an Popularität gewann und sich die Angst vor der Degeneration des eigenen Volkes verstärkte. Um im Rassenkampf bestehen zu können, musste deshalb das Augenmerk auf die biologische Reinheit gerichtet werden. Dies geschah u.a. durch Vermeidung von Rassenmischung und mit Hilfe geordneter Rassenzeugung, ergänzt durch soziale Maßnahmen. Diesen Aufgaben widmete sich am Ende des 19. Jahrhunderts die Wissenschaft der Eugenik, die nach W. D. Hund eine Fortschreibung der darwinischen Evolutionslehre sei.[550] Hund zitiert in diesem Kontext die Autorin Victoria Woodhall (1838-1927) mit ihrem 1891 publizierten Buch *The Rapid Multiplication of the Unfit*:

> „The best minds of today have accepted the fact that if superior people are desired, they must be bred; and if imbeciles, criminals, paupers, and [the] otherwise unfit are undesirable citizens they must not be bred".[551]

Welche Maßnahmen im einzelnen zu ergreifen und welche biologischen und sozialen Schwerpunkte zu setzen waren um den Volkskörper zu stärken, darüber gingen die Meinungen der Eugeniker auseinander.[552] Doch lag der Fokus, obwohl der Einsatz sozialer Maßnahmen zur Verbesserung der Volksgesundheit nicht völlig negiert wurde, auf den biologischen Ursachen einer Degenerierung.

Wie Gobineau vermied auch Chamberlain den Rassebegriff zu definieren, verstand ihn aber im vorwissenschaftlichen Sinn von „Zugehörigkeit zu und die Abstammung von einer Familie, einem Haus, im Sinne von ,edlem Geschlecht' bis hin zum Synonym für ,Herrscherhaus'".[553] Seinen Vorstellungen lagen die Gedanken von Evolution, Entwicklung der Rassen und dem Hervorbringen kultureller Leistungen zugrunde; und letzteres konnten nur die

---

[549] Geulen, Rassismus 73f.

[550] Hund, Rassismus 77.

[551] „Damit setzte sie eine Linie fort, deren europäische Anfänge bis in die Antike zurück reichen. Damals hatte Platon es für vernünftig gehalten, Zuchtmethoden, die bei Pferden und anderen Tieren erfolgreich waren, auch beim Menschen anzuwenden. Wertvolle Männer müssten sich deswegen mit entsprechenden Frauen paaren, minderwertige Kinder hingegen sollten nicht aufgezogen werden". In: Hund, Rassismus 77f.

[552] So teilte Ploetz und Schallmayer nicht die Auffassung des Biologen August Weismann (1834-1914), der 1892 die Meinung vertrat, „das Keimplasma sei nicht nur der wesentliche Faktor der menschlichen Entwicklung, sondern es sei außerdem vom Zustand der Körperzellen her nicht zu beeinflussen, jedenfalls nicht positiv" (die zytologische Forschung entwickelte sich erst nach 1900). Ploetz hat dazu 1895 geschrieben: Schwäche und Krankheit seien „nicht nur in ihrer direkten nosologischen Verursachung, sondern auch in ihren Abhängigkeiten von angeborenen Anlagen und von socialen und wirtschaftlichen Zuständen zu begreifen." In: Stöckel, Säuglingsfürsorge 23.

[553] Brunner u.a., Geschichtliche Grundbegriffe 137.

Arier, nicht jedoch die Semiten leisten, weshalb der „„arisch-germanischen Rasse' legitimer Weise die Weltherrschaft"[554] zustand. Damit stand er in der Denktradition des Historikers Ernest Renan (1823-1892) und des Sprachforschers Max Müller (1823-1900), die ebenfalls, zumindest anfänglich, von der „kulturellen Unfruchtbarkeit"[555] der semitischen „Rasse" ausgingen.[556] Für Chamberlain, dessen ganze Sympathie dem „Germanismus" gehörte, waren die Juden, die nach einem festen Plan die Weltherrschaft erlangen wollten,[557] ein Problem. Den „Eintritt der Juden in die abendländische Geschichte" sah er als Verhängnis an, da sie mit „Meisterschaft [...] das Gesetz des Blutes zur Ausbreitung der Herrschaft"[558] benutzten um die Deutungshoheit in allen Lebensbereichen zu erlangen. Das heißt, die Juden hatten für ihn von Anfang an „die Absicht, die Menschheit zu unterjochen, und im 19. Jahrhundert war ihnen das gelungen."[559]

Chamberlains Verherrlichung der arisch-germanischen Rasse, die Einstufung anderer „„Rassen' wie ‚Neger' als eine ‚untergeordnete, minderwertige, in sich selbst kulturunfähige Menschenunterart'"[560], seine antisemitischen Thesen, die gängige Verknüpfung der altjüdischen Geschichte mit der Gegenwart[561] sowie seine überschwängliche Bewunderung Deutschlands fanden großen Anklang hierzulande und in England.[562] Der Erfolg war auch dem Umstand geschuldet, dass Chamberlain einerseits seine Auffassung in historischer Breite zu belegen versuchte und andererseits sich von den plumpen Behauptungen der Antisemiten vornehm absetzte.[563] „Der moderne Rassismus hatte in Chamberlain seinen Herold gefunden, und was dann die Nazis daraus machten, ist bekannt."[564] Für P. Gilroy kann deshalb Chamberlains Werk als „a strong bridge between Kant and Hitler over which that noble hero,

---

[554] Cremer, „...und welcher Rasse gehören Sie an?" 9.

[555] Poliakov, Rassismus 103.

[556] Es ist anzumerken, dass Renan und Müller nach 1871, erschrocken von der antisemitischen Bewegung, ihre bisherigen Aussagen insofern revidierten, als die „Unterscheidung zwischen Ariern und Semiten nur im Bereich der Linguistik von Belang sei." In: Poliakov, Rassismus 96.

[557] Hund, Rassismus 96.

[558] Brunner u.a., Geschichtliche Grundbegriffe 173 (Sperrung wie Original).

[559] Poliakov, Rassismus 104.

[560] Cremer, „...und welcher Rasse gehören Sie an?" 9.

[561] Die „Arier" sollten sich vom Alten Testament, das die Wurzel allen Übels sei, abwenden. Jesus wurde arisiert und Rom und Juda, die Jesuiten und die Juden, als dem arischen Geist fremd, verdammt. In: Poliakov, Rassismus 103f.

[562] „Im englischsprachigen Raum fand Chamberlain bis 1914 ein überaus positives Echo. In Frankreich verzögerte sich die Rezeption Chamberlains, so dass der Ausbruch des Ersten Weltkrieges sie dann verhinderte". In: Cremer, „...und welcher Rasse gehören Sie an?" 9, Fußnote 49.

[563] Brunner u.a., Geschichtliche Grundbegriffe 173.

[564] Poliakov, Rassismus 104.

the Teutonic Plato, could drive his historic battle chariot through the chaos of racelessness"[565] gesehen werden.

Neben den im 19. Jahrhundert prestigeträchtigen und mit wissenschaftlicher Autorität etikettierten, biologischen Rassentheorien kam in der zweiten Hälfte des Jahrhunderts eine weitere, die Rassenhierarchie bestätigende Einflussgröße hinzu: die, bereits angedeutete, Evolutionstheorie. Den Anstoß lieferte der englische Biologe Ch. Darwin (1809-1882) mit seiner 1859 erschienenen Publikation *On the Origin of Species by Means of Natural Selection, or The Preservation of Favoured Races in the Struggle for Life,* („Über die Entstehung der Arten im Thier- und Pflanzen-Reich durch natürliche Züchtung, oder Erhaltung der vollkommensten Rassen im Kampfe um's Daseyn"). Sie bildete die Basis für eine Biologisierung der Ethnologie und für Theorien, „nach denen die einzelnen ‚Menschenrassen' den ‚Kampf ums Dasein' (Sozialdarwinismus)"[566] führen würden.

> „Die Evolutionstheorie bot eine Erklärung dafür, wie über lange Zeiträume hinweg neue Arten aufkommen und auf die Dauer unterschiedliche Fähigkeiten entwickeln konnten. Zudem nahm sie an, daß die menschlichen Rassen im Wettbewerb zueinander stünden und minderwertige Rassen im ‚Existenzkampf' nicht überleben würden."[567]

Ein prominenter Vertreter des Sozialdarwinismus war der englische Soziologe Herbert Spencer (1820-1903), der als erster das Konzept des „Survival of the Fittest"[568] auf die gesellschaftliche Entwicklung anwandte.

> „„Not only are humans to be arrayed along a continuum of evolutionary development, but so are the races and the cultures, societies, tribes, and nations in which they live. At an individual level, the idea of a ‚savage' or a ‚primitive' was at one end of that continuum, and at the other was the ‚civilized person.' So too, there was the notion of a primitive or savage society' [...]"[569]

Die wesentlichen Stichworte der Evolutionsidee waren der Überlebenskampf, die Auslese, die Durchsetzung des Stärkeren und die Anpassung der Arten und „Rassen" an ihre Umwelt.[570] Dabei darf nach E. H. W. Voegelin nicht unerwähnt bleiben: die „unwissenschaftlich-pöbelhafte Begeisterung" für die von Darwin entwickelten Thesen der *Variation* (alle organischen Individuen unterscheiden sich von ihren elterlichen Individuen durch kleine persönliche Variationen), der *Selektion* (durch den Druck der äußeren Umstände haben nur die

---

[565] Gilroy, Against Race 63.

[566] Cremer, „...und welcher Rasse gehören Sie an?" 8.

[567] Fredrickson, Rassismus 89f.

[568] Der Ausdruck „Survival of the Fittest" stammt nicht von Darwin, sondern von Spencer. Darwin hat diese Formulierung von ihm übernommen, weil sie „genauer und manchmal ebenso handlich, so *convenient*" ist. Voegelin, Hitler und die Deutschen 146.

[569] Zit. in: Spitzer, Neorassismus 16f.

[570] Geulen, Rassismus 67.

für den Lebenskampf bestangepassten Individuen Chancen der Erhaltung und Fortpflanzung), sowie der *Vererbung* (die erworbenen und für den Lebenskampf nützlichen Eigenschaften vererben sich auf die Nachkommen) verstellte zunächst den Blick auf die Erkenntnis, dass diese Thesen, bei kritischer Betrachtung, mangelhafte, wenig durchdachte Dogmen, seien.[571] Auch Ch. Geulen kritisiert den Darwinschen Selektionsgedanken, weil nach seiner Auffassung,

> „nicht die Stärkeren überleben, „sondern sie erweisen sich erst als stärker, ‚fitter' und besser angepaßt, insofern sie überleben; ebenso wie sich nicht die Arten anpassen, sondern [...] erst angepaßt werden, sich also allein deshalb als angepaßt herausstellen, weil sie das Glück hatten, nicht auszusterben"[572]

Wenn aber schon die Idee der Entfaltung der organischen Welt von den einfachen zu den differenzierten Formen problembehaftet ist, dann trifft das eben auch zu, bei einer Übertragung der biologischen Entwicklungsidee auf die Kultur, falls man dabei annimmt, „daß einzelne Völker nach ihren jeweiligen inneren Anlagen und äußeren Umständen die für die ganze Menschheit im wesentlichen gleichartigen Entwicklungsstadien mehr oder minder rasch und vollständig durchlaufen (‚unilinerae Evolution')".[573] Die kulturale Evolutionismusidee stand also auf einer wackeligen, biologischen Basis, diente aber dessen ungeachtet der Erklärung kultureller Differenzen und der Legitimation für Kolonialherrschaft, Welthandel und Mission.

Die zahlreichen Vertreter[574] dieser einflussreichen ethnologischen Richtung hatten zwar unterschiedliche Ansätze und Beweisführungen zur Erklärung kultureller Differenz, doch war allen gemeinsam:

---

[571] Denn die *Verschiedenheit* von Lebewesen ist für das Artproblem irrelevant; die *Auswahl* nützlicher Eigenschaften durch das Milieu ist zwar nicht bedeutungslos für die Artentwicklung, aber sie ist nicht entscheidend; und die *Vererbung* erfüllt nicht das postulierte Kriterium der Vererbbarkeit *aller* nützlichen Eigenschaften. Der von Voegelin zitierte F. Alverdes hat Darwins Arbeit so gewürdigt:
„Es ist das Verdienst Darwins, dem Deszendenzgedanken – wie es scheint: endgültig – zum Durchbruch verholfen zu haben. Die auf Darwin folgenden Jahrzehnte waren erfüllt von fröhlichem Optimismus und sorglosem Aufbauen. Aber das Werk, welches heranwuchs, war nicht für die Ewigkeit geschaffen. Denn heute gleicht das Gebäude der Abstammungslehre eher einem Trümmerfeld als einem wohnlichen Hause. Eine zeitgemäße Deszendenztheorie fehlt, und so kommt es, daß ein Forscher wie Johannsen das Evolutionsproblem als eine ganz offene Frage bezeichnen kann [...]. Heute scheint die Zeit angebrochen, wo man im allgemeinen mit mehr Ehrfurcht an die genannten Probleme herantritt, als dies vordem von mancher Seite üblich war." In: Voegelin, Rasse und Staat 39f.

[572] Geulen, Rassismus 67.

[573] Stagl, Evolutionismus. In: Wörterbuch der Völkerkunde 115.

[574] Z.B. der Schweizer Altertumsforscher J. J. Bachofen (1815-1887); der Soziologe É. Durkheim (1858-1917); der Gesellschaftstheoretiker F. Engels (1820-1895); der Ethnologe J. G. Frazer (1854-1941); der Philosoph L. Lévy-Bruhl (1857-1939; der Philosoph H. Spencer (1820-1903).

1. „die ‚vergleichende Methode‘, mit der sie bestimmte Kultur- und Sozialphänomene [...] aus ihrem Kulturkontext isolierten, um sie aufgrund for-
   maler Gemeinsamkeiten zu klassifizieren", sowie
2. „die Auffassung solche[r] Klassifikationsschemata als ‚Entwicklungsreihen‘
   (‚evolutionäre Sequenzen‘)"[575] zu interpretieren.

Mit dem kulturellen Evolutionismus wurde, wie schon im 18. Jahrhundert
mit der Vorstellung einer biologischen Weiterentwicklung der Rassen, die Idee
der Erschaffung des Menschen durch Gott und „einer durch göttliche Schöpfung unwandelbar festgelegten Weltordnung"[576], konterkariert. An die Stelle
trat die Vorstellung der kulturellen Weiterentwicklung, indem man den
Mechanismus der biologischen Evolution auf Kultur- und Sozialphänomene
übertrug; das heißt, „man nahm an, dass auch letztere ein festgelegtes Potential in sich tragen, das sich unter günstigen äußeren Umständen gesetzmäßig
entwickelt".[577] Hatte man aus biologischer Sicht den „Wilden" in seiner Entwicklung zum „Zivilisierten" verstanden, so bestimmte den Evolutionismus
die Idee des Fortschreitens von einfachen kulturellen Strukturen zu differenzierteren Organisationsformen (auch in den Reiseberichten erscheint häufig
der Vergleich Natur/Kultur bzw. Busch/Zivilisation [passim]).
   Die Erkenntnis, dass Kulturen aufgrund ihrer eigenen, einzigartigen
Geschichte, für sich stehen und sich selbst entwickeln, nicht aber von äußeren
(europäischen) Einflüssen zu einer nächsthöheren Entwicklungsstufe gebracht
werden können/sollen – wie sie auch nur in ihrem eigenen Kontext und nicht
durch Vergleich beurteilt, verstanden und bewertet werden sollten – kam erst
Anfang des 20. Jahrhunderts mit den Ethnologen E. A. Westermarck (1862-
1939) und vor allem mit F. Boas (1858-1942) zum Tragen.[578] Boas war der
Auffassung, jede Kultur habe die gleichen Fähigkeiten, und das Verhalten eines
Volkes werde nicht wesentlich durch biologische Abstammung, sondern durch
seine Kultur und Tradition beeinflusst. Neben Umweltbedingungen und psychologischen Faktoren seien es spezifische historische Einflussgrössen die sich
auf eine Kultur auswirken. In Bezug auf die ausgewerteten Reiseberichte ist es
nach dieser Meinung von den Reiseberichtverfassern zumindest oberflächlich,

---

575 Stagl, Evolutionismus. In: Wörterbuch der Völkerkunde 114.
576 Stagl, Evolutionismus. In: Wörterbuch der Völkerkunde 114.
577 Stagl, Evolutionismus. In: Wörterbuch der Völkerkunde 114.
578 Boas, der dem Evolutionismus „rigoros widersprach" (Girtler, Kulturanthropologie 34-37,
     156), zählte zu den prominenten liberalen Antirassisten. Er konnte sich „aufgrund persön-
     licher Erfahrungen mit dem europäischen Antisemitismus mit den Opfern des Rassismus
     identifizieren" (Fredrickson, Rassismus 118) und hat mit seiner Kritik an der „vergleichen-
     den Methode" einen neuen Weg in der anthropologischen Forschung eingeschlagen. Die
     von Boas geleitete Schule von Anthropologen, „die Gruppendifferenzen vorwiegend auf
     kulturelle statt auf biologisch-rassische Unterschiede zurückführten und es auch unterließen,
     eine Rangordnung ethnischer Gruppen aufzustellen" führte zu einer zunehmend wohlwol-
     lenden Haltung gegenüber den Schwarzen in den USA. In: Fredrickson, Rassismus 118.

wenn sie „[t]radierte gesellschaftliche, religiöse und kulturelle Prozesse afrikanischer Gesellschaften auf Konzepte wie etwa ‚Primitivität'" reduzieren und
dabei „die komplexen und dynamischen politischen, sozialen, religiösen und
kulturellen Strukturen und ihre Entwicklung in der Geschichte" negieren.[579]

Zum Thema Rassenbeeinflussung und der damit verbundenen Frage
„Vererbung oder Umwelt", vertrat Boas die Meinung, Umwelteinflüsse stellten
den primären Faktor aller Rassenentwicklung dar; auch lehnte er das darwin-
sche Selektionsmodell und damit die Vererbung von Rassemerkmalen ab.[580]
Boas Absage an den Evolutionismus und der hierarchischen Bewertung anderer Kulturen führte zwar zu einem Umdenkungsprozess innerhalb der Ethnologie, hatte aber für die politische, nationale und koloniale Interessenslage der
europäischen Länder, an der Rassenidee festzuhalten, keine nennenswerten
Auswirkungen.[581]

Ende des 19. Jahrhunderts konnten die Kolonialländer auf ausreichend
quantitative und im wissenschaftlichen Sinn qualitativ entwickelte Rassentheorien zurückgreifen. Sie enthielten das Konzept der „Rasse" nicht mehr nur
als Klassifikationsbegriff, sondern beriefen sich auf ein „anonymes Entwick-
lungsprinzip, auf das sich jede Form sozialen Handelns zurückführen ließ und
das der gesamten politisch-geschichtlichen Welt als ihr Naturprinzip zugrunde
liege"[582], um die Ausbeutung und Diskriminierung „Anderer" fundiert zu
legitimieren. Damit passte die Vorstellung von „Rasse", durch die „Kombination von angeblich objektiver Grundlage, aber willkürlicher Verwendungs-
möglichkeit [...] zu den komplexer werdenden Sozialformationen des 19. Jahrhunderts wie der ideologische Schlüssel ins ordnungspolitische Schloß."[583]

Eng verbunden mit den Rassentheorien waren die Themen Rassenmischung und Rassenerzeugung (Rassenhygiene) mit denen sich zunehmend die
Eugeniker beschäftigten. Doch handelte es sich, auch wenn sich die wissenschaftlichen Diskurse vermischten, um getrennte Felder, „weil es der Rassenhygiene um die ‚Vitalrasse', um die gesundheitlichen Verhältnisse in einer
Rasse beziehungsweise Gruppe von Menschen ging, während die Rassentheo-
retiker ein hierarchisches Verhältnis zwischen verschiedenen Rassen konstruier-

---

[579] Arndt/Hornscheidt, Afrika und die deutsche Sprache 47.
[580] Geulen, Rassismus 94. In einer am 30. Juli 1931 gehaltenen Rede in der Aula der Christian-
       Albrechts-Universität in Kiel, setzte er sich kritisch mit der Dominanz des „‚biologischen'
       Rassebegriffs, der These von den angeblich negativen Folgen von Rassenmischung, der
       Behauptung einer rassisch bestimmten höheren und niederen Intelligenz und eines ‚in der
       biologischen Menschennatur' begründeten Rassenbewußtseins auseinander." Dies passte
       nicht in die vorherrschende Grundstimmung in Deutschland und die Folge war, knapp
       zwei Jahre später, nach der Machtübernahme der Nationalsozialisten, die Verbrennung
       seines Buches „Kultur und Rasse" und die Aberkennung seines Kieler Doktortitels. In:
       Kaufmann, Rasse 310.
[581] Boas, Methods of Ethnology 128-137.
[582] Geulen, Rassismus 73.
[583] Geulen, Rassismus 75.

ten."[584] Ab der Jahrhundertwende, die nach Sigrid Stöckel „für die Anhänger des Sozialdarwinismus mit einem Paukenschlag eingeleitet"[585] wurde, verstärkte sich der öffentliche Einfluss zur Rassenhygiene.[586] Im eugenischen Diskurs über die sogenannte negative und positive Eugenik[587] steckte aber ein Konfliktpotential, da einerseits „der von der Gesellschaft geforderte Schutz der Schwachen der Rasse insgesamt nur schade"[588] und andererseits es unumgänglich sei eine gesundheitsfördernde bzw. -erhaltende Unterstützung zu schaffen und zu erhalten. Der Eingriff in die Individualrechte war der Auffassung geschuldet, die gesamtgesellschaftliche Ordnung stelle einen so hohen Wert dar, dass ein „übergeordnetes Recht des ‚Volkskörpers'", das über dem des einzelnen stehe, eugenische Massnahmen legitimiere.[589] Der immer stärker praktizierte staatliche Gesundheitsdirigismus eignete sich später sehr gut als theoretische Grundlage für das nationalsozialistische Gesundheitswesen, indem „Gesundheit und Leistungsfähigkeit zu einem normativen Wert erklärt und die sogenannte ‚Euthanasie' als Lösung gesundheitspolitischer und sozio-ökonomischer Probleme praktiziert wurde."[590]

Gegenüber „den ‚Neger' genannten Menschen Afrikas ließen sich vor diesem Hintergrund Positionen einnehmen, die von unterstellter Nutzlosigkeit

---

584 Stöckel, Säuglingsfürsorge 24.

585 Stöckel, Säuglingsfürsorge 48.

586 Am 1. Januar 1900 wurde von dem Industriellen F. A. Krupp (1854-1902) ein Wettbewerb ausgeschrieben zu der Frage „Was lernen wir aus den Prinzipien der Descendenztheorie in Beziehung auf die innenpolitische Entwicklung und Gesetzgebung der Staaten"? Durch das Preisausschreiben sollte die Diskussion zur Rassenhygiene popularisiert und für Verständnis für die Maßnahmen der Eugeniker geworben werden. Den ersten Preis erhielt der Arzt W. Schallmayer für seine Schrift *Vererbung und Auslese im Leben der Völker. Eine staatswissenschaftliche Studie auf Grund der neueren Biologie.* In: Stöckel, Säuglingsfürsorge 25, 48.

587 Unter der positiven Eugenik wurde die soziale Unterstützung und der Schutz für die biologisch Gesunden verstanden, bei denen sich die Kapitalinvestition lohne. Im Gegensatz zur negativen Eugenik, die auf Ausmerzung u.a. durch Eheverbot und Sterilisation ausgerichtet war, um die weitere Vermehrung degenierter Personen zu unterbinden. Es handelte sich „um eine ‚ärztliche Maßnahme' wie bei der Amputation [...], mit der kranke Glieder des Volkskörpers entfernt würden." In: Stöckel, Säuglingsfürsorge 55, 72, 242. Siehe auch El Tayeb, Schwarze Deutsche 171-178. Bei der Frage, wie mit „Minderwertigen" umzugehen sei, gab es auch von Nicht-Medizinern Ansichten gleichen Inhalts, wie beispielsweise die des Schriftstellers Herbert Lawrence (1885-1930), man brauche für „all the sick, the halt and the maimed" eine „lethal chamber as big as the Crystal Palace"; oder jene des Literaten George Bernard Shaw (1856-1950): „[a] great many people would have to be put out of existence simply because it wastes other people's time to look after them". Zitate aus: Hund, Rassismus 78.

588 Der Kieler Soziologe Ferdinand Tönnies (1855-1936) problematisierte den Begriff der „Schwachen", indem er zur Diskussion stellte, ob schwach im Sinne der Gesellschaft oder der Rasse zu verstehen sei. In: Stöckel, Säuglingsfürsorge 48.

589 Stöckel, Säuglingsfürsorge 28. Hier zeigen sich Parallelen zur kollektiven Dimension der individuellen Seelsorge des mittelalterlichen Christentums.

590 Stöckel, Säuglingsfürsorge 27.

über Ausbeutbarkeit und Erziehbarkeit bis zur Vernichtung reichten."[591] Es herrschte „die Stimmung eines neuen Aufbruchs, voller Vitalität und voller Kraftgefühl, auf der Höhe der Kultur, getragen vom gewaltigen wirtschaftlichen Fortschritt, mit dem Anspruch auf Zukunft, auf Teilnahme an der Gestaltung der Welt, auf Weltgeltung und auf Macht."[592] Deutschland stieg unter Bismarck 1884/85 (sieht man von der Welser-Kolonie 1528-1556 und der Brandenburgisch-Preußischen Kolonie 1682 einmal ab), im Vergleich zu England, Frankreich und Russland u.a. mit starker Verspätung in die Kolonialpolitik ein. Das Deutsche Reich befand sich im Kolonialfieber und der berühmte „Platz an der Sonne"[593] wurde sukzessive an mehreren Plätzen eingenommen (Deutsch-Südwestafrika, Togo, Kamerun, Deutsch-Ostafrika, pazifische Kolonien, Kiautschou).[594] Bernhard von Bülow (1849-1929) äußerte sich in einer Rede vom 6.12.1897:

> „[...] Wir müssen verlangen, daß der deutsche Missionar und der deutsche Unternehmer, die deutschen Waaren [sic], die deutsche Flagge und das deutsche Schiff in China geradeso geachtet werden, wie diejenigen anderer Mächte." [...]   (Lebhaftes Bravo)[595]

Die okkupierten Kolonialgebiete wurden unter den „Schutz des Deutschen Reiches"[596] gestellt, wobei hinzugefügt werden muss, dass die Kolonisierten meist nicht wussten, welche dubiosen Verträge sie eingingen bzw. was sie überhaupt unterschrieben haben und welche Folgen daraus erwuchsen. Die Deutschen übernahmen Handelsgeschäfte und Verwaltung, was größtenteils eine prekäre Sicherheitslage der Besatzer, aufgrund ihrer rigiden und brutalen Vorgehensweise evozierte. Zudem unterschied sich nach George Fredrickson Deutschlands überseeischer Imperialismus vom englischen und französischen durch dessen „unverhohlenen Rassismus, den die deutschen Soldaten und Siedler gegenüber dem von ihnen unterjochten Volk an den Tag legten."[597]

---

[591] Hund, Rassismus 97f.

[592] Nipperdey, Deutsche Geschichte 629.

[593] Der Staatssekretär des Auswärtigen Amtes Bernhard Freiherr, später Fürst von Bülow, entwickelte im Zusammenhang mit einer Erörterung der deutschen China-Politik in einer Reichstagsrede vom 06.12.1897 den Anspruch des deutschen Reiches, in Fragen der Weltpolitik mitzusprechen. In: Ritter, Historisches Lesebuch 2, S. 300.

[594] Gründer, Kolonien 251-256.

[595] Ritter, Historisches Lesebuch 2, S. 301.

[596] Der Begriff „Schutzgebiet" wurde eigens von Bismarck erfunden, um die neuen überseeischen Interessensgebiete noch nicht „Kolonien" zu nennen. Mergner, „Unser Nationales Erbe" 146, Fußnote 3.

[597] Die deutschen Gebiete in Afrika waren die „einzigen, in denen Heiraten zwischen Weißen und Nichtweißen (selbst christlich getauften ‚Mischlingen') verboten wurden." Ferner begingen die Deutschen 1904 einen Genozid an dem rebellischen Stamm der Herero (von ursprünglich 60000 bis 80000 Menschen waren im Jahr 1905 nur noch 16000 am Leben) und eine weitere „Zielscheibe der Völkermordpolitik in Deutsch-Südwestafrika waren die Nama. [...] Nach den Worten des Historikers Helmut Bley äußerte der deutsche Bevollmächtigte nicht nur ganz offen das Ziel, die Nama-Rasse auszulöschen, sondern die Mehr-

Auch die Kirche beider Konfessionen[598] unterstützte die aggressive koloniale Politik und übte mit ihrer Missionspropaganda einen nicht zu unterschätzenden Einfluss auf das Bild des „blutrünstigen" Afrikaners aus.[599] Die Kirchen konkurrierten zwar untereinander, doch beide verband die gemeinsame Feindschaft gegenüber der islamischen Konkurrenz in Afrika.[600] Zudem wurden die Kolonisierten am Ende des 19. Jahrhunderts eine „Art machtpolitischer Rohstoff" indem sie durch Stillhalteabkommen als „Verhandlungsmasse im diplomatischen Spiel der Großmächte" herhalten mussten oder aber „als Soldaten und Kanonenfutter in den ständigen Kleinkriegen des kolonialen Raums" eingesetzt wurden.[601]

Das also war die vorherrschende Stimmung, die politische Großwetterlage, in der sich das Deutsche Reich zu dieser Zeit befand. Sie war vom rassischen Überlegenheitsgefühl, vom Unterschied der eigenen, höher stehenden „Rasse", und der niedrigen Kultur der Kolonisierten, geprägt, und diese Stimmung äußerte sich in einer zunehmend rassistischen Politik. Der Gedankengang war so simpel wie überzeugend. Die von den Kolonisierenden unterstellte „natürliche" Überlegenheit der christlich-abendländischen Kultur – es war „das am meisten gebrauchte Argument, die überseeischen Eroberungen zu rechtfertigen"[602] – bedingte förmlich den „rücksichtslosen Prozess der ‚Zivilisierung.'"[603] Dieser konnte um so besser erfüllt werden, je weiter die Expansion in unzivilisierte, sprich noch zu kolonisierende Gebiete voranschritt und je intensiver die zivilisatorischen Maßnahmen in den bereits eroberten Gebieten umgesetzt wurden. Die im öffentlichen Diskurs legitimierte, missionarische, expansive Vorgehensweise wurde wiederum gefördert durch die Forcierung einer rassistischen Politik.[604] Nach dem Dichter und umstrittenen Propagandisten des britischen Kolonialismus Rudyard Kipling (1865-1936), war es „die Pflicht der überlegenen Rasse, die Verantwortung für ‚neu gewonnene, mürri-

---

heit der Siedler glaubte, daß die Nama im weitesten Sinne des Wortes ‚unbrauchbar' seien und es keinen Zweck habe, die Rasse zu erhalten." Fredrickson, Rassismus 114.

598 „Die missionarische Arbeit – ob auf katholischer oder protestantischer Seite – war in hohem Maße von Spenden durch die Gemeindemitglieder abhängig. Symbol der Spendensammlungen war der ‚Nickneger', der als Spendenbehälter in vielen Kirchen stand." In: Ausstellung: Köln Postkolonial – Die Geschichte des Afrika-Viertels in Nippes. 2. bis 26. November 2010. Köln.

599 „Der evangelische Pfarrer Dr. theol. Friedrich Fabri (1824-1891) wurde schon zu seinen Lebzeiten als ‚Vater der deutschen Kolonialbewegung' gefeiert. [Er war] gern gesehener Redner bei kolonialpropagandistischen Veranstaltungen". In: Ausstellung: Köln Postkolonial – Die Geschichte des Afrika-Viertels in Nippes. 2. bis 26. November 2010. Köln.

600 Mergner, „Unser Nationales Erbe" 147-150.

601 Geulen, Rassismus 84.

602 Mamozai, Frauen und Kolonialismus 133.

603 Foitzik et al, „Ein Herrenvolk von Untertanen" 29.

604 Es wurde für den „kolonialen Gedanken" geworben durch Ausstellungen, Reden, Spendensammlungen und Veröffentlichungen aller Art. Mamozai, Frauen und Kolonialismus 141.

sche Völker, halb Teufel und halb Kind' zu übernehmen."[605] Der Rassebegriff hatte also im Hinblick auf die Machtverhältnisse und die Rassenhierarchie, nach der es „zur Natur der kolonisierenden Nationen gehörte zu herrschen, und zur Natur der Kolonisierten, beherrscht zu werden"[606], eine zweifache Funktion. Er diente

1. der Rechtfertigung in den besetzten Gebieten, die Zivilisation mit „allen Mitteln" durchzusetzen und die Kolonialgebiete zu vergrößern; sowie

2. der Hervorhebung der eigenen Nation, die diesen Missionsauftrag auf sich nahm.[607]

Die Thematisierung des Gegensatzes von Wilden und Zivilisierten beschränkte sich nicht nur auf den wissenschaftlichen, politischen oder ökonomischen Diskurs, sondern die zivilisatorische Diskrepanz wurde auch dem breiten Volk nahegebracht. Dies geschah, da plakativer und einprägsamer als durch Literatur,[608] häufig auf visuellem Wege: durch Fotografien, Filme und Völkerschauen (wie weiter oben gezeigt). Diese Medien, die aufeinander aufbauten und sich verschränkend ergänzten, prägten nachhaltig die Vorstellung vom „faulen Neger", „verschlagenen Wilden", oder „sexuell hyperaktiven Anthropophagen", da nach dem Neurobiologen Gerald Hüther, die Fähigkeit, äußere Bilder wahrzunehmen und als innere Bilder im Gehirn zu verankern, beim Menschen besonders gut entwickelt ist.

> „Häufig ‚materialisieren' sich diese Bilder und Vorstellungen in bestimmten Praxisformen und Institutionen. Jedesmal werden mit diesen Bildern und Vorstellungen Menschengruppen in höher- oder minderwertige, bessere und schlechtere, dazugehörige und nicht-dazugehörige aufgeteilt. Stets hat die gesellschaftliche Durchsetzung und Dominanz solcher Bilder, Vorstellungen und Praxen etwas mit Gewalt- und Herrschaftsverhältnissen, mit mächtigen Interessen zu tun."[609]

e) 20. Jahrhundert

Wenn auch die dichotomierenden Bildmotive ab 1918 durch den Verlust der Kolonien stark zurückgingen, blieben die Vorstellungen über „Neger" und „Wilde", wie sie in die Gesellschaft des Deutschen Kaiserreichs eingeschrieben wurden, in den Köpfen der Menschen erhalten. Darüber täuschen auch die zu den Klischees über die „Goldenen Zwanziger" zählenden Bilder mit Schwarzen (Jazz-Kapellen, Nacktrevuen, Filmstars) die in illustrierten Zeitschriften

---

[605] Fredrickson, Rassismus 110.
[606] Geulen, Rassismus 82.
[607] Geulen, Rassismus 82.
[608] Zur Abwertung des Afrikaners zum „Neger" beispielsweise in Kinderbüchern siehe Mergner, „Unser Nationales Erbe" 150-154.
[609] Foitzik et al, „Ein Herrenvolk von Untertanen" 16.

abgedruckt wurden, nicht hinweg.[610] Peter Sloterdijk stellt fest, dass der Eindruck eines Umdenkens in der Weimarer Republik zu mehr Toleranz trügt, denn faschistoide Züge gab es als Fortsetzung des kolonial geprägten Kaiserreichs ebenso: „Weimar erscheint als ‚temporärer Präfaschismus'".[611] Tatsächlich wurden die bereits im 19. Jahrhundert existenten Rassentheorien, die „Rassenerzeugung" durch Regulierung, Züchtung und Vernichtung von „Rassen", Anfang des 20. Jahrhunderts verstärkt diskutiert. „In die Vision der geplanten Herstellung neuer Menschen und neuer Völker wurde [...] ebensoviel geistige Energie investiert wie sie das Leben von Menschen und Völkern kostete."[612] In Deutschland entwickelte sich ein völkischer Nationalismus, der kaum auf Widerstand bei denen stieß, „die die Nation zum Modellentwurf für die Menschheit oder zumindest für einen großen Teil von ihr erheben wollten."[613]

> „Nach der deutschen Ideologie, deren Ziele in der Zeit des Nationalsozialismus dann Wirklichkeit wurden, sind es Völker, denen Rechte zukommen, und nicht Individuen. Als einzigartiges und überlegenes Volk waren die Deutschen berechtigt, sich mit allen erforderlichen Mitteln gegen fremdes Blut und fremde Werte zu verteidigen."[614]

Die Eugenik avancierte nun zu einem wichtigen Fach innerhalb der Naturwissenschaften und die Idee eines F. Boas verlor an Bedeutung zugunsten der reinen Vererbungslehre, wie sie u.a. der bereits erwähnte Eugeniker A. Ploetz vertrat.[615] Doch erhielt der Eugenikenthusiasmus nach 1918 insofern einen Rückschlag, als sich zeigte, dass die in die Verbesserung der eigenen „Rasse" gesetzten Erwartungen nicht erfüllt werden konnten. Die eugenischen Maßnahmen erwiesen sich als „ineffizient, utopisch oder aus moralischen und juristischen Gründen als nicht durchsetzbar."[616] Den Diskurs bestimmte nun die Vorstellung, die eigene, überlegene „Rasse" stehe in der Gefahr unterzugehen und müsse sich deshalb gegenüber den „minderen Rassen" in einem globalen Überlebenskampf behaupten:

> „[...] daß sich die stärkere und bessere Rasse erst im globalen Kampf ums Überleben als solche erweist; daß eine noch so gut ‚gepflegte' Rasse sich erst im Kampf mit anderen bewähren muß; daß die Entscheidung, welche Rassenmerkmale erwünscht und welche unerwünscht sind, eigentlich nicht bei den Eugenikern oder der Gesellschaft liegt, sondern bei der Natur; daß die perfekte Rasse erst diejenige ist, die sich gegen alle anderen

---

[610] Siehe dazu Lotz, Rainer: Schwarze Entertainer in der Weimarer Republik 254-273.
[611] Sloterdijk. Zit. in: Lenk, Rundfunk 29.
[612] Geulen, Rassismus 90.
[613] Fredrickson, Rassismus 96.
[614] Fredrickson, Rassismus 97.
[615] Geulen, Rassismus 94f.
[616] Geulen, Rassismus 97.

durchgesetzt hat; und daß damit der einzige und wahre Rassenerzeuger der Krieg ist."[617]

In dieser Situation war es für die NSDAP ab 1933 ein leichtes, die Rassenidee als politische Idee und Teil einer übergreifenden Argumentationsstrategie fortzusetzen. „Dabei entstand kein spezifischer Stil des Nationalsozialismus, sondern vorhandene Strömungen wurden verstärkt und instrumentalisiert."[618] Die Vorstellungen über indigene Völker und deren Stellenwert aus europäischer Sicht waren sozusagen schon bereitgestellt von einer bürgerlichen, proletarischen Öffentlichkeit mit faschismusaffinen Zügen.[619] Sie wurden flankierend unterstützt, beispielsweise durch den Geschichtsphilosophen Oswald Spengler (1880-1936) der als geistiger Wegbereiter des Nationalsozialismus gilt und der vom „Untergang des Abendlandes" warnte. Zur fremdenfeindlichen Situation trug auch die gewaltig angewachsene Literatur zur Rassenfrage bei, die zudem den Anspruch erhob, auf wissenschaftlichem Grund zu stehen:

> „Wer die Hauptwerke der Rassenliteratur durchgeht, wird betroffen sein von dem selbstzufriedenen, saturierten Ton, der hier allerwärts herrscht, von dem schönen Gefühl der eigenen bedeutenden Leistung, das seltsam kontrastiert mit der theoretischen Anspruchslosigkeit der Untersuchung."[620]

Hinzu kam, dass die Idee der „nordischen Rasse" oder der „Reinheit des Blutes" nicht mehr allein Impulse von den Naturwissenschaften erhielt, sondern fruchtbaren Boden in der nationalen Bewegung selbst fand, „ja geradezu einen Begriff der organischen Wahrheit dem wissenschaftlichen Wahrheitsbegriff entgegensetzt[e]."[621] Die naturwissenschaftlichen Erkenntnisse über das Blut – so falsch sie auch immer sein mochten – wichen dem Mythos des Blutes. Es war die Rede von einer „G e s a m t w e s e n s i d e e des nordischen Menschen, die einen geistigen Typus des nordischen Menschen als Leitbild hat" und der „im Bewusstsein des ,Blutes' sein ,Symbol' gefunden habe."[622] Dass diesem nordischen Menschen und seinem Idealbild „blond, blauäugig, hochgewachsen und langköpfig" nur etwa fünf Prozent der Bevölkerung Deutschlands entsprachen, sei als weitere Merkwürdigkeit in Bezug auf die Rassenideologie der Nationalsozialisten vermerkt, denn „nach den Bedürfnissen der politischen Propaganda [sollte] möglichst das ganze deutsche Volk nordisch und damit zur Weltherrschaft berufen" sein.[623]

> „[Die] propagierte Herstellung der Volksgemeinschaft sollte nicht ohne Reinigung des Volkskörpers möglich sein. Der Verdacht der Minderwer-

---

[617] Geulen, Rassismus 97.
[618] Lenk, Rundfunk 28.
[619] Lenk, Rundfunk 57.
[620] Voegelin, Rasse und Staat 9.
[621] Voegelin, Rasse und Staat 15.
[622] Voegelin, Rasse und Staat 15 (Sperrung wie Original).
[623] Saller, Rassebegriff 31.

tigkeit richtete sich gegen äußere und innere Andere. Bei deren Bestimmung verbanden sich anthropologische Phantasie, ideologische Willkür, wissenschaftliche Akribie, politisches Kalkül, eugenische Idiosynkrasie, bürokratischer Ordnungssinn und anderes mehr zu einem flexibel handhabbaren Konstrukt."[624]

Hitler konnte somit auf ein rassenbiologisch gedüngtes Feld aufbauen[625], denn es existierte ein Geschichtsbild, „dessen feste Grundlage die Rassen bildeten und dessen Dynamik sich aus dem Kampf der Völker und den rassenhygienischen Idealen entwickelte."[626] Er brauchte es lediglich mit eugenisch-darwinistischem Rassismusgedankengut zu radikalisieren, um dann den Überlebenskampf des deutschen Volkes und den Vorherrschaftsanspruch der arischen „Rasse" für jedermann plausibel zu machen; denn „[w]as wir heute an menschlicher Kultur, an Ergebnissen von Kunst, Wissenschaft und Technik vor uns sehen, ist nahezu ausschließlich schöpferisches Produkt des Ariers."[627] Für die zahlreichen Anhänger, die sich schon in den „Kolonien zu ‚Herrenmenschen' erklärt hatten, war die Denkkategorie ‚Untermensch' nichts Neues, sie erweiterten sie einfach und neben ‚Kanaken' und ‚Kaffern' gehörten dazu jetzt eben auch Juden, Polen, Sintis ..."[628]

Die Reinheit der „Rasse" war von signifikanter Bedeutung,[629] weil „[...] das Ergebnis jeder Rassenkreuzung [...] immer folgendes [ist]: a) Niedersen-

---

[624] Hund, Rassismus 79.

[625] Auch die Sozialdemokratie vor dem Ersten Weltkrieg war nicht solidarisch mit den Kolonisierten in Afrika. „Das Gegenteil ist wahr: Die Sozialdemokraten haben zwar einzelne Exzesse und Härten des kolonialen Prozesses bedauert [...]. Doch den rücksichtslosen Prozeß der Zivilisation hielten sie für notwendig, den Widerstand dagegen für rückständig und ein sozialdemokratisches Interesse für die Wilden war praktisch nicht vorhanden." Mergner, „Unser Nationales Erbe" 156. Auch die sozialistische Abgeordnete Clara Bohm-Schuch (1879-1936) setzte sich nach dem verlorenen Ersten Weltkrieg wieder für den Besitz deutscher Kolonien ein: „der Sozialismus allein ist [...] auch berufen, die Kulturarbeit durchzuführen, die in fremden Erdteilen geleistet werden muß [...]". Mamozai, Frauen und Kolonialismus 141. Siehe auch El-Tayeb, Schwarze Deutsche 69-76.

[626] Böhnigk, Kulturanthropologie 52.

[627] Hitler, Mein Kampf 317.

[628] Mamozai, Frauen und Kolonialismus 142.

[629] So forderte z.B. Heinrich Himmler (1900-1945) noch für „‚Achtel- oder Sechzehnteljuden' deren rassische Überprüfung, weil sie ‚im Falle der rassischen Minderwertigkeit sterilisiert' werden sollten." Und der Gynäkologe Carl Clauberg (1898-1957) forschte an der „Methode der operationslosen [...] Sterilisierung" von Frauen, indem er an „jüdischen Frauen brutale Methoden der Massensterilisation erprobte, die nach dem Willen der Auftraggeber auch zur ‚Vernichtung des polnischen und tschechischen Volkes' dienen sollten." Auch durften jüdische Medizinalassistenten keine gynäkologischen Untersuchungen bei deutschblütigen Frauen vornehmen, wie auch die „arische Abscheu beim Anblick des jüdischen Körpers" den Ausschluss von Juden aus öffentlichen Badeanstalten zur Folge hatte. Hund, Rassismus 52, 80, 89. Als weiteres Beispiel zum Reinheitsgedanken sei ein Eintrag in der Encyclopedia of Philosophy angeführt. Er stammt von Julius Streicher (1885-1946), Herausgeber des antisemitischen Hetzblattes „Der Stürmer":

kung des Niveaus der höheren Rasse, b) körperlicher und geistiger Rückgang und damit der Beginn eines, wenn auch langsam, so doch sicher fortschreitenden Siechtums".[630] Dem konnte nur mit einer nationalen Eugenik begegnet werden die „unserem Volke eine neue, ureigene, beglückende Zukunft schenken möge."[631] Hitler knüpfte damit an die Vorstellungen von Gobineau und Kant an, da letzterer ebenfalls der Auffassung war, „daß die Vermischung der Stämme [...], welche nach und nach die Charaktere auslöscht, dem Menschengeschlecht [...] nicht zuträglich sei."[632]

Auf diesem rassistischen Boden gedieh ideologiekonforme, wissenschaftliche Literatur und Forschung über Rassenhygiene und der Gefahr von Rassenmischung, die der nationalsozialistischen Erbgesundheitsgesetzgebung eine sichere Legitimationsbasis lieferte.[633] Kongresse, Vorträge, Expertenstäbe, Gutachten, Ausweitung der Lehrstühle, wissenschaftliche und populärwissenschaftliche Veröffentlichungen sowie Propagandafilme trugen dazu bei, dass die Erfassung und Aussonderung von Sinti und Roma, „Rheinlandbastarden"[634], Erbkranken, Asozialen und Homosexuellen als selbstverständlich und natürlich empfunden wurde. Der us-amerikanische Historiker Richard Weikart berichtet, dass

> „[w]hen the Nazis finally implemented their ‚euthanasia‘ programm by Hitler's decree in 1939 [...] over 70,000 people perished [...] at the hands of physicians, who were willing participants, because they were committed to a racist eugenics ideology that the Nazis favored."[635]

Die Wissenschaftler erhielten ihr „Untersuchungsmaterial" der vergleichsweise „Wertlosen"[636] auch ohne Zustimmung der davon betroffenen Menschen aus

---

„It is established for all time: ‚alien albumen‘ is the sperm of a man of alien race. The male sperm is partially or completely absorbed by the female and thus enters her bloodstream. One single cohabitation of a Jew with an Aryan woman is sufficient to poison her blood forever. Together with the ‚alien albumen‘ she has absorbed the alien soul. Never again will she be able to bear purely Aryan children [...] they will all be bastards." (Julius Streicher, zitiert in Quentin Reynolds, Ephraim Katz, and Zwy Aldouby, New York, 1969, p. 150). In: Edwards, Encyclopedia of Philosophy 60.

630 Hitler, Mein Kampf 314.
631 Muckermann, Rassenkunde 125.
632 Kant-Lexikon 440.
633 Schmuhl, Rassenforschung 7.
634 „Rheinlandbastarde" nannte man Kinder von „schwarzen" Soldaten der französischen Besatzungsmacht nach dem Ersten Weltkrieg, die mit deutschen Frauen gezeugt wurden. Schmuhl, Rassenforschung 13. Sie wurden 1937 zusammengetrieben und sterilisiert, um so das deutsche Blut vor der Verunreinigung zu bewahren. Fredrickson, Rassismus 129. Siehe auch El-Tayeb, Schwarze Deutsche 158-171 und Martin/Alonzo. Zwischen Charleston und Stechschritt 9, 513.
635 Weikart, From Darwin to Hitler 226.
636 Weikart, From Darwin to Hitler 136.

Arbeitslagern, Gefängnissen, „Zigeunersammellagern", Heil- und Pflegean-stalten sowie Konzentrationslagern.[637]

Von diesen Maßnahmen waren vor allem Juden betroffen, da sie in „star-kem Maße entartet" waren, sich „wie Schlingpflanzen an dem Stamme anderer Nationen"[638] emporrankten und sich deren materielle und geistige Eigenschaf-ten aneigneten. Im Jargon der Nationalsozialisten waren die Arier das „Wirts-volk", das „„den Nährboden bereitet', während eine andere [Rasse] lediglich von dieser ‚parasitär partizipiert.'"[639] Die antisemitische Rhetorik, nach der sich ein jüdisches Wesen, selbst durch die Taufe nicht ablegen lässt,[640] (man bedenke die Parallele zur „limpieza de sangre" Ende des 15. Jahrhunderts) generierte und karikierte als typische Rassemerkmale für Juden die große gekrümmte Hakennase, die vorhängende Unterlippe, große Ohren[641] sowie „Grausamkeit", weil „Juden gerissene Verführer und gelegentlich brutale Ver-gewaltiger seien"[642]; weshalb man, nach Hermann Muckermann, grundsätzlich nur „heimrassige Ehen" schließen sollte.[643] „Neger" dagegen seien „rückstän-dig"[644] und gehören, wie Bruno Schultz, Assistent am Anthropologischen Institut der Uni München postulierte, zu den „urtümlichen Formen" der Menschen.[645] Daneben berief man sich auf die Gültigkeit des Mendelismus[646]; betrieb, wie beispielsweise an der Tübinger Universität, „rassenrelevante" For-schung, „in deren Rahmen Roma, Sinti, Juden ‚ausgemessen' und – ‚wissen-schaftlich' abgesichert – zu minderwertigen ‚Rassen' abgestempelt wurden"[647]; klärte über Volksentartung und minderwertiges Erbgut[648] auf, und stellte generell fest: die nordische Rasse sei eine Herrenrasse[649], die sich vor einer „ver-bastardierten und vernegerten Welt" schützen muss, weil sonst „alle Begriffe des menschlich Schönen und Erhabenen sowie alle Vorstellungen einer ideali-sierten Zukunft unseres Menschentums für immer verloren" wären.[650] Außer-dem wurden auf Wandtafeln für den rassen- und vererbungskundlichen Unter-richt[651], Gesichter „niedrigerer" Rassen abgebildet; wie ebenso in Lesebüchern[652]

---

[637] Eine wichtige Rolle spielten dabei die drei Kaiser-Wilhelm-Institute in Berlin-Dahlem, Berlin-Buch und München. Schmuhl, Rassenforschung 8f.

[638] Hiltebrandt, Grundlagen 48f.

[639] Böhnigk, Kulturanthropologie 50.

[640] Hund, Rassismus 96.

[641] Meyer/Dittrich, Erb- und Rassenkunde 85f.

[642] Fredrickson, Rassismus 123.

[643] Muckermann, Rassenkunde 112.

[644] Antwort einer Befragten ob sie ein Radiogerät besäße: „Schließlich kamen wir uns doch vor wie die Neger, weil wir immer noch kein Gerät hatten." In: Lenk, Rundfunk 121.

[645] Schultz, Erbkunde 35-45.

[646] Schäffer, Volk 53-66.

[647] Foitzik et al, „Ein Herrenvolk von Untertanen" 11.

[648] Graf, Vererbungslehre 253, 293.

[649] Clauß, Rasse und Seele 15-53.

[650] Fredrickson, Rassismus 123.

[651] Anzeige im Buch: Schultz, Erbkunde.

[652] Schulmuseum Lohr (Franken).

der Jude als negative, verwahrloste Gestalt, mit der „typischen" Physiognomie dargestellt wurde; und wie man auch den „Neger", mit seiner „tiefgesattelte[n] Nase mit runden quer gestellten Nasenlöchern', den ‚breite[n] Mund mit stark gewulsteten Schleimhautlippen' und das ‚engkraus[e] Haar'"[653] als „schwarze Schmach"[654] denunzierte. Damit wollte man einer „Vernegerung" durch Rassebewusstsein des weißen Volkes entgegenwirken,[655] – und diese Gefahr der Rassenmischung „sollte den Kindern in Herz und Gehirn ‚gebrannt' werden"[656] –, denn

> „[v]on Haus aus fehlt den N. staatenbildende Kraft. [...] Geistig rasch entwickelt, bleibt der N. doch früh hinter den Menschen der europ. Kulturvölker zurück. Zu eigener schöpferischer Kulturarbeit haben sich die N. bisher nur in geringem Maße fähig erwiesen. [...] Im Dienste der europäischen Kolonialwirtschaft sind sie unentbehrliche und wertvolle Hilfskräfte."[657]

Flankierende Unterstützung der offiziellen Rassismuspolitik erfolgte von „Vorbildern" wie beispielsweise Albert Schweizer (1875-1965), der vom „aufreizend-hinterhältigen und charakterlosen Benehmen der Schwarz-Afrikaner"[658] berichtete; vom Philosophen Martin Heidegger (1889-1976), der sogar deutsche Professoren animierte für Hitler zu stimmen[659]; oder dem Schriftsteller Gustav Frenssens (1863-1945), der in seinem Jugendbuch „Peter Moors Fahrt nach Südwest" schrieb, „Hereros seien Wilde, Feiglinge, Meuchelmörder, halbnackte Affen, wutverzerrt und rasend."[660] Daneben leistete der Anthropologe Richard Thurnwald (1869-1954) Schützenhilfe mit seinem Denken von Siebung und Auslese[661]; sowie dessen Schüler, Wilhelm Mühlmann (1904-1988), der 1938 der NSDAP beitrat, und der die Meinung vertrat, das Zusammenleben der Kulturen könne nur scheitern[662]; wie auch der spätere Bundeskanzler Konrad Adenauer (1876-1967) im Jahre 1927 erklärte: „Das Deutsche Reich muss unbedingt den Erwerb von Kolonien anstreben."[663]

---

[653] Alonzo, Rassenhygiene im Klassenzimmer 511.

[654] Der Neue Brockhaus, Bd. 4, 149.

[655] Der Neue Brockhaus, Bd. 4, 573.

[656] Das gesamte Schulwesen wurde dem Reichsministerium unterstellt, die Lehrer einer Gesinnungsprüfung unterzogen und in „Schulungslagern" erhielten Lehrer ihr Grundwissen über Eugenik und Rassenhygiene. In: Alonzo, Rassenhygiene im Klassenzimmer 509f.

[657] Der Neue Brockhaus, Bd. 3, 351f.

[658] Awes, Gazelle 66.

[659] Flecha et al, Equality of Differences 233.

[660] Peter Moors Fahrt nach Südwest 6, 28, 85. In: http://www.gerhard-rohlfs.de/Grinhalt/peter_moors_fahrt_nach_suedwest.pdf (01.07.2012); ebenso Awes, Gazelle 67.

[661] Wörterbuch der Völkerkunde 373.

[662] Wörterbuch der Völkerkunde 259.

[663] In: Ausstellung: Köln Postkolonial – Die Geschichte des Afrika-Viertels in Nippes. 2. bis 26. November 2010. Köln.

Partiell fand die rassistische Gemengelage Unterstützung auch von Seiten der Kirche,[664] für die der folgende Auszug aus dem Handbuch, das der Erzbischof von Freiburg Conrad Gröber (1872-1948) herausgegeben hatte, stellvertretend steht, und der die eigentümliche Haltung in der Rassenfrage widerspiegelt[665]:

> „Jedes Volk trägt für sich selbst die Verantwortung und die Aufnahme von vollständig fremdem Blut wird immer ein Risiko für die Nationalität sein. Daher kann man keinem Volke das Recht verweisen, seinen Rassenstock unversehrt zu erhalten und die nötigen Sicherungen für seine Reinerhaltung aufzustellen. Die christliche Religion erfordert nur, daß die Mittel, die dazu verwendet werden, nicht gegen das Sittengesetz und die natürliche Gerechtigkeit verstoßen."[666]

In diesem anbiedernden Kontext standen auch die Adventspredigten (1933) von Kardinal Michael von Faulhaber (1869-1952) der bemerkte, dass

> „die Kirche keinen Einwand dagegen hat, ‚die nationalen Charakteristika eines Volkes zu bewahren und soweit wie möglich rein und unverfälscht zu erhalten, und den nationalen Geist zu fördern durch Betonung des gemeinsamen Bandes des Blutes.'"[667]

Ebenso bedienten sich Teile der evangelischen Kirche des nationalsozialistischen Vokabulars. Der Gründer der antisemitischen Glaubensbewegung „Deutsche Christen", der evangelische Theologe Joachim Hossenfelder (1899-1976), vermerkte in den „Richtlinien der Glaubensbewegung Deutsche Christen" vom 26. Mai 1932:

> „Wir bekennen uns zu einem bejahenden, artgemäßen Christusglauben, wie er deutschem Luthergeist und heldischer Frömmigkeit entspricht. [...] Wir sehen in Rasse, Volkstum und Nation uns von Gott geschenkte und anvertraute Lebensordnungen, für deren Erhaltung zu sorgen uns Gottes Gesetz ist. Daher ist Rassenvermischung entgegenzutreten. [...] Wir lehnen die Judenmission in Deutschland ab, solange die Juden das Staatsbürgerrecht besitzen und damit die Gefahr der Rassenverschleierung und Bastardisierung besteht."[668]

An all diesen Beispielen zeigt sich die Fortsetzung des bereits im 19. Jahrhundert angelegten Kolonialgedankengutes, die Umsetzung des rassentheoretischen Diskurses in die Praxis und die Zuspitzung und Radikalisierung rassen-

---

[664] Partiell deshalb, weil es zahlreiche Geistliche gab, die sich gegen das NS-Regime auflehnten und dafür als Blutzeugen den Tod fanden. Zu den Opfern siehe Moll, Die katholischen deutschen Martyrer des 20. Jahrhunderts, 2 Bände.

[665] Siehe dazu ausführlicher Voegelin, Hitler und die Deutschen 160-220.

[666] Voegelin, Hitler und die Deutschen 195.

[667] Voegelin, Hitler und die Deutschen 196.

[668] Das Zitat ist ein Auszug aus den „Richtlinien der Glaubensbewegung Deutsche Christen" vom 26. Mai 1932. Zit. in: Voegelin, Hitler und die Deutschen 169.

biologischen Denkens.[669] Doch hatte sich die Funktion des Rassismus geändert. Diente Rassismus im 19. Jahrhundert als Rechtfertigung imperialer Expansion, so fungierte er im 20. Jahrhundert als Legitimation für Gewalt und Massenvernichtung:

> „Er war weder Ursache noch Auslöser, noch Motiv der Gewaltpraxis, aber er stellte die Möglichkeit bereit, jede nur denkbare Form und jedes nur denkbare Ausmaß der Gewalt in den Horizont eines naturgesetzlich ablaufenden Existenzkampfs zu stellen und so als notwendig und hinnehmbar erscheinen zu lassen."[670]

Zweifelsohne hat der Rassismus in Deutschland mit dem Nationalsozialismus seinen Kulminationspunkt erreicht, und George Fredrickson stellt fest: „die Ideologie der Überlegenheit der Weißen und der Antisemitismus in seiner naturalistischen oder säkularen Gestalt – erreichten beide den logischen Endpunkt ihrer Entwicklung."[671] Denn wenn auch noch heute rassistische und fremdenfeindliche Tendenzen zu erkennen sind, so wurden doch die Ideologien, auf die sich das NS-Regime bezog, nach dem Zweiten Weltkrieg diskreditiert: „Der Schock und die Beschämung darüber trugen mehr als jedes frühere historische Ereignis dazu bei, den Rassismus – wenigstens in seinen unverhohlenen ideologischen Formen – in Misskredit zu bringen."[672] Die Rassentheorien, die ab der Mitte des 19. Jahrhunderts formuliert wurden und „die zur Schoah führten"[673], lösten sich auf, da sie nicht mit den offiziell geltenden Demokratienormen in Einklang zu bringen waren und sie „endgültig den Status einer unzeitgemäßen Ideologie"[674] erhielten. Das betraf auch die Eugenik: Hat noch während des Zweiten Weltkriegs die Stärkung der „Volkskraft" die Diskussion bestimmt[675], so verlor sie ab 1945, wie sie seit Ende des 19. Jahrhunderts gedacht und zur Zeit des Nationalsozialismus radikalisiert wurde, ihre Akzeptanz: „den Staat dafür einzusetzen, den menschlichen Genpool zu verbessern, geriet für Jahrzehnte in Verruf."[676]

Trotz allem hat sich die wissenschaftliche und populärwissenschaftliche Rassentheorie auch nach dem Zweiten Weltkrieg weiterentwickelt:

> „So setzten in Deutschland nicht wenige der Wissenschaftler, die vor 1945 in der Eugenik und allgemeinen Rassenkunde aktiv waren, ihre

---

[669] Erste Projekte zur Züchtung rassisch als hochwertig angesehener Menschen gab es in Deutschland und England bereits in den 1890er Jahren. Zur gleichen Zeit existierten in den USA und Skandinavien Fortpflanzungsverbote und Zwangssterilisationen für sogenannte „Minderwertige". In: Geulen, Rassismus 92f.

[670] Geulen, Rassismus 100.

[671] Fredrickson, Rassismus 101.

[672] Fredrickson, Rassismus 130.

[673] Augstein, Franziska: Die Rassenfrage. SZ vom 08.09.2008, Nr. 209, S. 11.

[674] Geulen, Rassismus 104.

[675] Stöckel, Säuglingsfürsorge 77.

[676] Fredrickson, Rassismus 131.

Karrieren nach dem Krieg mit zum Teil nur wenig geänderten For-schungsgebieten fort."[677]

Doch fand insofern ein Wechsel statt, als man sich nun von der Eugenik, die den Reproduktionsprozess von außen steuern wollte, auf die Genetik, die auf den genuinen Vererbungsvorgang abstellt, konzentrierte:

> „Der neue Schlüssel zum steuernden Eingriff in die biologische Repro-duktion des Menschen war jetzt die molekulare Botschaft der Gene und diese lesbar zu machen ein Projekt, das große Teile der Wissenschaft bis zum Ende des 20. Jahrhunderts in Atem halten sollte: die Entschlüsselung unseres genetischen Codes."[678]

Es zeigte sich allerdings, dass sich „Rassen" auch auf der Basis des genetischen Codes nicht eindeutig bestimmen lassen, da die Eigenschaften der Menschen fließender ineinander übergehen als vermutet:

> „As the mapping of the human genom has revealed more and more sites of human variation, scientists consistently find that this variability never maps neatly onto any of the systems of racial typology that were once taken seriously, [weshalb] [t]he great majority of anthropologists believe that what most people call ,race' is best understood as a social and politi-cal reality, and not a biological fact."[679]

Zwar verlor durch die Entwicklung der modernen Genetik das typologische Denken in den letzten Jahrzehnten mehr und mehr an Einfluss,[680] doch stell-ten die genetischen Erkenntnisse kein Bollwerk gegen die Gefahr der Manipu-lation, der Regulierung und der Kontrolle des Lebens dar. Denn die Ent-schlüsselung des genetischen Codes hält weder manchen Wissenschaftler[681] noch den rassistisch Orientierten davon ab, in Rassenkategorien zu denken und zu argumentieren.

Ch. Geulen stellt dazu fest,

> „daß so manche der biopolitischen Visionen von heute die rassentheore-tischen Visionen des 19. und 20. Jahrhunderts unmittelbar fortschreiben. Eine Gesellschaft, die in ihrem Traum von der genetischen Abschaffung etwa des Krebses die gleichartige Abschaffung unerwünschter Körper-, Sexualitäts- oder Verhaltensformen gleich mitträumt, erscheint nicht weniger rassistisch als jene Gesellschaft des ausgehenden 19. Jahrhun-

---

[677] Geulen, Rassismus 104.

[678] Geulen, Rassismus 105.

[679] Hill, Everyday Language 10, 13.

[680] Tsiakalos, Interkulturelle Beziehungen 51.

[681] So wurde beispielsweise dem Nobelpreisträger und Biochemiker J. D. Watson wegen seiner provokativen Äußerungen gegenüber Homosexuellen und Schwarzen Rassismus, Sexismus und Homophobie vorgeworfen. Watson wurde deshalb von mehreren Ämtern suspendiert. In: http://de.wikipedia.org/wiki/James_Watson (01.07.2012).

derts, die den gleichen Traum durch Sterilisierung und Selektion zu verwirklichen suchte."[682]

Insgesamt lässt sich jedoch feststellen: die Einstellung zu Rassenfragen hat sich
verändert, was nicht nur dem Holocaust geschuldet ist, sondern auch durch
die Entkolonisierungs- und Bürgerrechtsbewegungen beeinflusst wurde. Nach
George Fredrickson hat der Rassismus in den letzten fünfzig Jahren einen
Niedergang erlebt, wenngleich er noch in anderer Form weiterhin existiert:

> „Was als ‚neuer Rassismus' in den USA, Großbritannien und Frankreich
> bezeichnet wurde, ist eine Denkweise, die kulturelle Differenzen anstelle
> von genetischer Ausstattung verdinglicht und zu Wesensunterschieden
> erstarren läßt, die also mit anderen Worten Kultur zum funktionalen
> Äquivalent von Rasse macht."[683]

Nichtsdestotrotz ist der Rassismusdiskurs schwächer geworden und „intellektuell nicht mehr so respektabel wie noch vor 100 oder selbst vor 50 Jahren."[684]
1949 erarbeitete man im Auftrag der UNESCO eine Erklärung zur Rassenprob-
lematik, die 1950 veröffentlicht wurde. Bei diesem „Statement on Race" ging
es u.a. um Menschengruppen, die umgangssprachlich als „Rassen" bezeichnet
wurden (z.B. Amerikaner, Juden), die aber nach wissenschaftlicher Termino-
logie keine „Rassen" sind; und desweiteren, falls es sich im wissenschaftlichen
Kontext um „Rassen" handeln sollte, es keinerlei Unterschiede in Bezug auf
Intelligenz, Temperament oder in sozialer und kultureller Hinsicht gebe. Ferner existieren keine Belege, dass die „Vermischung von Rassen" – anders also,
wie im 19. Jahrhundert und zur NS-Zeit – nachteilige Auswirkungen habe.
Das bundesdeutsche Grundgesetz vom 23. Mai 1949 entsprach in Artikel 3
dieser UNESCO-Erklärung, Menschen aufgrund ihrer „Rasse" nicht zu benach-
teiligen.[685] Am 14. August 2006 wurde das Allgemeine Gleichbehandlungsgesetz verabschiedet – es setzte die Anti-Rassismusrichtlinie 2000/43/EG um –
in der es heißt: „Ziel des Gesetzes ist, Benachteiligungen aus Gründen der
Rasse [...] zu verhindern oder zu beseitigen."[686] Ebenso rief der Ökumenische

---

[682] Geulen, Rassismus 109.

[683] Fredrickson, Rassismus 144.

[684] Fredrickson, Rassismus 147.

[685] Art 3, Abs. 3, GG: I. Die Grundrechte
(3) Niemand darf wegen seines Geschlechtes, seiner Abstammung, seiner Rasse, seiner
Sprache, seiner Heimat und Herkunft, seines Glaubens, seiner religiösen oder politischen
Anschauungen benachteiligt oder bevorzugt werden. Niemand darf wegen seiner Behinderung benachteiligt werden. In: http://www.gesetze-im-internet.de/bundesrecht/gg/gesamt.
pdf (01.07.2012).

[686] Allgemeines Gleichbehandlungsgesetz (AGG) Abschnitt 1, Allgemeiner Teil, § 1: Ziel des
Gesetzes ist, Benachteiligungen aus Gründen der Rasse oder wegen der ethnischen Herkunft, des Geschlechts, der Religion oder Weltanschauung, einer Behinderung, des Alters
oder der sexuellen Identität zu verhindern oder zu beseitigen. In: http://www.gesetze-im-
internet.de/bundesrecht/agg/gesamt.pdf (01.07.2012).

Rat der Kirchen (ÖRK)[687] dazu auf „Rassismus in ihren eigenen Strukturen zu bekämpfen"[688] weil

> „institutional racism and the ideology of racism, in their most pernicious forms, continue unabated in contemporary societies and still affect churches dramatically while ongoing social, political and economic trends are producing new expressions of racism."[689]

Gegen gesetzestextliche Formulierungen, die den Begriff „Rasse" enthalten, wandte sich das Deutsche Institut für Menschenrechte, mit der Forderung, Gesetze umzuformulieren, in denen auf die „Rasse" von Menschen Bezug genommen wird.[690] Damit sollte das Denken in rassischen Kategorien, zumindest in Gesetzestexten, ausgemerzt und Wissenschaftler, NGOS und andere, die sich mit einschlägigen Gesetzestexten befassen müssen, entlastet werden; da sie, um sich von rassistischen Implikationen zu distanzieren, den Begriff „Rasse" in Anführungszeichen setzen. Denn auch das „Markieren von Distanz durch das Verwenden von Anführungszeichen" sind Irritationen, die gerade durch die Markierung in ihren rassistischen Konzeptionalisierungen auffallen.[691] Schließlich üben Gesetzestexte eine Vorbildfunktion aus und tragen, wie Bilder oder sonstige Texte, zur Bewusstseinsbildung bei. Doch muss auch angemerkt werden, dass sich noch Mitte des 20. Jahrhunderts zahlreiche Wissenschaftler gegen den Versuch der UNESCO wehrten, den Rassebegriff international zu diskreditieren, mit der Behauptung, ihn wissenschaftlich zu benötigen (z.B. für den Bereich der Ethnomedizin).[692]

> „Many forensic anthropologists, who are often asked by law enforcement officials to identify human skeletal remains by folk-racial categories [...] believe that the old racial types are useful in this task" und wenn „there is no scientific basis for the idea of race [it] will undermine [the] arguments for race-based programs [...]."[693]

Trotzdem gibt es auch auf internationaler Ebene Apelle, vom Begriff „Rasse" in Gesetzestexten Abstand zu nehmen, da diese gerade durch dessen Verwen-

---

[687] Der ÖRK (auch Weltkirchenrat), gegründet am 23.08.1948, ist eine weltweite Gemeinschaft von 349 Mitgliedskirchen, auf der Suche nach Einheit in gemeinsamem Zeugnis und christlichem Dienst. Die Römisch-Katholische Kirche zählt nicht zu den Mitgliedern, arbeitet jedoch mit dem ÖRK zusammen. In: http://de.wikipedia.org/wiki/Ökumenischer_Rat_der_Kirchen. Stand 15.10.2010.

[688] http://www.oikumene.org/de/wer-sind-wir/hintergrund.html (01.07.2012).

[689] http://www2.wcc-coe.org (01.07.2012).

[690] Bereits 1935 haben der Biologe J. Huxley (1887-1975) und der Anthropologe A. C. Haddorn (1855-1990) gefordert, den Terminus „Rasse" aus dem wissenschaftlichen Vokabular zu streichen und anstelle von Menschenrassen von „ethnischen Gruppen" zu sprechen. In http://de.wikipedia.org/wiki/Rassentheorie (01.07.2012).

[691] Arndt/Hornscheidt, Afrika und die deutsche Sprache 64f.

[692] Hund, Rassismus 14; Hill, Everyday Language 10.

[693] Hill, Everyday Language 10.

dung das Vorhandensein verschiedener menschlicher „Rassen" voraussetze[694] und damit einem „modernen Rassismus" Unterstützung liefere.

Ein generelles Problem dieses neuen Rassismus besteht darin, dass er als solcher nicht immer auf Anhieb – wie das noch in der Hitlerschen Rhetorik vom Untermenschen und der Herrenrasse der Fall war – zu erkennen ist. Zum einen, weil er als fester Bestandteil des demokratischen Systems so inkorporiert ist, dass Abweichungen von der Norm als kritikabel verstanden werden; zum zweiten, weil

> „[r]acist expressions become normalized in and through the prevailing categories of modernity's epistemes and institutionalized in modernity's various modes of social articulations and power"[695];

und drittens Rassismus nicht mehr auf „alte Ungleichheitsdogmen und rassengeschichtliche Mythen"[696] rekurriert. Up to date sind jetzt Termini wie „Ausländer", „Überfremdung", „Asylanten", „Biodeutsche", „Reinhaltung", „Verluste und Verschiebungen von Normen und Werten"[697] oder „Säuberung", die nicht mehr direkt auf die „Rasse" abstellen, sondern im Kontext von Kultur oder Nation Verwendung finden. Anstelle der bisherigen rassischen Ungleichheit ist die Unvereinbarkeit der verschiedenen Kulturen getreten, die „‚Verschiebung von der Rasse zur Kultur' und die ‚Verschiebung von der Ungleichheit zur Differenz'"[698]. Es handelt sich erneut um einen dichotomierenden Rassismus, der sich flexibler und arbiträrer Termini und Inhalte bedient, mit denen Diskriminierung, Hierarchisierung plausibilisiert und die Welt als Ganzes erklärt und korrigiert werden soll.

Trotz positiver Ansätze, die das Bemühen um einen „humanistischen und kosmopolitischen Anti-Rassismus der Nachkriegszeit, der sich gegen den genetischen Rassismus richtete und für die Anerkennung der Unterschiedlichkeit und Gleichwertigkeit der Kulturen eingetreten ist"[699] unterstützen, hat sich Deutschland „weiter nach rechts entwickelt, indem es ehedem nur im rechtsextremen Lager gehandelte Ideologeme auch in das Zentrum der Gesellschaft aufnimmt und ihnen damit eine Kraft verleiht, mit der sie durch rechtsextreme Parteien und Organisationen selbst niemals hätte ausgestattet werden können."[700] Auf die wiedererstarkende Fremdenaversion reagieren Parteien

---

[694] „1978 hat sich die Generalkonferenz der UNESCO einmütig zu Folgendem bekannt: ‚Alle Menschen gehören einer einzigen Art an und stammen von gemeinsamen Vorfahren ab. Sie sind gleich an Würde und Rechten geboren und bilden gemeinsam die Menschheit'." In: Cremer, „...und welcher Rasse gehören Sie an?" 10.

[695] Macedo, Globalization 6.

[696] Geulen, Rassismus 111.

[697] Jäger, Rassismus 29. In: http://library.fes.de/fulltext/asfo/01014001.htm (01.07.2012).

[698] Hund, Rassismus 93.

[699] Jäger, Rassismus 25. In: http://library.fes.de/fulltext/asfo/01014001.htm (01.07.2012).

[700] Jäger, Rassismus 18. In: http://library.fes.de/fulltext/asfo/01014001.htm (01.07.2012).

und Medien entweder gar nicht, halbherzig oder „mit der Propagierung einer Ideologie, die der Tendenz nach weg führt von bisherigen demokratischen Errungenschaften und hin zu einem Gesellschaftsmodell, das Züge eines völkischen Nationalismus annimmt."[701]

> „Dies führte konkret auch dazu, daß Ideen, die vordem allein Sache der Rechtsextremen gewesen waren, in der Mitte der Gesellschaft Fuß fassen konnten. Von dieser Situation profitierten die rechtsextremen Parteien, die sich so nicht als diejenigen erweisen, die diese Entwicklung hervorgebracht haben, sondern nur deren Nutznießer sind. [...] Kurzum: Es entsteht eine sozialpolitische Situation, in der autoritäre und rechtslastige Politikmuster wieder Konjunktur bekommen und Widerhall finden, zumal sie zumindest teilweise auch von den großen Parteien propagiert werden."[702]

Es zeigt sich ein Rückschlag gegenüber den Errungenschaften der 1960er und 1970er Jahre[703]; denn die Voreingenommenheit gegenüber dem „Fremden" hat sich in der Bundesrepublik und in Europa wieder verstärkt alltäglich, latent und offen, breit gemacht.[704] Das belegen die zahlreichen Übergriffe auf ausländische Mitbürger,[705] ferner die Pogrome am 22. August 1992 in Rostock und Hoyerswerda am 17. und 23. September 1991; der Mordanschlag auf türkische Mitbürger in Solingen am 29. Mai 1993, der Brandanschlag in Mölln am 23. November 1992, die Pegida-Bewegung und die Mordserie der NSU.

> „Eine besonders abstoßende Parallele stellt die Tatsache dar, dass seit Anfang der neunziger Jahre zum ersten Mal nach dem Ende des NS-Regimes wieder der vom Rassenwahn beherrschte Mob die Sicherheit und sogar das Leben von Schwarzen in Deutschland bedroht, dass Schwarze zu den Menschen zählen, die durch rechtsextreme Anschläge in den letzten Jahren getötet wurden. Eine beschämende Bilanz für die Bundesrepublik Deutschland!"[706]

---

[701] Jäger, Rassismus 29. In: http://library.fes.de/fulltext/asfo/01014001.htm (01.07.2012).

[702] Jäger, Rassismus 29, 31. In: http://library.fes.de/fulltext/asfo/01014001.htm (01.07.2012).

[703] Macedo, Globalization 14.

[704] Foitzik et al, „Ein Herrenvolk von Untertanen" 12.

[705] Rassistische Straftaten und Diskriminierung von Minderheiten sind in Europa noch immer an der Tagesordnung. Jeder Zehnte wurde wegen seiner Herkunft noch in jüngster Vergangenheit angegriffen oder belästigt, wie aus einer in Brüssel vorgestellten Umfrage der Europäischen Grundrechteagentur (fra) hervorgeht. Für die Erhebung wurden europaweit 23.500 Personen interviewt. 55 Prozent der Befragten nannten Diskriminierung in Europa ein großes Problem, 37 Prozent gaben an, selbst Opfer von Diskriminierung geworden zu sein. Zwölf Prozent berichteten von tätlichen oder verbalen Angriffen. Zugleich erklärten 80 Prozent der persönlich von Rassismus Betroffenen, sie hätten den Vorfall nicht gemeldet.

[706] Alonzo/Martin, Zwischen Charleston und Stechschritt 9.

Erschreckend ist der Anteil der Jugendlichen zwischen elf und achtzehn Jahren, die an rassistisch motivierten Handlungen beteiligt sind. Erschreckend ist auch die Tatsache, dass von Seiten der deutschen Polizei

> „[m]any acts of crime – even when directed against immigrants – are not always classified as hate crimes if there is no explicit xenophobic connection or xenophobic motive. Therefore the statistics of xenophobic acts of violence include only crimes that are easily recognizable as such."[707]

Die Zahlen werden u.a. niedrig gehalten, weil Teile der Polizei selbst Vorurteile gegenüber Fremden hegen[708], der Imageschaden bei einer zu großen, publik gewordenen Ausländerfeindlichkeit für das deutsche Exportgeschäft nachteilig wäre, wie auch qualifizierte ausländische Arbeitskräfte in einem ausländerfeindlichen Klima schwerer anzuwerben sind.

Welche Gruppen als „Fremde" bezeichnet werden wechselt. Neben „Negern"[709] sind es Türken, generell Asylanten, Polen, Juden oder Sintis: „Es herrscht hier eine merkwürdige Angestrengtheit, das Heim der Einheimischen abzugrenzen gegen das Fremde in jeglicher Gestalt."[710] Besonders gefährlich sind die damit einhergehenden, stereotypen Standardformulierungen, wie das „Boot ist voll"[711] oder „Zuerst müssen *unsere* Arbeitslosen weniger werden, Asylbewerber nehmen uns die Arbeit weg"[712], weil damit die Fremdenaversion permanent bedient und am Leben erhalten wird. Auffallend ist auch die häufig bemühte Verbindung von Ausländer und Kriminalität[713], wobei die einzelnen Fälle krimineller Handlungen ausführlich mit dem Hinweis auf „Ausländer" und der Angabe der Nationalität berichtet werden, während man deutsche Täter über andere Indikatoren (Beruf, Wohnort) charakterisiert. Dabei wird von den Medien- und Politikerkolporteuren bewusst vermieden, Sachverhalte

---

[707] Hamburger, Violence in the New Germany 210. Der Direktor der Grundrechteagentur, Morten Kjaerum, folgert aus dieser statistischen Manipulation, dass die offiziellen Zahlen über Rassismus in der EU nur die Spitze des Eisbergs sind. In: http://www.spiegel.de/politik/ausland/0,1518,620575,00.html (01.07.2012).

[708] „Data about the political and ideological orientations of police officers suggest that their closeness to Republicans is an important issue [...]." Hamburger, Violence in the New Germany 210.

[709] Beispiel: Einige Besucher der Passauer Maidult 2010 beschimpften das afrikanische Toilettenaufsichtspersonal als „Scheiß-Neger". In: Passauer Woche: „Wie beschämend". 12.05.2010, S. 4.

[710] Moßmann, Ein Pfahl im Löß 96.

[711] Plakat der Republikaner: Das Boot ist voll! Schluß mit Asylbetrug.

[712] Asylbewerber dürfen in Deutschland erst seit Juli 1991 arbeiten. Seither haben sie zumeist Jobs auf Bauernhöfen oder im schlecht entlohnten Dienstleistungsbereich, zu denen sich Deutsche nicht bereit finden. Als direkte Konkurrenten um Arbeitsplätze treten Asylbewerber deshalb nur selten auf. Außerdem ist zu bedenken, dass sie, wenn sie eine Arbeitsmöglichkeit erhalten, weniger oder keine Sozialleistungen erhalten. In: Publik-Forum: Dossier, Herbst 1992. In:http://www.deutscher-nationalismus.de/asylanten.htm (01.07.2012) (Kursiv wie Original).

[713] McRay, Die Gastarbeiter 110-118.

differenziert darzulegen, da ihre gebrauchten Stereotypen einer genauen Überprüfung nicht standhalten würden.[714]

Durch das Wiederholen der im Diskurs geschaffenen Konstruktionen des Fremden, die „der gesellschaftlichen Öffentlichkeit wie ein Kinderreim vorgebetet"[715] werden, wird die Wahrnehmung in Bezug auf Fremd- und Selbstdefinitionsprozesse stark beeinflusst.

> „Das heißt, die kontinuierliche ethnisch-kulturelle Distinktion gesellschaftlicher Gruppen im öffentlichen Diskurs schafft bzw. reproduziert entsprechende Bewusstseins- und Habitusstrukturen bei den Gesellschaftsmitgliedern – und zwar bei allen, die der Diskurs *erreicht* und die ihn (sprachlich) *verstehen* können [...]. Solche Deutungen werden den Menschen zur zweiten Natur, [...] sie wirken, von den Akteuren unhinterfragt, wahrnehmungs-, deutungs- und handlungsleitend, sie sind zu einer sozialen Selbstverständlichkeit geworden. Das Klassifikationsschema verselbständigt sich, Ursache und Wirkung diffundieren, die unterschiedlich angenommenen oder zugeschriebenen Merkmale erklären die unterschiedliche ethnisch kulturelle Herkunft und diese wiederum erklärt unterschiedliches Verhalten, der als zugehörig distinguierten Mitglieder."[716]

Die Wirkmächtigkeit rassistischer Diskursstränge auf das Alltagsbewusstsein ist zum einen deshalb so stark, weil durch die „Wiederaufführung des schon Bekannten"[717] Wirklichkeit erzeugt wird, da „bei der Wiederholung [...] das Gesagte ‚durch den Akt des Sagens‘ herbeigeführt, wiedererkannt und damit bestätigt, weiterhin für ‚wirklich‘ und gültig erklärt"[718] wird. Zum anderen wird in „‚Rasse‘-Merkmalen wie Hautfarbe, ethnische Herkunft, geographische Position etc." auf einfache Weise erkannt, „was andere Ideologien erst aufbauen müssen: eine offenbar ‚natürliche‘ oder universelle Basis in der Natur selbst."[719] Das zeigt sich beispielsweise auch in der Kinderliteratur, wo bis heute das Bild vom „Neger" in merkwürdig stereotyper Simplizität bemüht wird: „Wulstlippen, Baströckchen, Ring durch die Nase, kindliche stumpfe Gesichtszüge"; und dessen schönstes Gewand „das bunte Kleid eines Dieners aus der Feudalzeit, [ist] wie es der Sarotti-Mohr noch heute werbewirksam trägt".[720] Deshalb ist es nicht verwunderlich, wenn aktuelle Befragungen in Berliner Berufsschulklassen ergeben haben, dass „nach Meinung dieser Schüler die Afrikaner ‚unzivilisiert‘, ‚unterentwickelt‘ und ‚primitiv‘" seien.[721] Ein besonders kurios-makabres Beispiel dieser Sichtweise zeigte sich bei einer Kinderveranstaltung in einem Oldenburger Dritte-Welt-Laden:

---

[714] Arndt/Hornscheidt, Afrika und die deutsche Sprache 49.
[715] Spitzer, Neorassismus 103.
[716] Spitzer, Neorassismus 109f (Kursiv wie Original).
[717] Spitzer, Neorassismus 103.
[718] Spitzer, Neorassismus 103.
[719] Hall, Rassismus 135.
[720] Mergner, „Unser Nationales Erbe" 151.
[721] Mergner, „Unser Nationales Erbe" 151.

„Eine engagierte Gruppe im Oldenburger Dritte-Welt-Laden bereitete eine Veranstaltung für Kinder mit zwei afrikanischen Clowns vor. Ein Plakat wurde hergestellt. Der Künstler assoziierte. Aus dem afrikanischen Clown wurde ein Affenmensch mit Nüstern, Langohren und verkindlichtem Rundkopf und Rundaugen. Die Gruppe akzeptierte dies ‚lustige‘ Plakat und begann mit dem Druck. Beim Ausmalen erschrak dann ein Mitglied über das Werk: Alle im Kolonialismus hervorgebrachten Stereotypisierungen über den Afrikaner hatten sich in dem Entwurf eingeschlichen. Das ‚lustige‘ Bild war bei näherem und bewußten Hinsehen eine den Afrikaner abwertende Karikatur, mit Bild-Elementen aus einer anscheinend verdrängten Geschichte.[722]

Die Anzahl der diskriminierenden Beispiele könnte nahezu beliebig ausgeweitet werden.[723] Doch sollte die Auswahl genügen um einerseits ein Gespür dafür zu entwickeln, in welch enger historischer Beziehung die im Auswertungsteil gebrachten diskriminierenden Äußerungen stehen und zum anderen, wie der historische Begriff „Rasse“ weiterwirkt und „Weiß-Sein [...] eine kulturelle und politische Implikation und Wirkkraft hat, die unabhängig davon besteht, ob Weiße Individuen sich dieser bewusst sind oder nicht.“[724] Die im folgenden Auswertungsteil gezeigten Rassismen, Stereotypen, Vorurteile und diskriminierenden Formulierungen stellen somit kein Novum dar, sondern sie stehen in direktem Bezug mit unserer Vergangenheit und können nur aus dieser heraus verstanden werden.

---

[722] Mergner, „Unser Nationales Erbe“ 144f.

[723] Eine ausführliche Beschreibung diskursiver Rassifizierung findet sich bei Bühl, Rassismus 133-212.

[724] Arndt/Hornscheidt, Afrika und die deutsche Sprache 13.

Auswertung der Reiseberichte

1. Vorgehensweise

Wie eingangs ausgeführt, wurden Internet-Reiseberichte über „Afrika" in Bezug auf schriftlich realisierte sprachliche Rassismen, Diskriminierungen, Stereotypen und Vorurteile über die dort lebenden Menschen und deren Kulturen untersucht.

Aus den nahezu unzähligen Internet-Reiseberichten über Länder aus der ganzen Welt, die Reisende während und/oder nach Abschluss ihrer Reise in den letzten etwa 15 Jahren in ebenso zahlreichen Reiseforen[1] in das Internet stellten, wurden 45 aussagefähige Reiseberichte über „Afrika" (Zeitspanne von 2000 bis 2010) nach dem Zufallsprinzip ausgewählt (Stichprobe[2]). Die Reiseberichte konnte und kann sich jeder, der einen Internetzugang besitzt, ohne Eingabe eines Codewortes oder ähnlichem, aufrufen und lesen. Allerdings wurden aus Gründen der Anonymität die Internetadressen der Verfasser nicht genannt, sondern den einzelnen Reiseberichten fortlaufende Nummern zugeteilt.

Aussagefähig waren Reiseberichte nur dann, wenn sie formale Kriterien erfüllten. Dazu gehörte neben der deutschsprachigen Autorenschaft, ein „textlicher Mindestumfang", das heißt, es durfte sich nicht um reine Bildstrecken handeln (Tier- und Landschaftsaufnahmen), oder sich der Text nur auf Stichpunkte wie Ankunfts-, Abfahrtszeiten, Standort, Verweildauer etc. beschränken. Außerdem mussten die Reiseberichte hinsichtlich ihrer Inhalte und Kontexte vergleichbar sein. Zudem musste die Zielgruppe der Reiseberichtrezipienten die „Allgemeinheit" und nicht eine spezielle Gruppierung (rechtsorientierte Partei, wirtschaftliche Interessenverbände) sein, auf die, durch das gewählte Forum, die Formulierungen ausgerichtet gewesen wären. Ferner musste das Ausgangsmaterial stets in Form einer Gesamtdatei bzw. in einer nach Reisetagen unterteilten Datei jedem an Reiseberichten Interessierten, zur Verfügung stehen.

Nach der endgültigen Auswahl der Reiseberichte erfolgte ein erstes Lesen der Texte, um nach „vorläufigen Eindrücken"[3] einen genaueren Überblick über Inhalte und Kontexte zu erhalten.

> „Nach der kompletten Lektüre wird ein Eindruck formuliert, der dann anhand bestätigender Textstellen oder Textbezüge belegt werden muss.

---

[1] Z.B.: http://www.transafrika.org/pages/reiseberichte.php. http://www.umdiewelt.de/Afrika/Reiseziel-2.html. http://www.reiseberichte-aus-aller-welt.de/reise/Afrika/. http://www.faszinierendes-afrika.de/. http://www.afrika-reiseberichte.de/.

[2] Zu den Möglichkeiten Stichproben zu ziehen siehe Schumann, Repräsentative Umfrage 82-107.

[3] Bechdolf, Kulturwissenschaftliche Medienforschung 262.

Aus diesen Erkenntnissen lassen sich dann in verschiedenster Weise Schlussfolgerungen ziehen, die eine Bewertung und Einordnung des Werks erlauben."[4]

In einem weiteren Schritt wurden, aufgrund der aus den ausgewählten Reiseberichten sich ergebenden Diskriminierungsparallelen Diskriminierungs-Ordnungspunkte gebildet, anhand derer die Untersuchung durchgeführt werden sollte. Es zeigte sich, dass es sich überwiegend um biologisch begründete, meist implizite Diskriminierungen handelte, die in folgende Ordnungspunkte unterteilt werden konnten:

1) *Sprachliche Diskriminierungen mit direktem „genetischen" Hintergrund:*
   a) Sexuell orientierte Diskriminierungen
   b) Diskriminierungen die auf das „lebhafte Naturell" des afrikanischen „Naturmenschen" abstellen
   c) Diskriminierungen durch Verwendung von Begriffen aus der Tierwelt
   d) Diskriminierungen aufgrund der Hautfarbe
   e) Diskriminierungen in Bezug auf die „afrikanische" Intelligenz

2) *Sprachliche Diskriminierungen mit indirektem biologischen Hintergrund:*
   f) Diskriminierungen in Bezug auf die „Zeit"

Die Subsumierung der Diskriminierungs-Ordnungspunkte a) bis e) unter dem Begriff „Gene" erfolgte deshalb, weil bei dieser Art von Diskriminierung meist auf die genetische Prädisposition der „Afrikaner" rekurriert wurde und es sich zudem um einen allgemein verständlichen Terminus handelt. Bei den Diskriminierungen die mit der „Zeit" (anderes Zeitverständnis, Unpünktlichkeit, Wartezeiten) zusammenhingen, wurde das genetische Argument weniger bemüht, sondern die Differenzen eher mit kulturellen Ursachen in Verbindung gebracht. Die Trennung in die vorgenannten Diskriminierungs-Ordnungsgruppen war eine nützliche Separation, um das Potential der Diskriminierung besser sichtbar zu machen. Hierbei kam es vereinzelt zu Mehrfachzuweisungen, weshalb ein kategorialer Anspruch der Ordnungspunkte, aufgrund mangelnder Konsistenz, nicht erfüllt werden konnte. Das heißt, die gewählten Ordnungspunkte haben lediglich den Stellenwert von Überschriften bzw. Inhaltsangaben von Kapiteln, da sie nicht auf dem Fundament sich gegenseitig ausschließender Kriterien stehen. Dies gilt ebenso für den Kontext einer diskriminierenden Äußerung, der mehrere der Ordnungspunkte tangieren konnte. Somit waren Überschneidungen insofern möglich, als die Äußerung sowohl einem als auch einem anderen, oder mehreren Ordnungspunkten zugeordnet hätte werden können. Entscheidend war dann die Intentionsdominanz der Äußerung.

Jede infrage kommende Textstelle musste als solche eindeutig sein. Diese Eindeutigkeit war jedoch nicht immer zu erkennen, da zum einen nur gemut-

---

[4] Früh, Inhaltsanalyse 48.

maßt werden konnte, ob die/der Reisende über einen so differenzierten Wortschatz verfügt hätte, auf die gewählte Formulierung zu verzichten und sie durch eine andere, neutralere zu ersetzen, oder ob sie/er durch bewusste Wortwahl der Diskriminierung Nachdruck verleihen wollte. Zum anderen waren bei guter sprachlicher Ausdrucksfähigkeit die Textstellen nicht immer „eindimensional" (aus dem Text ging nicht eindeutig hervor was genau damit gemeint war), was die Zuordnung zu einem der Ordnungspunkte erschwerte. War eine Formulierung „manifest", die Diskriminierung „also direkt oder indirekt"[5] erkennbar, fand sie in der Analyse Berücksichtigung. War sie „latent", die Diskriminierung „also weder direkt noch indirekt"[6] erkennbar, wurde sie nur berücksichtigt, wenn der Grundtenor eines Reiseberichtes so eindeutig war, dass es sich nur um eine indirekte, „zwischen den Zeilen zu lesende" Äußerung mit diskriminierender Tendenz handeln konnte. In diesen Fällen wurde unterstellt, obwohl die diskriminierende Absicht ihrer Natur nach nicht eindeutig war, dass es sich bei der latenten diskriminierenden Formulierung um eine manifeste Diskriminierung handelte. Zudem galt der Grundsatz, Formulierungen nicht in die Analyse mit einzubeziehen, wenn sie eine strukturelle oder lexikalische Ambiguität aufwiesen.[7]

In den Reiseberichten wurde nicht die Anzahl der expliziten/impliziten Diskriminierungen insgesamt gezählt, sondern es wurde darauf geachtet, *ob* eine explizite/implizite Diskriminierung zumindest einmal in einem Reisebericht erschien. Das heißt, es blieb unberücksichtigt, wie häufig eine bestimmte Diskriminierung pro Reisebericht erschien; wie auch, ob ein Reisebericht alle oder nur einige der Diskriminierungs-Ordnungspunkte enthielt. Diese Vorgehensweise hat den Nachteil, die Intensität der Diskriminierungstendenz in einem Reisebericht nicht widerzuspiegeln. Es sei deshalb darauf hingewiesen, dass es sehr wohl Unterschiede in der Häufigkeit diskriminierender Äußerungen innerhalb eines Reiseberichtes gab, die von < 5 bis > 25 reichten; wie auch deren „Schärfe" und sprachliche Variationsbreite differierte. Doch mussten diese Gesichtspunkte unberücksichtigt bleiben, da zum einen die Reiseberichte eine unterschiedliche Länge aufwiesen, zum anderen die schon angesprochene Artikulationsfähigkeit der Reiseberichtverfasser variierte; und ferner objektive Kriterien, die den „Härtegrad" einer Diskriminierung festlegen, fehlen.

Ein Problem bestand in der Einstufung der Formulierungen. Im Gegensatz zur Abgrenzung zu einer Beleidigung, die nicht auf der sozialen, sondern auf der

---

[5] Schumann, Repräsentative Umfrage 52.
[6] Schumann, Repräsentative Umfrage 52.
[7] Beispiele für sprachliche Ambiguitäten:
Strukturelle Ambiguität: Er vertrieb den Mann mit dem Hund. „Dieser Satz kann entweder bedeuten, daß jemand einen Mann dadurch vertrieb, daß er einen Hund mit sich führte, oder daß jemand einen Mann vertrieb, der einen Hund bei sich hatte."
Lexikalische Ambiguität: Ich gehe zu einer Bank. „Hier kann sich *Bank* sowohl auf ein Geldinstitut als auch auf eine Sitzgelegenheit beziehen." Beispiele entnommen aus Anderson, Kognitive Psychologie 285.

personalen Identität der diskriminierten Person basiert[8], war die Unterscheidung, inwieweit es sich um eine „Verunglimpfung" mit dem Ziel zu diskriminieren, oder um „harmlose Ausrutscher, Fauxpas" handelte, mit denen der Diskriminierende im Grunde nicht vorsätzlich diskriminieren wollte, schwieriger. In beiden Fällen kann dieselbe Wortwahl, derselbe Begriff verwendet werden, aber im Fall der „Verunglimpfung" liegt der Fokus auf dem gewählten Begriff selbst (die Diskriminierung steckt im Wort selbst), insofern er verwendet wurde, um absichtlich zu verletzen; während im Fall des „Ausrutschers" der Blick auf den Autor gerichtet ist, der nur mit einer unbedachten Wortwahl, unabsichtlich, ohne diskriminierende Absichten, verletzt (die Diskriminierung ist von der individuellen Empfindung des Autors abhängig). Der Unterschied besteht nun darin, dass im ersten Fall Wortwahl und Intention übereinstimmen, während im zweiten Fall die Wortwahl von der Absicht abweicht. Dieser Bewertungsproblematik wurde, wie weiter unten ausgeführt, durch die Operationalisierung der Funktionsfacetten „Trennen, Fixieren, Devaluation" begegnet. Sie wurden unabhängig davon, inwieweit es sich um eine absichtlich oder unabsichtlich gemachte Formulierung handelte, angewandt; und damit fand die individuelle Intention des Autors, die ja aus den Reiseberichten gar nicht oder nur aus dem Kontext zu ersehen war, keine Berücksichtigung. Das bedeutet, auch der „Ausrutscher" wurde als solcher als Diskriminierung eingestuft, wenn er die Kriterien der drei Funktionsfacetten erfüllte. Ausschlaggebend war demzufolge die Formulierung per se, unabhängig davon, ob das Geschriebene diskriminierend gemeint war oder nicht, die Formulierung unachtsam oder bewusst, gedankenlos oder reflektiert gewählt wurde.

Der Grund, keinen Unterschied zwischen „Verunglimpfung" und „Ausrutscher" zu machen, lag – neben der Schwierigkeit der Separation – darin, dass gerade die unabsichtliche Verwendung diskriminierender Formulierungen, Rassismen, Stereotypen und Vorurteile, auf die Macht des kulturellen Gedächtnisses hinweist. Die vom kolonialen Gedankengut geprägte Wortwahl findet sozusagen automatisch und unreflektiert ihre Anwendung, ohne, dass sich die Autoren dessen bewusst bzw. sensibilisiert sind, ihr Gegenüber damit zu verletzen: „As opposed to the target person, the actor or discriminator is not necessarily aware of his/her discriminatory speech."[9] Überdies ist es in der konkreten Kommunikationssituation für den Gemeinten der diskriminierenden Formulierung unwesentlich, inwieweit der Autor Rassist ist oder nicht, ob die Formulierung ironisch,[10] spöttisch, witzig, mit „'Begleitgefühl' und 'Nebenvorstellungen', die abhängig von den 'persönlichen Erlebnissen des

---

8 Huerkamp et al, Facetten expliziter sprachlicher Diskriminierung, Bericht Nr. 55, S. 3.

9 Graumann, Discriminatory Discourse. Bericht Nr. 71, S. 7.

10 Nach Franc Wagner stehen ironische Äußerungen zwar impliziten Diskriminierungen „sehr nahe, können aber nicht als Diskriminierungen gezählt werden." In: Wagner, Implizite sprachliche Diskriminierung 151.

einzelnen' sind"[11], gemeint war oder nicht, wenn damit die Würde der betroffenen Person oder Personengruppe verletzt wurde.

> „The ambivalence is experienced by all those who know that they are no
> racists or sexists, but who nevertheless may be blamed for an involuntary
> use of discriminatory language."[12]

*Facetten-Modell sprachlicher Diskriminierung zur Identifizierung
expliziter/impliziter sprachlicher Diskriminierungen*

Zur Identifizierung (explizit/implizit) einer *sozialen Kategorie* (Afrikaner,
Schwarze) und deren *Bewertung* (faul, plappern, potent), wurden die Reiseberichte mittels dem „Kategoriensystem zur Wahrnehmung und Kodierung
sprachlicher Diskriminierung"[13] von Mark Galliker und Franc Wagner durch-
sucht und die Textpassagen, die diese Bedingungen erfüllten, codiert. Es handelt sich dabei um das „Facetten-Modell sprachlicher Diskriminierung"[14], bei
dem die Bestandteile des Modells als Facetten bezeichnet werden, wobei jede
Facette verschiedene Ausdrücke (Strukte) annehmen kann.[15] Den Kern dieses
Modells bilden die drei Funktionsfacetten (= Funktion einer sprachlichen Diskriminierung), nämlich „Trennen", „Fixieren" und „Devaluieren", wobei jede
dieser Facetten zwei Strukte (explizite oder implizite Diskriminierung) umfas-
sen kann:

Trennen:
a) Eine Person oder Gruppe wird aus der Eigengruppe ausgeschlossen, ohne
   eine Fremdgruppe näher zu bestimmen. Im Satz wird die Gruppe nicht
   direkt bezeichnet; oder
b) eine Person oder Gruppe wird einer Fremdgruppe zugeordnet bzw. mit den
   Attributen dieser Fremdgruppe belegt. Im Satz muss die Fremdgruppe

---

[11] Horstkotte, Wortbedeutung 16.

[12] Graumann, Discriminatory Discourse 7.

[13] Galliker/Wagner, Ein Kategoriensystem 33-43. Es basiert auf dem Begriffssystem des „functional approach of discriminatory speech acts" von Graumann und Wintermantel das sieben Funktionen sprachlicher Diskriminierung anführt: 1. Separating („we/they"): Eine
Linie ziehen zwischen „wir" und „sie"; 2. Distancing („we/them"): Als „Verstärker" der
Trennung; 3. Accentuating („black"): Unterschiede werden betont, gleiches ignoriert;
4. Debasing/degrading (Nigger): Herabwürdigen oder entwerten der Sie-Gruppe; 5. Fixa-
tion („lazy"): Der Sie-Gruppe werden bestimmte Merkmale zugeschrieben die unveränder-
bar seien; 6. Assigning traits: Kategoriale, negative Zuschreibungen („faul"); 7. Typing:
„Typisch" für die Sie-Gruppe, z.B. Unpünktlichkeit. In: Graumann/Wintermantel, Discriminatory speech acts 194. Siehe auch Galliker/Wagner, Ein Kategoriensystem 36f.

[14] Siehe auch Wagner, Implizite sprachliche Diskriminierung und Huerkamp et al, Facetten
expliziter sprachlicher Diskriminierung, Bericht Nr. 55.

[15] Wagner, Implizite sprachliche Diskriminierung 16.

131

dabei nicht ausdrücklich benannt, aber in irgendeiner Form näher bestimmt werden.[16]

Fixieren:
a) Eine Person oder Gruppe wird rein kategorial behandelt (Afrikaner, Schwarze); oder
b) einer Person oder Gruppe werden bestimmte Eigenschaften oder Verhaltensweisen einer sozialen Kategorie zugeschrieben (Schwarze haben kein Zeitgefühl)

Devaluieren:
a) Es werden neutrale Ausdrücke zur Bezeichnung von Kategorien und zugeschriebenen Attributen verwendet; oder
b) pejorative Ausdrücke werden eingesetzt.[17]

In Anlehnung an Franc Wagner wurde als *explizite* sprachliche Diskriminierung verstanden, wenn Kategorienbezeichnungen und/oder Bewertungen lexikalisiert waren. Dagegen sind bei *impliziten* sprachlichen Diskriminierungen weder die Kategorienbezeichnung noch die damit verbundene Bewertung lexikalisiert. Letztere ist nicht unmittelbar an der Sprachoberfläche, ohne Rekurs auf einen Kontext, erkennbar, „und es ist daher unmöglich, sie mit einer einfachen Schlüsselwortsuche aufzufinden, wie dies bei expliziten Diskriminierungen möglich ist."[18]

Identifizierung sozialer Kategorien

Eine *soziale Kategorie* zur Trennung der zu diskriminierenden Person oder Gruppe von der Eigengruppe, konnte von den Reiseberichtverfassern auf verschiedene Weise gebildet werden (Beispiele[19]):
a) *direkt (Afrikaner können keine tiefgreifenden Gespräche führen)* (Rb 45);
b) *indirekt (wir genossen einen richtig deutschen Abend)* (Rb 29);
c) *definite Kennzeichnung (wo die hausen)* (Rb 7), das heißt, weder die soziale Kategorie noch die Herkunft ist lexikalisiert;
d) *direkte Anrede* (sie, ihr)*, (sie können keine komplizierten Maschinen bedienen)* (Rb 7);
e) *selbstreferentielle Bezugnahme (ich hatte mal wieder nicht die richtige Hautfarbe)* (Rb 18);

---

16 Huerkamp et al, Facetten expliziter sprachlicher Diskriminierung, Bericht Nr. 55, S. 5.
17 Wagner, Implizite sprachliche Diskriminierung 16.
18 Wagner, Implizite sprachliche Diskriminierung 10.
19 Sämtliche folgenden Einzelbeispiele stehen pars pro toto. Alle Textindikatoren entsprechen der von Franc Wagner getroffenen Aufstellung zur expliziten sprachlichen Bewertung. In: Wagner, Implizite sprachliche Diskriminierung 19f.

f) *anaphorische Bezugnahme*[20] *(quatschen tun sie alle gern)* (Rb 7);

g) *entpersonalisierte Bezugnahme (in Afrika gibt es immer Probleme)* (Rb 13);

h) *Verwendung von Distanzdemonstrativa (dort gibt es sehr viele Halbgebildete)* (Rb 29).

Identifizierung von Bewertungen

Lexikalisierte und nicht-lexikalisierte *Bewertungen*, zur Fixierung und Devaluierung der *sozialen Kategorie*, auf die sie sich auch beziehen mussten, wurden in den Reiseberichten wie folgt realisiert (Beispiele):

a) *negative Kategorienbezeichnung*, in der die negative Konnotation bereits in der Kategorienbezeichnung enthalten ist *(„Afrikaner, Schwarze, Farbige")* (passim);

b) *negative Handlungsbeschreibungen (auf Papier wird natürlich gar nichts festgehalten)* (Rb 2);

c) *negative Zuschreibungen von Eigenschaften (Kasesen liegen untätig herum)* (Rb 17);

d) *Verstärkung durch Reihung (Schwarze sind faul, langsam, begreifen schlecht und können nicht organisieren)* (Rb 7, 13, 19, 21, 25, 26, 30, 32, 35, 36, 45);

e) *Subsumption:* die diskriminierte Person/Gruppe wird einem negativ konnotierten Begriff untergeordnet *(er gehörte zu den Halbgebildeten, von denen es in Afrika so viele gibt)* (Rb 29);

f) *Generalisierung (Aber wer erwartet schon in Afrika Pünktlichkeit?)* (Rb 41);

g) *expliziter Vergleich (die Kontrollen am Flughafen sind weniger gründlich als bei uns)* (Rb 41);

h) *positive Darstellung*, quasi als Überraschung, weil die Gruppe grundsätzlich negativ beurteilt wird *(für afrikanische Verhältnisse waren wir schnell erlöst)* (Rb 2).

Weitere Identifizierungsmöglichkeiten sprachlicher Diskriminierung

Da bei der inhaltsanalytischen Kategorie „soziale Diskriminierung" bei manchen Textstellen nicht festzustellen war, ob auf sie die Facetten „Trennen, Fixieren, Devaluieren" zutrafen, wurden noch weitere Indikatoren zur Identifikation von sprachlichen Diskriminierungen herangezogen. Dazu zählten die von Susan Arndt in ihrem Buch „Afrika und die deutsche Sprache" aufgeführten Indikatoren des Erkennens rassistischer Sprache:

> „Auf der Grundlage welcher Faktoren, Charakteristika und Elemente wird was warum benannt und markiert? Welche Abgrenzungen werden durch eine Benennung geschaffen, welche Differenzen benannt oder auf-

---

[20] Die anaphorische Bezugnahme mittels definiter Personalpronomina erweckt den Anschein, dass dem Leser, durch den vorausgehenden Text bekannt ist, von welcher Person oder Personengruppe die Rede ist. In: Wagner, Implizite sprachliche Diskriminierung 19.

gestellt? Welche Seiten dieser Differenzen werden benannt, welche nicht? Welche Seite einer Dichotomie fungiert als Oberbegriff? Welche Wertungen werden mit diesen Benennungen vorgenommen und in welchen Kontexten, Situationen und Medien kommen sie vor?"[21]

Nach diesen Kriterien wurden Textstellen codiert, wenn sie *rassistisch-stereotypisierende Inhalte* enthielten, „Afrikaner" und deren Kulturräume als *homogenes Ganzes* beschrieben, die verwendeten Begriffe einen direkten Bezug zur *deutschen kolonialen Vergangenheit* hatten oder eine *asymmetrische Begriffsverwendung* evident war.

Darüber hinaus wurden die Texte dann markiert, wenn sie *Emphasen (Schwarze sind impulsiver und leidenschaftlicher im Zorn)* (Rb 45), *Mutmaßungen (schlechte Arbeitsmoral liegt an der afrikanischen Denkweise)* (Rb 10), *Selektionen (Weiße begreifen schneller als Schwarze)* (Rb 32) oder *Verdrängungen* enthielten *(die Deutschen haben ihnen während der Kolonialzeit gezeigt wie man das macht)* (Rb 7).

Zwar befasst sich die Inhaltsanalyse grundsätzlich mit schriftlich fixierten Sätzen oder Wörtern, doch müssen auch Satzzeichen beachtet werden, da sie ebenfalls diskriminierendes Potential in sich tragen können. Neben der materialen Ebene als reines Objekt und Indikator kommt ihnen eine semantische Bedeutung zu. Aus diesem Grund wurde in den Reiseberichten zusätzlich auf die Verwendung von *Ausrufezeichen, Fragezeichen* sowie *An-/Abführungszeichen,* geachtet, die das semantische Umfeld der Lexeme verfremdeten, verstärkten oder umkehrten.

Ausrufezeichen wiesen meist auf eine Besonderheit einer Situation hin, der durch die Verwendung dieses Satzzeichens eine andere Bedeutung verliehen wurde: *(Das ist Afrika!* [Rb 25], *Heute klappte komischerweise einfach alles!* [Rb 13], *Das überzeugt uns natürlich!* [Rb 21]). Verstärkt wurde dieser Effekt in einigen Reiseberichten durch die zwei- oder dreifache Wiederholung des Ausrufezeichens: *(Wir bekamen sogar eine Bordkarte!!* [Rb 23], *...wenn etwas klappt!!!* [Rb 2], *die Abfertigung erfolgt europäisch korrekt!!!* [Rb 12]).

Ebenso waren die verwendeten *Fragezeichen* Bedeutungsträger, indem sie die „Funktion einer Verstärkung des Wahrheitsanspruchs der Behauptung"[22] einnahmen: *(aber wer erwartet schon in Afrika Pünktlichkeit?* [Rb 41], *Ob das je wieder jemand liest?!?* [Rb 20]).

An-/Abführungszeichen hingegen weisen „auf eine konnotative Interpretation der Lexeme hin"[23]: *(der Raum ist äußerst „geschmackvoll" eingerichtet* [Rb 10], *lästige „Hilfsbereitschaft", ein 6 Mann starkes „Gremium"* [Rb 21]).

Auch wurde auf die Verwendung von *Modalverben* (dürfen, mögen, müssen, sollen, wollen) in den Formulierungen geachtet, da diese die eigentliche Aussage eines Satzes, im Sinne eines gewollten diskriminierenden Effekts, ver-

---

21 Arndt/Hornscheidt, Afrika und die deutsche Sprache 30.
22 Plüss Siegrist, Diskriminierende Sprachformen 37.
23 Plüss Siegrist, Diskriminierende Sprachformen 35.

ändern können. Ähnliches gilt für *Abtönungspartikel* wie ja, tja, denn, doch, vielleicht, überhaupt, aber, auch, eigentlich, nur etc. Auch mit ihnen konnte der Reisende seiner Formulierung eine bestimmte Ablehnung, Verstärkung oder Einschränkung der eigentlichen Proposition beimengen.

> „Während mit Modalwörtern vornehmlich auf Einstellungen hingewiesen wird, erfolgen mit Partikeln (und insbesondere mit Abtönungspartikeln) eher Hinweise auf Regulierungen von Einstellungen. Der Produzent gibt zu erkennen, ‚auf welche Weise er am Inhalt seiner Äußerung Anteil nimmt, wie er ihn einordnet, bewertet und einschätzt in bezug auf den Wahrheitsgehalt und die Umstände der Situation‘.“[24]

Abtönungspartikel als metasprachliches Mittel haben häufig wertenden Charakter, der meist nur aus dem Kontext zu ersehen ist. Würde man sie in einem Satz weglassen, wäre das meist nicht ohne Folgen für die Bedeutung der Aussage. Das heißt aber umgekehrt: weil eine Formulierung ein Abtönungspartikel enthielt, hat es die tatsächliche Einstellung des Reisenden sichtbar gemacht.

Anmerkung:
Bei der Facette „Trennen“ wurde zusätzlich auf die Wirkung von *Personalpronomina* und *Prädikatsarten* geachtet, weil dadurch die Distanz zwischen Diskriminierenden und dem Diskriminierten variieren kann. Zu den distanzschaffenden Subjektbenennungen gehörten du, ihr, er, die und das, wobei diese sowohl Nähe als auch Distanz ausdrücken konnten. Allerdings finden sich darüber in der sprachpsychologischen Literatur unterschiedliche Auffassungen.[25] Franc Wagner hat festgestellt, dass „Personalpronomina, die isoliert betrachtet eher Nähe signalisieren, [...] im Kontext einer Diskriminierung sehr stark distanzierend“[26] wirken. Trennende Funktion wiesen auch Prädikatsarten als *Verb (Afrikaner trommeln, palvern, quasseln* [Rb 2]), *Adjektiv (Schwarze sind unberechenbar, unflexibel* [Rb 12, 26]), oder als *Prädikatsnomen (Langsamkeit der Afrikaner* [Rb 26]) auf.[27]

Diese wenigen Beispiele für Indikatoren sprachlicher Diskriminierung sollten zeigen, dass eine soziale Diskriminierung auch nur aus dem Kontext ersichtlich sein konnte. Es handelt sich dann um eine implizite sprachliche Diskriminierung, bei der der Leser durch die implizite Äußerung im Text auf einen Kontext, der Hintergrundwissen inkludiert, hingewiesen wird. Auf dieses

---

[24] Galliker/Wagner, Ein Kategoriensystem 38f.
[25] Wagner, Implizite sprachliche Diskriminierung 21.
[26] Wagner, Implizite sprachliche Diskriminierung 23.
[27] Graumann und Wintermantel stellten beim Vergleich der drei Prädikationsarten die „These auf, dass die Prädikation mittels Substantiven stärkere Labels erzeugt, als diejenige mittels Adjektiven oder Verben.“ In: Wagner, Implizite sprachliche Diskriminierung 22.

Hintergrundwissen rekurrierten die Verfasser, indem der Kontext auf einen dem Rezipienten vermutlich bekannte Bewertung verwies.

Anhaltspunkte für eine Verbindung von Kontexthinweis und Hintergrundwissen konnten die grammatischen „Neben"-Kategorien, wie die oben genannten Partikeln und Modalwörter sein, die dem Leser als Indikatoren dafür dienen sollten, „daß es zum Textverständnis zusätzlicher Informationen aus dem Kontext bedarf."[28]

Zu erwähnen ist noch, dass eine Bewertung nicht immer in pejorativer Form erfolgen musste, sie konnte auch positiv formuliert worden sein und dennoch eine diskriminierende Intention beinhalten. Das war der Fall, „wenn eine Eigenschaft oder Verhaltensweise übertrieben positiv herausgestrichen"[29] wurde, wie beispielsweise „Pünktlichkeit" (Rb 2, 17, 20, 24, 25, 35, 36, 42) oder „Organisationstalent" (Rb 2, 7, 13, 17, 19, 20, 23, 24, 26, 35, 36, 39, 41, 42). Die Interpretation, inwieweit es sich dann um eine aufrichtig gutgemeinte Formulierung oder um eine positive Äußerung mit Diskriminierungsabsicht handelte, hing vom jeweiligen Kontext ab.[30]

In einem ersten Schritt wurden die einzelnen Formulierungen nochmals hinsichtlich ihrer Aussageabsicht geprüft, inwieweit sie tatsächlich in Bezug auf Rassismen, Stereotypen, Vorurteile und Diskriminierungen relevant waren. Zweitens konnte erst durch wiederholtes Lesen der Textstellen innerhalb der Ordnungspunkte selbst sowie im Vergleich mit „Bildern" aus der deutschen Kolonialzeit – bei wachsendem Vorverständnis – eine Interpretation getroffen werden. Dabei musste drittens, abermals jede einzelne Formulierung hinsichtlich der Intention des Verfassers hinterfragt werden. Aus der Summe der Interpretationen der einzelnen Textpassagen ließen sich dann gesellschaftstypische Einstellungen herausarbeiten (z.B. die generelle Einstellung gegenüber „Afrikanern", zu deren Naturell, Hautfarbe, Intelligenz), die dann wiederum mit denen zur deutschen Kolonialzeit vorherrschenden verglichen werden konnten. Im Anschluss an diese Vergleiche ließen sich Gleichheiten, Ähnlichkeiten oder Ungleichheiten zwischen einst und jetzt ermitteln.

---

[28] Galliker/Wagner, Ein Kategoriensystem 38.

[29] Wagner, Implizite sprachliche Diskriminierung 13.

[30] Franc Wagner gibt hierfür ein Beispiel aus dem Schulbetrieb: Eine Äußerung „Er macht immer fleißig seine Hausaufgaben" enthält bei oberflächlicher Betrachtung nur positive Assoziationen (fleißig, stets, ausdauernd). Trifft jedoch ein Mitschüler diese Aussage, dann ist meist „Streber, Musterschüler" gemeint, was diesen Schüler von den „normalen Schülern" separiert (Funktionsfacette Trennen). Aus Sicht der Mitschüler wird der fleißige Schüler auf dessen Verhaltensweise festgelegt (Fixieren), und weil anders als die Mehrheit der Klasse, negativ bewertet (Devaluation). „Das Beispiel zeigt auch, in welchem Maße kontextabhängig die Interpretation einer potentiellen sprachlichen Diskriminierung ist. Dieselbe Äußerung aus dem Munde eines Lehrers wäre wohl als Lob zu verstehen." In: Wagner, Implizite sprachliche Diskriminierung 14f.

Durch die Fokussierung auf die Ordnungspunkte Sexualität, Naturell, Tierwelt, Hautfarbe, Intelligenz und Zeit, wurden einfachere Vergleichsmöglichkeiten der zu betrachtenden Diskriminierungsvarianten geschaffen. Da die gesellschaftliche und politische Situation zur Zeit des deutschen Kolonialismus und des heutigen Antikolonialismus gänzlich verschieden ist, konnten die den Ordnungspunkten zugeordneten sprachlichen Diskriminierungen der Gegenwart, mit den damaligen Einstellungen zu „Afrikanern" generell und deren Sexualiät, Naturell, Hautfarbe, Intelligenz etc. im einzelnen, verglichen sowie die Ursachen für die immer noch existenten Diskriminierungen, trotz völlig unterschiedlicher Rahmenbedingungen, herausgestellt werden. Die begrenzte Anzahl der Reiseberichte sowie der wenigen Ordnungspunkte und die daraus sich ergebende Limitierung der Vergleichsmöglichkeiten, ist zum einen dem Umstand der übersichtlicheren Vergleichbarkeit und zum anderen ökonomischen Erwägungen geschuldet; wohl wissend, dass damit die gewonnenen Ergebnisse hinsichtlich ihrer Repräsentativität auch kritikabel werden. Das gilt auch für die vergleichende Methode selbst, die generell Fragen aufwirft, wie man Immaterielles (Einstellungen, Gedanken, Äußerungen) überhaupt miteinander vergleichen kann; oder wie weit ein Vergleich gehen darf/muss?; oder welche Zeitspanne zwischen dem zu Vergleichendem liegen darf? Wie Stichproben, nach Fertigstellung dieser Arbeit jedoch zeigten, hätte die Ausweitung auf eine größere Zahl von Reiseberichten bzw. Ordnungspunkten zu keinem anderen Ergebnis geführt. Gerade die Reduzierung auf weniger Ordnungspunkte ermöglichte, scheinbar multikausale Ursachen auf einfache Mechanismen der Diskriminierung (Rassismen, Vorurteile, Stereotypen, historisches Gedächtnis) zurückzuführen.

Durch einen räumlichen Vergleich (Europa/Afrika) ergaben sich Aussagen über den noch heute existierenden Reiz von Ferne und „exotischen" Menschen, der in Kontrast steht zu den vertrauten europäischen Ritualen, Gepflogenheiten und Erscheinungsbildern; sowie über das unterschiedliche Verhalten der Reisenden in bestimmten Situationen (Zoll, Gepäckabfertigung etc.) wenn diese sich auf afrikanischen Territorien und nicht in Europa zutrugen. Eine zeitliche Gegenüberstellung ermöglichte einen Vergleich des Umgangs mit „Afrikanern" und deren hierarchische Einstufung zur Zeit des deutschen Kolonialismus und später mit der Jetztzeit. Und unter dem sozialen Aspekt bestanden Gegenüberstellungsmöglichkeiten zwischen „schwarzer" Fremd- und „weißer" Selbstwahrnehmung, wie sich auch Aussagen machen ließen über geschaffene Out-Group- und In-Group-Konstruktionen, die temporär aus der jeweiligen interkulturellen Interaktion erwuchsen.

2. Auswertung der Reiseberichte

Prima vista entstand in den insgesamt 45 Reiseberichten zunächst der Eindruck einer generell positiven Einstellung gegenüber den bereisten afrikanischen Ländern. Sofern die jeweiligen Reiseberichte Einleitungstexte enthielten[31] wurde dieser Eindruck bestätigt durch Formulierungen, wie dem Wunsch *„Kontakt mit der Bevölkerung zu haben"* (Rb 10), die *„Schönheiten des Schwarzen Kontinents"* (Rb 11) zu sehen, *„der nahe Kontakt zu den Einheimischen viel mehr Freude bereitet"* (Rb 14), dem *„wunderbaren Mensch-zu-Mensch-Gefühl"* (Rb 15) oder dem Interesse an Menschen und ihrer Kultur, mit der Absicht *„Voreingenommenheit gegenüber Menschen aus anderen Kulturkreisen entgegenzuwirken und das Verständnis für sie fördern"* (Rb 26). Hier bestätigt sich, was Christiane Schurian-Bremecker mittels verschiedener Forschungsmethoden für Kenia herausfand, nämlich, dass „Alleinreisende in der Regel dem Land und seiner Bevölkerung aufgeschlossener gegenüberstehen und weniger Vorurteile entgegenbringen"[32] als Gruppenreisende. Tendenziell ließ sich also Offenheit, Freude, Sehnsucht nach und für die afrikanischen Menschen und ihren Kulturen feststellen, wenngleich bei manchen Reiseberichten Natur- und Tierbeschreibungen überwogen oder vermerkt wurde, das *Autofahren sei die beste Therapie, um in das afrikanische Leben einzutauchen* (Rb 21), oder gar ein *„gut gefüllter Kühlschrank die Grundlage für Wohlbefinden"* sei (Rb 29).

Im deutlichen Gegensatz dazu – und deshalb auch erstaunlich – standen die vielen diskriminierenden oder zumindest die Würde der Menschen verletzenden Formulierungen in diesen Reiseberichten, gleich ob sie tendenziell aggressiver oder moderater verfasst waren. Die Diskrepanz zwischen der Absicht nicht voreingenommen zu sein und den dann doch realisierten Diskriminierungen, die auf bekannte Stereotypen und Vorurteile rekurrierten, könnte dadurch erklärt sein, als zwar versucht wurde, sich „von der allgemeinen Meinung abzusetzen, die eigene Meinung habe sich dabei aber nicht vom Stereotyp freigemacht, sondern stelle nur einen Zug dieses Stereotyps in Frage"[33], sei also „ein Stereotyp mit verkehrten Vorzeichen."[34] Zudem ist es nach Michel Foucault nahezu unmöglich, Distanz zu einer in die Gesellschaft inkorporierten Dominanzkultur aufzubauen, da ein allgegenwärtiger Krieg zwischen den „Rassen", die gesamte Gesellschaft durchzieht und die Möglich-

---

[31] 23 von 45 Reiseberichten enthielten Hinweise über die Einstellung zur bevorstehenden Reise.

[32] Schurian-Bremecker, Kenia in der Sicht deutscher Touristen 381.

[33] Zanella, Kolonialismus in Bildern 81.

[34] Zanella, Kolonialismus in Bildern 81.

keit der Neutralität ausschließt.[35] Das bedeutet, selbst der gutmeinendste Reisende konnte nicht neutral berichten, da es eben kein neutrales Subjekt gibt; „man ist unvermeidlicherweise der Gegner von jemandem."[36] Die folgenden pars pro toto stehenden Beispiele sollen den geschilderten Widerspruch verdeutlichen:

Rb 10:	„*Er blättert in den Pässen rum, versteht wahrscheinlich gar nichts*"
„*Uns ist wichtig, das jeweilige Land erleben zu können und Kontakt mit der Bevölkerung zu haben*"	„*völlig andere Denkweise die die Afrikaner haben*"
Rb 21:	„*...Form der Wegelagerei. Darauf holt der Alte ein handgeschriebenes und offiziell gestempeltes Dokument der Gemeinde Chinguetti, das ihn ermächtigt, ‚über den Ort zu wachen'. Das überzeugt uns natürlich!*"
„*Wir sind zwei leidenschaftliche Afrikafahrer*"	„*Die Fähre ist ausser Betrieb. „Vielleicht kommt der Mechaniker morgen. Oder übermorgen..."* Tja, vielleicht. Das ist Afrika.*"
Rb 26:	
Wir wollen Voreingenommenheit gegenüber Menschen aus anderen Kulturkreisen entgegenwirken und das Verständnis für sie fördern.	„*typisch tansanisch*" „*am Rande der Welt*"
Rb 27:	„*...prompt von Taschendieben in die Hosentaschen gegriffen*"
„*Reisen ist unsere Leidenschaft*"	„*trifft uns die Unberechenbarkeit Afrikas schon wieder*"

Trotz der erwähnten Bereitschaft auf fremde Kulturen einzugehen, fanden sich lediglich in fünf Reiseberichten keinerlei diskriminierende Formulierungen. 40 von 45 Reiseberichten enthielten explizite und/oder vor allem implizite diskriminierende Äußerungen (88,9 %). Hier bestätigt sich die Feststellung von Carl Graumann[37], dass explizite Diskriminierungen, gegenüber den kon-

---

35 Magiros, Foucaults Beitrag zu Rassismustheorie 22.
36 Magiros, Foucaults Beitrag zu Rassismustheorie 22.
37 Graumann, Sprachliche Diskriminierung 12. Zit. in: Galliker/Wagner, Kategoriensystem 40.

textbezogenen, impliziten Diskriminierungen, mittlerweile in der Minderzahl seien. Auch wiesen einige Reiseberichte einen aggressiven Duktus in der Beschreibung von Personen und Situationen auf; andere dagegen waren für gleiche oder ähnliche Sachverhalte (Zollabfertigung, Umgang mit bettelnden Kindern, Warten auf Busabfahrten) moderater gehalten, wohl um die positive Einstellung im Umgang mit dem bereisten Land zu unterstreichen. Bei ersteren wurde teilweise nur Negatives berichtet; bei letzteren wurde versucht, ausgewogener zu formulieren und bestimmten misslichen Situationen Positives abzugewinnen oder zumindest Neutralität zu betonen (z.B. durch Verweis auf Parallelen in Deutschland). Hinsichtlich des Schreibstils war festzustellen, dass die Reiseberichte überwiegend in einem elaborierten Code verfasst waren, wobei partiell auch einem restringierten Code geschuldete Formulierungen mit eingebracht wurden.

Der wesentlich größere Teil der Diskriminierungen war impliziter Art, für die ein Kontextwissen notwendig ist. Das zeigte sich bei an sich lexikalisch „neutralen" Verben, wie trommeln, tanzen oder pfeifen, aus denen, ohne Bezug auf einen bestimmten Kontext, der semantische Wert sich nicht erschließt. Doch war es nicht der Kontext allein, der die einzelnen Bedeutungen schaffte, sondern auch die Auswahl der für berichtenswert gehaltenen Kontexte selbst und die Einbettung diskriminierender Formulierungen in diese. Inwieweit sich die Kontexte, die die Reisenden für berichtenswert hielten, aus den verschiedenen Arten ihres Wissens – begriffliches, visuelles, soziales, faktisches, autobiographisches, bewusstes, stilles, gelerntes Wissen[38] – ergaben, bzw. welches Wissen für welche diskriminierende Äußerung in Beziehung stand, kann und muss nicht geklärt werden. Entscheidend war die Aufdeckung der intentionalen Gemeinsamkeiten der Diskriminierungen, wie sie sich als konservierten und tradierten Teil des gesellschaftlichen Wissens herausschälten[39] bzw. als postkoloniale Nachwirkungen widerspiegelten.

Erstaunlich war, dass in Bezug auf die Häufigkeit und das vulgäre Niveau der Diskriminierungen kein signifikanter Unterschied zwischen Akademikern und Nicht-Akademikern bestand.[40] Das kann zum einen darauf zurückgeführt werden, dass die Fähigkeit, Gedanken mit Wertvorstellungen zu verknüpfen und diese in hierarchische Kategorien zu ordnen, auf eine lange Tradition zurückblickt, denn Klassifizieren war von der Antike über das Mittelalter bis in die Neuzeit ein Hauptanliegen der Philosophie. Zum anderen ist gerade bei Personen mit längerer schulischer Ausbildung die Kategorienbildung und deren Bewertung ausgeprägter, da der Schulbetrieb dies geradezu verlangt:

---

[38] Horstkotte, Wortbedeutung 130.

[39] „Sprache entwickelt sich mit der Geschichte der Gattung und mit der Geschichte der Individuen. In der Sprache ist ein großer Teil des gesellschaftlichen Wissens konserviert und wird über sie weitergegeben." In: Horstkotte, Wortbedeutung 134.

[40] Sofern im Reisebericht angegeben. Von den insgesamt 45 Reiseberichten waren 11 von Akademikern, 7 von Nicht-Akademikern verfasst und 27 enthielten keine Angabe.

„logische Klassifikation [ist] ein erlerntes (und zwar hauptsächlich auf unseren Schulen erlerntes) Verhalten [...], welches in bestimmten, den Lernsituationen entsprechenden (Prüfungs-)Situationen mit hoher Wahrscheinlichkeit auftritt."[41]

Desweiteren zeigt eine Studie in den 1990er Jahren[42], dass selbst in gebildeteren Kreisen meist nur ein aus Stereotypen gespeistes Wissen dominiert bzw. eine generelle Uninformiertheit über Afrika existiert. Die Umfrage legte offen, dass gut ausgebildete Erwachsene, bei denen „keine großen Zweifel mehr an den eigenen Bildern und dem eigenen ,Wissen' zu Afrika" bestanden, sich „bei Abfrage einfacher Fakten ein nur geringes Wissen zu Afrika" herausstellte.[43] Warum sich im Diskriminierungspotential in den Reiseberichten kein wesentlicher Unterschied zwischen Akademikern und Nicht-Akademikern zeigte, mag auch damit zusammenhängen, dass die kolonialpolitischen Aktivitäten der Völkerschauen für „gebildete" Kreise konzipiert und von diesen mit wenig Kritik rezipiert wurden.[44] Hier bestätigt sich Erich Voegelins Feststellung, dass diejenigen, die weder eigenständig denken noch Vernunft in der Artikulation von Zuschreibungen und Konstruktionen des „Anderen", unabhängig vom common sense, walten lassen, nicht nur in der sozialen Unterschicht existieren, „sondern in allen Schichten einer Gesellschaft und in den Honoratiorenrängen [...], Pastoren, Prälaten, Generälen, Industriellen usw., die da oben sitzen in einer Gesellschaft."[45]

Die Erfassung expliziter, diskriminierender Äußerungen war einfach, da sie ohne Kontextwissen problemlos zu erkennen waren. Zu diesen gehörten Formulierungen, die von abwertender Wortwahl (*„Leopardenhosen-Chef"* [Rb 7], *„Sammler und Jäger"* [Rb 18]); Verunglimpfung (*„Oberfuzzy ... wir sagten dem 190 kg Lebendgewicht"* [Rb 29]); bis zu direkter Beleidigung (*„korrupte Schw..."* [Rb 2]; *„schmierbäuchiger Senegalese", „Blutsauger", „Fettsack"* [Rb 12] *„die Dicke"* [Rb 29]) reichten.

Ein andere Situation ergab sich bei der Analyse impliziter Diskriminierungen. Hier zeigte sich eine komplexere, umfassendere Diskriminierungsbereit-

---

41 Strube, Wortbedeutung 154.
42 Es wurden Mitte der 90er Jahre 28 Studierende der Universität Wien um Interpretation der ihnen vorgelegten Werbephotos mit Afrikanerinnen und Afrikanern gebeten. In: Poenicke, Afrika 56, Fußnote 11.
43 Poenicke, Afrika 11.
44 Lewerenz, Die Deutsche Afrika-Schau 71, Fußnote 199.
45 Voegelin, Hitler und die Deutschen 96. Voegelin schreibt weiter, dass „[...] unter den modernen Bedingungen der Störungen von Persönlichkeit und gesellschaftlicher Ordnung [...] gerade nicht die Unterklassen der wesentliche Störfaktor [sind], sondern die Honoratioren. [...] Wir können diese allgemeine Verkümmerung des Menschen, die sich durch alle Gesellschaftsränge und Funktionen hindurchzieht, besser mit dem relativ neutralen Ausdruck ,Gesindel' bezeichnen. [...] Gesindel in dem Sinne, dass sie weder Autorität des Geistes oder der Vernunft haben, noch auf Vernunft oder Geist, wenn er beratend oder mahnend auftritt, reagieren können. Voegelin, Hitler und die Deutschen 88, 96.

schaft, die sich im Kern auf eine, von den Reisenden unterstellte, genetische Prädisposition der „Afrikaner" bezog, auch wenn nur auf einige Erscheinungs-formen des „afrikanischen Gens" rekurriert wurde (Sexualität, Naturell, Haut-farbe, Intelligenz). Genbezogene Diskriminierung muss aber als Ganzes gesehen werden, da die einzelnen Diskriminierungsarten nicht als disjunkte Formulierun-gen gesehen werden dürfen, sondern kohärent zueinanderstehen. Das heißt, das Diskriminierungspotential war realiter größer als die einzelne implizite Diskrimi-nierung den Eindruck erweckte, weil beispielsweise mit einer Diskriminierung in Bezug auf das Naturell bzw. die Sexualität immer auch die „Hautfarbe", oder bei Organisationspannen die „Intelligenz" der Schwarzen mitgedacht wird.

Die Häufigkeit und die Verteilung, der den Gruppen zuzuordnenden Dis-kriminierungen war unterschiedlich, sowohl innerhalb eines Reiseberichtes als auch insgesamt. So wurde in einem Reisebericht stärker die „afrikanische Sexuali-tät" thematisiert, in einem anderen, die „Hautfarbe", die „technische Rückstän-digkeit" oder die „geringere Intelligenz".

Bei den beschriebenen Situationen, aus denen sich die weiter oben genannten Diskriminierungs-Ordnungspunkte herauskristallisierten, konnte festgestellt werden, dass sich die diskriminierenden Äußerungen stets auf Begrifflichkeiten zurückführen lassen, denen eine antagonistische Struktur zugrunde liegt (Weiß/Schwarz, Selbst-/Fremdwahrnehmung, Norm/Abnorm, Freund/Feind etc.).

Auch die von den Reisenden angesprochenen Themen wie Sexualität, Mentalität, Intelligenz, Hautfarbe oder „Zeit" wurden in der Summe primär unter den Begriff „Rasse" subsumiert und ebenso kontrastierend verwendet. Es war somit die Differenz der entscheidende Faktor und die Grundlage für das, was die Autoren für berichtenswert hielten. Es deckt sich zum einen mit dem, wie in den Medien und der Umgangssprache Diskursfragmente undiffe-renziert auf Schwarz-Weiß-Argumentationen reduziert, strukturiert werden; und es handelt sich zum anderen um die Themen, um die sich, auch medial, ein Netz von alltäglichen Diskursen rankt, und die stets aufs Neue auf indivi-dueller und überindividueller Ebene, mit unterschiedlicher Intensität und in unterschiedlichen medialen Darreichungsformen im Umlauf waren und noch sind. So fand die Biologie in der Rassenlehre der NS-Zeit einen historischen Höhepunkt und setzt sich in der modernen Genforschung – wenn auch mit anderer Vorgehensweise und verändertem Erkenntnisinteresse – fort. Ebenso stellt der Begriff „Zeit" einen wichtigen ökonomischen Faktor in der „moder-nen" westlichen Welt dar, weil sie rationell genutzt und ständig eingespart werden kann und muss. Die Konzentration der Reisenden auf diese Themen zeigt diesen starken Einfluss der den Diskurs produzierenden medialen Welt, also von denen die die Macht haben, ihn sozusagen „wahr" zu machen. Wird die Wahrheit auf diese Weise durchgesetzt, kann laut Stuart Hall von einem „Wahrheitsregime"[46] gesprochen werden, denn nach Michel Foucault (1926-

---

[46] Hall, Rassismus 154.

1984) hat „[j]ede Gesellschaft [...] ihr Wahrheitsregime, ihre ‚allgemeine Politik' der Wahrheit; dies sind die Diskurstypen, die sie akzeptiert und die sie als wahr fungieren läßt [...]."[47] Dass die Reisenden in ihren Diskriminierungen auf diese bekannten Diskurstypen rekurrieren ist somit kein Zufall, sondern Ergebnis einer permanenten Beeinflussung.

---

[47] Foucault. Zit. in: Hall, Rassismus 155.

3. Diskriminierungen mit biologischem Hintergrund und in Bezug auf die „Zeit"

Nach Max Horkheimer ist es schwierig unvoreingenommen und objektiv Situationen oder Dinge zu beschreiben. Das zeigt sich auch in den zahlreichen Beispielen diskriminierender Äußerungen mit biologischem Hintergrund in den analysierten Reiseberichten. Doch ist dies nicht verwunderlich, denn eine vorurteilslose Objektivität wäre auch nur dem

> „neidlosen, ausgeglichenen Menschen möglich, der über Erfahrungsbreite verfügt. Für ihn gibt es kein Motiv, andere zu schädigen oder ihnen nicht zu helfen. Diese Art von Liberalität stellt sich ein, wenn zwei Dinge zusammenkommen: ein relativ sorgenfreies, auf einem bestimmten Standard stehenden Leben und ein langer Anfang, d.h. eine angemessene Entwicklung."[48]

Das scheint auf das Gros der Reiseberichtverfasser nicht zuzutreffen. Denn von den 45 analysierten Reiseberichten – von denen ohnehin nur fünf diskriminierungsfrei waren – enthalten nur neun Reiseberichte (Rb 3, 6, 11, 14, 16, 27, 33, 38, 44) keine Diskriminierungen mit *biologischem* Hintergrund. Den Formulierungen gemeinsam war die von den Reisenden unterstellte und von einigen explizit ausgesprochene, biologische Differenz, die zwischen einem „Afrikaner" und einem „Europäer" besteht. Nach dieser Auffassung liegt die Ursache des Unterschieds in den verschiedenen Genen, was dazu führt, dass sie das „afrikanische Gen" (Rb 7) bzw. den „Gendefekt" (Rb 29) dem europäischen Gen, das „beste Veranlagungen und gute Eigenschaften" besitzt (Rb 45), gegenüberstellen. Diesem afrikanischen Gen zufolge, erklärt sich auch die „andere", „afrikanische Logik" (Rb 7, 18, 29, 35), die „afrikanische Seele", der „andere Gerechtigkeitssinn" (Rb 7) und die „afrikanische Denkweise" (Rb 10). Weshalb es wichtig wäre, dass „wir" unsere Gene in Europa stärker weitergeben, sprich mehr Kinder zeugen sollten, da sonst die europäische Überlegenheit, der sogenannten arischen Rasse, auf lange Sicht verlorengehe (Rb 45).

Ein Großteil der Diskriminierungen lässt sich demnach aus der genetischen Differenz der unterschiedlichen „Rassen" erklären. Ihre Gegenüberstellung als Basis einer Bewertung blickt nach Foucault in Form eines „Rassenkampfes" auf eine lange Tradition zurück. Standen sich zunächst „Rassen" in einer Gesellschaft mit gleicher Herkunft und Geschichte, aber mit unterschiedlichen Machtverhältnissen gegenüber (historischer Rassebegriff) so bekam der „Rassenkrieg" um die Mitte des 19. Jahrhunderts ein neues Bezugsfeld: die

---

[48] Horkheimer, Sozialpsychologische Forschung 21.

soziale Position bestimmter Klassen. „[D]er Diskurs des ‚Rassenkampfes‘ [wird] nun gewendet und entwickelt [sich] als ‚Klassenkampf‘".[49] Aus diesem wiederum generiert sich ein neuer Begriffsinhalt, nämlich der des „Rassismus" und zwar nun im biologischen Sinn (biologisch-medizinischer Rassebegriff).

Die neue Bedeutung des Begriffs, die dem „Rasse"-Diskurs nun zugrunde liegt und die nach Foucault „wirklich‘ rassistisch ist"[50], stellt ab auf die Biologie des Menschen. „Rasse" ist nach diesem Verständnis „eine ‚biologische Einheit‘ von Menschen, deren Gemeinsamkeit nicht mehr in ihrer Geschichte zu suchen ist, sondern in ihrem ‚biologischen Erbe‘, [...] ihrer Norm".[51] Wie aus den Reiseberichten zu ersehen ist, ist diese Norm des biologischen Konstruktes selbstredend das Eigene, das nun dem Fremden, dem „Schwarzen" und nicht der Norm entsprechendem, gegenübersteht, und das es gilt, zu diskreditieren. Hinzu kommt die Vorstellung vom „Afrikaner" als biologische Einheit, als rassische Gemeinschaft, die es den Reisenden ermöglicht, biologisch begründet zu differenzieren bzw. sogar – auf dem Boden tradierter Stereotypen und Vorurteile – legitimiert, das Art-Fremde zu diskriminieren.

Nach Foucault wird etwas als „fremd" empfunden, weil dem „„Erkennen und Bedeutungsstiften‘, also dem, was dem abendländischen Menschen als Inhalt seines Subjekt-Seins gilt, Grenzen gesetzt sind."[52] Das Nicht-Erkennen des Anderen – der Andere sieht aus wie ein Mensch, er hat menschliche Züge, und trotzdem kann man nicht mit Sicherheit sagen, wer er ist[53] – führt dazu, dass aus dem Fremden ein Feind (biologischer Feind) wird, indem man den Anderen in seiner genuinen Art auslöscht und ihn zum Pendant des Ichs macht, zum „ungleichen Gleichen"[54]. Der Vorteil des biologisch begründeten Feindbildes liegt nun zum einen darin, dass man ihn (den Feind) erkennen kann und zum anderen, dass man sich in ihm erkennen kann.[55]

In einem weiteren Schritt wird dann der Andere, der Feind, dem eigenen Ich gleich„gedacht", aber als dessen Kehrseite, das heißt, der Andere ist nicht wirklich anders – und steht als autonomes Individuum für sich –, sondern sollte so sein wie ich selbst bin, ist es aber nicht.[56] Weil das so ist, wird aufgrund unserer eurozentrischen Sichtweise beim Vergleich des Anderen und des

---

49 Magiros, Foucaults Beitrag zu Rassismustheorie 23.
50 Magiros, Foucaults Beitrag zu Rassismustheorie 24.
51 Magiros, Foucaults Beitrag zu Rassismustheorie 24.
52 Magiros, Foucaults Beitrag zu Rassismustheorie 61.
53 Magiros, Foucaults Beitrag zu Rassismustheorie 61.
54 Magiros, Foucaults Beitrag zu Rassismustheorie 63.
55 Magiros, Foucaults Beitrag zu Rassismustheorie 62.
56 So besteht beispielsweise ein Gegensatz zwischen Europa und Afrika, dass bestimmte ethnische Gruppen wie die Nuer, agnatische und nicht kognatische Verwandtschaftsgruppen aufweisen, in eine egalitäre Gesellschaftsordung eingebunden sind, in der niemand einen anderen als höherstehend anerkennt, im Gegensatz zu unserem hierarchischen Aufbau, oder aber durch soziale Nähe strukturiert sind, während man sich in Deutschland nach Birgit Rommelspacher im wesentlichen um Unhabhängigkeit bemüht und „keine Verantwortlichkeit für andere und Abhängigkeit von anderen mitgedacht wird." Rommelspacher, Dominanzkultur 84.

Ich, der/das Andere als deformiertes, pathologisches Ich eingestuft und kann/ darf/muss diskriminiert werden. Diese Ansicht belegten die Reiseberichte, denn in keinem wurde ein „Schwarzer" als genuin Anderer betrachtet und im Kontext autonomer, für sich stehender Kulturen wahrgenommen (wie das Boas forderte), sondern stets als noch nicht weißes Ich gesehen und ein Vergleich zur europäischen Kultur/Zivilisation gezogen, die als Norm und etwas noch zu Erreichendes verstanden wird. Überlegungen wie biologische Einheit = „Rasse" = biologischer Gegner bildeten somit die Folie, auf der die Diskriminierungen ruhen. Wie stark sich diese Annahmen in Formulierungen widerspiegelten, zeigen einige Beispiele aus den Reiseberichten:

Rb 2: *„32 km/h sind halt auch noch zu schnell, wenn man Ausländer ist"*	⇒	der „Feind" ist derjenige, der mich kontrolliert.
Rb 18: *„ich hatte mal wieder nicht die richtige Hautfarbe"*	⇒	der schwarze „Feind" hatte die richtige
Rb 29: *„Wie Gladiatoren, die Beute am Haken, zogen wir in die Stadt ein."*	⇒	Die „feindliche" Stadt wird eingenommen
Rb 32: *Das Betteln von Menschen wird „mit einer schallenden Ohrfeige quittiert"*	⇒	Der „Feind" ist der, der bettelt und wird auch so behandelt

Die in den Reiseberichten aufgeführten biologisch begründeten Diskriminierungen beinhalten aber nicht nur den „Feind"aspekt zur Abgrenzung, sondern die Differenz wird auch durch Gegenüberstellungen sichtbar gemacht:

„ungezwungene Natur" (Rb 1)	vs	„normiertes" Verhalten
„exotisches Aussehen" (Rb 1)	vs	„normales" Aussehen
„afrikanische Denkweise" (Rb 2)	vs	europäische Denkweise
„afrikanisches Gen" (Rb 7)	vs	europäisches Gen
„Arbeitsmoral und die Arbeitsweise ist für uns Deutsche nicht zu verstehen" (Rb 10)	vs	deutsche Arbeitsmoral

„Billigwaren erwecken in den Menschen Konsumgelüste, denen sie nicht standhalten können" (Rb 12)	vs	rationalem, europäischen Konsumverhalten
Unterschleif mit Entwicklungsgeldern:		„Weil wir immer Gesetze befolgen"
„Aber wir sind ja in Afrika" (Rb 29)	vs	(Rb 29) geht es in Deutschland immer korrekt zu.

Ein weiterer Abgrenzungsaspekt war zu erkennen, weil die Reisenden auf einen noch zu erreichenden Idealzustand rekurrierten, den die Menschen in den bereisten Länder noch nicht erreicht haben:

Rb 7:		
„Der afrikanische Zollbeamte will keine Verantwortung übernehmen"	⇒	wenn „die Zollabfertigung ‚europäisch korrekt!!!'" (Rb 12) erfolgt, ist nach Auffassung der Reisenden der Idealzustand erreicht.
Rb 2:		
„jedes Mal wird ein kleiner Roman in die Kladde eingetragen"	⇒	Ideal ist westliche Technik, die noch eingeführt werden muss.
Rb 24:		
Die 20jährige Erfahrung eines Safariguides ist „rückständig"	⇒	Angaben aus dem Internet, das es nur in der „Zivilisation" gibt (Rb 25), haben einen höheren Stellenwert, weshalb unsere Zivilisation als idealer angesehen wird.
Rb 29:		
„Wenn wir wüssten, dass das Geld der Entwicklung des Landes dient, hätten wir nichts dagegen. Aber wir sind halt in Afrika"	⇒	Idealzustand Europa: Der korrekte Umgang mit Entwicklungsgeldern muss erst noch erlernt werden.
Rb 3:		
„Ich würde an seiner Stelle in den Erdboden versinken, aber er tut es nicht. Wie ich diese Charaktereigenschaft hasse"	⇒	Vorbild ist der idealisierte mustergültige europäische Charakter.

Auch diese Beispiele verweisen auf die allen Diskriminierungen zugrunde liegende antagonistische Struktur von schwarzer und weißer „Rasse"; hier um den idealisierten und erstrebenswerten Zustand letzterer zu erreichen. In summa lässt sich festhalten: die unterschiedliche biologische Ausstattung ist das ausschlaggebend Trennende; und aus Sicht der Reisenden macht das den Unterschied zwischen „Afrikanern" und „Europäern" aus. Wie die folgenden Kapitel zeigen werden, ist das auch der Grund für die diskriminierenden Formulierungen, weil man, ob offen oder verborgen, explizit oder implizit, stets die „afrikanische" genetische Ausstattung mit der eigenen, idealisierten und als Norm verstandenen, vergleicht.

3.1 Sexuell orientierte Diskriminierungen

„Ein Aspekt, der bei der Charakterisierung Schwarzer immer wieder im Vordergrund stand, war jener der Sexualität", schreibt die Historikerin Fatima El-Tayeb[57] und die ehemalige Vorsitzende der Initiative Pro Africa e.V., Anke Poenicke, bestätigt dieses Stereotyp, indem sie auf die „europäischen Phantasien vom potenten Schwarzen"[58] verweist. Im Gegensatz zu Weißen, die ihre Sexualität unter Kontrolle haben, ist der Diskurs um die „schwarze Rasse" zu Beginn des 20. Jahrhunderts geprägt von der Vorstellung, deren Sexualität wäre beherrscht von instinktgetriebener Aggression. „Sexualität war ‚Natur' in ihrer reinsten Form, das ‚wilde Tier', das in allen steckte, das einzige, das die Kontrolle des Geistes über den Körper in Frage stellen konnte, und damit auch die der Zivilisation über die Natur."[59]

Vor diesem Hintergrund sind vermutlich die Äußerungen in den Reiseberichten zu verstehen (von 45 Rb enthielten 7 Rb sexuell orientierte Diskriminierungen = 15,5 %) die mit der männlichen Potenz und dem *„starken Fortpflanzungstrieb"* (Rb 7), der *„afrikanischen Naturmenschen"* (Rb 1) in Verbindung gebracht werden und von denen man denkt, wenn sie in Gruppen auftreten *„wehe wenn sie losgelassen"* (Rb 39).

Hieraus zwei Beispiele expliziter und impliziter Diskriminierung:

(1) In Bafut[60]: [Kamerun] *„Würdenträger haust mit 37 Frauen und 140 Kindern"* (Rb 7);

---

[57] El-Tayeb, Schwarze Deutsche 37, Fußnote 53.
[58] Poenicke, Afrika 10.
[59] El-Tayeb, Schwarze Deutsche 149f.
[60] Bafut ist eines der beiden Königreiche in Kamerun, in denen sich die traditionellen Strukturen noch am besten erhalten haben. In: http://de.wikipedia.org/wiki/Bafut (01.07.2012).

(2) In der marokkanischen Wüste: *„angenehmste Begleiterscheinung, die fast völlige Abwesenheit von Menschen, insbesondere den ‚kleinen Monstern‘. Tja, die Kinder [...] etwas, was dieses Land wirklich im Überfluss hat"* (Rb 19).

In anderen Formulierungen wird die *„besondere sexuelle Leistungsfähigkeit"* (Rb 9) der Schwarzen hervorgehoben, weshalb es nach Ansicht einiger Reisender angebracht wäre, den Afrikanern, *„von deren Potenz man Wunderdinge hört"* und deren Output *„enormer Fruchtbarkeit"* (Rb 22) eine Vielzahl von Kindern ist, wegen der *„explodierenden Bevölkerung", „künftig Kondome anstatt Kugelschreiber als kleine Geschenke",* mitzubringen (Rb 29).

Aus der Paraphrasierung und Generalisierung aller in Bezug auf die Sexualität gebrauchten Formulierungen, ergibt sich die Kernaussage, bei Afrikanern seien Sexualität und der überproportionale Fortpflanzungstrieb besonders ausgeprägt. Die Differenz, das Trennende zwischen Afrikanern und den europäischen Reisenden ist für letztere das scheinbare Faktum der „afrikanischen", überdurchschnittlichen sexuellen Potenz, das generell ungezügelte Sexualverhalten und der gleichgültige Umgang mit den Folgen der sexuellen Aktivitäten (Kinderreichtum). Diese Eigenschaften werden dabei undifferenziert allen „afrikanischen Naturmenschen", zugedacht und zugleich negativ bewertet, weil sie nicht den europäischen Normvorstellungen entsprechen.

Bei dieser polarisierenden Betrachtungsweise wird ein gleiches Sexualverhalten sowohl aller Afrikaner als auch sämtlicher Weißen angenommen. Dass dies für beide Fortpflanzungsgruppen nicht zutrifft bedarf keiner Erklärung. So ist, um nur wenige Beispiele anzuführen, für die bereits erwähnten Nuer[61] die Familie die wichtigste ökonomische Einheit[62] und ebenso haben die Bantu[63] ein geregeltes Sexualleben,[64] wie auch der Sozialanthropologe Bronislaw Malinowski (1884-1924) darauf hinweist, dass es „selbst in den ungebundensten Kulturen nichts gibt oder je gegeben hat, was einer ‚Promiskuität' gleichkäme."[65] Der französische Ethnologe Émile Durkheim (1858-1917) stellte fest, gerade in segmentären Gesellschaften sei ein relativ konformes Bewusstsein ausgebildet und „je archaischer die Gesellschaften seien, desto vorherrschender sei das ‚Kollektivbewusstsein und desto strenger das repressive

---

61 Die Nuer sind ein akephal organisiertes nilotisches Volk, das in Südsudan und im Westen Äthiopiens lebt. Von dem Sozialanthropologen Edward E. Evans-Pritchard (1902-1973), einem Schüler Malinowskis, existieren umfangreiche Feldforschungen über dieses Volk. Siehe Evans-Pritchard, The Nuer; ebenso Wesel, Juristische Weltkunde.

62 Wesel, Juristische Weltkunde 22.

63 Bantu ist der Sammelbegriff für über 400 verschiedene Ethnien Süd- und Mittelafrikas, die Bantusprachen sprechen. Die Bantu unterteilten sich in verschiedene Volksgruppen oder Häuptlingstümer. Hierbei handelte es sich nicht um nationale Verbände, sondern um unabhängige Gruppen von einigen hundert bis einigen tausend Menschen. In: http://de.wikipedia.org/wiki/Bantu. (01.07.2012).

64 Preston-Whyte, Kinship and Marriage 177-210.

65 Malinowski, Geschlechtstrieb und Verdrängung 186.

Recht."[66] Auch der Kulturhistoriker Hans Peter Duerr weist auf die strengen Vorschriften in äthiopischen Thermalquellen hin, wenn die Geschlechter nackt oder leicht bekleidet zusammen baden,[67] wie auch der Anthropologe Theodor Koch-Grünberg (1872-1924) schildert:

> „Während das junge Mädchen die größte Freiheit genießt und ihre Unschuld nicht über alle Zweifel erhaben zu sein braucht, steht die Ehe durchschnittlich auf einer sittlich sehr hohen Stufe, und die Treue wird selten von einem der beiden Ehegatten verletzt."[68]

Das heißt, von einer ungezügelten, unkontrollierten oder beliebig gelebten Sexualität kann generaliter nicht gesprochen werden.

Diese für „Afrikaner" getroffenen Generalisierungen ließen sich, bei gleicher oberflächlicher Betrachtungsweise, auch umgekehrt für „Europäer" anwenden, wenn man beispielsweise das in Deutschland und anderen europäischen Ländern ständig wachsende Geschäft der Zwangsprostitution[69], den Flatratebordellen[70] und die Zunahme der Internet-Sexangebote als Indikator für ein ausgeprägtes und unkontrolliertes Sexualleben anführen würde, bei dem die Folgen der sexuellen Freizügigkeit aber nicht durch Kinderreichtum sichtbar, sondern durch Abtreibungen beseitigt werden.

> „Man sieht also sehr deutlich, daß [...] innerhalb der letzten Jahrzehnte die Triebkontrollen allem Anschein nach tatsächlich herabgesetzt worden sind und daß das ängstlich-verkrampfte Auseinanderhalten von Nacktheit und Erotik immer seltener anzutreffen ist. [...][71]

Doch ist auch diese Betrachtung trügerisch, denn nach dem Soziologen Norbert Elias (1897-1990) ist die Lockerung der Triebkontrolle im „zivilisierten" Europa nur scheinbar, da der „‚Zivilisationspanzer' uns so vollkommen und undurchdringbar umgebe" und damit „die Mäßigung des Trieblebens gesichert sei."[72] Diskutabel bleibt dabei, inwieweit der Kontrolldruck auf das Individuum zunimmt, wenn sich die Verflechtungen der Menschen intensivie-

---

66 Girtler, Kulturanthropologie 109.
67 Duerr, Nacktheit und Scham 393, Fußnote 48.
68 Koch-Grünberg. Zit. in: Reitzenstein, Das Weib 244.
69 Siehe dazu SOLWODI: Seit 1987 engagiert sich SOLWODI in Deutschland mit inzwischen zwölf Beratungsstellen, einer Kontaktstelle und sieben Schutzwohnungen für ausländische Frauen und Mädchen, die hier in Not geraten sind: Opfer von Menschenhandel und Zwangsprostitution. SOLWODI bietet eine umfassende, ganzheitlich ausgerichtete psychosoziale Betreuung und Beratung, sichere Unterbringung, Vermittlung juristischer und medizinischer Hilfe sowie Unterstützung bei der Rückkehr in die Heimatländer, wenn Migrantinnen zurückkehren wollen oder müssen. In: http://www.solwodi.de/ (01.07.2012).
70 Werbung eines Bordells in Hannover: Eine Wurst, ein Bier, eine Frau für 8,99 Euro. Artikel von Franziska Feinäugle vom 25.03.2011 in Stimme.de. In: http://www.stimme.de/heilbronn/nachrichten/stadt/sonstige-Eine-Wurst-ein-Bier-eine-Frau-fuer-8-99-Euro;art1925,2094991 (01.07.2012).
71 Duerr, Nacktheit und Scham 162.
72 Duerr, Nacktheit und Scham 403, Fußnote 24.

ren, die Sitten verfeinern (Elias), oder aber umgekehrt, die Kontrolle durch die Anonymität der Verflechtungsdichte abnimmt und der Verhaltensfreiheit mehr Raum gibt. Zudem muss berücksichtigt werden, welche Kräfte (Mythen, Religion, Sitten, Bräuche, Recht, sozialer Zwang) auf das Sexualverhalten Einfluss nehmen und wie deren Anteil im Verhältnis zu anderen Einflussgrößen steht. Bronislaw Malinowski stellt beispielsweise fest, „Die Primitiven haben keine Gruppe von Regeln mit Zwangscharakter, die mit einer Art mystischer Kraft ausgestattet sind, die im Namen Gottes eingesetzt sind, sondern es kommt ihnen ausschließlich bindender, sozialer Zwang zu"[73]; während im christlich-europäischen Kontext die Sexualität unter der Kuratel des Rechts und vor allem der Kirche steht, die mit der Ehe die Regelung des Geschlechtsverkehrs verknüpft.

Hier wie dort gibt es somit Kräfte, die das Sexualverhalten kontrollieren, und hier wie dort sind Generalisierungen deshalb unkorrekt, weil wir in jeder Gesellschaft Regeln finden, „die es dem Mann wie auch der Frau unmöglich machen, sich frei dem Triebe hinzugeben."[74] Das heißt, nicht nur in Europa, sondern auch bei den „Afrikanern" wird das Sexualverhalten durch ein System kulturspezifischer Regeln diszipliniert und geformt und überall gilt das „Postulat der Legitimität."[75] Doch wird in den Reiseberichten der scheinbar „ungezwungene Umgang mit Sinnlichkeit und Leiblichkeit im Gegensatz zur Prüderie in Europa [...] mit Zügellosigkeit und Exzess verwechselt"[76], wie das schon um 1900 der Fall war.

Die diskriminierenden Äußerungen beinhalten eine mehrfache Unreflektiertheit. Zum einen gegenüber kulturellen, historischen oder religiösen Spezifika der bereisten Ethnien, wie auch gegenüber der eigenen Gruppe, die als Norm für den Vergleich und den Äußerungen zugrunde liegt. Desweiteren fehlt bei der Bemerkung „Kondome" ein Hinweis auf die AIDS-Problematik in Afrika. Der Ernst der Situation wird vielmehr bagatellisiert, indem Kondome mit „kleinen Geschenken" in Verbindung gebracht und nicht als notwendige Strategie gesehen werden. Ernsthafteste gesundheitliche Bedrohungen werden auf ein spielerisches Niveau reduziert, was zusätzlich impliziert, dass „Afrikaner" mit diesem Schutz ohnehin nicht konsequent umgingen, sondern diesen nur spielerisch, weil es sich um ein „kleines Geschenk" handelt, einsetzten. Denn das Hauptproblem, warum Kondome sinnvoll wären, stellt nicht die Anzahl der Kinder dar, sondern die Vermeidung von HIV-Infektionen, denen vor allem Frauen ausgesetzt sind.[77] Auch wird mit der Bemerkung „Kondome anstatt Kugelschreiber" sichtbar, dass nicht nur in der Formulierung des Schenkens und Nehmens hierarchisches Denken sichtbar wird, sondern west-

---

73 Reiwald, Malinowski und die Ethnologie 18.
74 Malinowski, Geschlechtstrieb und Verdrängung 190.
75 Malinowski, Geschlechtstrieb und Verdrängung 202.
76 Zanella, Kolonialismus in Bildern 63.
77 Zur Kritik an einer wirksamen Prävention mit Kondomen gegen die sexuelle HIV-Ansteckung siehe Jacques Suaudeau, „Safe Sex" 663-685.

liche Überlegenheit ebenfalls durch Dingsymbolik (Kondom, Kugelschreiber als europäische Erzeugnisse) ihren Niederschlag findet. Zudem werden nur die „Afrikaner" kritisiert, bzw. deren „Verhalten [...] wird selbstverständlich nie zu dem eigenen in Beziehung gesetzt"[78]; das heißt, Kritik des eigenen „ungezügelten" Sexualverhaltens bleibt bei den Vergleichen in den Reiseberichten unberücksichtigt. So vermisst man beispielsweise das Verständnis, warum ein Würdenträger in Kamerun mit mehreren Frauen lebt – oder an anderer Stelle und anderem Ort ein *„56jähriger Palastinhaber" 60 Frauen und 352 Kinder habe"* (Rb 42) – bzw. welche Bedeutung einem reichen Kindersegen zukommt. Dass dies mit Macht und Ansehen zu tun haben kann – denn „nur sehr wohlhabende Männer können es sich leisten, mehrere Frauen für sich zu gewinnen und zu ernähren"[79] – bleibt unberücksichtigt. Es genügt eben nicht, wie Vertreter der englischen „social anthropology" zurecht bemerken, wenn „nur die sexuellen Sitten beschrieben wurden, ohne dass über das Familienleben ein Wort verloren worden wäre."[80] Die Anzahl der Frauen und Kinder auf besonders ausgeprägte sexuelle Eigenschaften zu reduzieren, ohne dabei den Hintergrund in Bezug auf Überlebensstrategien und historisch gewachsene Usancen mit einzubeziehen, ist zu kurz gedacht. Nach dem Ökonomen Thorstein Veblen (1857-1929) war das Eigentum ursprünglich ein Eigentum an Personen, und zwar vor allem an Frauen, denn „Frauen und andere Sklaven besitzen sowohl als Zeugen des Reichtums wie auch als Werkzeuge zur Anhäufung von Gütern einen hohen Wert."[81] Für die Trobriander stellt Bronislaw Malinowski beispielsweise fest:

> „Um seine Macht auszuüben und die Verpflichtungen seiner Stellung zu erfüllen, muß er (der Häuptling) reich sein, und das ist bei den sozialen Verhältnissen auf den Trobriand-Inseln nur durch Vielweiberei möglich. [...] Der Häuptling kann viele seiner Funktionen als vollziehende Gewalt nur deshalb ausüben und gewisse Ansprüche nur deshalb erheben, weil er der reichste Mann des Dorfes ist. [...] Sein wirkliches Einkommen erfließt ihm ganz und gar aus der alljährlichen Ehebeisteuer (die die Verwandten der Frau entrichten müssen) [...] und jede von ihnen wird viel reicher ausgesteuert, als wenn sie einen einfachen Mann geheiratet hätte."[82]

Dass die Situation der „Polygamie als Grundlage des Reichtums" nicht tupfengleich auf den Würdenträger mit seinen 37 Frauen zutrifft, ist klar. Dieses Beispiel sollte nur verdeutlichen: eine nur oberflächliche Sichtweise genügt eben nicht, es ist vielmehr jede erfahrene Situation in dem dazugehörigen Kontext zu beurteilen; oder wie der Soziologe Pierre Bourdieu (1930-2002) feststellt, dass „[j]edes Element durch die Beziehungen zu charakterisieren ist,

---

78 Timm, Das Nahe, das Ferne 37.
79 Diamond, Warum macht Sex Spaß? 16.
80 Girtler, Kulturanthropologie 139.
81 Veblen, Theorie der feinen Leute 53.
82 Reiwald, Malinowski und die Ethnologie 17.

die es zu anderen Elementen innerhalb eines Systems unterhält und aus denen sich sein Sinn und seine Funktion ergeben."[83]

Indikatoren dieser Oberflächlichkeit, die zu einer falschen und daraus folgernden, meist herabwürdigenden Einschätzung „Anderer" führt, sind die in den Reiseberichten gewählten Zuschreibungen und deren Konnotationen. Betrachtet man nämlich die Wortwahl der Reisenden genauer („Würdenträger haust", „Monster" oder „Fruchtbarkeit") wird deren pejorativer Charakter deutlich. Die Kombination „Würdenträger" und „haust" ist im doppelten Sinn abwertend, denn im europäischen Kontext wohnt, lebt oder residiert eine Person mit Ansehen aber „haust" nicht (man würde beispielsweise keine Formulierung gebrauchen „Bischof X haust", oder „Minister Y haust"). In diesem Fall wird das Amt per se verunglimpft, weil ein Würdenträger als Repräsentant des Amtes „haust" und nicht wohnt; und zum anderen wird sein Ambiente negativ konnotiert, weil er eben nicht wohnt, sondern „haust". Denn das Verb „hausen" wird im deutschen Sprachgebrauch beispielsweise gebraucht für „Obdachlose, die unter Brücken hausen"[84] oder „Tagelöhner, die in armseligen Strohhütten hausen".[85]

Ferner steht das Substantiv „Monster" als Synonym für Schreckgespenst, Ungeheuer, Scheusal, Teufel, Drache und hat somit abschreckende Bedeutung[86]; den Begriff umgekehrt auf deutsche Kinder anzuwenden würde nach allgemeiner Auffassung auf Kritik stoßen. Schließlich das Substantiv „Fruchtbarkeit": es steht hier in der Bedeutung von „Replikation" und „Massenvermehrung" und hat zudem, auf Menschen angewandt, eine negative Konnotation, weil der Begriff auch mit Ackerbau oder Tierzucht in Verbindung gebracht werden kann. Beispiele: „die Fruchtbarkeit des Bodens"[87], oder, „weil die Tierzucht sich auf wenige Hochleistungs-Vererber konzentriere, drohten Inzuchtfolgen für Gesundheit, Fruchtbarkeit und Leistung."[88] Zudem fehlt bei

---

83 Bourdieu. Zit. in: Scherschel, Rassismus 61.

84 spiegel.de vom 03.01.2005. In: http://wortschatz.uni-leipzig.de/abfrage/ (01.07.2012).

85 archiv.tagesspiegel.de vom 03.01.2005. In: http://wortschatz.uni-leipzig.de/abfrage/ (01.07.2012).

86 „Im engeren Sinn bezeichnet er ein meist im Verhältnis zu einem eher idealtypisch gesehenen Menschen ungestaltes Wesen. Dessen Missgestalt findet seinen einzigen Zweck zunächst im Verweis auf das Maß – ein Ideal in körperlicher wie ideeller Hinsicht. Vor allem im Umkreis des theologischen Denkens der Kirchenväter und des Mittelalters ist das Monstrum ein Mahnzeichen, das die Gläubigen auf die Gefahren und Folgen eines Abweichens vom rechten Glauben hinweisen soll, das also bewusst von Gott gesetzt ist. Monster in diesem Bildbereich konnten Tiere, mythologische Mischwesen, aber durchaus auch ‚menschliche Wesen' sein: monstra sunt in genere humano (Augustinus; Monster sind Teil des Menschengeschlechts). Der Begriff Monster findet Eingang in den allgemeinen Sprachgebrauch über die Literatur. Er wird zum ersten Mal 1818 von Mary Shelley in Frankenstein oder der moderne Prometheus verwendet." In: http://de.wikipedia.org/wiki/Monster (01.07.2012).

87 berlinonline.de vom 08.01.2005. In: http://wortschatz.uni-leipzig.de/abfrage/ (01.07.2012).

88 fr-aktuell.de vom 15.01.2005. In: http://wortschatz.uni-leipzig.de/abfrage/ (01.07.2012).

den Äußerungen die Überlegung, dass nicht nur zu viele Kinder für eine Volkswirtschaft Probleme aufwerfen, sondern auch zu wenige, wie das für nahezu alle europäischen Länder zutrifft. Trotzdem wird unser „geregeltes" Sexualverhalten als Norm gesetzt, die angebliche Differerenz nur einseitig interpretiert. Würde man diese Begriffe und deren Bedeutungsinhalte beispielsweise auf Deutsche anwenden, dann würden sie als verletzend empfunden werden, was ihre asymmetrische Verwendung umso mehr dokumentiert.

Auch das Füllwort „Tja", in Verbindung mit dem Wort „etwas" und dem Adjektiv „wirklich" ist kein unselbständiges neutrales Wort, dem keine eigene Bedeutung zukäme. Die semantische Komponente der Diskriminierungsabsicht liegt zum einen in der bestätigenden, die Überzeugung des Verfassers unterstreichenden Bedeutung von „ja", „eben", „wohl", „stimmt"[89]. Und im Sinne von „vielleicht" steht das „Tja" als Hypotheseindikator, dessen Wahrscheinlichkeit auf den Wissenskontext der Leser der Reiseberichte anspielt, von denen der Verfasser erwartet, dass diese ebenfalls von dem „Überfluss" an Kindern in „Afrika" wissen, weil sie dort „als Naturmenschen" (Rb 1) „zu viel schnackseln"[90]. Auch das unbestimmte Zahlwort „etwas" zeigt die geringschätzige Einstellung gegenüber den dort lebenden Menschen, denn Personen als „etwas", eine Sache, ein Ding, Objekt, Element oder als Quantitätsangabe zu bezeichnen, verringert die Wertschätzung des Individuums und gibt, zumal in Verbindung mit dem Gewissheitsindikator[91] „wirklich", der Formulierung eine diskriminierende Bedeutung.

Die wenigen Beispiele belegen eine Diskriminierung in mehrfacher Weise. Erstens wird der Fortpflanzungstrieb, der trotz der ethnischen Vielfalt eine Einheit bei allen Menschen geblieben ist[92], abwertend beurteilt, indem dieser für alle „Afrikaner" überproportional animalisch dargestellt wird. Allerdings befinden sich die Reisenden in ihrer Argumentation in bester wissenschaftlicher und prominenter Gesellschaft. Hat doch der Mitinitiator des Human Genom Projekts und Nobelpreisträger James Watson ebenfalls festgestellt, „Schwarze hätten eine ausgeprägtere Libido als Weiße."[93] Watson argumentierte hier wie die englischen Kolonisten des 16. Jahrhunderts, welche „found the natives of Africa very different from themselves. Negroes looked different [...], they seemed to be a particularly libidinous sort of people."[94] Und auch der britisch-kanadische Psychologe J. Philippe Rushton vertritt die Ansicht,

---

[89] In: http://wortschatz.uni-leipzig.de/abfrage/ (01.07.2012).
[90] Gloria von Thurn und Taxis in: ARD-Talkshow „Friedman" am 09.05.2001.
[91] Wagner, Implizite sprachliche Diskriminierung 139.
[92] Saller, Rassengeschichte 9.
[93] 1997 sprach sich Watson in einem Interview mit der italienischen Zeitung „Corriere della Sera" für das Recht der Frau zur Abtreibung aus, wenn aus einer genetischen Analyse des Embryos hervorgehe, dass das Kind homosexuell veranlagt sei. Zudem behauptete er, Schwarze hätten eine ausgeprägtere Libido als Weiße. In: http://de.wikipedia.org/wiki/James_Watson (01.07.2012).
[94] Jordan, White over Black Kap. 1.

Schwarze seien nicht nur besonders dumm und aggressiv, sondern meistens auf Sex aus: „Ihnen geht es mehr um Geschlechtsverkehr als um Aufzucht."[95] Diese undifferenzierte Pauschalierung findet sich auch in zwei Äußerungen von Glora von Thurn und Taxis:

> „Da sterben die Leute an AIDS, weil sie zu viel schnackseln. Der Schwarze schnackselt gerne"[96] bzw. „Die Afrikaner sind mitnichten anders drauf als wir. Daß sie mehr schnackseln, hat mit den klimatischen Bedingungen da unten zu tun".[97]

Zweitens werden in den Reiseberichten Kinder in toto diskriminiert, in dem man ihnen, bei deren Benennung, Begriffe aus dem Tierreich zuordnet *(„Herden", „Ameisenhaufen", „Monster")*. Und drittens liegt eine Diskriminierung vor, wenn der Sexualtrieb als solcher nur in Verbindung der People of Color untereinander thematisiert wird, nicht aber der der Weißen mit Schwarzen (Sextourismus)[98]; oder über den Sexualtrieb der „Afrikaner" Äußerungen in den Reiseberichten gemacht werden, während die eigene Sexualität thematisch tabuisiert wird.[99]

Dass im Tourismus „die Fremde sexualisiert und die Frau exotiert"[100] wird, zeigt sich, weil auch schwarze Frauen von sexuellen Diskriminierungen wie *„unverschämt schön, unverschämt charmant"* (Rb 29) nicht ausgenommen sind. Diese scheinbar positive Äußerung ist, wie aus dem Kontext hervorging, ein nicht ehrlich gemeintes Kompliment, sondern es handelt sich um eine versteckte Beleidigung (schön, aber dumm), da der Äußerung der Hinweis folgt, *„sie wisse nicht, warum das Parken nicht erlaubt ist, es sei halt verboten."* Die Art, wie die „schwarze" Frau wahrgenommen wird, entspricht zwar der üblichen, an Äußerlichkeiten orientierten Weise, da es „ein besonderes Kennzeichen unserer von Männern geprägten Gesellschaft [ist] Frauen auf das Attribut ‚schön' hin zu bewerten."[101] Doch ist hier, neben dem erniedrigenden Blick auf die Frau an sich, auch der Reiz des Exotischen, die „Verkörperung der ‚immense wilderness'"[102] angesprochen, was aber zugleich eine weitere Erniedrigung, weil von der europäischen Norm abweichend, beinhaltet. Es zeigt sich eine Verbindung von Rassismus und Sexismus,[103] da dieser Begegnung, die auf gegenseitiger Achtung und Akzeptanz aufbauende Symmetrie,

---

95 Sesín: Der rassistische Streit um den Intelligenzquotienten in den USA. In: http://www.sesin. de/images/Rassismus.html (01.07.2012).
96 ARD-Talkshow „Friedman" am 09.05.2001.
97 BILD am Sonntag: „Im Bett mit Gloria", Interview von Anna von Bayern und Stefan Hauk am 14.09.2008.
98 Siehe dazu Biemann, Das Begehren nach Eroberung 57-70.
99 In einer Rangliste von zehn Tabuthemen der Deutschen rangiert die Sexualität mit 64 % an erster Stelle. SZ-Magazin, Nr. 27, 09.07.2010, S. 14.
100 Magg, Wild – Fremd – Frau 71.
101 Mamozai, Frauen und Kolonialismus 134.
102 Hund, Rassismus 136.
103 Siehe dazu Magg, Wild – Fremd – Frau 71-84.

sowohl im Hinblick auf die Hautfarbe als auch auf das Geschlecht, fehlt. Es ist dies eine Einstellung, die auch in der deutschen Literatur verbreitet ist, wo die schwarze Frau als „verlockendes Sexualobjekt, dem der weiße Mann seine phallische Kraft beweisen möchte" dargestellt wird.[104]

> „Die Sexualisierung von Rasse ging mit der Rassierung von Geschlecht Hand in Hand: Die schwarze Frau wurde zum Inbegriff des gleicherma-ßen sexualisierten wie pathologisierten weiblichen Körpers – ein Kons-trukt, das in die Rede vom ‚Rasseweib' mündete, die schließlich auch weiße Frauen einschloss."[105]

Auch das Geschlecht ist eine soziale Konstruktion und abhängig „vom geo-graphischen und sozialen Ort, vom geschichtlichen Zeitpunkt und anderen relevanten Kontexten.[106] Das erklärt, weshalb eine „weiße" Mitreisende nichts gegen die Äußerung über schwarze Frauen einwendete, weil „schließlich auch *weiße* Frauen objektiv gesehen von der Ausbeutung schwarzer Frauen und Migrantinnen profitieren,[107] und damit die Lebenssituation von weißen und schwarzen Frauen grundsätzlich unterschiedlich"[108] ist. In diesem Kontext besteht ein qualitativer Unterschied, ob eine „weiße" Frau nur aufgrund ihres Geschlechts, oder eine „schwarze" Frau zusätzlich noch aufgrund ihres Andersseins diskriminiert wird.[109]

Inwieweit persönliche Einstellungen bei der Wortwahl eine Rolle gespielt haben, war aus den Reiseberichten nicht zu ersehen, doch lässt sich nach dem Psychoanalytiker und Sexualforscher Wilhelm Reich (1897-1934) – für den die Sexualität „das ‚Natürliche' und ‚Hohe' im Menschen" war, „dasjenige, das ihn mit seinem Kosmos verbindet"[110] – die Abwertung der sexuellen Leis-tungsfähigkeit der „Afrikaner" mit der Projektionsthese deuten. Wilhelm Reich geht von der Existenz eines „ursprünglichen biologischen Anspruchs" des Menschen aus, nämlich seiner „natürliche[n] Sexualität und ihre[r] Orgas-musfunktion."[111] Diese wurde jedoch durch gesellschaftliche Verdrängungs-mechanismen (monogame Dauerehe, Familie, Erbfolge) immer mehr einge-schränkt. Ausgehend von der dauermonogamen Ehe als „patriarchale Kernsituation", die es aus sozial-ökonomischen und religiösen Gründen zu schützen gilt, kam es zu „einer immer wieder fortschreitenden Einengung und Entwertung der natürlichen genitalen Strebungen."[112] Reich folgert aus die-sem Prozess der sexualunterdrückenden Moral, dass überall wo diese Restrik-

---

[104] Becker, Alltäglicher Rassismus 216.
[105] Pritsch. Zit. in: Magg, Wild – Fremd – Frau 72.
[106] Foitzik et al, „Ein Herrenvolk von Untertanen" 22.
[107] Z.B. als Haushaltshilfen, als Reinemachefrauen oder im Pflegedienst.
[108] Lutz, Rassismus und Sexismus 64 (Kursiv wie Original).
[109] Foitzik et al, „Ein Herrenvolk von Untertanen" 25.
[110] Reich, Massenpsychologie 12. Zit. in: Magiros, Foucaults Beitrag zu Rassismustheorie 85.
[111] Magiros, Foucaults Beitrag zu Rassismustheorie 85.
[112] Magiros, Foucaults Beitrag zu Rassismustheorie 85.

tionen bestehen, kein den biologischen Anlagen entsprechendes Leben statt-
finden kann. Deshalb bricht der dem Menschen immanente Trieb auf andere
Weise hervor: „aus dem unterdrückten, ursprünglichen, positiven Trieb werden sekundäre, abgeleitete" Triebe, wie Neid, durch das der Reisende, das in
ihm gehemmte Sexuelle „(für ihn Verbotene und Schuldhafte) in Andere, die
so zu seinen Feinden werden", verlegt.[113] Die eigenen Begierden, die durch ein
„hohes Maß an Zurückhaltung [...] im Zaume"[114] gehalten bzw. unterdrückt,
aber im Unbewussten existent sind, werden nun, quasi um sich selbst zu rei-
nigen, auf Andere übertragen, auf den Fremden projiziert. Die so gewonnene
Reinheit des Ichs, die aus einer körperfeindlichen Haltung, weil unterdrückten
Sexualität, entsteht, wird als Norm für die Beurteilung des Fremden herangezogen. Der europäische Mensch „unterwirft sich dieser Norm, projiziert seine
unterworfenen, unbewusst gemachten Anteile (das Sexuelle, das Körperliche)
auf seine Umwelt (den Anderen) und *sexualisiert* sie damit."[115] Der nun außerhalb der Norm Stehende, also derjenige mit der nicht unterdrückten Sexualität
(und dies wird dem „Afrikaner" zugedacht), kann diskriminiert werden, da es
sich um den pathologischen Feind handelt. Aus diesem Zusammenhang
erklärt sich die Formulierung von Max Horkheimer (1895-1973) und
Th. W. Adorno (1903-1969), das das „[w]as als Fremdes abstößt, [...] nur allzu vertraut"[116] sei, da alles „Verbotene in die ‚minderwertige Rasse'"[117] verlegt
werde.

Auch Sigmund Freud spricht von einer Projektion des in uns Verdräng-
tem auf den Fremden: „Und in den Fremden begegnen uns diese Anteile
unseres Selbst, jetzt allerdings angstbesetzt und unheimlich."[118] Nach Walter
Moßmann gehört es zur Normalität, Regungen, wie beispielsweise sexuell
hyperaktive Gelüste, die wir als eigene in uns nicht zulassen wollen und dürfen, auf Fremde zu projizieren, mit dem Ergebnis, dass diese „Notdurft der
Projektion"[119] stereotype Fremd- und Feindbilder entwickelt wie eben die der
„besonderen sexuellen Leistungsfähigkeit" der „Afrikaner" oder deren „Potenz,
von der man Wunderdinge hört."[120]

Nach diesen Thesen erklären sich die diskriminierenden Äußerungen
bezüglich der Sexualität aus dem Neid, nicht so sein zu können, oder nicht das
„*wilde pralle Leben*" (Rb 25) führen zu können, wie es die scheinbar freizügi-
gere sexuelle Bewegungsfreiheit der *Naturmenschen* (Rb 1) erlaubt. „So führt
gerade die Idealisierung des Asexuellen (für die ‚eigene Rasse') zu einer ‚voll

---

[113] Magiros, Foucaults Beitrag zu Rassismustheorie 88.
[114] Duerr, Nacktheit und Scham 159.
[115] Magiros, Foucaults Beitrag zu Rassismustheorie 78 (Kursiv wie Original).
[116] Horkheimer und Adorno. Zit. in: Magiros, Foucaults Beitrag zu Rassismustheorie 158, Fußnote 58f.
[117] Elfferding, Funktion und Struktur des Rassismus 110.
[118] Rommelspacher, Dominanzkultur 92.
[119] Moßmann, Ein Pfahl im Löß 112.
[120] Zur Kritik an der Projektionsthese siehe Hund, Rassismus 84 f.

körperlichen' Betrachtung der ,anderen Rasse'"[121], in der man neben der Verachtung für diese, auch das „Idyll des sexuellen Paradieses"[122] sieht, in dem man gerne leben möchte und das schon die Phantasie früherer Seefahrer beflügelt hat. So schreibt 1769 Kapitän Cook (1728-1779), als er in Tahiti ankommt:

> „Die Frauen waren besonders schön, die Vegetation üppig und tropisch, das Leben einfach und frei; die Natur ernährte die Menschen ohne die offensichtliche Notwendigkeit zu arbeiten oder etwas anzupflanzen; die Sexualität war offen und ohne Scham – unbeschwert von der Last der europäischen Schuld."[123]

Und der italienische Seefahrer Amerigo Vespucci (1452-1512) berichtet über die Menschen in der Neuen Welt, sie „lebten gemäß der Natur' und waren nackt und ohne Scham; ,die Frauen [...] blieben nach der Schwangerschaft attraktiv, begehrten und vergrößerten den Penis ihrer Liebhaber mit Zaubermitteln.'"[124]

Ungeachtet dieses Wunschdenkens werden Schwarze auch deswegen verachtet, da man sich deren scheinbare sexuelle Freiheit, aufgrund des sehr hohen Standards der eigenen Triebgebundenheit,[125] für sich selbst nicht zugesteht; das heißt, in der Abwertung sind zugleich die verdrängten eigenen Wünsche inkludiert. Der Erziehungswissenschaftler Gottfried Mergner (1940-1999) meint dazu:

> „In das ferne Afrika, zu den nackten, verachteten, primitiven Menschen werden die eigenen verdrängten Wünsche wegphantasiert und voller Aggression, Neid und Sehnsucht zusammen mit dem ,Neger' dort abgewertet." Es sind die feuchten Träume nach wilder Erotik, Nacktheit, Abenteuerlust, Ungebundenheit, Trunkenheit, Faulheit und Müßiggang."[126]

Liegt bei Wilhelm Reich der Schwerpunkt in der Abwertung, Verleugnung und Verdrängung der eigenen Sexualität, geht der Psychologe und Philosoph Michel Foucault (1926-1984) von einem entgegengesetzten Standpunkt aus: in unserer Gesellschaft wird Sexualität nicht mehr verdrängt, sondern verstärkt thematisiert und durch Messungen normiert.

> „Es habe sich ein regelrechtes ,Dispositiv' [...] um die sexuellen Verhaltensweisen herum gebildet, d.h. ein ,Apparat' oder ein Netz von Diskursen und Praktiken, das die ,Sexualität' als wichtigstes – vielleicht als das wichtigste – ,Thema' etabliert und aufgewertet hat."[127]

---

121 Magiros, Foucaults Beitrag zu Rassismustheorie 91.
122 Hall, Rassismus 160.
123 Hall, Rassismus 160f.
124 Honour. Zit. in: Duerr, Nacktheit und Scham 158.
125 Elias. Zit. in: Duerr, Nacktheit und Scham 158.
126 Mergner, „Unser Nationales Erbe" 155.
127 Magiros, Foucaults Beitrag zu Rassismustheorie 92.

Nicht die Sexualitätsverdrängung, sondern das Wissen um die Sexualität, das Mehr an Information darüber, das exakte Bestimmen der „normalen" Sexualität, das Festlegen der „richtigen" Orgasmushäufigkeit etc. sei die „diskursive Realität". Dieser Prozess der Fokussierung auf die Sexualität entsteht durch die Separierung der sexuellen Verhaltensweisen von den anderen menschlichen Verhaltensweisen. Die Herauslösung der Sexualität zum „eigenständigen Objekt", ermöglicht so die wissenschaftliche Unterteilung, Messung und Trennung des Normalen vom Pathologischen.

Die eigentliche „diskursive Explosion" um die Sexualität hat erst gegen Ende des 18. Jahrhunderts stattgefunden, als erkannt wurde, dass er sich auch für staatliche Zwecke instrumentalisieren ließ.[128] Es entwickelte sich eine, mit der Zunahme des Diskurses einhergehende, „neue Bio-Macht"[129], deren Bedeutung und Nützlichkeit durch das dominante Sexualdispositiv Unterstützung erfährt:

> „[Der Sex] bildet das Scharnier zwischen den beiden Entwicklungsachsen der politischen Technologie des Lebens [...]; er gibt Anlaß zu unendlich kleinlichen Überwachungen, zu Kontrollen aller Augenblicke, zu äußerst gewissenhaften Raumordnungen, zu endlosen medizinischen oder psychologischen Prüfungen, zu einer ganzen Mikro-Macht über den Körper. Er gibt aber auch Anlaß zu umfassenden Maßnahmen, zu statistischen Schätzungen, zu Eingriffen in ganze Gruppen oder in den gesamten Gesellschaftskörper"[130]

Durch die Quantifizierungs- und Wertungsmöglichkeiten, der mit Sexualität zusammenhängenden Größen, zu denen ab der zweiten Hälfte des 19. Jahrhunderts die Thematik des Blutes hinzugekommen ist, etabliert sich der „moderne, staatliche, biologisierende Rassismus."[131] Bei all diesen Kontrollmöglichkeiten bilde der Rassismus, so Foucault, die Spitze des Eisbergs der „biomächtigen" Gesellschaft, wobei die „Sexualität" (als Stützpunkt) wie auch der Rassismus (als „Effekt") Elemente dieser Bio-Macht sind.[132]

Im Gegensatz zu Wilhelm Reich ist somit der Reisende, der die scheinbar sexuelle Freizügigkeit des „Afrikaners" diskriminiert, nicht derjenige, der die eigene Sexualität unterdrückt und seine Wünsche auf den Fremden projiziert, sondern derjenige, der die, durch Messungen festgestellte und durch gesellschaftlichen Konsens akzeptierte, „gesunde", „richtige", „normale" Sexualität praktiziert und sich damit vom „Anormalen" abgrenzt. Damit lassen sich Dis-

---

128 Disziplinen wie die Ökonomie, Demographie, Pädagogik, insbesondere aber die biologischen und medizinischen Wissenschaften nahmen sich des Sexes an. Magiros, Foucaults Beitrag zu Rassismustheorie 95.

129 Die alte Bio-Macht, die „Macht des Souveräns, leben zu lassen und sterben zu machen (die Macht des Schwertes), trete zurück hinter eine Macht, leben zu machen." Magiros, Foucaults Beitrag zu Rassismustheorie 105.

130 Foucault. Zit. in: Magiros, Foucaults Beitrag zu Rassismustheorie 99.

131 Magiros, Foucaults Beitrag zu Rassismustheorie 104.

132 Magiros, Foucaults Beitrag zu Rassismustheorie 92, 96, 100, 104.

kriminierungen in den Reiseberichten, die auf die Sexualität abstellen, so interpretieren, als dass der „gesunden", „richtigen" (= europäischen) Sexualität, die „anormale", „ausschweifende" der „Afrikaner" gegenübergestellt wird.

Ob nun Verdrängung und Projektion oder das Postulat der Norm ausschlaggebend sind, die „besondere sexuelle Leistungsfähigkeit der Afrikaner" zu diskriminieren, lässt sich aus den Reiseberichten nicht ersehen. Herauslesen lässt sich jedoch die Sehnsucht – trotz und vor allem wegen der Diskriminierungen – nach einem unbeschwerten Arkadien, nach dem *„Garten Eden"* (Rb 43) und der Wunsch, im „echten, unverfälschten Afrika" so zu leben wie die „glücklichen Wilden".[133] Denn der

> „westliche Mensch scheint die Schattenseiten seiner materiellen und technologischen ‚Zivilisation' nicht mehr zu ertragen: die Übermechanisierung seiner Umwelt, Überindividualisierung und Verödung der zwischenmenschlichen Beziehung. Er sucht zeitweise dieser Welt zu entfliehen. Während der Sozialisation wird das Bild Afrikas als Ort des Ursprünglichen verinnerlicht. Afrikaner gelten als Angehörige von Völkern, die in einer gewaltigen Naturhaftigkeit verankert sind. Groß ist daher häufig die Desillusionierung europäischer Touristen bei Afrikareisen, die ihre Enttäuschung kaum durch folgende Aussage verbergen können: ‚Ach, das ist ja nicht afrikanisch, es sieht hier europäisch aus.'"[134]

Die Sehnsucht nach Exotischem ist nicht neu, gehören doch die „Bedürfnisse, Interessen und Aktivitäten gewissermaßen naturwüchsig zur einmal festgelegten Grundausstattung des Menschen" und unterliegen „keinerlei historischen Wandlungen".[135] Diese Ansicht bestätigt auch der Volkskundler Konrad Köstlin, indem er feststellt, dass in Konkurrenz zum Werktag, die „Exotik [...] als Raum der Phantasie, als Aufschließen verengter Horizonte, als Wegträumen in eine freie Welt, naturhafte Bedürfnislosigkeit, in eine Welt friedlich-gleichberechtigten Zusammenlebens unter mild-warmer Sonne"[136] gestellt wird. Dabei darf allerdings nicht vergessen werden, „exotisch" ist nur eine Zuschreibung und keine den Menschen innewohnende Qualität. Doch reicht das imaginierte Bild offensichtlich aus, um sich den Mühen einer strapaziösen Reise auszusetzen, denn von diesem menschenimmanenten „Reisetrieb"[137] lebt ein ganzer Industriezweig. Stuart Halls Aussage, die „zeitgenössische westliche Vorstellung des tropischen Paradieses und der exotischen Urlaubsreisen verdankt dieser Phantasie noch immer viel"[138], wird von einem Reisenden auch bestätigt, wenn er anmerkt, es gehe von Afrika eine *„Faszination"* aus und viele Reisende *„träumen davon, [...] ihren Traum vom Glück in Afrika verwirklichen zu können"* (Rb 32). Die „Ware" Reisen und die dazugehörende Werbung in

---

133 Schurian-Bremecker, Kenia in der Sicht deutscher Touristen 380.
134 Attikpoe, Folgenschwere Konstrukte 26.
135 Lauterbach Tourismus 13.
136 Köstlin, Die Erfahrung des Fremden 25.
137 Armanski, Die kostbarsten Tage des Jahres 8.
138 Hall, Rassismus 161.

Reisekatalogen und anderen Medien „ist in dem Sinn die Inszenierung der Welt- und Kolonialausstellungen, transferiert in die Gegenwart: Auch sie arbeitet mit den Sehnsüchten der Menschen und den Defiziten, die sie spüren."[139] Doch dürfen die Sehnsüchte, die bei oberflächlicher Betrachtung, eine positive Einstellung gegenüber dem „Fremden" signalisieren, nicht über eine instantan vorhandene Aversion gegenüber diesen Menschen hinwegtäuschen. Auf dieses sozialpsychologische Phänomen, des gleichzeitigen Wunsches nach Exotischem und der Xenophobie andererseits, weist Caroline Zanella hin:

> „Xenophobie und Exotismus, auf den ersten Blick Gegensätze, sind beide insofern verwandt, als sie Vermeidungsstrategien sind. In der Xenophobie meidet man das Fremde, um das Eigene nicht in Frage stellen zu müssen, im Exotismus zieht es einen in die Fremde, und man muß deshalb zu Hause nichts ändern."[140]

Ergänzende Schlussbemerkungen

a) Die Reiseberichtverfasser liefern keine kontextorientierten Erklärungen von Situationen, sondern deren Äußerungen lassen eine oberflächliche, phänomenologische Betrachtungsweise erkennen; das heißt, das Wesen einer kulturellen Äußerung bleibt bei ihren Beurteilungen unberücksichtigt. Es wäre aber notwendig, sich als Tourist mit den Riten, Sitten, Historie etc. auseinanderzusetzen, um die „Vieldeutigkeit" einer erlebten Situation richtig einordnen zu können. Denn eine richtige „Deutung [ist] nur da möglich [...], wo sie eben feste ‚Anhaltspunkte'"[141] hat. Und diese wiederum erhält man nur durch vorheriges, ethnologisch-orientiertes Informieren und Sich-Auseinander-Setzen mit den bereisten Ländern und ihren Kulturen. Eine, auf profundem Wissensfundament basierende Dekodierung von den auf Reisen erlebten Situationen, wird aber von den Touristen nicht praktiziert. Damit zeigt sich, was der Kulturanthropologe und Tourismusforscher Burkhart Lauterbach als „Gefahr des bloßen Erratens von Zusammenhängen" bezeichnet und damit einhergehend, das „was man in der Psychologie Projektion nennt, nämlich die – ausschließlich – von eigenen Erwartungen gesteuerte Wahrnehmung."[142] Diese eingeschränkte Betrachtungsweise zeigt sich beispielsweise im Rb 7 (Kamerun): Es handelt sich hier um ein Land, in dem 286 verschiedene Volksgruppen leben, wobei diese Vielschichtigkeit bei den Reisenden zu keiner differenzierteren Auseinandersetzung mit diesem ethnischen Phänomen führt. Auch die plakativ diskriminierende Äußerung im Beispiel 2 *(Monster),* die von Akademikern formuliert worden ist, weist einen Mangel an Bereitschaft auf, sich entsprechend zu informieren. Im übrigen

---

139 Zanella, Kolonialismus in Bildern 155.
140 Zanella, Kolonialismus in Bildern 62.
141 Lauterbach Tourismus 125.
142 Gombrich, Zur Psychologie des Bilderlesens 15f.

bestätigt sich an dieser Stelle die Feststellung von Birgit Rommelspacher, dass Rassismus grundsätzlich alle Gesellschaftsschichten durchziehe aber gerade bei den materiell Nicht-Benachteiligten (was von Personen, die sich diese Reisen leisten können, angenommen werden kann) stärker ausgeprägt ist.[143]

b) Die „mitgebrachten" und auch in der gebildeten Schicht sich haltenden, tradierten Vorstellungen blicken auf eine lange Historie zurück. Sie reicht „von der antiken Unterstellung, allen Barbaren mangelte es an Vernunft, bis zu selbst heute noch kompilierten Vorurteilen über das Verhältnis von Sexualität, Hirnvolumen und Intelligenz der Schwarzen"[144], weil dem „Afrikaner [...] im europäischen Erziehungsalltag die Rolle eines ständig zitierbaren Beispieles für Kulturlosigkeit, Wertlosigkeit und Triebhaftigkeit zugeordnet"[145] wird. Die undifferenzierte Betrachtungsweise, die diese Stereotypen am Leben erhält und die dann zudem für alle „Afrikaner" gelten sollen, ist auch der Konstruktion geschuldet, dass ethnische Gruppen mit scheinbar gleichen biologischen Merkmalen, in der Vorstellung der Reisenden als imaginäre Gemeinschaften gesehen werden.

> „Rassische und ethnische Gruppen sind ebenso wie Nationen imaginäre Gemeinschaften. Sie sind ideologische Einheiten, die in Kämpfen produziert und verändert werden. Sie sind diskursive Formationen. Sie stellen eine Sprache zur Verfügung, durch die Differenzen eine gesellschaftliche Bedeutung gegeben, durch die sie benannt und erklärt werden können."[146]

c) In der rassistischen Phantasie des Europäers um 1900 existiert der Mythos, Schwarze seien „sexuell gewalttätige Raubtiere"[147], die, mit einem „übergroßen schwarzen Penis"[148] ausgestattet, sich als potente Muskelprotze über weiße Frauen stürzen.[149] Und von dieser Vorstellung über den „Afrikaner" ist der Diskurs um die „sexuelle [...] Unschuld und Erfahrung, sexuelle [...] Beherrschung und Unterwerfung"[150] in der Folgezeit geprägt. Dieses Denken zeigte sich u.a. nach dem Ersten Weltkrieg in einer Karikatur (um 1920), in der ein riesiger Schwarzer als zügelloser Sexualprotz dargestellt wird, der mehrere weiße Frauen an seinem Arm hängen hat, wobei die Aussageabsicht durch die Legende „Jumbo, der Frauenfresser" noch verstärkt wird. Es zeigte sich auch am Ende des Zweiten Weltkriegs „wie sehr die Gräuelpropaganda gegen die

---

143 Rommelspacher, Dominanzkultur 83.
144 Hund, Rassismus 13.
145 Mergner, „Unser Nationales Erbe" 153.
146 Solomos. Zit. in: Scherschel, Rassismus 31.
147 Laut Abduraman Maho Awes wurden schon in früheren „Fasnachtsspielen" potenzstarke Schwarze gezeigt, „in denen ‚die Vergewaltigung einer weißen Frau in Verbindung mit einem farbigen Mann gesehen wird." In: Awes, Gazelle 67.
148 Fredrickson, Rassismus 122.
149 Becker, Alltäglicher Rassismus 216.
150 Hall, Rassismus 160.

‚Schwarze Schmach' in den Vorstellungen der Menschen Fuß gefasst hatte"[151], denn als die US-amerikanischen Truppen Deutschland erreichten, bestand in der Bevölkerung, namentlich vor den schwarzen G.I.s, Angst vor „entsetzlichen Vergewaltigungsorgien."[152] Das alte, tief sitzende Vorurteil gegenüber dem „blutrünstigen, vergewaltigenden ‚Wilden'"[153] drückt auch die zweite Strophe eines Gedichtes aus, das nach dem Zweiten Weltkrieg in einem Flugblatt veröffentlicht wurde.

> Mit Negern hurt die deutsche Frau
> in schamloser Weise, wir wissens genau,
> an jeder Ecke, kann man sie sehen,
> mit zweien, mit dreien die Dirnen losgehen,
> ein zynisches Lachen, ein freches Gesicht,
> deutsche Frauen, schämt ihr euch nicht?[154]

Und es zeigt sich schließlich noch nach 1950, als sich das Bundesinnenministerium an Pater Alkuin Heibl, einen Vertrauensmann des Katholischen Fürsorgevereins in den USA, wandte und ihn bittet, sich dafür einzusetzen, dass Mulattenkinder in die Heimatländer der Väter verbracht werden. Er unterstützt dieses Ansinnen, weil auch er die Meinung vertritt, die „Fruchtbarkeit der Neger sei durchaus im Stande, die Blutfärbung eines Volkes in kurzer Zeit vorzunehmen.[155] Diese Beispiele ließen sich beliebig fortsetzen, doch sollen sie genügen um die Geisteshaltung zur Sexualität der People of Color aufzuzeigen.

Freilich fallen die diskriminierenden Formulierungen der Reisendenden moderater aus. Doch sind sie genau in diesem tradiertem Verständnis, mit den für die Völkerschauen so typischen Ingredienzien der Inszenierungen, zu den „Themen, Sujets und Stereotypen wie ‚edler Wilder', ‚unverdorben von der Kultur', ‚wild', ‚erotisch' ‚unbändige Sexualität' etc."[156] zu verorten, wenn man Gerald Hüthers These von der Macht der inneren Bilder zugrunde legt.

d) Auch das Bild der schwarzen Frau in den Reiseberichten muss im Kontext der europäischen Sexualnormen und des Frauenbildes des 19. Jahrhunderts gesehen werden, in dem die „keusche zurückhaltende Frau als Weiblichkeitsideal"[157] galt und die exotische Frau zum Inbegriff des Begehrens wurde. Denn der „erotische und sexistisch getönte Exotismus und die Wunschvorstellungen europäischer Männer in Beziehung zur fremden Frau leben bis in die Gegenwart fort", weil die „Mythen über die emotionellen und sexuellen

---

151 Martin: ... Als wäre gar nichts geschehen 700.
152 Martin: ... Als wäre gar nichts geschehen 700.
153 Martin: ... Als wäre gar nichts geschehen 701.
154 Martin: ... Als wäre gar nichts geschehen 704.
155 Martin: ... Als wäre gar nichts geschehen 706.
156 Zanella, Kolonialismus in Bildern 153.
157 Lutz, Rassismus und Sexismus 68.

Eigenschaften von Schwarzen im Alltagsdiskurs noch weit verbreitet" sind.[158]
Dies bestätigt zum einen eine Studie über aktuelle Biologie- und Erdkunde-
schulbücher, die zu dem Ergebnis führt, dass darin ein Bild von einem „von
Natur und Körperlichkeit bestimmten"[159] Afrikaner gezeichnet wird; sowie
zum anderen, eine Umfrage unter Jugendlichen, die den Gebrauch von „auffallend aggressiv-sexistisch[en] Äußerungen über afrikanische Frauen", offen-
legte.[160]

Exotisch-erotische Wünsche werden auch um 1900 geschürt, als im „wil-
helminisch-prüden Deutschland die eigenen sexuellen Bedürfnisse massiv
unterdrückt, gleichzeitig aber in übersteigerter Form, den bei den Völkerschauen Ausgestellten aus Afrika oder Südostasien zugeschrieben"[161] werden.
Dabei entspringt die „sexuelle Attraktivität der Völkerschauteilnehmer [...] –
bewußt oder unbewußt – der Verfügbarkeit über den Fremden"[162] indem man
sie aus der Nähe betrachten und sogar berühren kann. In den Kolonialausstellungen, Völkerschauen und auf Postkarten wurde nämlich nicht nur für
den Kolonialismus geworben, sondern „ein exotischer und erotischer Traum
inszeniert", indem man die Vorführungen dementsprechend gestaltete um
diesen Effekt zu erreichen.[163] Außerdem wird in der Kolonialliteratur dem
„Afrikaner" oder der „Afrikanerin" zwar eine eher hässliche Physiognomie
zugeschrieben, aber deren Körperbau und Schönheit der Körperformen werden mit einem positiven Urteil belegt.[164] Wenn nun heute von einer schwarzen Frau die Rede ist, die „unverschämt schön" ist, dann bringt dieses Beispiel
die Revitalisierung kollektiven Erinnerns an exotisch-erotische Bilder aus der
Kolonialzeit zu Tage.

3.2 Diskriminierungen die auf das „lebhafte Naturell" des afrikanischen „Naturmenschen" abstellen

In 24 von 45 Reiseberichten (53,3 %) wird die besondere, eigene, exotische
und sich vom Europäer unterscheidende „lebhafte Natur" des „Afrikaners"
thematisiert. Die speziell den Schwarzen zugesprochenen Besonderheiten
beziehen sich auf deren „Emotionalität", „Talent" oder die „Mentalität", die
diese Menschen vom Weißen abhebt und die die Reisenden nicht nur kennenlernen wollen, sondern der sie grundsätzlich positiv gegenüberstehen.[165] Die

---

[158] Akashe-Böhme, Exotismus 121.
[159] Poenicke, Afrika 10.
[160] Poenicke, Afrika 11.
[161] Eißenberger, Entführt, verspottet 18.
[162] Eißenberger, Entführt, verspottet 79.
[163] Zanella, Kolonialismus in Bildern 55.
[164] Steins, Das Bild des Schwarzen 95.
[165] Eine Studie über Keniareisende von Christiane Schurian-Bremecker ergab, dass jeder „fünf-
te Urlauber [...] als Motiv für seine Keniareise ‚die Mentalität der Kenianer', jeder achte ‚die

Organisation „derbraunemop" spricht hier von Positivrassismus, der dann vorliegt – ohne es böse zu meinen oder gegen Schwarze eine grundsätzliche Aversion zu haben –, „wenn Schwarzen Menschen pauschal in die Schuhe geschoben wird, sie können ‚von Natur aus super mit Trommeln umgehen'" bzw. „Schwarz Rhytmus [sic] Naturverbunden Impulsiv" eine Assoziationskette bilden.[166]

In den Reiseberichten ist von einer „angeborenen Herzlichkeit", der „fröhlichen, ungezwungenen Natur" die Rede, die in Einklang mit schwarzafrikanischer rhythmischer Musik (Rb 12) gebracht wird und von „schönen Naturmenschen", die alle gerne „quatschen, quasseln, pfeifen, trommeln, tanzen, kichern" und „quitschfidel" sind (Rb 1, 2, 5, 7, 26, 29, 30, 39); und die, wenn sie „palavern", gleich munter drauf „losplappern" und ihre Geschichten mit „großen Gesten" begleiten (Rb 14, 18, 26, 41, 42). Diese „Buschmänner" und „Buschleute", wie „Schwarzafrikaner generell", haben eben eine andere Lebenseinstellung und „Mentalität als Weiße" (Rb 13, 19, 42, 43, 45), zu der es passt, falls diese Menschen etwas besonders lustig finden, dass sie schon mal „eine halbe Stunde fast auf dem Boden kugeln" und „dabei ihr Gegenüber unzählige Male auf die Schulter klopfen" (Rb 7), während „zurückhaltendes Lächeln" von People of Color nur erwartet werden kann, wenn sie „in Europa ausgebildet" (Rb 35) wurden.

Ferner sind aus Sicht der Reisenden, „Afrikaner" „viel impulsiver", „wild", „zorniger" und „tollwütiger", haben „keine Kraft zur Geduld", „brüllen" oder „schreien ekstatisch", „essen übermäßig viel", und führen ein „wildes, pralles Leben", das die Reisenden „immer wieder zum Erstaunen bringt", wenn sie dort eintauchen, „wo das afrikanische Leben pulsiert" (Rb 19, 20, 24, 25, 26, 32, 41, 43, 45). Afrikaner werden auch in den Kontext von „Busch", „Buschhütte" (passim), „Sammler und Jäger" gestellt. Außerdem besitzen sie nach europäischen Vorstellungen, kein „ausgeprägtes Reinlichkeits- und Sauberkeitsbedürfnis", weshalb ein „vergammelter Eindruck" wahrgenommen wird (Rb 18, 21, 26, 45).

Aus den hier aufgeführten Beispielen lässt sich ableiten, dass die Reisenden von der Existenz eines biologisch determinierten, lebhafteren afrikanischen Naturells ausgehen, das in seinen Äußerungsvarianten vom europäischen abweicht. Die westliche Konstruktion der im „„Naturzustand lebenden Völker', die als Kindheit gegenüber den europäischen Gesellschaften angesehen"[167] werden, basiert zum einen auf dem scheinbar biologischen Unterschied, der auf der Vorstellung des „Negers" als eine „Degenerationsform des zivilisierten Menschen"[168] fußt:

kulturellen Sehenswürdigkeiten" nannte. In: Schurian-Bremecker, Kenia in der Sicht deutscher Touristen 379.

[166] http://www.derbraunemob.de/deutsch/index.htm (01.07.2012)
[167] Akashe-Böhme, Exotismus 116.
[168] Attikpoe, Folgenschwere Konstrukte 19.

„Er ist nicht aus Edelmetall und hat auch keine Anlagen, die nach Erziehung verlangen. Er scheint zu jenen kindlichen Rassen zu gehören, die
sich nie in den Rang des Menschentums erheben können. Sie fallen wie
abgenutzte Glieder aus der großen Kette der lebendigen Natur"[169];

und zum anderen entwickelte sie sich aus der vermuteten Ungleichzeitigkeit
der Entwicklungsgeschwindigkeit der Menschheit. Martin Steins bringt dazu
ein Beispiel aus der Literatur, wo der Hinweis gebracht wird, „der Schwarze,
als geborener Sklave, fühle sich als freier Mensch überhaupt nicht wohl und
verlange nach einem Herrn, dem er gehorchen kann."[170] Nach dieser Auffassung steht der „Afrikaner" insofern unter dem Europäer, als letzterer, von der
Ratio geprägt, seine Emotionalität „im Griff" hat (also professionell lächelt
oder strukturiert spricht), während ersterer nur ein „naturhaftes" Verhalten an
den Tag legen kann, weil er als *niedlicher Dorfbewohner"* (Rb 42) noch
„ursprünglicher", „unkontrollierter", „kindlicher" und somit unzivilisierter ist.
Der Psychiater Frantz Fanon (1925-1961) schreibt dazu:

> „It is said that the black man likes to palaver, and whenever I pronounce
> the word ‚palaver' I see a group of boisterous children raucously and
> blandly calling out to the world: children at play insofar as playing can be
> seen as an initiation to life. The black man likes to palaver, and it is only
> a short step to a new theory that the black man is just a child. Psychoana-
> lysts have a field day, and the word ‚orality' is soon pronounced."[171]

Es fehle ihnen eben, wie in einem Protokoll der Städtischen Mittelschule Ber-
lin-Wittenau im Jahre 1937 vermerkt wird, die Kultur, der Stolz und die
„nordische Zurückhaltung."[172] Unzivilisierter sind sie auch deshalb, weil
„Afrikaner" den Weg zur Zivilisation just nicht im gleichen Maße „bis zur
selben Wegmarke beschritten"[173] hätten, wie die Europäer. Weshalb „Afrikaner" immer noch als kindliche Naturwesen, mit „geistiger Infantilität"[174]
gesehen werden hängt auch damit zusammen, dass man sie in der Vergangenheit mit Kindern verglich[175], die einer Erziehung benötigen:

> „Der Begriff des ‚Negers' ist darüber hinaus mit dem Begriff von Kindheit
> in der bürgerlichen Gesellschaft eng verbunden. Denn der ‚Neger', ‚halb
> Bestie – halb Kind', konnte auch deshalb als Bestie und als Kind behan-
> delt werden, weil er genauso wahrgenommen wurde, wie das Kind von
> seinen bürgerlichen Erziehern wahrgenommen wird: Als Naturwesen, das
> der Zivilisierung bedarf und zur Nützlichkeit gebracht werden muß."[176]

---

169 Richard Burton. Zit. in: Attikpoe, Folgenschwere Konstrukte 19.
170 Combette. Zit. in: Steins, Das Bild des Schwarzen 39.
171 Fanon, Black Skin 10.
172 Alonzo, Rassenhygiene 512.
173 Hund, Rassismus 61.
174 Steins, Das Bild des Schwarzen 94.
175 Z.B. der britische Dichter Rudyard Kipling (1865-1936): „halb Teufel, halb Kind". In:
Fredickson, Rassismus 110.
176 Mergner, „Unser Nationales Erbe" 142.

Dass eine Erziehung aus Sicht der Reisenden immer noch notwendig ist, zeigt auch die Äußerung, *„Privatsphäre sei in Afrika scheinbar ein Fremdwort"* (Rb 39). Eingefordert wird eine Erziehung nach europäischem Vorbild, mit „westlicher Diskretion" seinem Gegenüber zu begegnen; wie auch europäisches Benehmen, *„beim Essen oder mit dem Kaugummi nicht ohrenbetäubend zu schmatzen"* (Rb 17, 39, 42) bzw. überhaupt zu „essen" und nicht zu *„fressen"* (Rb 17) erst den „Afrikanern" beigebracht werden muss.

Geht man von der Überlegung aus, das eigentliche Wesen des Menschen liege in der Vernunft, dann ist „die Naturhaftigkeit eher ein zu überwindender Zustand."[177] In dieser Vorstellung assoziiert der Naturmensch Wildnis und Chaos, das es galt und noch immer gilt „mit der Macht des Wissens zur Ordnung zu rufen und zu beherrschen."[178] Daraus erwächst sozusagen die Pflicht und Notwendigkeit für die Europäer, die Naturhaftigkeit der „Afrikaner" in ein intelligenzgeleitetes, soziales Verhalten zu überführen. Diese Transformation legitimiert quasi den Suprematismus der europäischen Kultur, der aufgrund ihrer höheren Entwicklungsstufe die andauernde und ungebrochene Definitionsmacht über Natur und Menschen zukommt.[179]

Die Stereotypen vom emotionalen, unkontrollierten „Afrikaner", vom „Wilden", der zu heftigsten Empfindungen fähig ist[180], sind nicht neu. Hat doch bereits der islamische Historiker Ibn Chaldun (1332-1406) einen Grund für die Lebhaftigkeit ausgemacht: „Die Hitze sei es, die die Menschen in diesen Gebieten den Einflüssen von Venus und Mars gleichermaßen öffne und ihnen ein glühendes Temperament ohne Mäßigung durch Selbstkontrolle verleihe."[181] Der deutsche Philosoph G. W. F. Hegel (1770-1831), der Afrika „als kulturlose Einheit betrachtet[e], da ja Schwarze per definitionem nicht ‚kulturfähig'"[182] seien, war der Auffassung, „daß es die Unbändigkeit ist, welche den Charakter des Negers bezeichnet"[183], wie auch Ernst Haeckel in einem anderen Zusammenhang von der Gefahr des Rückfalls „in die Barberei, in den tierischen Urzustand der rohen Naturvölker"[184] warnte. Und bei Josef Arthur de Gobineau war die Hilarität und Leidenschaftlichkeit ein typisches Merkmal des Schwarzen: „Er kontrastiert dabei extremste Gefühlsregungen, [...] und kühles, meditierendes Raffinement des Europäers."[185] Wie lange sich die Vorstellung der unkontrollierten Emotionalität der „Primitiven" (hier in Südamerika) auch im wissenschaftlichen Diskurs hielt, macht Hans Peter Duerrs Hinweis auf einen Ethnologiekongreß deutlich, wenn er schreibt,

---

177 Akashe-Böhme, Exotismus 113.
178 Akashe-Böhme, Exotismus 114.
179 Mergner, „Unser Nationales Erbe" 144.
180 Steins, Das Bild des Schwarzen 104.
181 Jacques Heers. Zit. in: http://de.wikipedia.org/wiki/Schwarzafrikaner (01.07.2012).
182 El-Tayeb, Schwarze Deutsche 37.
183 Hegel. Zit. in: El-Tayeb, Schwarze Deutsche 13.
184 Ernst Haeckel. Zit. in: Mergner, „Unser Nationales Erbe" 156.
185 Steins, Das Bild des Schwarzen 104.

„daß der Ethnologe Thoden van Velzen auf einem Amsterdamer Kongreß über Elias' Zivilisationstheorie Ende 1981 ‚die anwesenden Zivilisations-sachverständigen‘ ‚einigermaßen aus der Fassung‘ brachte, indem er beschrieb, wie die Djuka-Buschneger in Surinam ‚äußerst höfliche, umsichtige und beherrschte Umgangsformen‘ aufwiesen."[186]

In den Reiseberichten bleibt es aber nicht bei der bloßen Feststellung einer scheinbaren Differenz des Naturells von „Afrikanern" und Europäern. Hinzu kommt, dass das angeblich existente afrikanische Naturell nicht als ebenbürtige Alternative, als Variante kultureller Äußerungen eingestuft, sondern durch die getroffene Wortwahl lächerlich und negativ bewertet wird. Damit zeigt sich, dass „die begriffliche Herstellung eines hierarchischen Gegensatzes zwischen ‚Natur‘ und ‚Kultur‘" durch adjektivische Benennungen und verbale Bedeutungsübertragungen, ein „zentraler Baustein der Konstruktion von Afrika als unterlegener Gegenpol zu Europa" ist.[187]

> „Dabei wird Europa als ‚Norm‘ gesetzt. Das vollzieht sich in einem eher impliziten Verfahren. Wenn zum Beispiel ‚Naturvölker‘ im Gegensatz zu ‚Völkern‘, ‚Naturreligionen‘ zu Religionen und ‚Buschmänner‘ zu Männern bzw. Menschen stehen, wird ein spezifizierender Unterbegriff einem generischen Oberbegriff gegenübergestellt."[188]

Das ist der Fall, wenn die Reisenden vom sich unterhaltenden „Naturmenschen", der „palavert, quatscht, plappert" oder „quasselt" berichten, weil bereits in der Wahl der Verben für die Beschreibung des Sprechens bzw. Kommunizierens, eine negative Konnotation vorliegt. Offensichtlich wird ein Unterschied gemacht, ob ein Europäer „artikuliert", sich „äußert, formuliert, diskutiert, plaudert, sagt" oder ganz einfach „spricht", oder ein „Afrikaner" „palavert, quatscht, plappert" etc., obwohl es sich um die gleiche Kommunikationsstruktur (Sender – Empfänger) handelt. Ersteres assoziiert knappes, überlegtes, „zivilisiertes" Sprechen, letzteres unkontrolliertes, inhaltsloses, ausuferndes Gerede. Auch wenn von den Reisenden diese Diskrepanz als solche wahrgenommen wird, bleibt von ihnen die Tatsache unberücksichtigt, dass, unabhängig vom Inhalt, Sprechen etwas Beruhigendes ausstrahlen kann:

> „Es ist die Feststellung, der Ausdruck jenes Aufeinander-Angewiesenseins, ohne das der Mensch nicht bestehen kann. [...] Die Tendenz zum Schwatzen oder zum Grüßen hat ja ihre ganz bestimmte Funktion im sozialen Gefüge, entspringt also einem sozialen Bedürfnis, keinem inneren Antrieb."[189]

Zudem scheint den Reisenden, wenn sie von quasseln oder palavern sprechen, der Zugang zu Art und Aufbau des Sprechens ihres Kommunikationspartners

---

186 Duerr, Nacktheit und Scham 339, Fußnote 3.
187 Arndt/Hornscheidt, Afrika und die deutsche Sprache 19.
188 Arndt/Hornscheidt, Afrika und die deutsche Sprache 20.
189 Reiwald, Malinowski und die Ethnologie 15.

zu fehlen. Denn laut Ernst Dammann sprechen „Afrikaner" *anschaulich*, das heißt „sie sehen und erleben das, wovon sie reden. Sie sprechen vielfach in Bildern und Gleichnissen. Dieser Bildcharakter wird oft von uns nicht erkannt, vielfach fehlt uns der Schlüssel zur Auslegung."[190]

Die verbale Abwertung des sprechenden „Afrikaners" kann auch der historischen Tatsache geschuldet sein, dass die Kolonisierenden afrikanische Sprachen nicht als Sprache anerkannten, sondern bestenfalls als Dialekte oder sogar als Grunzlaute „die nichts mehr mit den Lauten menschlicher Sprache gemein hatten."[191] Es herrschte nämlich die weitverbreitete

> „Auffassung von der Primitivität der einheimischen Sprachen, ihrer mangelnden grammatischen Strukturierung, ihrer vermeintlichen Wortarmut – in der man den Niederschlag der Ideenarmut des Schwarzen sah – [und] ihrer Ungeeignetheit, logische Zusammenhänge und abstrakte Begriffe auszudrücken."[192]

Der deutsche Kulturwissenschaftler Ferdinand von Reitzenstein (1876-1927) unterscheidet zudem zwischen Männer- und Weibersprache bei den „Naturvölkern": „Es ist nämlich eine hochinteressante Tatsache, daß bei vielen Naturvölkern [...] die Weiber eine andere Sprache reden als die Männer, ja daß diese die Weibersprache gar nicht verstehen."[193]

> „So wie die Kolonialmächte sich als *Zivilisierte* sahen, die über eine *Sprache* verfügten, wurde der Kolonisierte als *Wilder* angesehen, der nur *Dialekte* sprach. Dies hatte literarische Implikationen: Autoren beschrieben Afrikaner und Afrikanerinnen oft als Untermenschen, deren sprachliche Kommunikation nicht nur aus unverständlichen und ohrenzerreißenden Tönen bestünde, sondern eher der Sprache von Tieren ähnele."[194]

Die von den Reisenden gebrauchten Verben haben im deutschen Sprachgebrauch zudem einen negativen Beigeschmack. So handelt es sich bei „palavern" um ein „langes überflüssiges Gerede[195], das im Kontext von Banalität, Geschwätz, Gewäsch, Klatsch oder Gefasel steht. „Quatschen" wird gebraucht, wenn der Sprecher als jemand beschrieben werden soll, der ausplaudert, verrät oder tratscht; „plappern" oder „quasseln" wenn der Sprechende abschweift, salbadert oder schwadroniert. Wie die Nebenbedeutungen zeigen, wird den Gesprächen von „Afrikanern", da sie scheinbar nur über „wenig Verstandes-

---

[190] Dammann, Afrika III 718.
[191] Attikpoe, Folgenschwere Konstrukte 21.
[192] Steins, Das Bild des Schwarzen 78.
[193] Reitzenstein, Das Weib 209.
[194] Attikpoe, Folgenschwere Konstrukte 20 (Kursiv wie Original).
[195] Dornseiff, Der deutsche Wortschatz nach Sachgruppen. In: http://wortschatz.uni-leipzig.de/abfrage/. (01.07.2012). Auch alle weiteren Nebenbedeutungen beziehen sich auf Dornseiff, Der deutsche Wortschatz nach Sachgruppen.

kräfte und Sprachvermögen"[196] verfügen, eine geringschätzige Bedeutung zugewiesen. Durch die Asymmetrie in der Verwendung dieser Verben selbst und deren Anhäufung, wenn Gespräche von „Afrikanern" charakterisiert werden, im Vergleich zur deutschen Verwendung und deren Frequenz, wird zudem die „naturbedingte Rechtfertigung"[197] der Differenz zwischen „Naturmensch" und „Kulturmensch" ersichtlich. Dass diese Verben auch für die Beschreibung deutscher Kommunikationssituationen verwendet werden, darf nicht darüber hinwegtäuschen, dass in den Reiseberichten eben überwiegend nur die genannten, abwertenden Begriffe gebraucht werden, um generell Gespräche von „Afrikanern" zu etikettieren; während sie im Deutschen die Ausnahme darstellen (um beispielsweise zu verunglimpfen), aber für die Beschreibung von „normalen" Gesprächen nicht eingesetzt werden.

Obwohl die Begriffe quatschen, quasseln, palavern auch einen verallgemeinernden Charakter in sich tragen, so zeigt sich doch, dass in einem bestimmten Bezugsrahmen einzelne Elemente ihrer Bedeutung abgeschwächt oder verstärkt werden können.[198] Ersteres ist der Fall, wenn „Weiße" damit gemeint sind. Hier vermittelt quatschen, quasseln, palavern Lockerheit, Saloppheit oder Burschikosität, aber keine Diskriminierung.[199] Letzteres ist dagegen der Fall, wenn diese Begriffe auf „Schwarze" angewendet werden. Denn in Kontexten, wo es um die Vita eines Obersten des Militärs oder eine neue staatliche Vorschrift geht, aber eben „Afrikaner" betrifft, dann heißt es nicht mehr, „er erzählt seine Lebensgeschichte", sondern *„plappert gleich munter drauf los"* (Rb 41); bzw. anstelle „über eine neue Vorschrift zu diskutieren" heißt es *„quatschen tun alle gern"* (Rb 7). Das heißt, der Bedeutungsunterschied, ob es sich um einen „Weißen" (abgeschwächte Bedeutung) oder „Afrikaner" (verstärkende Bedeutung) handelt, macht sich nicht nur durch eine unterschiedliche Wortwahl, sondern auch bei gleicher Wortwahl bemerkbar. Und genau das stellt ein zusätzliches Diskriminierungspotential dar, dessen sich die Reisenden vermutlich nicht einmal bewusst sind.

Der mangelnde Zugang der Reisenden zur sprachlichen Kommunikationspraxis der Menschen in den bereisten Ländern, lässt sich auch auf das

---

[196] Schausteller-Ankündigung aus dem Jahre 1887. In: Nagel, Schaubuden 143. In: http://de.wikipedia.org/wiki/Völkerschau (01.07.2012).

[197] Hund, Rassismus 83.

[198] Schmidt, Lexikalische und aktuelle Bedeutung 28.

[199] „Wir **quasseln** und lavieren uns so durch." Berlinonline.de vom 13.02.2005.
„Die Filme, die ich da sehe, sind mir meist zu hastig, die Sprachkultur ist vollkommen verfallen, und die Leute **quatschen** so schnell vor sich hin, dass sie gar nicht denken können." N-tv.de vom 05.01.2005.
„Sie **plappern** eine Menge [...] aber zu sagen haben sie wenig." Fr-aktuell.de vom 27.10.2005.
„Ein buntes **Palaver** breitet sich an und zwischen den Tischen aus." welt.de vom 03.01.2005. Sämtliche Beispiele in: Dornseiff, Der deutsche Wortschatz nach Sachgruppen. In: http://wortschatz.uni-leipzig.de/abfrage/ (01.07.2012) (Fett wie Original).

Phänomen der unterschiedlichen Lachkultur übertragen. Dies zeigt sich bei-spielsweise in den Bemerkungen, der Kommunikationspartner habe sich „eine halbe Stunde fast auf dem Boden gekugelt und dabei seinem Gegenüber unzählige Male auf die Schulter geklopft". Damit bringt der Reisende sein Unverständnis für diese Erscheinungsform des Lachens zum Ausdruck und macht es lächerlich. Dabei gilt, laut Ulrich Gaier, „das spontane Lachen als Ausdruck schlichter Daseinsbejahung und Lebensfreude, ja als Manifestation vitaler Überlegenheit."[200] Dass Anlass, Mimik, Gestik und Intensität des Lachens im jeweiligen spezifischen Kontext zu sehen sind, und diese Spezifika ebenso wie Sprache erlernt werden müssen, um sie zu verstehen, wird von den Reisenden negiert. Es wird vielmehr die eigene, als zur Norm erhobenen Lach-kultur, der eine stärkere „Domestizierung des Körpers"[201] zugrunde liegt, als die richtige eingestuft und sie der scheinbar dem „Afrikaner" innewohnenden, von impulsiver Vitalität und Lebenslust geprägten, gegenübergestellt. Anstelle eine andere Lachkultur, mit ihren kommunikativen Funktionen und Elemen-ten, entweder im Kontext der jeweiligen Gesellschaft zu belassen und sie nur als Variante parasprachlicher Gestik und Mimik zu sehen oder eben zu „erler-nen", wird lediglich das Instrument der Lächerlichmachung des „Anderen", im Verbund mit der Einwertung differierender Lachkulturen, bemüht.

Auch wenn die Verben „pfeifen, trommeln, tanzen, kichern" für sich gesehen keine negativen Konnotationen aufweisen, so sind sie im Kontext und in „ihrer realen Funktion, d. h. in der Praxis der gesellschaftlichen Kommunikation"[202], in der sie verwendet werden, doch nicht neutral, denn „der kommunikative Wert eines Wortes [ist] an die besonderen Bedingungen des jeweiligen Kontex-tes gebunden."[203] Aufgrund der Kontexte in denen die Verben in den Reise-berichten verwendet werden, geht ihre Funktion insofern über den denotativen Informationsgehalt hinaus, als sie eben nicht nur informieren oder Situationen beschreiben, sondern Sichtweisen und Kategorisierungen widerspiegeln, denen die „Konzeptualisierung einer Dichotomie von Afrika als ‚Natur' und ‚Emoti-on' versus Europa als ‚Kultur' und ‚Ratio'"[204] inkorporiert ist. Gerade das Verb „trommeln" legt eine Verbindung zu Primaten nahe, die sich brüllend auf die Brust schlagen, weshalb bei dem von den Reisenden verwendeten Verb, unter-schwellig „the core of theories" mitschwingt „which represent the black man as the missing link in the slow evolution from ape to man."[205]

Dass sich die simplifizierenden Klischeevorstellungen vom trommelnden „Afrikaner", mit seiner „explosiven, ja orgiastischen Vitalität"[206] so lange hal-

---

[200] Gaier, Lachen und Lächeln 61, 70.
[201] Gaier, Lachen und Lächeln 73.
[202] Schmidt, Lexikalische und aktuelle Bedeutung 9.
[203] Schmidt, Lexikalische und aktuelle Bedeutung 43.
[204] Arndt/Hornscheidt, Afrika und die deutsche Sprache 48.
[205] Fanon, Black Skin 1, 13.
[206] Steins, Das Bild des Schwarzen 71.

ten konnten, mag auch daran liegen, dass afrikanische Kulturen und insbesondere der Reichtum der afrikanischen Musikkulturen, in der Vergangenheit kaum Beachtung fanden bzw. sich auf Folklore reduzierten. Tatsächlich haben afrikanische Musikkulturen hochkomplexe Rhythmen entwickelt, die nicht nur Musik und Tanz durchdringen, „sondern auch den traditionellen Alltag, insbesondere die Arbeitsabläufe bei der Feldarbeit, beim Mehlstampfen und anderen häuslichen Verrichtungen."[207] Dieser Tanzauffassung liegt eine Spontaneität und ausgefeilte Improvisationsgabe zugrunde, die weder von Tradition gehemmt noch von einem, von Kultur überlagerten Ausdruck elementaren Lebensdranges[208] eingeschränkt wurde. Wenn man sich jedoch Bilder aus den Völkerschauen ansieht auf denen „tanzende, rohe Schwarze mit wilden Verrenkungen"[209] zu sehen sind, erkennt man die

> „Reduktion nicht nur jeglicher kultureller Äußerung des Schwarzen, sondern überhaupt seines ganzen Wesens auf wilde Ausbrüche von Tanzwut. [Sie] wird ein Vorzugsbild der späteren Afrikaliteratur bleiben. Der Tamtam wird, nach 1918 in noch verstärktem Maße, zum unentbehrlichen Requisit fast jeder Reisebeschreibung, fast jedes Romans, wenn es darum geht, ein Stück ‚Negerleben' darzustellen, und bereitet dadurch den Durchbruch eines von der Jazzmusik und allen um sie kreisenden Assoziationen geprägten Negerbildes vor."[210]

Es zeigt sich eine Analogie in der Berichterstattung der Reisenden, weil auch sie sich auf die reduzierte Betrachtungsweise („Afrikaner" trommeln und tanzen gerne) beschränken, die eher in der „Auffassung von der ‚primitiven Musik der Neger'"[211] zu verorten ist, anstelle die Komplexität und Variationsbreite der Musik, des Tanzes sowie das Spektrum der verschiedenen Instrumente, mit in die Beurteilung einfließen zu lassen. Deshalb ist es auch nicht verwunderlich, dass es in den Reiseberichten zu einer Fixierung des „Schwarzen auf das Bild eines ‚geborenen Tänzers'" kommt, sowie das Trommeln als „treue[n] Spiegel der Negerseele" eingestuft wird, mit der Folge, afrikanische Tänze als „Ausdruck einer unabänderlichen Primitivität"[212] zu bewerten.

„Afrikaner" als „Buschmänner" (Rb 18, 20, 26, 30) bzw. „Sammler und Jäger" (Rb 18) mit Attributen wie „impulsiv", „wild", „zornig", „brüllen" in Verbindung zu bringen, die in ihrer „prallen" Lebensführung „übermäßig viel essen", ist ebenfalls ein Indikator negativ besetzter Wortwahl. Schließlich wird mit dem Begriff „Busch" und noch mehr mit der Formulierung „Sammler und Jäger" eine kulturell und infrastrukturell unterentwickelte Welt charakteri-

---

[207] Hamm, Mehr als Zauber 110.
[208] Steins, Das Bild des Schwarzen 71.
[209] „Der civilisirte Kannibale. – Schaubudenbesitzer: ‚… Dieser Menschenfresser, meine Herrschaften, würde Sie sofort verspeisen, wenn es nicht nach dem Bürgerlichen Gesetzbuch verboten wäre!'". In: Fliegende Blätter, Band 119, Nr. 3023-3048 (1903), S. 229.
[210] Steins, Das Bild des Schwarzen 71.
[211] Hamm, Mehr als Zauber 113.
[212] Steins, Das Bild des Schwarzen 71.

siert[213], die der zivilisierten und hochindustrialisierten Welt Europas gegenübergestellt wird. Gerade die Formulierung „Sammler und Jäger " (üblicherweise Jäger und Sammler) gibt einen Hinweis auf das Denken des Reisenden, die so Bezeichneten als völlig rückständig einzustufen, denn in dieser Periode[214] fühlte „sich der Mensch noch eins mit der Natur, er [stand] ihr noch nicht als freies Subjekt gegenüber".[215] Dieses Afrika, das geprägt ist von Primitivität und Rückständigkeit und in dem es *„zu viele Halbgebildete gibt"* (Rb 29), scheint für manche Reisende das *„echte Afrika"* (Rb 12), das *„pure Afrika"* (Rb 35), das *„richtige Afrika"* (Rb 36) zu sein. Doch stellt diese Ansicht kein Novum dar, denn

> „[d]er wahre Schwarze, der, welcher dem Kolonisatoren am Herzen lag, ist also der Schwarze im Busch, ein Analphabet, unverdorben vom Städteleben, nackt, unberührt vom Anspruch auf Kleidung, auf Wahlrecht und einen Platz, der ihm nicht gebührt, ergeben in seine Unmündigkeit. Kurzum unangetastet von einer ‚civilisation'."[216]

Die Vorstellung vom rückständigen „Afrikaner" blickt somit auf eine lange Denktradition zurück, da, um nur zwei Beispiele zu nennen, der bereits erwähnte Bischof Bartolomé de Las Casas argumentierte „die Fremden seien die Vorstufen des eigenen Grades an Zivilisation"[217]; wie auch J. A. de Gobineau feststellte, das Gefühlsleben bei den Schwarzen neige zu seltsamen Ausschweifungen, wobei der Schwarze sich seiner begangenen Grausamkeit nicht bewusst und in seiner Gefräßigkeit nicht wählerisch mit den Speisen sei.[218]

Offensichtlich verschmilzt bei einigen Reisenden, ganz im Verständnis eines Gustav Frenssens[219] oder Bruno Schultz[220], Wildheit, Impulsivität, Schreien, also „urtümliche" Rohheit, mit der Vorstellung von Ursprünglichkeit, was aber laut des Gesellschaftstheoretikers Friedrich Engels (1820-1895) und des Ethnologen Claude Lévi-Strauss (1908-2009) eine Missinterpretation darstellt, denn „[n]icht die Roheit beweist Ursprünglichkeit, sondern der Grad

---

[213] Awes, Gazelle 35.

[214] Der Ausdruck Jäger und Sammler oder Wildbeuter bezeichnet in der anthropologischen Entwicklung menschlicher Gesellschaften Menschen oder Völker, die zur Ernährung nicht Landwirtschaft und Domestizierung betreiben, sondern von wilden Pflanzen und der Jagd auf Wildtiere leben. Die ursprünglichen Jäger- und Sammlergesellschaften wandelten sich – beginnend in Kleinasien etwa 15–10.000 v. Chr. – entweder zu seßhaften Gesellschaften, die Ackerbau und Viehhaltung betrieben, oder zu Hirtennomaden. In Süd- und Mitteleuropa fand dieser Übergang zwischen 7.500 v. Chr. und 4.000 v. Chr. statt, und trat danach auch in Osteuropa ein. Für Teile Mittelamerikas geht man heute allgemein von der Zeit von 5.100 v. Chr. bis 4.200 v. Chr aus. In: http://de.wikipedia.org/wiki/Jäger_und_Sammler (01.07.2012).

[215] Girtler, Kulturanthropologie 212.

[216] Stein, Das Bild des Schwarzen 79.

[217] Scherschel, Rassismus 37.

[218] Kleinecke, Gobineaus Rassenlehre 100f.

[219] Awes, Gazelle 67.

[220] Schultz, Erbkunde 35-45.

der Integrität der alten Stammes-Blutbande."[221] Zudem wird der Begriff „Wildheit" von Friedrich Engels auch als „Periode der Viehzucht, des Ackerbaus, der Erlernung von Methoden zur gesteigerten Produktion von Naturerzeugnissen" bezeichnet.[222] Und auch Hans Peter Duerr widerspricht einer dem „Afrikaner" zugesprochenen unkontrollierten Emotionalität, wenn er in der Einleitung zu „Nacktheit und Scham" schreibt, „daß es aller Wahrscheinlichkeit nach zumindest innerhalb der letzten vierzigtausend Jahre weder Wilde noch Primitive, weder Unzivilisierte noch Naturvölker gegeben hat."[223]

Auch die folgenden Adjektive, Verben und Adverbien werden von den Reisenden, bewusst oder unbewusst, gebraucht, um die Abwertung des „Afrikaners" und die Differenz zum Europäer zu verdeutlichen. Schließlich wird unter *impulsiv* triebhaft, launenhaft, sprunghaft, besessen, instinktiv; unter *wild* aufbrausend, hemmungslos, primitiv, brünstig, geil, unzivilisiert, triebhaft, aber auch „nicht verzärtelt, sondern den Elementen seiner Natur nahe"[224]; unter *zornig* böse, erbost, gereizt, wutentbrannt, wütend; unter *tollwütig* tobsüchtig; unter *brüllen* grölen, johlen, blöken, kreischen, zetern; unter *schreien* jammern, plärren, johlen und dies zudem in *ekstatischer* Form, also erregt, berauscht, exaltiert, heißblütig und hitzig; unter *prall* feist, fett, plump, derb; und unter *übermäßig* extrem, pathologisch, krankhaft, krass und unbescheiden, verstanden. Wenn zudem diese Wörter in einen Kontext gestellt werden mit „Mentalität, Empfinden" (Schwarze sind impulsiver im Zorn [Rb 45]), „Leben, Gesellschaft" (wildes, pralles Leben [Rb 25]) oder „Nahrungsaufnahme" (gehäufte Teller werden in kurzer Zeit leergegessen [Rb 24]), dann wird eine deutliche Markierung zwischen „Tarzans" Welt und der disziplinierten europäischen Lebensart gesetzt.

Auch wenn von „angeborener Herzlichkeit" (Rb 1) gesprochen wird, zeigt sich, obwohl sowohl die Formulierung als auch der Kontext in dem diese steht, selbst keine Diskriminierung darstellen, dass die Reisenden von einem genetischen Unterschied zwischen Schwarzen und Weißen ausgehen. Kulturell erworbene Verhaltensmuster werden dabei nicht in Erwägung gezogen, sondern die Genese differierender Äußerungen automatisch in der „Rasse" verortet. Gleiches gilt für die Formulierung „große Gesten" in Rb 26. Wird beim Sprechen lebhafter „als üblich" gestikuliert, als das der Reisende aus seinem „weißen" Blickwinkel empfindet, dann bedeutet das, wie aus dem Kontext hervorgeht, zugleich geringere Sachlichkeit des Gesprächs, das man deshalb inhaltlich nicht ernst nehmen muss. Auch die Formulierung „immer wieder zum Erstaunen bringt" (Rb 19) impliziert, mit welch vorgefassten Meinungen Reisende ihre Fahrt antreten. Nur der Abgleich mit einer festen Vormeinung evoziert Erstaunen, nicht jedoch Unvoreingenommenheit und Offenheit

---

221 Lévi-Strauss, Strukturale Anthropologie 367, Fußnote 47.
222 Engels. Zit. in: Lévi-Strauss, Strukturale Anthropologie 367, Fußnote 47.
223 Duerr, Nacktheit und Scham 12.
224 Geiger, Festungsgeschichten 173.

gegenüber anderen kulturellen Äußerungen. Dass die Reisenden aber „immer wieder" (Rb 19) erstaunt sind, macht ihr mitgebrachtes, diskriminierendes Potential deutlich, das sich aus einer vorgefassten Meinung generiert, die ihrerseits aus tradierten Stereotypen und Vorurteilen gespeist wird.

Ebenso wird eine negative Einstellung des Reisenden sichtbar, weil er den Hypotheseindikator „scheinbar"[225] in seiner Formulierung „Privatsphäre sei in Afrika scheinbar ein Fremdwort" (Rb 39) verwendet. Die Aussage trägt zwar zunächst nur das Merkmal des Glaubens gegenüber dem Formulierten in sich, doch fungiert der Begriff „scheinbar" als Einstellungsoperator bzw. als Satzoperator, da er eine Sprechereinstellung ausdrückt und so Propositionen in bewertete Äußerungen überführt.[226] Aus der an sich dem Wort innewohnenden Vermutung, wird durch den Kontext „in Afrika" eine Einstellung, mit der der Reisende etwas behauptet.

Hier zeigt sich konkret bei den Reisenden die Denkweise, wie sie von Richard Burton formuliert wurde: „jedermann, der die Menschheitsgeschichte studiert hat, werde zugeben, dass die Europäer von Natur aus über den Afrikanern stehen; selbst die Afrikaner wüssten dies."[227] Dabei wird auch von den Reisenden von der tradierten Überzeugung ausgegangen, „die Kultur [sei] die ‚den bloßen Naturzustand vervollkommnende Form [...], hinter der der Mensch als Wirkungsursache steht"[228], und dieser Prozess müsse in Afrika erst noch weiter gedeihen. Unberücksichtigt bleibt, was Bronislaw Malinowski feststellt, dass nämlich „die Gesellschaft der Primitiven nicht beherrscht [werde] durch Laune, Leidenschaft und Zufall, sondern durch Ordnung".[229] Dass Verhaltensformen nach ihren Sinngehalt zu deuten sind, da sie nicht als „behavioristisch-mechanische Abläufe, die gesetzmäßig das Leben der ‚Primitiven' oder der Menschen überhaupt bestimmen"[230] gesehen werden dürfen, sondern dass „Traditionen, Autoritäten und spezifische, dem Menschen inhärente Strukturen, die für die Intentionen, also den Sinn einer Handlung verantwortlich sind"[231] eine Rolle spielen, sollte in eine Bewertung, was und warum eine kulturelle Äußerung „impulsiver", „übermäßig" „wilder" erscheinen lässt, mit einfließen. Denn Emotionen dürfen nicht „als lose, völlig unverbundene und unorganisierte, im Seelen-Medium frei schwebende und ab und zu nur isoliert und völlig zufällig in Erscheinung tretende Elemente behandelt werden."[232] Sie sind keine speziellen Prädispositionen des „Afrikaners" im Sinne einer biologischen Determiniertheit, sondern sie sind Manifestationen der jeweiligen Kultur, die sich für bestimmte Situationen als zweckmäßig erwiesen haben,

[225] Wagner, Implizite sprachliche Diskriminierung 139.
[226] Wagner, Implizite sprachliche Diskriminierung 139.
[227] Davidson, Afrika 54.
[228] Girtler, Kulturanthropologie 48.
[229] Reiwald, Malinowski und die Ethnologie 17.
[230] Girtler, Kulturanthropologie 199.
[231] Girtler, Kulturanthropologie 199.
[232] Malinowski, Geschlechtstrieb und Verdrängung 167.

und die quasi unter dem „Einfluß von Tradition und Kultur standardisierte Gefühlshaltungen"[233] darstellen.

Auch wenn die Reisenden gerne in das *„schwarze Getümmel"* (Rb 4), in die *„Unberechenbarkeit der afrikanischen Länder"* (Rb 12) oder in die *„afrikanische Nacht"* (Rb 42), also in das *„richtige Afrika"* (Rb 36), wo das *„afrikanische Leben pulsiert"* (Rb 41) eintauchen, wird doch die scheinbar positive Einstellung gegenüber „Afrika", durch die gebrauchten pejorativen Begriffe konterkariert. Durch die Konnotation der gewählten Adjektive, Verben und Adverbien wird nämlich das „richtige Afrika" mit Begriffen wie „traditionell, primitiv, unterlegen" und „antiquiert" in Zusammenhang gebracht.

> „Dabei wird eine starre Trennung von Tradition einerseits und Moderne andererseits suggeriert. Tradition wird dabei oft mit dem ‚authentischen' Afrika gleichgesetzt, während Moderne zum einen mit Europa und zum anderen mit einem Afrika assoziiert wird, das von dem Kontakt mit dem Westen profitierte."[234]

Die positiven Absichten, die aus den Einleitungen der Reiseberichte hervorgehen, sind deshalb eher einer Neugierde gegenüber dem Fremden und Exotischen geschuldet, als dass man beabsichtigt hätte, den besuchten Menschen auf Augenhöhe zu begegnen. Denn positive Stereotypenkonstruktionen, wie gutgemeinte Etikettierungen vom „Naturmensch", beinhalten „immer auch ein romantisches Element vermeintlich unentfremdeten Lebens, in dem die Indianer ungebunden sind, die Neger tanzen[235]. In den Formulierungen vom „richtigen Afrika", in dem das „afrikanische Leben pulsiert", spiegelt sich gewissermaßen die Sehnsucht nach einem unbeschwertem Leben, dem goldenen Zeitalter und dem Paradies wider, die durch den „selbstfinanzierten ‚Auszug aus dem Alltag'"[236], der die Mühen und Anstrengungen der Zivilisation temporär vergessen lässt[237], erfüllt wird. Das scheinbar natürliche, ungezwungene, „easy-going"-Leben des „Naturmenschen" wird jedoch vom „Kulturmenschen" nicht nur beneidet, sondern ebenso bewundert, aber in der Bewunderung steckt auch die „Wut der Zivilisierten auf deren angeblich faule Unmittelbarkeit."[238] Das, was als scheinbar angeborene Leichtigkeit und Natürlichkeit der „Afrikaner" vom Reisenden wahrgenommen und ersehnt wird, stößt zugleich auf Ablehnung, da diese Eigenschaften als der herrschenden europäischen Norm zuwiderlaufend gesehen werden. Zudem werden Einblicke in die scheinbar fremde Emotionalität bzw. Mentalität auch als Störung der eigenen vertrauten Verhaltensweisen und des eigenen Kulturbe-

---

[233] Malinowski, Geschlechtstrieb und Verdrängung 168.
[234] Arndt/Hornscheidt, Afrika und die deutsche Sprache 46.
[235] Hund, Rassismus 66.
[236] Greverus, Kultur und Alltagswelt 19.
[237] Hund, Rassismus 66f.
[238] Hund, Rassismus 66.

wusstseins empfunden.[239] Bei genauerer Betrachtung beinhalten affirmative Zuschreibungen somit die Ambivalenz von Wunsch und Ablehnung und dürfen nicht über die Tatsache hinwegtäuschen, dass nach wie vor zutrifft, was der Schriftsteller Henry Drummond (1851-1897) geschrieben hat:

> „Es ist etwas Wunderbares, die verwunschene Welt solcher menschlichen Geschöpfe zu sehen – halb Tiere, halb Kinder – völlig unberührt heidnisch. [...] Es ist aufschlußreich [...] für die Bedeutung und die Geschichte der Menschheit. [...] Es ist, als beobachtete man den Beginn ihrer Entwicklung."[240]

Damals und jetzt war und ist es der doppelbödige Reiz, den Gegensatz von „Wilden" und „Zivilisierten" zu erleben, und mit Hilfe des touristischen Angebots, eine Zeitreise „to the earliest beginnings of the world"[241], zu den ursprünglichen „Naturwesen"[242] zu unternehmen.

Ein Signum der Fremdheit manifestiert sich auch im Begriff „Naturmensch", insofern, als es von den Reisenden als Gegenbild zum europäischen „Kulturmensch" verwendet wird. Gerade in Verbindung mit Adjektiven wie „schön", „fröhlich" und „ungezwungen", mit Zuschreibungen wie „angeborene Herzlichkeit", „angeborene Heiterkeit" oder Situationsbeschreibungen, wenn auf der Straße „Frauen ihren Säuglingen die Brust" (Rb 1) geben, wird der Unterschied zwischen „Naturmensch" und „Kulturmensch" zusätzlich verdeutlicht. Die Kontrastierung ist problematisch, weil nach den Dornseiff-Bedeutungsgruppen der Begriff „Naturmensch" in Verbindung gebracht wird mit „Akt" bzw. „Nackedei", sowie mit den Adjektiven „formlos, willfährig, ausgelassen, unbändig, ungezügelt", also mit Menschen, die noch in einem „Urzustand" leben und als zivilisatorisch weit zurückliegend gesehen werden. Wenn aber Reisende auf das Vokabular Naturmensch, Kulturmensch, Wilde, Jäger und Sammler zurückgreifen (passim), zeigt das nicht nur ihre Vorstellung vom „Afrikaner", sondern sie verfestigen mir ihren Formulierungen auch den „Irrglaube[n] von der ‚Primitivität' und Unterlegenheit von Afrikaner/inne/n im Weißen Bewußtsein."[243]

Bei den als Naturmenschen benannten Personen oder Gruppen handelt es sich, aus Sicht einiger Reisenden, zudem um Ethnien, bei denen schon *„seit Urzeiten"* das Töten *„auch von Menschen"* (Rb 1) zur Tradition gehört. Mit diesen Formulierungen ist assoziativ die Vorstellung verbunden, diese Naturmenschen verharren noch in einem Zustand, in dem sich ursprünglich die gesamte Menschheit befunden habe. Weil sie aber aufgrund ihrer geographischen Lage und dem pathologischen „Hang zur Faulheit"[244], ganz im Ver-

---

[239] Greverus, Kultur und Alltagswelt 14.
[240] Davidson, Afrika 54.
[241] Hund, Rassismus 136, Fußnote 15.
[242] Foitzik et al, „Ein Herrenvolk von Untertanen 26.
[243] Arndt/Hornscheidt, Afrika und die deutsche Sprache 26.
[244] Hund, Rassismus 66.

ständnis von Carl von Linné[245], nicht zu den Ethnien gehören, die sich „aus der Rohigkeit zur Kultur" entwickelten, da der „„Fortschritt [...] zur Vollkommenheit' allein vom ‚[O]ccident' ausgine und von dort aus ‚seine Verbreitung auf der Erde' fände"[246], sind sie eben „Naturmenschen" geblieben. Mit dem Terminus „Naturmensch", der im übrigen auch der Einstellung des Europäers im 18. Jahrhundert in Bezug auf außereuropäische Völker entsprach, geht somit die Vorstellung einer enormen Rückständigkeit[247] einher, weil der Mensch der Natur dazu geschaffen ist „wenig zu denken und viel zu handeln; der Mann der Wissenschaft dagegen denkt viel und regt sich wenig."[248] Dabei bleibt das Postulat der philosophischen Anthropologie, den Begriff „Kultur" zentral zu setzen, unberücksichtigt. Denn nach dieser Auffassung gibt es „keinen Unterschied zwischen ‚Naturmenschen' und ‚Kulturmenschen'", sondern es sei „nur von *einer* ‚Kulturmenschheit' zu sprechen [...], die sich allerdings durch das unterschiedlichste kulturelle Inventar differenziere."[249] Tatsächlich wird in den Reiseberichten zwar von varianten kulturellen Äußerungen berichtet, doch werden diese eben nicht als gleichwertig eingestuft, sondern den Menschen wird mit der Benennung „Naturmensch" ein hierarchischer Rang, der unter der des „Kulturmenschen" liegt, verpasst. Was nun einen „Naturmenschen" kennzeichnet, legt nicht der Attribuierte für sich selbst fest, sondern der europäische Reisende. Er bestimmt, was an der Natur des Menschen natürlich und ursprünglich ist und was nicht, wobei als Einstufungskriterien ausschließlich westliche Standards herangezogen werden. Diese Kriterien wiederum wurden bzw. werden beeinflusst von historischen Konstruktionen, von Berichten über das „typisch Afrikanische" und leben insofern weiter fort, als „afrikanisch-europäische Begegnungen aus westlich-eurozentrischer Perspektive geschrieben und lückenhaft dargestellt"[250] werden, wie auch der „interkulturelle Diskurs oft aus der westlichen Perspektive geführt wird und die vereinnahmenden Ansprüche zum Vorschein bringt."[251]

Formulierungen wie „Afrikaner", „Schwarze" oder „typisch Afrika" verweisen außerdem auf ein Denken, das von der Existenz einer kollektiven Identität ausgeht, die aber „seldom if ever match the lived experience of the people to whom they are attributed."[252] Zudem pochen die Reisenden auf ihr Definitionsrecht über „Andere" aufgrund der Tatsache, sie seien weiße Europäer, die die dominanten Gruppen der Menschheit repräsentieren, also die zeitgemäße Norm darstellen. Damit leitet der Reisende als „Kulturmensch" das Recht ab, „den Inhalt der Kommunikation über diese ‚Anderen' weitge-

---

[245] Brunner u.a., Geschichtliche Grundbegriffe 145. Poliakov, Rassismus 79.
[246] Hund, Rassismus 65.
[247] Rückständigkeit im Sinne von Voltaire siehe Poliakov, Rassismus 83.
[248] Lepenies, Orte des wilden Denkens 103.
[249] Girtler, Kulturanthropologie 267 (Kursiv wie Original).
[250] Attikpoe, Folgenschwere Konstrukte 23.
[251] Attikpoe, Folgenschwere Konstrukte 25.
[252] Kuper, Culture of Discrimination 192.

hend [zu] bestimmen, sozusagen sich selbst und den ‚Anderen' einen Platz [zu]zuweisen".[253]

Doch muss man jede Ethnie und deren Kultur für sich betrachten und wertschätzen, jede Kultur als eine menschliche Möglichkeit unter mehreren begreifen, um von einem durch das historische Vermächtnis und der aktuellen Berichterstattung geprägtem Denken loszukommen. Die immer abrufbare Assoziationskette Afrika – Natur – Naturvölker – Exotik – Erotik – Unordnung – Irrationalität[254] würde dann unterbrochen oder zumindest in einen objektiv fundierten Kontext gestellt. Solange aber die zum System erhobene, europäische „Weltanschauung" an die Stelle einer „Wahrnehmung der Realität"[255] der besuchten Länder tritt, solange fremde Kulturen „are conceived of as closed and fixed" und „characterised by a few generally negative traits"[256], solange wird es bei rassistisch orientierten Diskriminierungen bleiben. Die Apperzeptionsverweigerung, die nach Eric Voegelin „nicht bloß Ignoranz, sondern willentliches Nichtverstehenwollen"[257] bedeutet, ist jedoch in die weißen Europäer eingeschrieben, auch weil das Kontrast-Denken zwischen Schwarz und Weiß, Natur und Kultur, die Wahrnehmung der Welt vereinfacht, da durch die Polarisierung die „wahrgenommene Welt eine prägnante ‚Holzschnitt-Struktur'"[258] erhält, bei der die westliche Überlegenheit besser sichtbar wird. Die Neigung der Reisenden zur Vereinfachung beinhaltet jedoch den Nachteil,

> „um die Welt zu fahren, ohne jemals irgendetwas direkt von Dingen zu erfahren, die von der eigenen Routine verschieden sind, gleichgültig wieviele Szenen auf Fotos festgehalten werden. Sorgfältige Planung (und genug Geld) können den Reisenden von den Unbequemlichkeiten einer unvertrauten Umwelt isolieren. Derselbe Zustand kann durch einen Bewußtseinsstand erreicht werden, der automatisch alles Fremde als unterlegen und/oder ekelhaft betrachtet"[259]

Deshalb sei es, wie ein Reisender richtig vermerkt, „kein Wunder, dass sich der Kulturaustausch bei dem Meisten nur auf das Souvenier beschränkt" (Rb 17), obwohl – oder gerade deshalb – man die „Hand vom Auslöser des Fotoapparates nicht herunterbekommt" (Rb 42); denn dieser ist ein unverzichtbarer Reisebegleiter und es „seems positively unnatural to travel for pleasure without taking a camera along."[260] Kein Wunder also, dass die „[t]ouristische Aneignung von Fremdkulturellem [...] vorwiegend über ritualisierten Symbolkon-

---

[253] Lutz, Rassismus und Sexismus 59.
[254] Arndt/Hornscheidt, Afrika und die deutsche Sprache 35.
[255] Voegelin, Hitler und die Deutschen 265.
[256] Kuper, Culture of Discrimination 192.
[257] Voegelin, Hitler und die Deutschen 265.
[258] Legewie u.a., Psychologie 69.
[259] Bock, Culture shock IX.
[260] Sontag, On Photography 9.

sum" verläuft, also „selektiv standardisiert" ist[261], weil etwas mit der Kamera ablichten wichtiger ist, als sich mit dem Kontext der Realität auseinanderzusetzen. Wie bereits in den Kolonialausstellungen und Völkerschauen praktiziert, wird nicht der Anspruch gestellt, „sich dem Fremden zu nähern und seine Welt und Kultur"[262] aufzunehmen, sondern es wird vielmehr beim Zusammentreffen von „Afrikanern" mit den Reisenden, von letzteren lediglich die „europäische Überlegenheit" demonstriert. Damit hat sich der von Burkhart Lauterbach formulierte Wunsch, dass „irgendwann einmal realisierbare Folgen für ‚Abbau von Vorurteilen' und ‚Völkerverständigung' auf seiten der Reisenden"[263] sichtbar werden, in den ausgewerteten Reiseberichten leider noch nicht erfüllt.

Ergänzende Schlussbemerkungen

a) Aus der Perspektive tradierter Vorstellungen, die dem „Afrikaner" eine stärkere Emotionalität zuschrieben,[264] wird auch das Naturell der Bereisten von den Reisenden wahrgenommen. Entspricht der Einzelne nun tatsächlich oder zufällig dem erwarteten Verhalten, dann bedeutet dies eine Bestätigung der vorkonfektionierten Meinung, die dann auf alle „Afrikaner" verallgemeinert wird. Das heißt, auch in dieser Diskriminierungsvariante ist eine Generalisierungstendenz zu erkennen, da die thematisierten Abweichungen von der europäischen Norm meist nicht auf das Individuum beschränkt bleiben, sondern die Fixierung und Devaluierung auf alle „Afrikaner" ausgedehnt wird. Hier bestätigt sich erneut die Wechselbeziehung zwischen Individuum und Gruppe in der Beurteilung Anderer, in dem Sinne, als Menschen zwar in ihren Eigenheiten als Individuum betrachtet werden, diese Betrachtung jedoch auf Eigenschaften fußt, die der ganzen Gruppe von Menschen, zu denen das betrachtete Individuum gehört, zugeschrieben werden. Tatsächlich spielt die „Hautfarbe oder gar ‚das Blut', in dem einigen ‚Ethnien' ja pauschal so einiges ‚liegen' soll"[265], nachweislich keine Rolle. Denn wenn viele „Afrikaner" gerne tanzen oder ein Instrument spielen heißt das nichts anderes, als dass viele „Afrikaner" gerne tanzen oder ein Instrument spielen. Anzunehmen, dies hätte genetische Ursachen ist

> „blanker Unsinn, denn alles mögliche mag bei Menschen verschiedene Eigenschaften hervorrufen: Landeskultur, Veranlagungen in der Familie,

---

[261] Lauterbach, Tourismus 123.

[262] Zanella, Kolonialismus in Bildern 153.

[263] Lauterbach, Tourismus 130.

[264] Z.B. „Die Männer aus Afrika veranstalten in der Zeltbude ein Höllenspektakel: Sie trommeln, krakeelen und springen herum [...]. In: Nagel, Schaubuden 141. In: http://de.wikipedia.org/wiki/Völkerschau (01.07.2012).

[265] http://www.derbraunemob.de/deutsch/index.htm (01.07.2012).

Umfeld, Erziehung, Zufällige biografische Vorfälle, nur ganz sicher nicht: die Haar-, Augen- oder Hautfarbe."[266]

b) Es handelt sich erneut um die Generierung tradierter Bilder vom „Afrikaner" und dessen „diametral entgegengesetzte[n] Status von Weißen und Schwarzen"[267]; vermittelt durch eine „Flut von Literatur über Afrika und Afrikaner [...], die bewusst darauf abzielte, diesen Mythos der „Naturhaftigkeit" zu belegen und zu propagieren"[268], sowie durch die weiter oben genannten Medien, wie beispielsweise die Völkerschauen:

> „Die Krones engagieren die Afrikaner, verkaufen ihre Schießbude – und los geht's mit der ‚Afrikanischen Negerschau'. Die Männer aus Afrika veranstalten in der kleinen Zeltbude ein Höllenspektakel: Sie trommeln, krakeelen und springen herum, als ob sämtliche Stämme Nigerias oder des Kongo in einem künstlerischen Wettbewerb stünden. Mit Kunst aber hat der ganze Budenzauber nichts zu tun, doch die Zuschauer finden es herrlich, die ‚wilden Neger' genauso zu erleben, wie sie sich die Menschen in Afrika vorstellen."[269]

Dabei reagierte das Publikum negativ, wenn afrikanische Gruppen zu „europäisch" wirkten, weil die Zuschauer sich „an den ‚Wilden' im ‚Naturzustand' ergötzen [wollten], denn diese bestätigten den zivilisatorischen Auftrag des ‚weißen Mannes' in den Kolonien."[270] Wichtig war dabei weniger die Authentizität des Dargebotenen, „sondern was der Europäer sich unter typischen Szenen vorstellte", mit der Folge, dass „bestehende Stereotype [...] durch diese Veranstaltungen also nicht korrigiert, sondern verfestigt und ausgeweitet" wurden.[271]

Ist somit in den Reiseberichten vom trommelnden und tanzenden „Afrikaner" die Rede, dann spielt das Menschenbild, dieser „seltsamen den Affen ähnelnde[n] Menschenrace, auf der untersten Stufe der Cultur"[272], das bei den Besuchern der Völkerschauen geschaffen wurde, indem u.a. als „mit einem Jaguarfell bekleidete tanzende ‚Neger'"[273] vorgeführt wurden, zu „assoziative[n] Verknüpfungen mit ‚sportlich', ‚musikalisch' oder ‚abweichend/anders'"[274], also zu Menschen, zu denen der „Tamtam" Teil ihres „Negerlebens" darstellt.[275] Wenn also

---

[266] http://www.derbraunemob.de/deutsch/index.htm (01.07.2012).
[267] El-Tayeb, Schwarze Deutsche 37.
[268] Attikpoe, Folgenschwere Konstrukte 19.
[269] Nagel, Schaubuden 141. In: http://de.wikipedia.org/wiki/Völkerschau (01.07.2012).
[270] Eißenberger, Entführt, verspottet und gestorben 87.
[271] Eißenberger, Entführt, verspottet und gestorben 86.
[272] Nagel, Schaubuden 141. In: http://de.wikipedia.org/wiki/Völkerschau (01.07.2012).
[273] Nagel, Schaubuden 141f. In: http://de.wikipedia.org/wiki/Völkerschau (01.07.2012).
[274] Arndt/Hornscheidt, Afrika und die deutsche Sprache 51.
[275] Steins, Das Bild des Schwarzen 71.

„vermeintlich wohlwollend behauptet wird, Afrikaner/innen könnten besonders gut trommeln und tanzen, denn „das läge ihnen ja im Blut‘, handelt es sich um begrenzende und einengende Stereotype, die eine Wahrnehmung und Bewertung der herrschenden Weißen Gruppe/Kultur widerspiegelt, die sich bereits im kolonialen Kontext konstituiert hat. Auch diese vorgeblich ‚positiven‘ Annahmen befördern den Glauben an genetisch und/oder kulturell bedingte Eigenschaften und legen einen mentalen Nährboden für Ausgrenzung und Diskriminierung.“[276]

Diese Verknüpfung wird auch von Anke Poenicke bestätigt, die eine Umfrage unter deutschen Schülern zitiert, nach der es zur Natur des „Afrikaners“ gehöre, „musikalisch zu sein, deshalb auch immer zu tanzen, und in jedem Fall sportlich zu sein.“[277]

c) In den Zuschreibungen die die Reiseberichtverfasser in ihren Formulierungen über „Afrikaner“ gebrauchen (niedlich, wildes pralles Leben, brüllen, losplappern) schwingt noch die Vorstellung mit, wie in Hagenbecks Völkerschauszenen Schwarze „wie Kinder wirkende Menschen“[278] vorgeführt wurden bzw. wie es in der Monatszeitschrift des „Afrika-Vereins deutscher Katholiken“ mit dem Titel „Gott will es“ in der Ausgabe vom Juni 1919 hieß: „Sie sind noch zu kindisch und zu unreif für den Ruf: Afrika den Afrikanern! Sie sind noch nicht weitblickend genug, um sich ihrer ganzen vereinten Kraft bewusst zu werden“[279]; oder wie in einem Programmheft zur „Afrikaner Völkerschau“ 1928 stand: „Alle diese Schwarzen sind eine Rasse von Kindern; sie haben alle Fehler der Kindheit“.[280]

> „Allen späteren ethnologischen Entdeckungen zum Trotz wird sich das Bild der Jugendhaftigkeit des Schwarzen, so wie es unter den Vorzeichen der Theorien zur Primitivität der Naturvölker entstanden war, in der Literatur fortan festigen und ausbreiten.“[281]

d) Mit den „authentischen Wilden“, die bei der Verrichtung ihrer vermeintlich typischen Sitten und Gebräuche zur Schau gestellt und die glaubhaft als „echte Naturmenschen“ wie „lebende Bilder“ präsentiert wurden, konstituierte man ein „Blickregime“, das das koloniale Denken insgesamt, und auch das der bildungsbürgerlichen Kreise, prägte.[282] Gerade Völkerschauen, die Begriffe wie „Menschenfresser“, „zivilisierte Wilde“ oder „rohe Naturkunden“[283] in ihren Veranstaltungsplakaten gebrauchten, die Afrika in den Kontext von primitiv

---

[276] Arndt/Hornscheidt, Afrika und die deutsche Sprache 48.

[277] Poenicke, Afrika 9.

[278] Lehmann, Zeitgenössische Bilder der ersten Völkerschauen 37.

[279] Ausstellung: Köln Postkolonial – Die Geschichte des Afrika-Viertels in Nippes. 2. bis 26. November 2010. Köln.

[280] Dreesbach, Gezähmte Wilde 167.

[281] Steins, Das Bild des Schwarzen 49.

[282] Lewerenz, Die Deutsche Afrika-Schau 65f., 71, Fußnote 199.

[283] Nagel, Schaubuden 141f. In: http://de.wikipedia.org/wiki/Völkerschau (01.07.2012).

und rückständig stellten[284], trugen dazu bei, westliche Wertorientierungen als die erstrebenswerte und vor allem richtige Norm zu setzen:

> „Zum einen wurden [...] die in den Schauen Auftretenden mittels des Arrangements ihrer Zurschaustellung symbolisch an einem ‚anderen Ort‘ – zum Beispiel Afrika – und in einer ‚anderen Zeit‘ – der Vergangenheit – positioniert, als sie sich faktisch befanden. Über die Inszenierung kultureller und ‚rassischer‘ Dichotomien, die in ein hierarchisches Verhältnis zueinander gebracht wurden, wurden Ausgestellte und ZuschauerInnen miteinander in Bezug gesetzt. Die Ausgestellten wurden als biologisch und kulturell ‚rückständig‘ – mit anderen Worten: als die ‚Vergangenheit der modernen Menschheit‘ – präsentiert; die Zuschauenden verkörperten dagegen den wirtschaftlichen und kulturellen Fortschritt, die ‚höchste Stufe der Evolution‘“.[285]

Ergänzt durch das nationalsozialistische Gedankengut, beeinflusst durch Literatur, Filme und selbst Kinderspiele[286], also mit einer umfänglich präfigurierten Last wird die Möglichkeit für die Reisenden, den besuchten Menschen auf Augenhöhe zu begegnen, a priori schwer gemacht. Durch die Isolierung in die selbstgeschaffenen Normen wird nicht nur eine Hierarchisierung, die die Dichotomie von „wild/zivilisiert“, „Naturmensch/Kulturmensch“ widerspiegelt, hergestellt und gefestigt, sondern auch „Fremdheit als störend, verunsichernd oder gar als bedrohlich empfunden“[287] weshalb eine kontextlose, oberflächliche und hierarchisch orientierte Betrachtungsweise den Reisenden näher liegt als eine ernsthafte, seriöse aber auch mühevollere Auseinandersetzung mit Realitäten. Vor diesem Hintergrund wird erklärlich, dass nach Ansicht der Reiseakteure „Afrikaner“ „übermäßig viel essen und schmatzen“ bzw. „wilder, tollwütiger und impulsiver“ sind, weil eben vorgeformte Bilder über „Neger“, die „rohe Fleischstücke, [...] halb blutig, halb verbrennt“[288] verzehrten, oder die furchterregend mit Speeren und Messern hantierten, auf denen Schädel aufgespießt waren,[289] aus der Zeit der Völkerschauen existieren.

3.3 Diskriminierungen durch Verwendung von Begriffen aus der Tierwelt

Neben den bereits genannten biologisch-orientierten Diskriminierungsvarianten wurde auch – jedoch in geringerer Häufigkeit – die Tierwelt bemüht, um damit Menschen zu devaluieren. Von 45 Reiseberichten enthalten 14 Reise-

---

[284] Awes, Gazelle 35-37.
[285] Lewerenz, Die Deutsche Afrika-Schau 69.
[286] Ausstellung: Köln Postkolonial – Die Geschichte des Afrika-Viertels in Nippes. 2. bis 26. November 2010. Köln.
[287] Greverus, Kultur und Alltagswelt 13.
[288] Dreesbach, Gezähmte Wilde 161.
[289] Dreesbach, Gezähmte Wilde 136.

berichte (31 %) Äußerungen, die die in Afrika lebenden Menschen in einen Bezug zu Tieren stellen. Vergleicht man die Formulierungen mit denen, die Maho Abduraman Awes in seinem Buch „Die schwarze Gazelle" anführt, stellt man fest, dass es sich bei den Benennungen und Vergleichen in den Reiseberichten in keinem einzigen Fall um eine „positive" Äußerung in Bezug auf die damit etikettierten Menschen handelt. Awes konnte zumindest Fälle benennen in denen das teilweise der Fall war, nämlich dann, wenn bei sportlichen Leistungen von „Afrikanern" bei den Olympischen Spielen 1968 und 1972 Formulierungen wie „Geschmeidigkeit einer Raubkatze", „sprang er fast mit Sätzen eines schwarzen Panthers" oder „fühlten sich pudelwohl"[290] als positiv-rassistische Vergleiche im Sinne von Exotismus[291] gewählt wurden. In den Reiseberichten dagegen sind alle Formulierungen negativ konnotiert, wenn es um die Beschreibung des Verhaltens, der Mentalität oder der Arbeitsleistung der „Afrikaner" geht. Es ist auch keine Doppeldeutigkeit zu erkennen, die eine positive Nebenbedeutung in dem Sinne enthielte, wie sie beispielsweise, im Bayerischen, dem Begriff „Hund"[292] innewohnt. Auch das Argument, man könnte in den Tiervergleichen eine positive Semantik erkennen (z.B. Tierliebe) widerlegt der Kontext in dem die Bezeichnungen gebraucht werden, insofern, als die verwendeten Tiere (Blutsauger, Fliegen, Ameisen) nicht als menschlicher Liebesersatz geeignet sind. Allerdings enthalten die Reiseberichte auch keine direkten Benennungen aus dem Tierreich, die auf einen Einzelnen gemünzt wären, wie beispielsweise „Herr X hatte ein affenähnliches Aussehen", Herr Y benahm sich wie ein Schwein" etc., sondern sie beziehen sich, verallgemeinernd, immer auf eine Gruppe, Ethnie oder „Rasse". Die folgenden vier Beispiele sollen dies verdeutlichen:

(1) (In Kairo): Die Reisenden wollen dem *Ameisenhaufen* entkommen. Doch passt ihrer Ansicht nach der Begriff Ameisenhaufen nicht so richtig, weil Ameisen mitten in ihrer Arbeit eigentlich nicht schlafen, wie dies die so bezeichneten Wachposten bzw. Mechaniker machen. Die Bemerkung wird ergänzt, dass diese Untätigen zum Glück alle paar Stunden von einem Muhezin geweckt werden. (Rb 4).

(2) „Afrikaner" gehören einer rücksichtslosen Spezies an und gehen miteinander um *wie Tiere* (Rb 32).

(3) „Negride" sind Menschen die eine schwache Persönlichkeit besitzen und die man fast als *seelenlose Wesen* bezeichnen könnte. (Rb 45).

(4) (Äthiopien): Bei den dort Lebenden *regiert der Instinkt,* und damit sind sie von einer Zivilisation noch weit entfernt. (Rb 35).

---

[290] Awes, Gazelle 94f.

[291] Siehe dazu Bühl, Rassismus 166-168 und http://www.derbraunemob.de/deutsch/index.htm (01.07.2012).

[292] Hund: schlauer Kerl, ausgefuchst (a Hund is a scho). In: http://www.bayrisch-lernen.de/wortschatz/wortschatz.html#h (01.07.2012).

In der Formulierung (1) wird der Ingroup „Reisende" die Outgroup Kairoer gegenübergestellt, die dahingehend fixiert wird, als dass den Ägyptern grundsätzlich ein Arbeitseifer fremd sei und sie deshalb von den Reisenden als faul markiert werden.

Im Beispiel (2) wird zwischen Afrikanern und Europäern getrennt; erstere generell fixiert als rücksichtslos und orientierungslos aufgrund „fehlender Erziehung" und devaluiert als Menschen, die ohne eine von der Ratio beeinflussten Kontrolle leben.

Im Beispiel (3) liegt eine Trennung zwischen „Negriden" und Weißen vor, erstere werden als Wesen ohne Persönlichkeit und Seele fixiert und deshalb als geringwertig devaluiert.

Im Beispiel (4) liegt ebenfalls eine Trennung zwischen Schwarzen und Weißen vor; erstere werden als instinktgetrieben und zivilisationsfern fixiert und deshalb als eine Population, in der animalische Zustände herrschen, eingestuft.

Im Beispiel (1) erfolgt die Devaluierung durch eine direkte Bezeichnung aus der Tierwelt (Ameisen[haufen]); während in den Beispielen (2), (3) und (4) die Diskriminierung der Outgroup (Afrikaner, Negride, Äthiopier) aus dem Inhalt der Äußerung hervorgeht, ohne einen exakten Ausdruck aus der Tierwelt zu verwenden. Bei allen vier Beispielen handelt es sich um implizite Diskriminierungen, die auf ein Kontextwissen der Leser der Reiseberichte rekurrieren, nämlich auf das Wissen vom „fleißigen Deutschen", des miteinander zivilisiert umgehenden Europäers bzw. des Weißen mit „starker Persönlichkeit", der aufgrund seines hohen Zivilisierungsgrades „Kultur" bzw. als Christ eine Seele besitzt.

(1) Auf die Frage, inwieweit Fleiß dem systemimmanenten Druck des Verdrängungsmechanismus' Kapitalismus geschuldet ist, bzw. mit den ökonomischen Rahmenbedingungen des jeweiligen Landes, in dem die Menschen leben, korreliert und nicht auf biologisch-kulturelle Faktoren zurückzuführen ist, kann an dieser Stelle nicht eingegangen werden. Doch ist darauf hinzuweisen, dass schon in der Reiseliteratur des 18. und 19. Jahrhunderts das negative Bild des faulen Arabers bzw. der „besondere Zug der Faulheit" anderer kolonisierter Völker, mit ihren „arbeitsscheuen Elementen"[293] geschaffen wurde. Und auch auf Völkerschauplakaten wurden kaum arbeitende „Afrikaner" dargestellt:

> „Die ‚Zulu-Kaffern', die ‚Wakamba-Neger-Krieger' und die ‚Amazonen' sind mit kriegerischen Handlungen beschäftigt, die ‚Somali'-Familie posiert beschäftigungslos im Vordergrund der Darstellung, ihre Stammesgenossen sind in kleinen Gruppen in Gespräche vertieft."[294]

---

293 Steins, Das Bild des Schwarzen 76, 99.
294 Dreesbach, Gezähmte Wilde 138.

(2) Ebenso wäre zu klären, ob latent vorhandene Rücksichtslosigkeit nur deshalb im Zaum gehalten wird, weil günstige soziale Bedingungen ein Freisetzen des rigorosen Verhaltens obsolet werden lassen. An dieser Stelle ist auf die sozial und ökonomisch schlechteren Bedingungen hinzuweisen, unter denen die Menschen in Afrika in der Regel leben müssen, was jedoch nichts mit einer biologischen Determiniertheit oder gar einem animalischem Instinkt zu tun hat.

(3) Ferner bleibt unklar, warum „Negride" keine Seele haben bzw. eine „seelische Minderwertigkeit"[295] aufweisen sollen und dies mit der biologischen Ausstattung eines Menschen in Verbindung gebracht wird.

Die Diskriminierung fällt umso stärker aus, als mit „Negride" eine nicht mehr gebräuchliche, rassensystematische Bezeichnung verwendet wird, die wegen ihrer Verbindung zum Rassismus umstritten ist und selbst innerhalb des Rassenkonzepts schon Schwierigkeiten aufwarf.[296] „Negride" wurden nämlich als „groß" oder „hochgewachsen" klassifiziert und damit bereiteten afrikanische Populationen mit geringerer durchschnittlicher Körpergröße, in diesem Schema Schwierigkeiten.[297] Zudem ist der Begriff völkerkundlich unbrauchbar, weil er „nach somatischen Kriterien eine Vielzahl völlig unterschiedlicher Völker zusammenfasst." Diskriminierend ist der Begriff auch aufgrund seiner häufigen Verwendung zur Zeit des Nationalsozialismus, als es galt, „Afrikaner" als „negroide Untermenschen"[298] in Druckerzeugnissen, Fotos und Karikaturen darzustellen. Auch vor diesem Hintergrund ist die Verwendung „Negride" ein Indikator für unsensiblen Umgang mit Sprache und dokumentiert erneut die Langlebigkeit von Fremdvölker-Stereotypen.[299]

Ebenso ist die Bezeichnung „seelenlos" kritikabel, denn bis in die Neuzeit hinein galt die Seele als „dynamisches Lebensprinzip, das als Form des Körpers die Art und Weise der jeweiligen Lebensvollzüge eines Lebewesens festlegt."[300]

> „Mithilfe der Seele wurden die verschiedenen Lebensvollzüge – unabhängig ob vegetativer, sensitiver oder rationaler Art – als kontinuierliche Gesamttätigkeit desselben Lebewesens gedeutet: Es ist dasselbe Lebensprinzip am Werk, welches den Vollzügen und Vermögen des Lebewesens zugrunde liegt und diese prägt."[301]

Der Begriff „Seele", auf dessen definitorische Eingrenzung[302] und dem Verhältnis zu neueren Erkenntnissen der Kognitionswissenschaften nicht einge-

---

[295] Steins, Das Bild des Schwarzen 94.

[296] Poenicke, Jenseits vom Forschungsstand 712.

[297] Poenicke, Jenseits vom Forschungsstand 712.

[298] Alonzo / Martin: Einleitung 15.

[299] Eißenberger, Entführt, verspottet 17.

[300] Gasser, Einleitung 16.

[301] Gasser, Einleitung 16.

[302] Zu ägyptischen, griechischen und hebräischen Seelenkomplexen siehe Marinkovic, Seele – Geist ohne Körper 309-326; zur Seele im frühen Christentum siehe Heckel, Die Seele 327-342. Zur Transformation des Seelenbegriffs in Neuzeit und Moderne siehe Crone et al,

gangen werden kann, gehört zum „Kernvokabular christlicher Dogmatik. In seiner Ausformulierung als ‚unsterbliche Seele' gilt er nachgerade als theologisches Unterscheidungsmerkmal des Menschen vom Tier."[303] Nach Karl Philberth sind zwar sowohl der Mensch als auch das Tier und die Pflanze beseelte Wesen und nur der tote Organismus habe einen Leib ohne Seele[304]; doch gibt es insofern einen Unterschied zum Tier, dessen Seele nicht weiterlebt im Sinne einer Seelenwanderung, als der Mensch befähigt ist, Gott zu erkennen, er also dreiheitlich ist, weil er *ist* Seele und *hat* Körper und Geist."[305]

> „Zwar betrachtet die ältere kirchliche Tradition auch die Tiere als beseelte und empfindungsfähige Wesen, in denen Gottes Schöpfermacht gegenwärtig ist [...], grenzt sie aber als vernunftlose Wesen vom Menschen deutlich ab.[306]

Doch nicht nur theologisch wird ein Unterschied zwischen Mensch und Tier begründet, da die Seele zwei besonders kennzeichnende Merkmale aufweist, nämlich „Reizbarkeit und zielstrebige Handlung"[307], und letzteres beim Tier nicht gegeben ist, weil es eben schematisch-instinktiv, ohne Ratio, reagiert. Schließlich ist nach Uwe Meixner die Seele auch ein biologischer Begriff, „dem in der Biologie nach Darwin ein wohlbestimmter, ein passender Platz zugewiesen werden kann."[308] Das gelte primär für die Tierseele, denn die Menschenseele hat sich „ein Stück weit von der *darwinschen Fron,* vom Kampf ums Dasein und um Daseinsvorteile, befreit und sich ein anderes Leben eröffnet [...]."[309]

Wenn nun einerseits die Seele, die „erste Verwirklichung des Lebewesens im Sinne eines sämtlichen Lebensäußerungen zugrunde liegenden, aktiven Vermögens ist und somit zur Erklärung menschlicher Lebens- und Verhaltensäußerungen herangezogen werden muss"[310], und andererseits beispielsweise Descartes „Tiere mit seelen- und empfindungslosen Maschinen verglichen hat"[311], dann kommt der Äußerung „seelenlos" eine besonders stark diskriminierende Bedeutung zu. Wie überhaupt, gemessen an der kaum überschaubaren Publikationsdichte zu diesem Thema, der Seele im europäisch-christlichen Kontext, wie auch in anderen Kulturen[312], ein hoher Stellen-

---

Über die Seele. Zu Seele im christlichen Verständnis siehe Müller, Theologische Realenzyklopädie, Band XXX, 733-773.

[303] Lüke, Seele – was ist das? 285.

[304] Nach einer Schilderung eines Beschwörungsgesangs der Cuña-Indianer hat sogar Unbelebtes eine Seele (purba). In: Lévi-Strauss, Strukturale Anthropologie 206f.

[305] Philberth, Komplementaritäten 193.

[306] Körtner, Tier 528.

[307] Bier, Die Seele 180.

[308] Meixner, Die Seele 372.

[309] Meixner, Die Seele 372 (Kursiv wie Original).

[310] Quitterer, Erklärungspotential 279.

[311] Körtner, Tier 531.

[312] Bei den schon erwähnten Cuña-Indianern in Südamerika, hat sogar jeder Körperteil seine eigene „purba" (Seele). In: Lévi-Strauss, Strukturale Anthropologie 207.

wert zukommt, und deren vermutete Nichtexistenz oder Degeneration bei den „Negriden", deshalb eine umso bitterere Diskriminierung gegenüber diesen so bezeichneten Menschen darstellt. Hier zeigen sich Parallelen zu den Vorstellungen, wie sie der Philosoph der Aufklärung Montesquieu (1689-1755) formulierte: „Man kann sich nicht vorstellen, dass Gott, der doch ein allweises Wesen ist, eine Seele, und gar noch eine gute Seele, in einen ganz schwarzen Körper gelegt habe"[313]; bzw. wie sie in den Völkerschauen transportiert wurden, dass nämlich People of Color Seeleneigenschaften besitzen, die sie von anderen Menschen unterscheiden[314]; oder zu der des Zoologen Ernst Haeckel, der Neugeborene und Tiere als seelenlos bezeichnete, weshalb man sie, ohne zum Mörder zu werden, töten könne.[315] In modifizierter Form wurden diese Anschauungen auch von den Nazis übernommen, denn sie vertraten die Auffassung, zu bestimmten „Bastardeigenschaften" gehörten naturgemäß seelische Konflikte.[316]

Im Beispiel (4) „regiert der Instinkt" ist die Nähe zur Tierwelt insofern zu erkennen, als mit dem Substantiv „Instinkt" ein „angeborener Naturtrieb", ein „innerer Trieb" gemeint ist, der zwar im positiven Sinn „Ahnung, Fingerspitzengefühl, das Wissen um oder Gespür"[317] bedeutet; in dem von den Reisenden verwendeten Kontext jedoch eindeutig Richtung Tierwelt weist. Denn mit der Formulierung werden Verhaltensweisen der „Äthiopier" mit dem unkontrollierten Verhalten eines Tieres, das unreflektiert einem inneren Antrieb folgt, verglichen. Instinkt steht hier für Impuls oder Trieb, also im Sinne von „mechanische Triebe der Thiere", „willkürliche Triebe"[318], die der Selbsterhaltung dienen bzw. „sich so [...] verhalten, dass gewisse Ziele erreicht werden, ohne die Voraussicht dieser Ziele und ohne vorherige Erziehung oder Erfahrung".[319] Bei Menschen, bei denen der Instinkt herrscht, handelt es sich somit um „eine chaotische Menschheit, ohne jede gesellschaftliche Struktur [...] von Instinkten und dunklen Trieben beherrscht."[320] Wie unlauter ein Vergleich von Mensch und Tier auf der Basis von Instinkt ist, geht aus der Gegenüberstellung von „Instinkt" (Tier) und „Kultur" (Mensch) bei Bronislaw Malinowski hervor.[321]

---

[313] Zit. in: Attikpoe, Folgenschwere Konstrukte 21.

[314] Sokolowsky, Carl Hagenbeck 170.

[315] Weikart, From Darwin to Hitler, ebenso Stöckel, Säuglingsfürsorge 21f. Siehe auch Fußnote 475 im Kapitel 3.

[316] Martin: ... Als wäre gar nichts geschehen 701.

[317] Dornseiff, Der deutsche Wortschatz nach Sachgruppen. In: http://wortschatz.uni-leipzig. de/abfrage/ (01.07.2012).

[318] Reimarus Hermann, Samuel, Allgemeine Betrachtungen über die Triebe der Thiere.... Zit. in: Jahn, Geschichte der Biologie 252.

[319] Lexikon der Biologie, Bd. 4, 373.

[320] Steins, Das Bild des Schwarzen 49.

[321] Malinowski, Geschlecht 173-271.

„Das Soziale beim Menschen ist stets eine Kombination, ein Ineinander-greifen legaler, politischer und kultureller Funktionen. [...] Zusammen-fassend sei gesagt, daß das menschliche Handeln offenbar an der Gemein-schaft orientiert ist und daß das organisierte Verhalten einen der Grundpfeiler der Kultur darstellt. Während aber das kollektive Verhalten der Tiere auf angeborenen Faktoren basiert, gründet es sich beim Men-schen stets auf eine allmählich ausgebildete Fähigkeit. Das *Soziale* beim Menschen wächst mit fortschreitender Kultur. Würde es sich nur um ein *Zusammenleben* handeln, hätte es geringer werden oder jedenfalls kons-tant bleiben müssen. In Wirklichkeit liegt der wesentliche Grund der Kultur in einer tiefgehenden Modifikation der angeborenen Existenzaus-stattung: Die meisten Instinkte verschwinden und werden durch plasti-sche, wenn auch gerichtete Anlagen ersetzt, die ihrerseits wieder in kultu-relle Reaktionen verwandelt werden können."[322]

Da letzteres, also die Transformation von Instinkt zu gerichteter kontrollierter Äußerung bei Tieren nicht erfolgt, Tiere auf der Stufe des Triebes verbleiben, während der Mensch seine Anlagen durch „ein von Gesellschaft zu Gesell-schaft verschiedenes System kulturbedingter Regeln"[323] formt, dieser Prozess aber bei den „Äthiopiern" noch nicht stattgefunden hat, weil eben immer noch „der Instinkt regiert", ist die Äußerung des Reisenden diskriminierend.

Neben den Beispielen (1) bis (4) zeigten sich weitere diskriminierende Formu-lierungen in den Reiseberichten (Rb 7, 12, 17, 19, 35, 43, 45):
– „*wie Moskitoschwärme*" (Geldwechsler, Agenten etc.)
– „*die Blutsauger warten auf Beute*"
– „*Kinder sind kleine Monster*"
– „*eine Horde Kinder, die wie ein Schwarm folgen*"
– „*Kindermeute schreit tollwütig*"
– „*Händler, zahlreicher als Fliegen*"
– „*es wird gefressen*".

Davon zu unterscheiden waren Formulierungen, die auch im deutschen Sprachgebrauch häufiger Verwendung finden, wie „*tierisches Gedränge*" (Rb 13), „*irres Gewusel*" (Rb 19), „*Herden von Kindern*" (Rb 22) und „*Horden von Trägern*" (Rb 42). Doch auch diese scheinbar ethnienneutralen Formulie-rungen gerinnen, bezogen auf den Kontext in dem sie verwendet wurden, zur Diskriminierung, auch wenn dies nicht auf Anhieb zu erkennen ist. Denn das „tierische Gedränge" wird in Zusammenhang mit chaotischer Unordnung und Undiszipliniertheit, eben mit „afrikanischer Mentalität" gebracht; das „irre Gewusel" mit „welcome to Africa"; die „Herden von Kindern" mit der „enormen Fruchtbarkeit der ‚Afrikaner'" und schließlich stehen auch die

---

[322] Malinowski, Geschlecht 183f (Kursiv wie Original).
[323] Malinowski, Geschlecht 191.

„Horden von Trägern" im Kontext von afrikanischer Unorganisiertheit und Nepp.

Diskriminierung liegt aber nicht nur durch den Vergleich mit Begriffen aus der Tierwelt vor, sondern ebenso in der Auswahl der Tiere, für die die so bezeichneten Menschen stehen sollen. So wird „Ameisenhaufen" nicht nur mit Kuddelmuddel, Regellosigkeit, Unordnung und sogar mit Promiskuität in Verbindung gebracht, sondern die Ameise selbst gilt in unserer Wahrnehmung als Insekt, das für den Menschen sehr lästig sein kann, wenn es in Körpernähe kommt oder wenn man von ihr gebissen wird. Auch mit der Wortwahl „Moskito" wird ein unangenehmes Tier, eine Krankheit übertragende Steckmücke, scharf und spitz wie Disteln, Dornen, Igel oder Brennnessel (und dies noch multipliziert durch die Vielzahl „Schwärme") für den Vergleich herangezogen; und mit „Blutsauger", Vampir, Egel (im übertragenen Sinn Ausbeuter, Erpresser, Wucherer, Halsabschneider, also mit Habsucht), wird ebenfalls ein Tier gewählt, das eher Ekel erregt, als Freude bereitet. In Verbindung mit dem Substantiv „Beute" (Diebstahl, Raub, Profit) wird die negative Konnotation der Zuschreibung „Blutsauger" zusätzlich noch gesteigert. Ebenso ist der Begriff „Meute", der auf eine Schar von Jagdhunden verweist, die für das Gejagte den Tod bringen, im Zusammenhang mit der Bezeichnung von Kindern diskriminierend. Bedeutet er doch auch Rotte, Rudel, Herde; dient als Synonym für Bande, Straßengang, Räuberbande und erfährt durch die sprachliche Verknüpfung mit „tollwütig" eine zusätzliche pejorative Steigerung. Auch die Substantive „Herde", „Gewusel" oder „Horde" weisen auf die Tierwelt hin, im Sinne von Meute, Rudel, Brut bzw. im Kontext von Menschenansammlung, Getümmel, Bagage, Gesindel; wie ebenfalls „Schwarm" (Räuberbande, Mafia) negative Nebenbedeutungen in Bezug auf die Tierwelt, die Menge, auf Unordnung, Habsucht, Aneignung, soziale Gruppen, Kleidung, Triebe, Instinkt, Wesen, Essgier etc. aufweist. Ebenso wird die „Fliege" nicht als angenehmes Tier empfunden, sondern als Insekt, Schmeißfliege, Ungeziefer, das eben, weil lästig, verscheucht wird. Insbesondere das Verb „fressen" erfährt, in der Gegenüberstellung zum menschlichen „essen" oder „verzehren" eine negative Bedeutung; wird es doch nur Tieren zugeschrieben, dass sie fressen, schlingen, grasen, weiden oder zuzuschnappen. Selbst wenn man den Bezug zum Tier außer acht lassen würde, wird damit Essgier konnotiert, im negativen Sinne von prassen, schwelgen oder schlemmen, was jedoch in der im Reisebericht beschriebenen Situation, von nicht im Überfluss lebenden Menschen, wohl kaum zutreffen wird.

Dass diese Formulierungen und Begriffe auch zum Alltagssprachgebrauch der Reisenden gehören könnten und keine intentionale rassistisch-diskriminierende Implikation aufweisen, lässt sich nicht ausschließen. Bezieht man jedoch den Schreibstil der Verfasser der Reiseberichte in die Betrachtung mit ein, dann ist festzustellen, dass nur die Rb 13 und 22 einen einfacheren Schreibstil aufweisen, während alle anderen in einem elaborierten Code verfasst worden sind. Selbstverständlich können auch Menschen mit besserer

Ausbildung einen restringierten Code benutzen, doch trifft das mehr auf unvorbereitete ad hoc Situationen zu und nicht auf überlegt formulierte Reisebeschreibungen. Da aber trotzdem anstelle neutraler Beschreibungen (z.B. große Menschenmenge, etwa 50 Kinder, viele Helfer) diese Formulierungen gewählt wurden, lässt eine Diskriminierungsabsicht vermuten. Diese und die eingangs aufgeführten, trennenden, fixierenden und devaluierenden Äußerungen, umgekehrt gebraucht, um Deutsche zu etikettieren, würde zweifelsohne als verletzend empfunden werden. Da sie sich aber quasi nahtlos in die Reiseberichte einfügen und nicht als rhetorische Fehlleistungen, Ironie oder Spott hervortreten, weist auf die grundsätzlich diskriminierende Intention in den betroffenen Reiseberichten hin und zeigt den gewohnten Umgang sowie die asymmetrische und selbstverständliche Verwendung dieser Begriffe, wenn „Weiße" über „Afrikaner" schreiben.

Neben den Tiervergleichen fällt auf, dass in Reiseberichten, die Bildstrecken mit Tieren enthalten, neben diese Aufnahmen zugleich Fotos von afrikanischen Menschen (einzeln oder in Gruppen), in beliebigem Wechsel gestellt werden. Exotische Tiere und „exotische" Menschen werden thematisch als Attraktionen des fremden Kontinents in gleicher Weise präsentiert, was ebenfalls, da es einen Vergleich Mensch / Tier assoziiert, eine Form von Diskriminierung darstellt. Man stelle sich beispielsweise umgekehrt eine Bildstrecke über Oberbayern vor, in der in wechselnder Abfolge zwischen Kühen, Ziegen und Schafen Einheimische mit langen Bärten und Trachtengewändern abgebildet wären. Diese Präsentationsweise, Mensch und Tier thematisch nicht deutlich zu separieren, würde zumindest als „ungeschickt" jedem Betrachter auffallen, während im afrikanischen Referenzrahmen dem dichten bildlichen Nebeneinander von Mensch und Tier seitens der Verfasser keine Beachtung geschenkt wird. Doch war es bereits auf Plakaten zu den Völkerschauen üblich, „Afrikaner" in die Nähe von Tieren zu rücken. Das geschah zum einen durch die Bekleidung der dargestellten Menschen, indem man sie mit Fellen, Federn oder einem Leopardenschurz zeigte; und zum anderen, indem sie mit Tieren in einer eine Einheit assoziierenden Szene präsentiert wurden.

> „Zutraulich stehen das Elefantenbaby, der Vogel Strauß und seine Jungen, die Antilope und die Giraffen neben den ‚Somali', der kleine Junge füttert ein junges Nashorn. Im ‚Somali'-Dorf stehen Strauße, Dromedare und Menschen in Gruppen zusammen."[324]

Eine weitere Variante war, den Gesichtern der abgebildeten „Wilden" eine starke Ähnlichkeit mit Gorillas zu geben.[325] Vermittelt wurde damit eine Einheit von Wildheit der Tiere und Wildheit der „Afrikaner", und da sie wesensverwandt seien, fehlt letzteren, analog zu ersteren, ebenfalls jegliche Zivilisation und Kultur.[326]

---

[324] Dreesbach, Gezähmte Wilde 137.
[325] Dreesbach, Gezähmte Wilde 164.
[326] Dreesbach, Gezähmte Wilde 137f.

Nun muss an dieser Stelle angemerkt werden, dass Menschen, Menschengruppen, Völker oder gar ganze Reiche und ihre Herrscher mit Tieren zu vergleichen oder zu charakterisieren, auf eine lange Tradition zurückblickt. In der
christlichen Schöpfungslehre wird beispielsweise die Beziehung von Mensch
und Tier in Gen 1f dargestellt. Sie sind Mitgeschöpfe des Menschen, leben
jedoch in einer asymmetrischen Lebensgemeinschaft zusammen:

> „Beide, Tiere wie Menschen, werden von Gott in gleicher Weise gesegnet.
> Sichtbare Gestalt des verbindenden Segens ist die Fruchtbarkeit
> (Gen 1,22.28). Was beide unterscheidet, ist der Herrschaftsauftrag des
> Menschen (Gen 1,26.28). Dieser schließt aber nicht das Recht der Tier-
> tötung ein. [...] Der Schöpfungsbericht Gen 2,4ff. begründet die Erschaf-
> fung der Tiere damit, daß dem Menschen, der beauftragt wird, den
> Garten (in) Eden zu bebauen und zu bewahren (Gen 1,15), eine Hilfe zur
> Seite gestellt werden soll. [...] Der biblische Mythos versinnbildlicht zum
> einen die enge Zusammengehörigkeit von Mensch und Tier – [...], ande-
> rerseits aber auch die bestehende Asymmetrie ihres Verhältnisses; ist es
> doch der Mensch, der den Tieren ihren Namen gibt und damit eine
> (Definitions-)Macht ausübt, nicht etwa umgekehrt.“[327]

Die anthropozentrische Sichtweise ist auch aus der Sintfluterzählung ersichtlich, doch stellt diese insofern einen Bruch im Mensch-Tier-Verhältnis dar, als
ab da die Tötung von Tieren zum Zwecke der Ernährung und für kultische
Bestimmungen des Menschen gebilligt wird (Gen 9,3). Es handelt sich nun
nicht mehr um ein zwar hierarchisches aber friedliches Nebeneinander, sondern um eine feindschaftliche, Furcht und Schrecken einjagende Gegenseitig-
keit (Gen 9,2;9,4).

Auch nicht-christliche Religionen befassen sich mit dem Verhältnis von
Mensch und Tier. So findet sich in den heiligen Schriften der Juden, wie auch
im Koran, die unüberbrückbare Differenz des Wesensunterschiedes; während
im Buddhismus oder Hinduismus, durch den Glauben an die Reinkarnation,
die Beziehung zwischen Mensch und Tier davon abweichend thematisiert
wird. Ein anderes Verhältnis besteht ferner, wenn es sich um Totem-Tiere
handelt, die eine Schutzfunktion für den einzelnen oder Mitglieder der jeweiligen Totemgruppen innehaben. Sie genießen einen besonderen Status als
Repräsentanten von Gottheiten, werden verehrt und erhalten Opfergaben.
Doch sind auch hier „die Grenzen zwischen Wesensbestimmung und Metapher, etwa als Begleittiere von Gottheiten zur Veranschaulichung ihrer Charakteristika, alles andere als eindeutig“ und können „selbst innerhalb ein und
derselben Tradition unterschiedlich bestimmt werden.“[328] Im Gegensatz zur
ethischen Sichtweise der Philosophen Descartes, Kant oder Fichte (Tier als
seelen- und empfindungsloses Wesen) beruft sich die heutige Tierethik auf die
Mitleidsethik, im Sinne von Ehrfurcht vor dem Leben, Tierschutz, Massen-

---

[327] Körtner, Tier 528.
[328] Körtner, Tier 529.

tierhaltung etc. Dem entspricht auch die Modifizierung des Tierschutzgesetzes von 1986, nach dem Tiere nicht mehr nach dem Sachenrecht behandelt, sondern als Mitgeschöpfe bezeichnet werden. Doch darf bei der Rücksichtnahme auf Tiere nicht vergessen werden, dass diese einseitig, vom Mensch auf das Tier erfolgt und nicht umgekehrt, was ein Verbleiben der anthropozentristischen Sichtweise mit sich bringt.

Aus dem Blickwinkel der Mythologie und Historie ist somit die asymmetrische Beziehung zwischen Mensch und Tier, bei der der Mensch die höhere Hierarchiestufe einnimmt, nicht neu. Aus der Tatsache dieses Gefälles sind die Formulierungen in den Reiseberichten „Afrikaner" in die Nähe von Tieren zu stellen oder sie damit zu vergleichen, um damit das hierarchische Gefälle durch die „als höher stehend ausgegebenen Gesellschaften"[329] zu zeigen, umso diskriminierender.

> „Die Darstellung von AfrikanerInnen ist bis ins Mittelalter zurückzuverfolgen. Damals wusste man noch viel weniger über Afrika als heute, und so fielen diese Darstellungen in die gleiche Kategorie wie Teufel und Dämonen."[330]

Dass die Tiervergleiche und Benennungen in den Reiseberichten immer noch erscheinen und zudem ins Netz gestellt werden, also für jeden zugänglich sind, zeigt die Unbekümmertheit mit deren Umgang. Zwar ist die Zeit der Völkerschauen und des Nationalsozialismus vorbei,

> „aber die damals eingeübten Haltungen beispielsweise nicht-europäischen Fremden gegenüber sind in ihrer Grundstruktur bis heute in unserer Gesellschaft nicht überwunden. So muß die eigene, als gegeben angenommene Superiorität gar nicht bewußt mitgedacht werden, sie bildet weiterhin Fundament und Movens in Verhalten und Sichtweise Angehörigen fremder Kulturen gegenüber."[331]

Und dieses Faktum belegen die Reiseberichte auch durch die von den Reisenden gebrauchten Benennungen und Vergleiche von „Afrikanern" mit Tieren.

Ergänzende Schlussbemerkungen

a) Die Assoziationskette Naturmensch / Instinkt / Tier entspricht dem Denken, das auch während der Zeit des deutschen Kolonialismus bestand, wofür die Feststellung des Chirurgen August Bier (1861-1949) als Beispiel steht, der

---

[329] Hund, Rassismus 32.
[330] Ausstellung: Köln Postkolonial – Die Geschichte des Afrika-Viertels in Nippes. 2. bis 26. November 2010. Köln.
[331] Eißenberger, Entführt, verspottet 98f.

das Begriffspaar „Naturmensch / Tier", dem „Kulturmenschen" gegenüberstellte:

> „Oft findet beim Kulturmenschen ein Kampf zwischen Instinkt und Verstand statt, der gewöhnlich mit dem Sieg des letzteren endet. Der Kulturmensch verlor den Ortssinn, der Naturvölkern und Tieren im so hohem Maß gegeben ist.[332]

Im folgenden sollen nur wenige Beispiele für die lange Tradition der Gleichsetzung von Schwarzen und Tieren genannt werden: So zitiert beispielsweise Wulf Hund im Zusammenhang Mensch / Tier, den Schriftleiter der Kolonialen Zeitschrift, Alfred Herfurth, der die Meinung vertrat, Afrikaner wären „Tiermenschen, die nicht über ihr jetziges Niveau zu uns heraufsteigen könnten"[333], wie auch ein Autor namens von den Velden 1906 in der Politisch-anthropologischen Revue schrieb, dass Neger, wenn sie erwachsen werden, „dumm und tierisch" seien.[334] Ferner stellte der Afrikaforscher Samuel White Baker (1821-1893) fest: „Die menschliche Natur, wie man sie unter den afrikanischen Wilden in ihrer primitivsten Form antrifft, entspricht der des wilden Tieres und lässt sich mit dem edlen Charakter eines Hundes nicht vergleichen."[335] Auch wurden in der deutschen Öffentlichkeit, im Zusammenhang mit dem Hereroaufstand 1904 bis 1907, häufig Vergleiche mit Tieren gezogen und die Hereros als „Bestien" oder „Schwarze Teufel" bezeichnet[336]; und ebenso wurde das „tierische" Schwarzen-Bild durch die deutsche NS-Propaganda genährt. Das war der Fall, wenn in den damaligen Printmedien vom „tierischen Geruch dunkelhäutiger Völker", von „halbtierischen Völkern Afrikas", von „Affen" und „entmenschlichten Wilden" die Rede war; oder man „besonders gut gewachsene deutsche Soldaten mit besonders vertiert aussehenden Senegalnegern"[337] kontrastierte.

b) Die Übertragung von Begriffen aus der Tierwelt auf „Afrikaner", wie beispielsweise „fressen" oder „Instinkt", war eine nach Franz Fanon typische Strategie des Kolonialismus, die sich auch in die Konstruktion der Dichotomie von Afrika = Natur und Europa = Kultur einfügt.[338] So hielt beispielsweise der Arzt und Archäologe Rudolf Virchow (1821-1902) die „Beschäftigung mit Afrika und seinen ‚wilden Horden' für überflüssig, weil die zivilisierte Menschheit dort nichts zu gewinnen hätte und ihre Vertreter höchstens ‚aufgegessen' würden."[339] Und in den Völkerschauen wurden u.a. wilde „Men-

---

[332] Bier, Die Seele 114.
[333] Hund, Rassismus 98.
[334] Velden, von den, Zur Psychologie der Negerrasse 111.
[335] Zit. in: Attikpoe, Folgenschwere Konstrukte 19.
[336] Koller, Der „dunkle Verrat an Europa" 112.
[337] Koller, Der „dunkle Verrat an Europa" 114.
[338] Arndt/Hornscheidt, Afrika und die deutsche Sprache 31.
[339] Hund, Rassismus 98.

schenfresser" vorgeführt: einer tanzte „in eigenthümlicher Weise', biss einem lebenden Huhn den Kopf ab und saugte sein Blut aus."[340] Wobei das „Zerreißen und Verschlingen lebender Kleintiere [...] wegen seiner Publikumswirksamkeit im späten 19. Jahrhundert"[341] eine verbreitete Darbietung war. Gelegentlich handelte es sich zwar um Täuschungen der Schaubudenbesitzer, die deutsche Mitwirkende braun schminkten und als „Neger" präsentierten. Doch hatte dies für die Entstehung von Stereotypen und Vorurteilen in den Köpfen der Zuschauer keine Auswirkungen, weil nur wenige, meist per Zufall, von dem Schwindel Kenntnis erhielten, da die Aufdeckung von Seiten der Veranstalter tunlichst vermieden wurde, um die „Authentizität" zu bewahren. Das Bild vom „instinktgetriebenen Menschenfresser", gefaked oder „echt", prägte sich jedenfalls in die Zuschauer ein und beeinflusste ihre Meinung vom „Afrikaner" in toto.

c) Es ist deshalb nicht verwunderlich, dass im kollektiven Bewusstsein der Deutschen, durch die „machtvollen Nachwirkungen der überlieferten Stereotype und Klischees über Afrika"[342] das Bild des „Afrikaners" als „gewalttätiges Raubtier"[343] erhalten blieb. Wie lange diese Vorstellungen in den Köpfen der Menschen existent geblieben sind, zeigt eine Äußerung von Hans Peter Duerr, der damit Norbert Elias kritisierte (Gespräch am 28. Februar 1980):

> „Wenn es etwa heißt: ‚Menschen lebten auf jener Stufe wie die wilden Tiere, die sie jagten – stets auf der Hut', und weiterhin: ‚Was sie hatten, war eine generalisierte angeborene Alarmreaktion, die sie in einen anderen Funktionszustand versetzte, in die Bereitschaft zu angespanntestem Handeln, etwa Kampf oder Flucht', so kann man sich kaum vorstellen, daß Elias auch nur eine einzige neuere, von Ethnographen oder Prähistorikern verfaßte Abhandlung über die Lebensform von Wildbeutern gelesen hat."[344]

Die Durabilität erklärt sich nach dem Philosophen Ernst Cassirer (1874-1945) dadurch, dass der Mensch sich zwar geistig über die Dingwelt erhebe, „aber in den Bildern und Gestalten setze er eine neue Gebundenheit, die, da es sich um eine ‚geistige Macht' handele, ‚unzerreißbarer' sei als jede ‚physische Macht.'"[345]

d) Diese Gebundenheit der Bilder hat die Vorstellung und den Diskurs über die in Afrika lebenden Menschen beeinflusst und findet noch heute in Äußerungen in den Reiseberichten ihren Niederschlag. Es zeigt sich, dass aus der

---

[340] Nagel, Schaubuden 144. In: http://de.wikipedia.org/wiki/Völkerschau (01.07.2012).
[341] Nagel, Schaubuden 145. In: http://de.wikipedia.org/wiki/Völkerschau (01.07.2012).
[342] Attikpoe, Folgenschwere Konstrukte 18.
[343] Fredrickson, Rassismus 122.
[344] Duerr, Nacktheit und Scham 339, Fußnote 3.
[345] Girtler, Kulturanthropologie 211.

Kiste der Diskriminierungsmöglichkeiten, der Griff zum Tiervergleich, immer noch präsent und fester Bestandteil des Vokabulars ist. Das ist insofern problematisch, weil „[e]very-day talk is probably the most important site of social production and reproduction"[346], was zur Folge hat, dass diese Bilder und Stereotype auch nicht versiegen. Zudem verbleiben bestimmte stereotype Vorstellungen nicht nur im „Kopf", sondern

> „haben auch soziale Funktionen. Sie beeinflussen in beträchtlichem Maße die innere Einstellung der Menschen und bestimmen auch deren Umgang mit dem „Anderen". Sie besitzen und entfalten eine gewisse Wirkungsmacht, die im Falle Afrikas meist von negativer Art ist. Afrika-Bilder im Kopf der Europäer beeinträchtigen deren Verhältnis zu Afrikanern. Die kontinuierlich um Schwarze aufgebaute Mauer von Stereotypen lässt sie als Andersgeartete Menschen erscheinen."[347]

3.4 Diskriminierungen aufgrund der Hautfarbe

Die Erwähnung der Hautfarbe zur Klassifikation der Menschen konnte in 10 von 45 Reiseberichten (22,2 %) festgestellt werden. Es handelt sich nicht um explizite, plumpe Nennungen, wie „Neger", „Schokoladenboy" oder ähnlichem, wie das noch bei Awes' Auswertung von Zeitungsberichten, Ende der 60er und Anfang der 70er Jahre, der Fall gewesen ist[348], sondern die Hautfarbe wird entweder:

a) als markierende Ergänzung eines Menschen, einer Gruppe oder aller „Afrikaner" verwendet: *„die Schwarzen", „sitzen zwei Schwarze", „schwarze Studenten", „schwarze Führer", „schwarze Babys", „schwarze Personen", „älterer Schwarzer", „junge schwarze Frau", „schwarzes Wachpersonal" „schwarze Kellner" „schwarze Geschäftsleute" „gut gekleidete Farbige" „gutbetuchte Schwarze" „wurden von einer ‚Dunkelhäutigen' abgewimmelt"* (Rb 13, 14, 18, 42); oder,

b) um das exotische oder physiologische Erscheinungsbild schwarzer Menschen herauszustellen: *„sehr hübscher Schwarzer", „kräftiger Schwarzer", „schwarzer Hüne", „stämmiger Schwarzer"* (passim); bzw., wenn nur Weiße in einer Kneipe sitzen *„finden wir das unspannend"* (Rb 42); oder,

c) die Hautfarbe wurde absichtlich als Mittel zur Gegenüberstellung zwischen „Schwarzen" und „Weißen" verwendet (Rb 42, 45) und zwar in Bezug auf deren Mentalität: *„Schwarze sind ungeduldig, kontaktfreudig", „Schwarze neigen zu unerwarteten Gefühlsausbrüchen", „Schwarze sind zu keiner schweren körperlichen Arbeit fähig"*; die Nationalität: *„zwei Schwarze und ein französisches Paar", „schwarze Geschäftsleute und ein älterer Englän-*

---

[346] Hill, Everyday Language 46.
[347] Attikpoe, Folgenschwere Konstrukte 25f.
[348] Awes, Gazelle 70.

der"; auf den Beruf: *„schwarzes Bedienpersonal, aber nur weiße Gäste"*; oder
die Sauberkeit: *„Schwarze haben kein ausgeprägtes Reinlichkeits- und Sauberkeitsbedürfnis"*.

Zu a) Auch wenn keine Diskriminierungsabsicht bestand, wird doch das trennende „Schwarz" – „in Wirklichkeit ein verhältnismäßig oberflächliches
Merkmal"[349] – bei Formulierungen genutzt, um eine Differenz zu Weiß her-
zustellen. Damit begeben sich die Reisenden, durchaus auch unbewusst, auf
die Ebene rassistischer Denkweise, weil es sich in diesem Kontext bei
„Schwarz" um einen Begriff handelt der auch „zur Bezeichnung von Menschen [...], die durch Rassismus diskriminiert werden"[350] verwendet wird.
Zudem bleibt das Wort „schwarz", als Adjektiv gebraucht, kein neutrales
Unterscheidungsmerkmal mehr, sondern dient, in Verbindung mit dem jeweiligen Substantiv, um der negativen Einstellung des Reisenden gegenüber dem
so Bezeichneten, Ausdruck zu verleihen. Wie überhaupt „Schwarzer" als Substantiv gebraucht, als Synonym für „Neger" und „Mohr" steht.[351]
   Zu b) Auch scheinbar gutgemeinte Formulierungen stellen eine Diskriminierung dar, insofern die Hautfarbe allein verwendet wird um Menschen zu
beschreiben und nicht deren Name, Beruf oder zumindest Nationalität anstelle von oder zusammen mit „schwarz", mit in die Formulierung einfließt.

> „Wenn Weiße sich beschreiben – sie also Grundsteine der eigenen Identi-
> fizierung und Identifikation, sowohl im Selbst- wie im gewünschten
> Fremdbild, benennen, gehen sie in der Regel nur auf Aspekte wie Beruf,
> Alter, Geschlecht und Religion ein. Auf ihr Weiß-Sein nehmen sie keinen
> Bezug. Darauf angesprochen wird oft erklärt, dieses sage nichts über das
> eigene Leben aus. Interessanterweise markieren aber dieselben Personen
> Schwarze dann oft als aller erstes über ihr Schwarz-Sein."[352]

Doch gibt es auch einige wenige Ausnahmen, bei denen der Beruf oder der
Name anstelle der Hautfarbe im Vordergrund stehen: *„der freundliche, farbige
Angestellte"* (Rb 42), *„ein alter Mann namens ..."* (Rb 39), *„zwei Netzflicker"*,
„eine Bedienung" (Rb 39). Dass die Fokussierung auf die Hautfarbe und nicht
auf das Individuum als verletzend empfunden wird, zeigt das umgekehrte Beispiel eines Reisenden, der es als unhöflich empfand, weil er als „Weißer"
attribuiert wurde (Rb 42). Die Nichterwähnung der Hautfarbe ist ohnehin
üblich, wenn über „Weiße" berichtet wird. Damit wird ersichtlich, was der
europäische Reisende – ganz in der Tradition von Buffon[353] – als „normale"

---

349 Poliakov, Rassismus 15.
350 Arndt/Hornscheidt, Afrika und die deutsche Sprache 14.
351 Dornseiff, Der deutsche Wortschatz nach Sachgruppen. In: http://wortschatz.uni-leipzig.
     de/abfrage/ (01.07.2012).
352 Arndt/Hornscheidt, Afrika und die deutsche Sprache 56f.
353 Poliakov, Rassismus 80.

Hautfarbe ansieht bzw. umgekehrt, was für ihn außerhalb der Norm liegt und demzufolge erwähnt wird.

> „Statt einfach zu schreiben ‚der 36 jährige Mechaniker‘ heißt es oft ‚der 26jährige Schwarze, der eine Werkstatt hat‘ oder ‚der Farbige, der 26 Jahre alt ist und...‘. Dass Menschen in erster Linie auf ihr ‚ethnisches Aussehen‘ reduziert werden (und erst dann in einzelnen Fällen auch noch ‚jemand‘/eine Person sind), ist rassistisch."[354]

Durch die chromatische Erwähnung wird das Diskriminierungspotential in der Beschreibungspraxis von Menschen unterschiedlicher Herkunft erkennbar: es ist einerseits unmittelbar mit der Hautfarbe „Schwarz" verbunden, und andererseits erkennbar durch die asymmetrische Erwähnung der Hautfarbe. Susan Arndt fügt noch einen weiteren Aspekt hinzu:

> „Zudem wird mit dem Begriff ‚Farbige/r‘ suggeriert, Weiße hätten keine Haut-Farbe. Denn wenn die einen als ‚farbig‘ markiert werden, schwingt zugleich die Annahme mit, dass die anderen ‚nicht-farbig‘ seien. Hier kommt dann auch die Konnotation zum Tragen, wonach ‚farbig‘ ‚bunt‘ impliziert. Der Begriff ‚hautfarben‘ bezieht sich hingegen auf ‚die Haut-farbe‘ ‚weißer Europäer/innen‘, wobei er negiert, dass alle Farbtöne von Haut Haut-Farben sind. Letzlich sind beide begrifflichen Konzepte zwei Seiten derselben Medaille. Beide bauen auf einer Normsetzung der als ‚weiß‘ konstruierten Hautfarbe der Weißen auf."[355]

Zu c) Die Gegenüberstellung von schwarzer und weißer Hautfarbe, in Äußerungen wie: *„Schwarze unterscheiden sich kaum von der Dunkelheit der Nacht"* (Rb 41), *„da sie schwarz wie eine Neumondnacht sind"* (Rb 9), wobei deren *„Katzenaugen dann unheimlich aussehen"* (Rb 41) assoziiert ferner, dass Schwarz zugleich Gefahr bedeutet. Denn es liegt eine Trennung von „schwarz" (= dunkel, unheimlich) und „weiß" (= Inbegriff allen Lichtes[356]) vor; ebenso wie auch eine Fixierung vorgenommen wird auf „gefährlich, Raubtier", weil in der Nacht nur an den Katzenaugen sichtbar. Schließlich die Devaluierung, insofern, als dass diese Menschen aufgrund ihrer nächtlichen Unsichtbarkeit durch ihre Hautfarbe, ein Gefahrenpotential darstellen (können).

> „Ganz entscheidend in diesem Zusammenhang ist etwa, dass ‚schwarz sehen‘ hier in der übertragenen Bedeutung von ‚ich befürchte Schlimmes für mich‘ gebraucht wird. Der Schwarze, der dieses ‚schwarz sehen‘ hier transportiert, verkörpert Unheil für den Weißen/die Weiße (Zuschauer/in) und wirkt Angst einflößend und bedrohlich auf ihn/sie."[357]

Weil seit dem 17. Jahrhundert „Weiße unter Bezugnahme auf die christliche Konstruktion Schwarze als Verkörperung von Dunkelheit und Furcht konzi-

---

[354] http://www.derbraunemob.de/deutsch/index.htm (01.07.2012).
[355] Arndt/Hornscheidt, Afrika und die deutsche Sprache 56f.
[356] Hofhansl, Farben/Farbensymbolik 26.
[357] Arndt/Hornscheidt, Afrika und die deutsche Sprache 53.

piert"[358] haben, stellen diese von den Reisenden getroffenen, Angst und Unheimlichkeit assoziierenden Formulierungen, kein Novum dar, sondern sind vielmehr als Fortsetzung tradierter Zuschreibungen zu interpretieren.

Mit den unter c) genannten Formulierungen (Mentalität), realisieren die Verfasser nicht nur ihre subjektiven, über die bloße Vermutung hinausgehenden Überzeugungen von der genetischen Determiniertheit Schwarzer, sondern sie formulieren diese ihre Meinung, mit der Bestimmtheit einer feststehenden Erkenntnis, als Gewissheit gegenüber dem Formulierten. Das heißt, ihre persönliche bewertende Einstellung wird zum fest fixierten Merkmal für Menschen mit dunkler Hautfarbe.

In allen geschilderten Formulierungen ist es primär die Hautfarbe, zudem in farblicher Generalisierung, und nicht die individuelle Persönlichkeit des jeweiligen Menschen, die einer Beschreibung zugrunde liegt. Aus ihr erwuchs auch in der Vergangenheit der Überlegenheitsanspruch der Weißen und eine Form von Rassismus, die George Fredrickson „als die an der Hautfarbe orientierte oder somatische Variante"[359] bezeichnet.

> „Die so erzeugten extremen Pole Schwarz und Weiß sind nur vordergründig visuell, setzen sich aber tatsächlich aus einer Vielzahl von Operationen zusammen. Sie symbolisieren ein ideologisches Konvolut und keine natürlichen Eigenschaften."[360]

Schwarz und Weiß sind somit nicht bloß Farben der Natur, sondern aus ihnen entwickelten sich soziale Konstruktionen, die eine Farbhierarchie zum Inhalt hatten, bei der in kultureller Voreingenommenheit gegenüber der Farbe Schwarz, diese auf der untersten Wertigkeitsskala rangierte. Mit der Farbe kam es zu einer „Desozialisierung der Körper" und zu einer „Kategorisierung der Hautfarben"[361], und die Festlegung der Wertigkeit der verschiedenen Farbkategorien, also die Normsetzung, fiel dabei als Begleiterscheinung einer über 500 Jahre dauernden Kolonialismusgeschichte den „Weißen" zu. Denn zu einer „ideologischen und semantischen Verbindung dunkler Hautfarbe und ideologischer Bewertungen kam es erst mit der Entwicklung und Ausprägung der transatlantischen Sklaverei im Zuge des europäischen Kolonialismus."[362] Damit gerann in der Farbe „Schwarz" ein

> „Konglomerat aus Ausbeutung, Entrechtung und Unterdrückung, das in ästhetische, moralische und wissenschaftliche Urteile gefasst wurde, in die zahlreiche Versatzstücke älterer Rechtfertigungsideologien rassistischer Unterdrückung eingegangen waren und das selbst wieder Bestandteil eines alltäglichen Systems diskriminierender Stereotypisierungen wurde."[363]

---

[358] Arndt/Hornscheidt, Afrika und die deutsche Sprache 46.
[359] Fredrickson, Rassismus 158.
[360] Hund, Rassismus 105.
[361] Hund, Rassismus 105.
[362] Hund, Rassismus 73.
[363] Hund, Rassismus 25f.

Wenn auch nicht festgestellt werden kann, ob die Reisenden mit Schwarz tatsächlich die Hautfarbe mit ihren damit verbundenen historischen Implikationen meinen, sondern darunter eine eigene schwarze, kulturelle und soziale Identität verstehen, dann ist darauf hinzuweisen, dass auch diese Verortung im Kontext von Kolonialismus und Rassismus steht, in dem die Menschen zu „Schwarzen" gemacht wurden. Schwarze und Weiße sind letztlich politische Begriffe, bei dem Schwarze die Objekte des Rassismus darstellten, während „Weiße" als „Subjekte rassistischer Prozesse und Akteure und Akteurinnen rassistischer Handlungen"[364] agieren. Überlegungen, in denen die Problematik bei der Verwendung der Begriffe „Schwarzer" bzw. „Farbiger" in den Formulierungen mitreflekiert würde, sind in den Reiseberichten jedoch nicht zu erkennen. Vielmehr dominiert, wenn die Reisenden Formulierungen wie „die Schwarzen" oder „die Afrikaner" gebrauchen, die Vorstellung eines „stereotyping of imagined communities, and the tendency to equate culture with race"[365].

Überhaupt ist es problematisch die Hautfarbe eines Menschen als Klassifizierungsmerkmal zu verwenden. Denn zum einen ist es absurd, undifferenziert von „Schwarzen" zu sprechen, also die Hautfarbe auf „ein-farbig" zu reduzieren und für alle „Afrikaner" zu generalisieren, obwohl bekannt ist, dass die dunkle Hautfarbe ein breites Spektrum von „braun über kupferfarben bis schwarz"[366] aufweist[367]: „[s]kin pigmentation shows remarkable variation within and among human populations."[368] Das heißt, wenn schon die „schwarze" Hautfarbe zur Unterscheidung zur „weißen" herangezogen wird, dann müssten für beide Hautfarbengruppen, analog den verschiedenen Farbtönen, entsprechende Klassen gebildet werden, die sich nicht auf das uniforme

---

[364] Arndt/Hornscheidt, Afrika und die deutsche Sprache 13.

[365] Kuper, Culture of Discrimination 195.

[366] Poliakov, Rassismus 27.

[367] So werden beispielsweise die zur Volksgruppe der Buschmänner und Hottentotten gehörenden Menschen „The Yellow Peoples" genannt, da ihre helle Hautfarbe „augenfällig verschieden von der aller umwohnenden Bantu-Gruppen" ist. In: Gusinde, Monochronie der Buschmänner 175.

[368] This variation is often explained in terms of natural, or sexual selection. Recent work has confirmed a strong positive correlation between skin pigmentation and ultraviolet radiation (UVR) intensity, suggesting that global variation in skin pigmentation may be the result of localized adaption to different UVR conditions via natural selection. [...] Although there is strong evidence that pigmentation variation has been influenced by natural selection, it is currently unknown how selection has affected the genetic architecture of pigmentation loci in different populations, even when such populations have experienced similar levels of UVR over their evolutionary histories. In: Norton, Convergent evolution of light skin 5f. Zu Beginn des 20. Jahrhunderts war die nach dem Anthropologen Felix von Luschan benannte *Von-Luschan-Skala* eine der gängigsten Methoden, um Hautfarben zu klassifizieren. Sie hat heute nur noch historische Bedeutung und wurde selbst von Luschan als „rassisches" Merkmal 1911 abgelehnt. In: http://de.wikipedia.org/wiki/Hautfarbe (01.07.2012). Siehe dazu auch die Hautton-Karten in Sweet, The Paleo-Etiology of Human Skin Tone.

„Schwarz" bzw. „Weiß" beschränken. Dass dies unsinnig ist, erklärt sich von selbst und wird an dieser Stelle nur der Vollständigkeit halber angemerkt.

Zum anderen sagt die Hautfarbe per se nichts über den Menschen selbst aus, handelt es sich doch um ein Merkmal, das durch die unterschiedliche Pigmentierung der Haut und der Struktur der Blutgefäße hervorgerufen wird. Die ganze Bandbreite an Schattierungen ist vom Melaningehalt der Haut abhängig,[369] dessen Intensität sich der UV-Strahlung anpasste. Dabei sind die Übergänge zwischen „viel und kaum Melanin weltweit fließend", das heißt „selbst wenn nur der Faktor Hautfarbe ausschlaggebend" sein sollte, müssten „ganze ‚Völker' als Mischlinge gelten"[370], also eben nicht „Schwarze" oder „Weiße" sein. Weiße Hautfarbe, als Ausgleich für geringere UV-Strahlung, ist keine Errungenschaft, auf die der Europäer durch eingebildet höhere Intelligenz, bessere Technik oder sonstwie „stolz" sein könnte, – in Europa geboren zu werden und zu sterben ist nicht ehrenhaft, sondern Zufall „und bedeutet darüber hinaus gar nichts"[371] – sondern die Hautfarbenanpassung von Dunkel zu Hell ergab sich durch Sonnen-UV-Bestrahlung, der Essensumstellung von Fleisch auf Cerealien und der Mutation von 5 Genen.[372] Nichts desto trotz ist die Hautfarbe das relevante Kriterium für die Reisenden, um davon Wesensunterschiede, Naturell oder Intelligenz abzuleiten. Dass dies absurd ist, wird in dem Beitrag „An den Genen liegt es nicht" der AG Friedensforschung von Martin Koch herausgestellt, indem er Cavalli-Sforza zitiert: „Die äußeren Merkmale mögen unterschiedlich erscheinen, aber unter der Haut sind alle Menschen eng verwandt."[373]

Ergänzende Schlussbemerkungen

a) Auffallend an den Formulierungen in den Reiseberichten ist die selbstverständliche, undifferenzierte und stigmatisierende Verwendung der Farbe „schwarz", um afrikanische Menschen zu etikettieren. Wenn auch nicht mehr Begriffe wie „Mohr" oder „Bimbo" gebraucht werden, so treten an deren Stelle die Substantive „Schwarzer" bzw. „Farbiger"; also optische Beschreibungen, die sich auf „verschiedene Hintergründe, Sozialisationen und Lebensrealitäten"[374] beziehen. Es handelt sich hier ebenfalls um eine stereotype, simplifizierende Reduzierung von Menschen auf ihre Hautfarbe, deren Bedeutung den historischen, weißen Rassendifferenzierungsvorstellungen entspricht; da erst „durch den Rassismus [...] das Farbspektrum von Hautfarben auf eine Dichotomie von ‚weiß' auf der einen Seite und ‚schwarz' auf der anderen reduziert

---

[369] Poenicke, Jenseits vom Forschungsstand 712.

[370] Poenicke, Jenseits vom Forschungsstand 711.

[371] Haushofer, Die Wand 89.

[372] Ausführliches zur Hautfarbe bei Sweet, The Paleo-Etiology of Human Skin Tone.

[373] Koch, An den Genen liegt es nicht. In: http://www.ag-friedensforschung.de/themen/Rassismus/sarrazin6.html (01.07.2012).

[374] http://www.derbraunemob.de/deutsch/index.htm (01.07.2012).

[wurde], wobei Weiß-Sein als Norm gesetzt und das ‚Nicht-Weiße‘ alterisiert, das heißt zum Anderen, ‚Un-Normalen" gemacht wurde."[375] Wie schon in der kolonialen Semantik werden die Begriffe „Schwarzer" oder „Farbiger" in Verbindung gebracht mit exotisch, kindlich und rückständig, mit Unsauberkeit, Wildheit und Faulheit. Damals wie heute wird die dunkle Hautfarbe mit dem Verhalten in Affektsituationen[376] verknüpft, obwohl nach dem italienischen Populationsgenetiker Luigi Luca Cavalli-Sforza, die Hautfarbe nicht tiefer reicht als die Haut selbst.[377] Das heißt, die dunkle Hautfarbe bringt automatisch eine bestimmte Erwartungshaltung der Reisenden mit sich, die wiederum durch die koloniale und NS-Vergangenheit beeinflusst ist.

b) Bei der Erwähnung der Hautfarbe „Schwarz", ob als Adjektiv oder in Komposita, handelt es sich nicht um eine unverzichtbare informative Ergänzung. Man könnte sie in den meisten Fällen ebenso unerwähnt lassen, ohne damit den Informationsgehalt zu schmälern, wie das auch bei der Nichterwähnung der weißen Hautfarbe in den Reiseberichten praktiziert wird. Da der Hinweis auf „Schwarz" aber gerade nicht weggelassen wird, muss bei den Reisenden auf ein noch immer, von kolonialen und rassistischen Konstruktionen geprägtes Denken geschlossen werden.[378] Insofern evoziert Hautfarbe keine „unschuldige Wahrnehmung", die sich auf eine Variante der Natur reduzieren ließe, sondern Hautfarbe stellt ein „soziales Symbol" dar, dessen „soziale Dimension sich mit Michel Foucault als Diskurs oder mit Pierre Bourdieu als Habitus lesen lässt."[379] Dabei bildet die Vorstellung die Grundlage, es existiere eine kollektive Identität, sowohl was das Bild der „Schwarzen" als auch das der „Weißen" betrifft. Dass eine derartige kollektive Verallgemeinerung nicht einmal eine grobe Klammer, selbst in der von den Reisenden abgeschwächten Form darstellen kann, erklärt sich von selbst, bleibt aber in den Reiseberichten unberücksichtigt. Doch ist auch die, an der Hautfarbe orientierte, kollektive Identität, ein Produkt „weißer", dominanter Vorstellungen, denn nach S. Hall ist „diese schwarze Identität der Sammelbegriff für eine ‚imaginäre Gemeinschaft‘ [...], die schnell an ihre Grenzen stößt."[380]

c) Die diskriminierend chromatisch-betonte Unterscheidung von Menschen, die mit Blick auf die koloniale Vergangenheit „zum Symbol eines fast unüberbrückbaren Unterschiedes gemacht"[381] wurden, hat sich bis heute erhalten. So war Michael Levin, der in New York Philosophie lehrte, der Meinung,

---

[375] Arndt/Hornscheidt, Afrika und die deutsche Sprache 12.
[376] Gaier, Lachen 74.
[377] Sesín: Der rassistische Streit um den Intelligenzquotienten in den USA. In: http://www.sesin.de/images/Rassismus.html (01.07.2012).
[378] Arndt/Hornscheidt, Afrika und die deutsche Sprache 46.
[379] Hund, Rassismus 104f.
[380] Hall. Zit. in: Lutz, Rassismus und Sexismus 77.
[381] Steins, Das Bild des Schwarzen 53.

Schwarz signalisiere Gefahr, weshalb „gewisse Formen des Rassismus berechtigt"[382] seien. Parallelen zu den bereits im 16. Jahrhundert existierenden Verknüpfungen von Eigenschaften und schwarzer Hautfarbe finden sich auch in den Reiseberichten. Hieß es im 16. Jahrhundert, Schwarze seien dirty, soiled, foul, so heißt es eben heute, sie hätten kein ausgeprägtes Reinlichkeits- und Sauberkeitsbedürfnis; das heißt, es wird erneut ein Oppositionspaar von „weißer" Sauberkeit" zu „schwarzer" Unsauberkeit" hergestellt. Auch die Äußerung „Schwarze unterscheiden sich kaum von der Dunkelheit der Nacht, wobei deren Katzenaugen dann unheimlich aussehen" findet sein Pendant in lexikalischen Zuschreibungen wie sinister, malignant, baneful und disastrous. Auch der frühere Gesichtspunkt „schwarze" Menschen als reizvoll-exotisch zu empfinden zeigt sich in den Reiseberichten, da es manche Reisende „unspannend" finden, wenn das Faszinosum von „schwarzen" Menschen in einer Kneipe fehlt, weil sich dort nur „weiße" Gäste aufhalten.

d) Trotz dieser negativen Beispiele lässt sich feststellen, chromatische Diskriminierungen zeigen sich nur noch in abgeschwächter Form und geringer Frequenz in den Reiseberichten. Der seit 1516 in den deutschen Sprachschatz aufgenommene Ausdruck „Neger"[383] findet sich beispielsweise in keinem der Reiseberichte mehr. Hier scheint sich eine Veränderung in der Benennungspraxis fortzusetzen, die schon 1972 erste Konturen zeigte. War es in der deutschen Literatur sogar noch in den 50er und 60er Jahren üblich, von „Negern" zu sprechen[384], und gab es nach 1968 in den drei deutschen Zeitungen (FAZ, SWP, BILD) bei der Beschreibung von schwarzen Olympiateilnehmern noch 25 Nennungen mit dem Begriff „Neger", so verringerte sich die Zahl 1972 in den gleichen Zeitungen zum gleichen Thema auf 16 Nennungen[385]; während der Begriff in den Reiseberichten ab dem Jahr 2000 überhaupt nicht mehr auftaucht. Dies ist, in Anbetracht der Fülle an negativen Beispielen, die in Verbindung zur Hautfarbe Schwarz stehen, und der Häufigkeit der anderen besprochenen Diskriminierungsarten, erstaunlich und zugleich erfreulich.

---

[382] Sesín: Der rassistische Streit um den Intelligenzquotienten in den USA. In: http://www.sesin. de/images/Rassismus.html (01.07.2012).

[383] Poliakov, Rassismus 75.

[384] Nur zwei Beispiele: Max Frisch, Homo Faber (1957): „dicke Negerin" mit einem „Riesenmaul" „putzende Negerin" (S. 10, 220) und Prof. Frédéric Falkenburger, Abstammung des Menschen (1962) „Urwaldneger, Kongoneger" etc. (S. 610 und passim).

[385] Awes, Gazelle 70.

3.5 Diskriminierungen in Bezug auf die „afrikanische" Intelligenz

Die von einigen Reisenden festgestellte genetische Differenz zwischen Schwarzen und Weißen wird in den Reiseberichten entweder direkt angesprochen *(afrikanisches Gen, Gendefekt, afrikanische Seele, afrikanische Denkweise)* oder aber unterstellt und daraus eine verminderte „Intelligenz", mangelnde bzw. andere „Logik" oder ein unterschiedlicher „Gerechtigkeitssinn" der „Afrikaner" abgeleitet (Rb 7, 10, 18, 29, 35, 45). Konkreter Ausfluss dieser Gendifferenz sei das Nichtverstehen von Zusammenhängen, Begriffsstutzigkeit, Vergesslichkeit, geringere Lernfähigkeit, Unwissenheit, langsameres Denken, Unvermögen mit komplizierter Technik umzugehen sowie mangelndes bzw. gar fehlendes Organisationstalent.

Auffallend ist die Häufigkeit und Art und Weise der diskriminierenden Formulierungen, denn in 24 von 45 Reiseberichten (53,3 %) wird die Inferiorität „afrikanischen" Denkens, zwar in unterschiedlicher Verletzungsintensität, aber eben doch als erwähnenswert, thematisiert. In der Frequenz liegt diese Diskriminierungsgruppe damit gleichauf mit der Mentalitätsdifferenz zwischen Schwarzen und Weißen. Das von den Reisenden als Grund für den Unterschied ausgemachte „afrikanische Gen" zeigt sich ihrer Meinung nach hauptsächlich in drei Bereichen:

1. im Denkvermögen („Dümmlichkeit", Begriffsstutzigkeit, Vergesslichkeit, leicht zu täuschen, Lernfähigkeit);
2. in der unverständlichen, schlechten oder überhaupt fehlenden Organisation;
3. im Umgang und im Begreifen „westlicher" Technik.

Zu 1.: Zumindest aus Sicht einiger Reisender hat *„die eigene Rasse die beste Veranlagung"*, da die *„Intelligenz der Weißen am höchsten entwickelt ist"* (Rb 45). Damit ist die Intelligenz der „Afrikaner" geringer als die der Weißen, was sich auch dadurch zeigt, dass *„Weiße schneller begreifen als Schwarze"*, weshalb letztere deshalb auch zu *„keiner anspruchsvollen geistigen Tätigkeit fähig sind"* (Rb 32, 45).

Diese unterstellte Intelligenzdifferenz, die auch *„immer wieder zu Problemen"* (Rb 13, 21) mit den *„„Hey my friend!' brüllenden Idioten"* (Rb 32) führt, zeigt sich in verschiedenen Formulierungsvarianten, die sich einordnen lassen unter den Begriffen:

„Dümmlichkeit"[386] (Rb 7, 10, 29, 30, 35, 45):

- *„Beamter, hatte ein Problem mit der Versicherungsbestätigung: Wie sich herausstellte, lag es darin, dass er unsere Windschutzscheibe nicht abmontieren konnte, um sie mit den anderen Papieren zusammen seinem Chef vorlegen zu können"*
- *„Polizeichef verwechselt Kleingedrucktes mit dem Großgedrucktem"*
- *„Beamter kann Einreisedatum nicht vom Ausstellungsdatum unterscheiden"*
- *„Beamter kann weder rechnen noch die Datumsangaben richtig interpretieren"*
- *„Kontrolleur macht unsinnige und fehlerhafte Eintragungen"*
- *„In Afrika gibt es leider zu viele Halbgebildete"*
- *„In Afrika gibt es noch sehr viele ungebildete Leute"*
- *„Den Pfeil und Bogen unseres Guides tausche ich gegen mein Fahrtenmesser. Für beide ein guter Tausch. Ich brauche es nicht mehr, und er freut sich riesig. Wahrscheinlich traut er sich mit diesem Messer jetzt auch zu, Löwen zu erlegen"*
- *„Herr, wirf Hirn vom Himmel"*
- *„seine ganze Blödheit"*
- *„Afrikaner können keine tiefgreifenden Gespräche führen"*;

bzw.

Begriffsstutzigkeit (Rb 7, 10, 13, 19, 26, 35, 41):

- *„Erst nach längerer Diskussion kapiert der afrikanische Beamte, dass ein bestimmtes Formular gar nicht nötig ist"*
- *„Beamter blättert in Pässen, versteht wahrscheinlich gar nichts"*
- *„Afrikaner merken nicht gleich, wenn eine Lok am Zug fehlt"*
- *„Beamter kann Namen auf der Passagierliste nicht finden"*
- *„Westtansanier brauchen etwas lange zum Nachdenken"*
- *„Wenn die Beamtin Farbe aufs Stempelkissen geträufelt hätte, hätte das Stempeln funktioniert".*

Aufgrund ihrer *„afrikanischen Denkweise"* (Rb 10) sind sie auch *vergesslicher* (Rb 10, 29, 35), denn:

- *„Fahrer kann sich nichts merken und zeichnet sich durch beharrlichen Stumpfsinn aus"*
- *„erinnern sich jedoch nicht an das, was uns vor einer Woche erzählt wurde. Auch am nächsten Tag nicht an das, was uns eben gesagt wurde"*
- *„Afrikaner schreiben etwas auf und können vermutlich ihr eigenes Geschriebenes nicht mehr lesen".*

---

[386] Nach Dornseiff, Der deutsche Wortschatz nach Sachgruppen, steht „dümmlich" als Synonym für dumm, blöd, unverständig, stupide, unterbelichtet. In: http://wortschatz.uni-leipzig.de/abfrage/ (01.07.2010). Auch alle weiteren Nebenbedeutungen beziehen sich auf Dornseiff, Der deutsche Wortschatz nach Sachgruppen.

Ferner sind sie leicht *in die Irre zu führen* (Rb 29):

– *„Spaß hatten wir auch, als Herr X seine Plastikschlange aus dem Auto warf. Sofort stoben die afrikanischen Kinder auseinander und es brauchte eine Weile, bis sie sich trauten, das Spielzeug anzufassen"*
– *„Einige Afrikaner fragten nach „Whisky". Natürlich waren wir vorbereitet, sofort boten wir einen Beutel „Whiskas" an, aber alle lehnten das Katzenfutter ab. Sorry für das Missverständnis!"*

Einen weiteren Hinweis für die Einschätzung „afrikanischer" Intelligenz geben die Beispiele, bei denen die Reisenden die *geringere Lernfähigkeit* thematisierten, weshalb ein Reisender sofort sein *„bestes tat um ihr Englisch zu verbessern"*; aber vermutlich mit wenig Erfolg, da „Afrikaner" ja *„zu keiner anspruchsvollen geistigen Tätigkeit fähig sind"*, weshalb es schon merkwürdig erscheint, wenn die Universitätsstadt Butare[387] eine *„Intellektuellen-Hochburg"* sein soll (Rb 30, 32, 45).

Zu 2.: Die Unfähigkeit zu einer anspruchsvolleren Denkleistung zeigt sich nach Ansicht einiger Reiseberichtverfasser auch am Organisationsgrad, der zwischen unverständlicher, schlechter oder dem Fehlen jeglicher Organisation variierte.

So empfinden es Reisende als *unverständliche Organisation* (Rb 2, 25, 26), wenn:

– *„bei der Ausreise in ein anderes Land jedes Mal ein kleiner Roman in Prosa in eine Kladde eingetragen wird"*, oder
– *„die Gesetzmäßigkeiten der Natur von den Afrikanern akzeptiert werden und in diese nicht eingegriffen wird"*, oder
– *„Beamter versprach eine Spende an Bedürftige weiterzugeben, und das auch offiziell als unser Wunsch im dicken Buch vermerkt wurde…"*.

Beziehungsweise wird eine *schlechte Organisation* unterstellt (Rb 2, 3, 7, 8, 29, 30, 35, 39, 41), weil:

– *„Der Stempelbeamte ist natürlich nicht da"*
– *„Visumsbestätigung: Der Fetzen landet bestimmt im Papierkorb"*
– *„Papiere werden ungelesen zurückgegeben"*
– *„auf Papier wird natürlich gar nichts festgehalten"*
– *„Ein zum Carnet gehörender Zettel wird geknickt in die Hosentasche gesteckt. Ob er da noch vor der nächsten Woche herauskommt?"*
– *„Guide: Er kommt zu spät und hat keine Ahnung wo das Schiff ist"*
– *„2 Stunden Warten gilt in Afrika als pünktlich"*
– *„Am nächsten Morgen kommt der Minibus natürlich nicht"*

---

[387] Butare ist eine Stadt im Süden Ruandas und neben der Hauptstadt Kigali das kulturelle Zentrum des Landes. In: http://de.wikipedia.org/wiki/Butare (01.07.2010).

– „*Kameruner können am Flughafen keine genaue Gepäckkontrolle durchführen*".

Über einen vermuteten _organisationslosen_ Zustand in „Afrika", der dazu führt, dass es „*auf diesem Kontinent jeden Tag, irgendein Problem zu lösen gilt*" (Rb 21) weisen die folgenden Formulierungen hin (Rb 7, 13, 20, 21, 25, 29, 33, 41):
– „*Afrikaner kennen keine rationelle Logistik und haben merkwürdige Beladungspraktiken*"
– „*Afrikaner können keine Entscheidungen treffen*"
– „*Nun endlich aber wurden Entscheidungen gefällt, und zwar von uns*"
– „*Es wäre nicht Afrika, wenn nicht doch etwas schief liefe*"
– „*Die Fähre ist außer Betrieb. ‚Vielleicht kommt der Mechaniker morgen. Oder übermorgen...' Tja, vielleicht. Das ist Afrika.*"
– „*Ein Schild besagt, dass die Straße umgebaut wird from 1 May 2007 to ____. Das ist Afrika! (ohne Fertigstellungsdatum, weil es sowieso nicht eingehalten würde)*"
– „*Ob die Straße wohl jemals fertig wird?*"
– „*Polizisten demonstrieren nur, dass sie gegen Verbrecher etwas unternehmen*"
– „*Polizeikontrollen schreiben Angaben zur Person auf irgendein leeres A4-Blatt. Ob das je wieder jemand liest?*"
– „*Afrikaner können keine Museen präsentieren*"
– „*Museum ist wie eine Rumpelkammer*".

Nun ließe sich, bei oberflächlicher Betrachtung, die eine oder andere Formulierung auch unter die Rubrik Ironie, Sarkasmus oder Humor – wenn auch auf Kosten Dritter – subsumieren oder als „Schimpfanfall" interpretieren. Letzteres ist vermutlich der Fall bei den Beispielen „*Herr, wirf Hirn vom Himmel*" bzw. „*seine ganze Blödheit*" (Rb 35). Doch wer hier der „Blöde" oder „Dumme" ist, sei dahingestellt. Denn wenn

> „Dummheit sich als ‚Schimpfanfall' äußert, d.h. wenn die differenzierende Gliederung der Problematik nicht mehr beherrscht wird, dann tritt ein panikartiges Verhalten auf, und man selber ist eben dumm, weil man die Situation nicht mehr beherrschen und artikulieren kann."[388]

Doch der Anschein der Flapsigkeit trügt, da es sich im Grunde doch um mitgebrachte Vorstellungen über die geistige Inferiorität der „Afrikaner" handelt. Das zeigt sich dadurch, dass, wenn etwas „klappt", die Reisenden „erstaunt" sind, weil sie ursprünglich mit einer pünktlichen Busabfahrt „*Seit wann kommt es denn hier auf Pünktlichkeit an, wir sind doch schließlich in Afrika*" (Rb 35), präzisem Einchecken am Flughafen „*Wir bekamen sogar eine Bordkarte(!!)*" (Rb 23), Einhalten von Sicherheitsvorkehrungen „*Nicht autorisierte Behälter dürfen aus Sicherheitsgründen eigentlich nicht angenommen werden*

---

[388] Voegelin, Hitler und die Deutschen 99.

(sind wir überhaupt noch in Afrika?)" (Rb 7) oder überhaupt mit einer „west-lichen" Organisation *„Diese Art von Ordnung am Fahrscheinschalter würde eher nach Deutschland passen"* (Rb 42), gar nicht gerechnet haben (Rb 2, 7, 13, 17, 19, 20, 23, 24, 26, 35, 36, 39, 41, 42):

- *„Wenn etwas klappt erstaunen uns die Afrikaner"*
- *„Wir waren wirklich erstaunt wenn etwas klappt"*
- *„Heute klappte komischerweise einfach alles!"*
- *„Es war eine Überraschung als die Einreise am Zoll klappte"*
- *„Wir waren überrascht von der westlich modernen Art"*
- *„Allen Unkenrufen zum Trotz ist das Gepäck auf dem Förderband am Flug-hafen"*
- *„Herr X konnte es kaum glauben, dass Ugander eine so hervorragende Arbeit leisten können"*
- *„Afrikaner sind keineswegs dumm und oft überraschten sie uns mit Verstän-digkeit und Abstraktionsvermögen"*
- Besuch einer Dorfschule: *„So etwas hätten wir hier wirklich nicht erwar-tet. Die Massai-Kinder bekamen gerade Mathe-Unterricht."*
- *„Der Guide war tatsächlich pünktlich"*
- *„es gibt sogar funktionierende Duschen".*

Auch an diesen Beispielen wird ersichtlich, wie von den Reisenden die euro-päische Art zu organisieren, nämlich in der Regel in einer bestimmten Abfol-ge, als Beurteilungsmaßstab herangezogen wird, wie das in besonderem Maße bei der Formulierung *„die Abfertigung erfolgte europäisch korrekt!!!"* (Rb 12) zum Ausdruck kommt. Dass afrikanische Gesellschaften differenzierte und hochentwickelte Sozialstrukturen,[389] eine reich entwickelte Kunst, Kultur und Religion aufweisen sowie Handel betreiben, und diesen kulturellen Äußerun-gen ebenfalls Organisationsprinzipien zugrunde liegen, die aber beispielsweise durch ein polychrones Zeitverständnis[390] beeinflusst sind und dadurch von unserem abweichen, wird von den Reisenden nicht berücksichtigt. Es handel-te sich und handelt sich noch – sofern die „Weißen" diese Strukturen nicht zerstörten – um funktionierende komplexe Gesellschaften, mit dem einzigen Unterschied, dass deren Mechanismen zu organisieren nicht tupfengleich mit unseren übereinstimmen, diese aber trotzdem innerhalb ihres jeweiligen Sys-tems effizient sind. Das aber bedeutet, dass die Reisenden zum einen „anders" mit „schlechter" verknüpfen, ohne die alternativen Organisationsformen als gleichwertig anzusehen; und zum anderen, dass sie undifferenziert urteilen, da alle Unterschiedlichkeiten in einen Topf geworfen und positive Differenzen

---

[389] Die Beiträge von Axel von Gagern: Wandlungen in den Sozial- und Heiratsorganisationen bei den vorstaatlichen Wahehe 145-151; von E. E. Evans-Pritchard: The Nuer oder von Uwe Wesel: Juristische Weltkunde 21-39, stehen hier pars pro toto für die zahlreiche völ-kerkundliche Literatur.

[390] Zu monochroner bzw. polychroner Zeitauffassung siehe Hall, Dance of Life 44-58; ebenso Kartarí, Deutsch-türkische Kommunikation am Arbeitsplatz 16f.

stereotyphaft unterdrückt werden.[391] Auch hier findet sich koloniales Gedankengut wieder, wie es Karl Jentsch 1906 in der Politisch-anthropologischen Revue schrieb:

> „Der Neger ist Augenblicksmensch; handelt nicht nach einem sorgfältig entworfenen und beharrlich festgehaltenen Plane, sondern nur auf Antrieb eines Affekts. Er bleibt in der Charakterentwicklung auf der Stufe unserer fünfzehnjährigen Knaben stehen und fühlt gleich diesen das Bedürfnis, geleitet und beschützt zu werden."[392]

Kurioserweise sind einige Reisende, die den niedrigeren Organisationsgrad bzw. die differierenden Mechanismen der Organisation bemängeln auch verärgert, wenn etwas aus ihrer Sicht „europäisch korrekt" abläuft. Denn wenn eine Zeit präzise festgelegt wird, allerdings von einem „Afrikaner", stört das: *„Die Abfahrt für den heutigen Tag hatten die beiden Safariguides eigenmächtig auf 8:30 Uhr festgesetzt"* (Rb 24). Planung und Pünktlichkeit werden also nur akzeptiert, wenn Weiße sie einfordern; bei Einheimischen gilt das als eigenmächtige Handlung. Oder, um ein weiteres Beispiel zu nennen, wenn wegen Seuchengefahr, die von den Reisenden mitgeführten Lebensmittel von afrikanischen Behördenvertretern vorschriftsmäßig kontrolliert werden, empfindet man dies beeinträchtigend und versucht, durch „Nichtverstehen" *„bisher stellten wir uns auf die Frage nach dem ‚Bieff' oder ‚Miiet' taub oder nichts verstehend"* bzw. durch Unterschleif *„versteckten wir die Steaks gut verpackt unterm Sitz",* die Kontrollen zu umgehen. Das heißt, einerseits wird die für „Afrika so typische Schlamperei" angeprangert, andererseits finden genaue Kontrollen keine Akzeptanz; eigene Schwindelei scheint demnach einen anderen Stellenwert in der Wahrnehmung der Reisenden einzunehmen als „afrikanische" Unkorrektheit (Rb 25, 29).

Andererseits wird unkorrektes Handeln von „Afrikanern" nicht nur als Selbstverständlichkeit angesehen, sondern sogar eingefordert: *„Doch jetzt will der Beamte am Eincheckschalter, dass wir für das Übergepäck, laut von der Airline vorgeschriebenen Frachtliste, zahlen sollen. Das wollen wir natürlich nicht bezahlen. Also wird heftig diskutiert. Doch er will nicht."* (Rb 28). Umgekehrt wäre in Deutschland eine solche Diskussion, beim Vorhandensein einer Frachtpreisliste, gar nicht möglich.

Auch wenn die dortigen Beamten eine polizeiliche Vorschrift korrekt abwickeln, wird das bemängelt oder von *„Kontrollwahnsinn"* (Rb 2) gesprochen: *„Beim Kontrollposten am Ortseingang [...] geraten wir an einen überkorrekten Polizisten. Wir müssen mit ihm in die Stadt, um das Road-Permit abzustempeln"* (Rb 30). Die asymmetrische Anwendung von Beurteilungskriterien zeigt sich auch hier, da Kontrollen, die im „korrekten" Deutschland als Selbstverständlichkeit angesehen und nicht weiter thematisiert werden, in einem anderen kulturellen Umfeld ihre negative Erwähnung finden.

---

[391] Hall, Rassismus 162.
[392] Jentsch, Kultur und Zivilisation 95.

Zu 3.: Desweiteren wird der Umgang mit „westlicher" Technik, nicht mit einer, für den „Afrikaner" jederzeit erlernbaren Fertigkeit, in Verbindung gebracht, sondern vielmehr mit der Vorstellung, dass diese Menschen aufgrund ihrer geringeren Intelligenz, gar nicht in der Lage seien, europäische Technologie zu beherrschen. Denn *„Afrikaner können nicht genau arbeiten und verursachen Qualitätsprobleme"*, weil eine *„Maschine aus einer für Afrikaner unhandelbaren komplizierten Elektrik besteht"*, weshalb *„alle Motoren Afrikas praktisch niemals einen anderen Aggregatzustand als kaputt erreichen"* (Rb 7). Die Unsicherheit im Umgang mit der Technik führt nicht nur dazu, dass Reisende *„nicht nur enttäuscht gewesen wären, wenn sie keine Probleme mit dem Auto bekommen hätten"* (Rb 42), sondern auch dazu, dass man *„häufig mit offen stehenden Mund fährt"* (Rb 8). Überhaupt ist „Afrikanern" der Umgang mit westlicher Technik völlig fremd, da sie *„partout nicht verstanden, dass es bei einer digitalen Kamera keinen Film gibt"* (Rb 19), wie sie sich überhaupt *„im Allgemeinen mit der praktischen Durchführung von Projekten schwer tun"* (Rb 7).

Selbstverständlich muss der Umgang mit neuer, fremder Technik erlernt und eingeübt werden. Das gilt in Afrika ebenso wie in Europa. Aber daraus abzuleiten „Afrikaner" könnten generell nicht mit komplizierter Elektrik umgehen, ist schlicht diskriminierend.

Ebenfalls sind die Behauptungen, „alle *Motoren in Afrika seien praktisch kaputt"* (Rb 7) bzw. *„wären wir enttäuscht gewesen, wenn wir keine Probleme mit dem Auto bekommen hätten"* (Rb 42) abwertend. Diesem Vorurteil widerspricht die Studie des Ethnologen Kurt Beck, der in einer explorativen Forschung die „technische Aneignung und Weitererfindung des Bedford-LKWs, der damit verbundenen Praxis der Werkstätten und ihrer fünfzigjährigen Tradition von Innovationen im lokalen LKW-Bau"[393] untersuchte und dabei herausarbeitete, dass

> „diese LKWs nicht nur äußerlich verziert, sondern auch auf höchst unorthodoxe Weise von Grund auf umgebaut und dadurch auch lokalen Bedingungen und einheimischen kulturellen Orientierungen angepasst worden sind. Im Sudan hat sich jenseits jeglicher Förderung durch Staat oder Entwicklungshilfe ein überraschend innovatives Milieu von LKW-Handwerkern ausgebildet, die – ursprünglich aus der einfachen Handwerkstradition der agrarischen Gesellschaft hervorgegangen – diese Kunst mit außergewöhnlicher Kreativität betreiben."[394]

Das heißt, der sicher zurecht monierte technische Zustand der Transportmittel, ist auf vielfältige Ursachen (Geldmangel, Ersatzteilmangel, fehlende Servicestationen, kriegerische Unruhen etc.) zurückzuführen; hat aber mit man-

---

[393] Beck, Brutstätten der Kreativität. In: bayreuth.de/departments/ethnologie/Forschung/Projekte/BeckBedfordsAneignung/BeckBedford.html (01.07.2012).

[394] Beck, Brutstätten der Kreativität. In: bayreuth.de/departments/ethnologie/Forschung/Projekte/BeckBedfordsAneignung/BeckBedford.html (01.07.2012).

gelnder Intelligenz nichts zu tun. Dies wird, wenn auch nicht stets explizit, so doch aus dem Kontext der Äußerungen ersichtlich, von den Reisenden aber unterstellt, weshalb diese Formulierungen als diskriminierend einzustufen sind. Es zeigt zum einen die tradierte „Verachtung von allem, was bei der modernen Entwicklung nicht mitkommt oder mitmachen will"[395] und zum anderen die „Hartnäckigkeit unbewußter Voreingenommenheiten und der verblüffenden Verformbarkeit ‚objektiver' quantitativer Daten im Sinne einer vorgefassten Meinung."[396] Doch geht die Problematik insofern noch tiefer, als von einigen Reisenden technische Verstehensnormen nicht nur gesetzt werden, sondern durch abwertende Äußerungen „Afrikaner" aufgrund ihrer genetischen Ausstattung, vom Lernprozess ausgeschlossen werden. Das führt in einem Beispiel sogar dazu, dass bei einer Geschwindigkeitskontrolle das mittels Laserpistole von einem Schwarzen gemessene Tempo angezweifelt wird (Rb 10). Abgesehen davon, dass sich die Frage stellen ließe, inwieweit sich der Bereich der Technik überhaupt in Einklang mit „Fortschritt" bringen lässt, muss erneut auf die Völkerschauen hingewiesen werden, die eine besondere Organisation des Blicks[397] auf die „Afrikaner" mit sich brachten und „eine spezifische Ordnung des Wissens"[398] herstellten, die unisono die Inferiorität des Schwarzen beinhaltete:

> „Diese Inszenierung[en wurden] insbesondere im Arrangement der Weltausstellungen in der zweiten Hälfte des 19. und Anfang des 20. Jahrhunderts deutlich. Dort wurden ‚Eingeborenendörfer', in denen die ausgestellten Menschen als ‚rückständig' und kulturell statisch inszeniert wurden, mit den neuesten industriellen Produkten und technischen Erfindungen und damit mit der ‚Dynamik' der westlichen Welt kontrastiert."[399]

Die Formulierungen in ihrer Gesamtheit, wie auch einzeln betrachtet, bedürfen keiner weiteren Erläuterung, um die Einstellung der Reisenden zur „afrikanischen Intelligenz" erkennen zu lassen. Doch sollten im Folgenden einige Beispiele herausgestellt werden, um zu zeigen, mit welcher Vehemenz und zum Teil auch Dreistigkeit, die Reisenden ihre Einstellung zum IQ der „Afrikaner" äußern.

Zuerst das Substantiv „Intelligenz". Gemeint ist die geistige Fähigkeit in der Bedeutung von „Gescheitheit, Klugheit, Auffassungsgabe, Lernfähigkeit, Rationalität"[400]. Weil nun in europäischen Gesellschaften teilweise andere Eignungen und Fähigkeiten erforderlich sind um existieren zu können als in afri-

---

395 Mergner, „Unser Nationales Erbe" 151.
396 Gould, Der falsch vermessene Mensch 158.
397 Lewerenz, Die Deutsche Afrika-Schau 69.
398 Lewerenz, Die Deutsche Afrika-Schau 70.
399 Lewerenz, Die Deutsche Afrika-Schau 69, Fußnote 193.
400 Dornseiff, Der deutsche Wortschatz nach Sachgruppen. In: http://wortschatz.uni-leipzig. de/abfrage/ (01.07.2010).

kanischen, die, da sie in letzteren nicht unbedingt lebensnotwendig, deshalb dort nicht so ausgeprägt sind und eingeübt werden, wird dies von den Reisenden gleichbedeutend mit geringerer Intelligenz gesetzt. Dass diese Menschen in anderen Bereichen und anderen Lebenssituationen Europäern überlegen sein können (der Psychologe und Erziehungswissenschaftler Howard Gardner versteht beispielsweise unter Intelligenz eine Anzahl von Fähigkeiten oder Fertigkeiten, die notwendig sind, echte [genuine] Probleme zu lösen oder Schwierigkeiten in einem bestimmten kulturellen Umfeld zu überwinden)[401], wird von keinem der Reisenden in Erwägung gezogen bzw. thematisiert. Unberücksichtigt bleibt ebenfalls, welche Begabungen oder Strategien in unterschiedlichen Gesellschaften abgerufen werden müssen, um überleben zu können. Diese sind in hohem Maße historisch wie kulturell variabel und konstituieren sich aus sozialen, ökonomischen und umweltbedingten Zusammenhängen und Zwängen; haben aber nichts mit höherer bzw. geringerer Intelligenz per se zu tun. Dies bestätigt auch der Präsident der Deutschen Gesellschaft für Humangenetik, Eberhard Passarge, der dem Thema Intelligenz und Rasse mit großer Vorsicht begegnet: „Es gibt keine biologisch-genetischen Gründe für die Annahme, dass sich Menschen schwarzer und weißer Hautfarbe in ihrem intellektuellen Vermögen von vornherein unterscheiden."[402] Auch hier handelt es sich wieder um Diskriminierungen, die einer oberflächlichen, kontextlosen Betrachtungsweise geschuldet sind, und die durch die im Folgenden herausgearbeiteten sprachlichen Indikatoren ihren Ausdruck finden.

So verstärken einige Formulierungen das unterstellte Intelligenzgefälle zwischen Weißen und Schwarzen, indem Adjektive wie *„tatsächlich"* (Rb 39), *„natürlich"* (Rb 2, 28, 29, 30, 35), *„vermutlich"* (Rb 10), *„wahrscheinlich"* (Rb 10, 30), bzw. das Adverb *„sogar"* (Rb 19, 23) sozusagen zur Bekräftigung ihres Vorurteils verwendet werden.

Auffallend war die Häufigkeit des Hilfsverbes „können". Es zeigt was nach Meinung der Reisenden die „Afrikaner" alles „nicht können" (kann nicht unterscheiden, nicht rechnen, können keine tieferen Gespräche führen, kann sich nichts merken, kann nichts finden etc.). Nach Franc Wagner eignet sich gerade das Modalverb „können" als lexikalischer Indikator zum Auffinden impliziter sprachlicher Diskriminierungen. „Können" „drückt eine unterstellte Disposition aus, die der betroffenen Personengruppe durch das ‚nicht' abgesprochen wird."[403] Das trifft auch auf die oben genannten Beispiele zu, denn sie dienen den Reisenden als „semantische Einstellungsoperatoren"[404] für ihre subjektiven Kommentare. Subjektiv deshalb, weil doch nicht ernsthaft angenommen werden kann, dass jemand eine Windschutzscheibe als „Versiche-

---

[401] In: http://de.wikipedia.org/wiki/Theorie_der_multiplen_Intelligenzen (01.07.2012).

[402] Sesín: Der rassistische Streit um den Intelligenzquotienten in den USA. In: http://www.sesin. de/images/Rassismus.html (01.07.2012).

[403] Wagner, Implizite sprachliche Diskriminierung 137.

[404] Wagner, Implizite sprachliche Diskriminierung 137.

rungsbelegnachweis" abmontiert; oder Datumsangaben in einer dem Beamten vertrauten Sprache verwechselt. Man stelle sich im Übrigen umgekehrt die Lesefähigkeit eines deutschen Polizisten oder Grenzbeamten vor, wenn dieser ein in griechischer, arabischer oder kyrillischer Schrift verfasstes Dokument zu prüfen hätte. Gerade durch die Ironisierung der Kontexte und die häufige Verwendung von „nicht können" wird die abwertende Einstellung der Reisenden gegenüber der Intelligenz der „Afrikaner" verstärkt, ohne sie immer explizit in Worten auszudrücken. Die mangelnde Erfahrung der Reiseberichtleser wird dabei unterschwellig ausgenützt, um diese Aussagen für wahr zu halten.

Auch das Adverb „noch" in der Formulierung „in Afrika gibt es *noch* sehr viele ungebildete Leute" stellt, neben der persönlichen Meinung des Autors, insofern eine Diskriminierung dar, als die Ansicht eines Einzelnen in Bezug auf den Bildungsstand eines ganzen Erdteils, eine generalisierende, undifferenzierte Auswirkung auf die Reiseberichtleser hat, in dem Sinne, als dass ganz „Afrika" eben noch rückständig und *noch* nicht so weit sei, wie wir in Europa (was auch immer darunter verstanden sein mag).

Um zu diskriminieren werden neben Worten auch Satzzeichen (? !) verwendet (...Pünktlichkeit?, ...herauskommt?, ...fertig wird?, ...jemand liest?, sind wir überhaupt noch in Afrika?; Das ist Afrika!, Wir bekamen sogar eine Bordkarte!!, ...europäisch korrekt!!!). Zum einen handelt es sich um rhetorische Fragen, denen lediglich die Funktion einer Verstärkung der negativen Einstellung und der Diskriminierungsabsicht des Reisenden zukommt, denn die Antwort wird meist, in den Text eingebettet, gleich mitgeliefert: Natürlich erwartet man keine Pünktlichkeit; ist überzeugt, dass eine Straße nicht fertig gebaut wird; und natürlich weiß der Verfasser ganz genau, dass er sich noch in Afrika aufhält. Die Verwunderung ist nur ironischer Natur, aber die Tatsache, dass der Reisende dieses rhetorische Mittel in einem Reisebericht verwendet, macht es zu einer Diskriminierung. Zum anderen indiziert auch die Verwendung von Rufezeichen, gar zwei- oder dreifach, eine abwertende Einstellung und zeigt was man tatsächlich von den dort lebenden Menschen hält. Denn wenn die Erwähnung des Erhalts einer Bordkarte zu zwei und die korrekte Abfertigung am Flughafen gleich zu drei Rufezeichen führt, dann stellt dieses „Erstaunen" insofern eine Diskriminierung dar, weil es nichts anderes zeigt, als dass die Reisenden mit einem Stereotyp ihre Reise angetreten haben, eines besseren belehrt worden sind, dies aber nicht sachlich neutral, sondern mit Worten wie „sogar" oder „europäisch korrekt" anreichern um ihrer tatsächlichen Überzeugung von der Unzuverlässigkeit der „Afrikaner" Ausdruck zu verleihen. Frage- und Rufezeichen tragen in den Beispielen das Merkmal einer bewertenden Einstellung gegenüber dem Geschriebenen. Zwar handelt es sich nicht um in Worte gefasste Diskriminierungen, aber die Satzzeichen weisen eine so eindeutige Konnotation auf, dass ihre Verwendung als realisierte Diskriminierungen eingestuft werden können.

Noch deutlicher wird die Sichtweise der Reisenden durch den Gebrauch der Substantive *„Unkenrufen"* (Rb 41), *„Idiot"* (Rb 32), *„Blödheit"* (Rb 35) und „*Fetzen*" (Rb 29). „Unkenrufen zum Trotz" weist hin auf eine negative Meinung zur „afrikanischen Intelligenz", die dann überraschenderweise doch nicht bestätigt wird. Bei den Begriffen „Idiot" (Dummkopf, Narr, Depp, Trottel) und „Blödheit" (Beschränktheit, Dummheit, Stupidität) handelt es sich allerdings um Zuschreibungen, die keiner weiteren Erläuterung bedürfen und deshalb umso mehr die Dimension der Einstellung der Reisenden zum Ausdruck bringen.

Auch die Benennung eines amtlichen, aber eben „afrikanischen" Dokuments, als „Fetzen", spiegelt diese negative Einstellung wider. Bedeutet „Fetzen" in diesem Kontext „Wisch, Lumpen, Zettel", was zum einen die Organisationsform, die ein solches Dokument erforderlich macht, als auch die Person, die damit zu tun hat, pejorativ bewertet. Gerade weil in Deutschland Dokumente, schriftliche Nachweise und die unzähligen Formulare, die jeden das ganze Leben hindurch begleiten, einen so hohen Stellenwert haben und der Umgang mit ihnen allen Reisenden vertraut sein dürfte, ist die Bezeichnung „Fetzen" als besonders diskriminierend einzustufen.

Mit der Auswahl der Worte (Idioten, Halbgebildete, Stumpfsinn, Blödheit), dem Hinzufügen von Adjektiven, Adverbien, An- und Abführungszeichen, doppelten und dreifachen Ausrufe- und Fragezeichen, sowie dem Weglassen von relevanten Einflussgrößen, wurden Narrative von den Reisenden konstruiert, die die Differenz und Asymmetrie zwischen „Weiß" und „Schwarz" verdeutlichen und deren Voreingenommenheit widerspiegeln. Doch bereits zur Zeit des deutschen Kolonialismus gebrauchte man Begriffe (Kaffern, Hottentotten) die nicht als Eigennamen, sondern als „Synonyme für Rückständigkeit [und] Dummheit"[405] gebraucht wurden. Dieser Mechanismus, wenngleich nicht mit denselben Benennungen, so doch mit Umschreibungen wie „Ungebildete, Halbgebildete" bzw. Kontextkonstruktionen (Fahrtenmessertausch, fehlende Stempelkissenfarbe) liegt auch den Formulierungen der Reisenden zugrunde.

Die Beispiele zeigen ferner, dass es Wörter oder Formulierungen gibt, die zwar

> „für sich genommen keine rassistischen Inhalte transportieren, aber im Prozeß der Übertragung auf den Kontext afrikanischer Gesellschaften eine Bedeutungsveränderung erfahren. [...] Hinzu kommt, dass durch diese Bedeutungsveränderungen oder -erweiterungen koloniale Konzeptionen eingeschrieben werden, wie etwa dass Afrika homogen, anders als Europa und diesem unterlegen sei."[406]

Diese Homogenisierung zeigt sich beispielsweise an Formulierungen, wie „In Afrika gibt es leider zu viele Halbgebildete", „In Afrika gibt es noch sehr viele ungebildete Leute", „Afrikaner können keine Entscheidungen treffen, Tja, vielleicht. Das ist Afrika!". Implizit wird damit allen „Afrikanern" die wissen-

---

405 Mamozai, Frauen und Kolonialismus 142.
406 Arndt/Hornscheidt, Afrika und die deutsche Sprache 44.

schaftliche, organisatorische und technische Verständnisfähigkeit abgesprochen.

Für wie „dumm" afrikanische Beamte von Reisenden gehalten werden, zeigt das Beispiel mit der vermeintlich abzumontierenden Windschutzscheibe (Rb 7). Aus dem Reisebericht geht hervor, dass nahezu keine Gelegenheit ausgelassen wird, um die „Dümmlichkeit" der „Afrikaner" hervorzuheben; und zwar in einer Art und Weise, die weit über jede Sachlichkeit und Glaubwürdigkeit hinausgeht, aber offensichtlich aus den mitgebrachten Vorurteilen gespeist wird. Bedenkt man einerseits, dass in Deutschland für jede Kleinigkeit ein schriftlicher Nachweis – vor allem was den Versicherungsschutz betrifft – erbracht werden muss, so soll das anscheinend für „Afrika" gerade nicht gelten. Hier wird insofern mit zweierlei Maß gemessen, als man in Deutschland, ohne dem notwendigen Dokument, in der Regel einfach abgewiesen wird, während in der von den Reisenden beschriebenen Situation der Beamte – wenn auch unorthodox – lösungsorientiert dachte.

Wenn nun von einigen afrikanischen Beamten „Kleingedrucktes mit Großgedrucktem verwechselt" wird, oder „unsinnige und fehlerhafte Eintragungen" gemacht bzw. die „Eintragungen in den Pässen nicht verstanden" werden, dann stufen die Reisenden diese Menschen als ungebildet bzw. als „Analphabeten" ein. Inwieweit konkret diese Personen lese- und/oder schreibunkundig gewesen sind, lässt sich nicht feststellen. Doch selbst, wenn das der Fall gewesen wäre, sind die Formulierungen diskriminierend, da die Ursachen und der Umfang der „illiteracy" außer acht gelassen werden. Zudem hat Analphabetentum – außer bei Behinderung oder Krankheit – nichts mit mangelnder Intelligenz oder Dummheit zu tun, denn nach Eric Voegelin kann ein Mensch, der im schulischen Sinn lesen und schreiben kann, trotzdem ein ganz dummer Kerl sein:

> „Es gibt also ein Analphabetentum auch unter Menschen die sehr gut lesen und schreiben können, die aber, sobald es gilt, ein Problem der Vernunft oder des Geistes oder Fragen des richtigen Handelns, der Gerechtigkeit zu verstehen, völlig verständnislos sind."[407]

Aber gerade die fehlende Einsicht in richtiges Handeln (Bsp. „Plastikschlange" „Katzenfutter" [Rb 29]), wie auch das Fehlen des holistischen Blicks auf Situationen (Bsp. „verstanden partout nicht, dass es sich um eine filmlose digitale Kamera handelte" oder dass „alle Motoren Afrikas praktisch niemals einen anderen Aggregatzustand als kaputt erreichen" [Rb 7, 19]) zeigt sich in den Formulierungen der Reisenden. Im Sinne von Voegelin ist das die eigentliche Dummheit. Das heißt, nicht derjenige ist dumm, der nicht oder nur schlecht lesen und/oder schreiben kann, sondern im Fall der Reisenden, derjenige, der nur auf den Fundus historischer Stereotypen zurückgreift bzw. das, was durch den aktuellen Diskurs in den Medien als richtig angesehen wird, reproduziert.

---

[407] Voegelin, Hitler und die Deutschen 89.

Nach dem deutschen Philosophen Theodor W. Adorno (1903-1969) verdummen Menschen nämlich dort „wo ihr Interesse anfängt, und dann ihr Ressentiment gegen das kehren, was sie nicht verstehen wollen, weil sie es allzu gut verstehen könnten"[408].

Liest man beispielsweise die Formulierungen („Kameruner können am Flughafen keine genaue Gepäckkontrolle durchführen", „Maschine besteht aus einer für Afrikaner unhandelbaren komplizierten Elektrik"), dann liegt die Vermutung nahe, fachspezifisches oder technisches Wissen wird mit Gebildetsein verwechselt. Damit wird, vereinfachend, Ausbildung mit Bildung gleichgesetzt, was aber nach dem Schweizer Philosophen Peter Bieri falsch ist, denn Ausbildung habe das Ziel, etwas zu können, ist an einem Nutzen orientiert, und sie erfolgt in der Regel durch andere.[409] Dass in „Afrika" im Ausbildungssektor noch Nachholbedarf besteht, wird nicht bezweifelt. Diese Menschen aber als „Ungebildete" oder „Halbgebildete" zu bezeichnen ist unrichtig, denn Bildung ist laut Bieri

> „Einsicht in die historische Zufälligkeit der Art, wie wir denken, fühlen, reden und leben: Es hätte alles auch anders kommen können. Dieses Bewusstsein drückt sich aus in der Fähigkeit, die eigene Kultur aus einer gewissen Distanz heraus zu betrachten und von dem nativen und arroganten Gedanken abzurücken, die eigene Lebensform sei den anderen überlegen und einem angeblichen Wesen des Menschen angemessener als jede andere. Solche Anmaßung ist ein untrügliches Zeichen von Unbildung."[410]

Von dieser Überlegung ausgehend, sind es im Grunde genommen die Reisenden selbst, die ungebildet sind, da ihre Formulierungen nur geringe und meist keine historischen Reflexionen enthalten. Das Faktum *nihil est sine rationibus*[411] wird dabei vernachlässigt, denn es bleibt im Grunde bei einer oberflächlichen Beurteilung sämtlicher beschriebener Situationen. Auch fehlt es an Empathie und Einfühlungsvermögen im Umgang mit den Kommunikationspartnern, da die Formulierungen keinerlei Hilfs- bzw. Kooperationsbereitschaft erkennen lassen; an deren Stelle steht vielmehr die Arroganz „weißer" Überlegenheit. Aber gerade das Einfühlungsvermögen „ist ein Gradmesser für Bildung: Je gebildeter jemand ist, desto besser kann er sich ausmalen, wie es wäre, in der Lage Anderer zu sein, und dadurch vermag er, ihr Leid zu erkennen."[412]

Für den Hirnforscher und Psychologen Ernst Pöppel[413] hat erlernbares, explizites Wissen (Nennen, Sagen) – mit dem sich die Reisenden gegenüber

---

408   Adorno, Minima Moralia Nr. 127 (Wishful Thinking) 262.
409   Bieri, Wie wollen wir leben? 26f.
410   Bieri, Wie wollen wir leben? 26f.
411   Pöppel/Edingshaus, Geheimnisvoller Kosmos Gehirn 22.
412   Bieri, Wie wollen wir leben? 26f.
413   Pöppel, Was ist Wissen? 1-13.

den „Afrikanern" im Vorteil sehen – nur zu einem Teil mit Bildung zu tun. Die Reisenden, geprägt von der Priorität expliziten Wissens, als dem „eigentlichen Wissen" in der europäischen Wissensgesellschaft, erwarten von den „Afrikanern" die gleiche Ausprägungsintensität. Ist dieser Sockel an messbarem und genau überprüfbarem Wissen niedriger, werden sie als ungebildet etikettiert; eine Auffassung, die man mit Pöppel fragwürdig finden kann. Selbstverständlich trägt Ausbildung auch zu einem Teil zur Bildung bei, aber „fruchtbringend wirken kann es alleine nicht."[414] Für Pöppel gehört nämlich zur Bildung, zusätzlich auch implizites oder Handlungs-Wissen (Schaffen, Tun) sowie bildliches oder Anschauungs-Wissen (Sehen, Erkennen).[415]

> „Die drei Formen menschlichen Wissens sind so grundlegend, sie bestimmen derart stabile Koordinaten unserer Erfahrung und jeglichen Handelns, daß gilt, eine Wissensgesellschaft ist nur dann wohl verortet, eine Wissenswelt ist nur dann fest gefügt, wenn die Bewohner dieser Wissenswelt ihr Wissen gemäß ihrer Ausstattung, die von der Natur mitgegeben wurde, dreifach gestalten, also als explizites Wissen, als implizites Wissen und als bildliches Wissen."[416]

Alle drei Formen des Wissens sind für sich wesentlich, können aber im Verständnis von Bildung nicht separiert werden. Nur im Zusammenspiel ergeben sie Bildung im Sinne eines breiten und tiefen Verstehens dafür, dass es viele Möglichkeiten gibt, wie sich Intelligenz zeigen kann, um ein menschliches Leben führen zu können.[417]

Für den us-amerikanischen Soziologen Richard Sennett wiederum gehören zur Intelligenz auch „Taktgefühl, Einfühlungsvermögen, die Fähigkeit, die Absichten zu erkennen, die hinter den Worten eines anderen stehen"[418] weshalb er diese Verständniskriterien als Bestandteil der Bildung sieht.

Doch diese Fähigkeit des bildlichen Wissens als „distanziertes Wissen über Sachverhalte, das Wissen in's Bild setzt, damit wir im Bilde sind"[419], vermisst man bei den Reisenden. Denn ihre Formulierungen spiegeln lediglich die Denktradition der europäischen Welt wider, nämlich die „naturwissenschaftliche Denkweise – orientiert an den Naturwissenschaften des 19. Jahrhunderts".[420]

Eine ebenfalls negative Einschätzung „afrikanischer" Denkweise liegt in den Situationen des Tausches eines Fahrtenmessers gegen Pfeil und Bogen (Rb 30) bzw. dem Fehlen der Lok (Rb 19) vor. Zum einen wird unterstellt,

---

[414] Gerndt, Mit Bildern leben 197.
[415] Näheres zu den drei Formen des Wissens siehe: Pöppel, Ernst: Was ist Wissen? Vortrag an der Universität zu Köln am 19. Oktober 2001. In: www.uni-koeln.de/organe/presse/reden/poeppel_fest.doc (01.07.2012).
[416] Pöppel, Was ist Wissen? 2.
[417] Bieri, Wie wollen wir leben? 26f.
[418] Sennett, Die Kultur des neuen Kapitalismus 103.
[419] Pöppel, Was ist Wissen? 9.
[420] Pöppel, Was ist Wissen? 11.

dass Menschen, vertraut mit ihrer Umgebung und den damit verbundenen Gefahren, so wenig intelligent wären, dass sie glauben, mit einem kleinen Messer ließe sich ein Löwe erlegen. Und zum anderen wird das Fehlen einer Lok rasch auf die Schiene mangelnder Intelligenz gestellt, ohne andere Ursachen dafür in Betracht zu ziehen.

Diskriminierend ist es auch, wenn Reisende „Spaß" daran finden, afrikanische Kinder vorzuführen, weil diese nicht auf Anhieb erkennen können, um welchen Gegenstand es sich handelt, den man ihnen als „Spielzeug" vor die Füße wirft. Bedeutet doch „Spaß" in diesem Sinne „Ergötzen, Hochgenuss", auf Kosten Dritter. Eine drastische Steigerung erfährt die Erniedrigung, weil man sich nicht einmal die Mühe macht, das Objekt des Spaßes persönlich zu überreichen, sondern den Gegenstand aus dem Auto „wirft", sich die Kinder zuerst erschrecken und danach bücken und damit zwangsläufig eine „untertänige" Haltung einnehmen müssen. Diese Reisenden versetzen sich offensichtlich nicht in die Situation und Empfindungslage des „Anderen", lassen Empathie vermissen und stellen die eigene Freude am Geschehen in den Mittelpunkt ihres Agierens. Der geringe Wert des Geschenkes, der für sich gesehen bereits eine Hierarchisierung repräsentiert, und das Auskosten der Übergabesituation verschmelzen zu einer bewussten Absicht, nämlich den „Afrikanern" die Überlegenheit der Europäer durch Wissensvorsprung, dem zugleich die Vorstellung einer höheren Intelligenz implementiert wird, zu demonstrieren. Zudem wird aus dieser „Geschenk"-Aktion die von Christiane Schurian-Bremecker festgestellte „Reiche-Onkel-Mentalität" sichtbar, denn es werden lediglich „Kleinigkeiten, die für die deutschen Touristen keinen oder nur minimalen Wert haben"[421], weggegeben. So wie zur Zeit der Völkerschauen, als Schwarzen „im wahrsten Sinne des Wortes – kindische Freude an wertlosem Schmuck"[422] bereitet wurde, unterstellen die Reisenden mit einer geringwertigen Plastikschlange Freude zu bereiten. Auch hier fehlt es am „Fingerspitzengefühl", am „richtigen" Handeln, das schon der stoische Philosoph Panaitios von Rhodos (180-110 v.Chr.) anmahnte:

> „Wir müssen darum auch eine gewisse Rücksicht auf die Gefühle der Mitmenschen nehmen, [...]. Denn sich darum nicht zu kümmern, was die Menschen über uns denken, ist ein Zeichen nicht nur von Anmaßung, sondern auch geradezu von Sichgehenlassen. Wie die Gerechtigkeit uns verbietet, andren Unrecht zu tun, so ein natürliches Schamgefühl, die ästhetischen Gefühle der Mitmenschen zu verletzen."[423]

Zwar könnte man einwenden, dass es auch in Deutschland, beispielsweise bei Karnevalsumzügen üblich ist, kleine Geschenke unter die Zuschauer zu werfen. Doch muss bei der Beurteilung einer „Schenk"situation stets der Referenzrahmen, in dem die Handlung erfolgt, berücksichtigt werden. Handelt es

---

421 Schurian-Bremecker, Kenia in der Sicht deutscher Touristen 380.
422 Dreesbach, Gezähmte Wilde 138.
423 Stoa und Stoiker 235.

sich bei Umzügen um beliebiges Verteilen von beispielsweise Süßigkeiten an Menschen, die im Grunde dieser Geschenke nicht bedürfen, so wird im obigen Fall die vermutete Hilfsbedürftigkeit von den Reisenden zum Zeigen der materiellen Überlegenheit und einer Fixierung der Oben-Unten-Hierarchie genutzt.

Die Ansicht der Reisenden, es bestehe eine Intelligenzdifferenz zwischen Schwarzen und Weißen ist nicht neu, wenngleich der Sachverhalt von verschiedenen Wissenschaften und deren Vertretern unterschiedlich betrachtet und bewertet wurde und immer noch wird.

An der Auffassung einer angeborenen, dauerhaften, nicht beeinflussbaren und genau messbaren Intelligenz haben sich nicht nur Anthropologen und Psychologen, sondern auch Wissenschaftler aus den unterschiedlichsten Disziplinen gestoßen. So beruht der Glaube, Intelligenz messen zu können, für Freerk Huisken, grundsätzlich auf einem Denkfehler. Und Stephen Jay Gould übt in seinem 1981 erschienenen Buch „*The Mismeasure of Man*" (Der falsch vermessene Mensch) ebenfalls Kritik an der These einer bestimmten, angeborenen kognitiven Kapazität.

> „Der größte Teil des menschlichen Verhaltens ist mit Sicherheit anpassungsorientiert; wenn das nicht so wäre, gäbe es uns nicht mehr. Die Angepaßtheit des Menschen ist weder ein adäquates noch auch nur ein gutes Argument für den Einfluß der Gene. Denn beim Menschen kann Anpassung, [...] auf dem alternativen Weg nichtgenetischer Kulturentwicklung erfolgen."[424]

Er versucht zu zeigen, dass „der Versuch, ‚Intelligenz' als eine einheitliche Größe zu messen, von Beginn an zum Scheitern verurteilt sei, da es sich bei der gemessenen ‚Intelligenz' um eine wahllose Zusammenstellung kognitiver Fähigkeiten handele."[425] Und mittlerweile sind auch die meisten Psychologen „davon überzeugt, dass die Begeisterung über den Intelligenztest übertrieben war und seine Kriterien nur sehr bedingt anwendbar sind und angewendet werden sollten."[426]

Kritik an der Fixierung, nur in einer bestimmten, von der Gesellschaft vorgegebenen Weise zu denken, dieses Denken als Norm zu setzen und dabei andere Formen von Intelligenz einen geringeren Wert zuzuordnen, übt auch Theodor W. Adorno in seiner Minima Moralia:

> „Die jeweils dem fortgeschrittensten technischen Entwicklungsstand angemessenen Verhaltensweisen beschränken sich nicht auf die Sektoren, in denen sie eigentlich gefordert sind. So unterwirft Denken sich der gesellschaftlichen Leistungskontrolle nicht dort bloß, wo sie ihm beruf-

---

[424] Gould, Der falsch vermessene Mensch 363.
[425] Gould, Der falsch vermessene Mensch. In: http://de.wikipedia.org/wiki/Kritik_am_Intelligenzbegriff#Stephen_Gould:_Der_falsch_vermessene_Mensch (01.07.2012).
[426] Gardner, Abschied vom IQ 27.

lich aufgezwungen wird, sondern gleicht seine ganze Komplexion ihr an. Weil nachgerade der Gedanke in die Lösung von zugewiesenen Aufgaben sich verkehrt, wird auch das nicht Zugewiesene nach dem Schema der Aufgabe behandelt. Der Gedanke, der Autonomie verlor, getraut sich nicht mehr, Wirkliches um seiner selbst willen in Freiheit zu begreifen. Das überläßt er mit respektvoller Illusion den Höchstbezahlten und macht dafür sich selber meßbar."[427]

Und der französische Soziologe, Pierre Félix Bourdieu (1930-2002) bezeichnet den Begriff Intelligenz als klassistisch:

„Die Klassifizierung durch die Schule ist eine legitimierte und wissenschaftlich ausgewiesene soziale Diskriminierung. Hier findet man auch die Psychologie wieder, mit ihrer von Anfang an tatkräftigen Unterstützung des Funktionierens des Schulsystems. Das Auftauchen von Intelligenztests wie dem Binet-Simon-Test hängt damit zusammen, dass dank der Schulpflicht Schüler in das Schulsystem kamen, mit denen dieses Schulsystem nichts anzufangen wusste, weil sie nicht ‚prädisponiert‘ waren, nicht ‚begabt‘, das heißt, nicht von ihrem familialen Milieu her mit jenen Prädispositionen ausgestattet, die die Voraussetzung für das normale Funktionieren des Schulsystems sind: Kulturelles Kapital und guter Wille in bezug auf die Schulabschlüsse. Die Tests, die die von der Schule verlangten sozialen Prädispositionen messen, sind genau dazu da, jene schulischen Verdikte im voraus zu legitimieren, durch die sie legitimiert werden; daher auch ihre Aussagekraft in bezug auf den Schulerfolg."[428]

Die in Bezug auf die genetische Differenz zwischen Schwarzen und Weißen gemachten Formulierungen einiger Reisenden entbehren somit jeglicher ernstzunehmender Basis. Nach Stephen Jay Gould haben nämlich Biologen

„vor kurzem eine schon lang gehegte Vermutung bestätigt: die genetischen Gesamtunterschiede zwischen den Menschenrassen sind erstaunlich gering. Obwohl die Häufigkeiten verschiedener Ausprägungen eines Gens bei den Rassen unterschiedlich sind, haben wir keine ‚Rassengene‘ gefunden – das heißt, keine Genzustände, die in bestimmten Rassen fixiert wären und bei allen anderen fehlen."[429]

Der us-amerikanische Evolutionsbiologe und Genetiker Richard Charles Lewontin bemerkt dazu, dass im Falle einer menschenauslöschenden Katastrophe, bei der nur eine kleine Personengruppe überleben würde, die genetische Variationsbreite erhalten bliebe, wie sie bei „den zahllosen Gruppen unserer [damals] vier Milliarden Menschen zum Ausdruck kommt."[430]

---

[427] Adorno, Minima Moralia Nr. 126 (i.q.) 261.
[428] Bourdieu, Soziologische Fragen 254f.
[429] Gould, Der falsch vermessene Mensch 358.
[430] Gould, Der falsch vermessene Mensch 358.

Wie sehr sich die Reisenden mit ihren Formulierungen im Grunde noch in der Nähe der alten, sogenannten Primitivitätstheorien befinden, zeigt sich, wenn man einige der Reiseberichtäußerungen, mit früheren Ansichten vergleicht. So war Voltaire der Ansicht

> „[d]ie Rasse der Neger ist eine von der unsrigen völlig verschiedene Menschenart, wie die der Spaniels sich von der der Windhunde unterscheidet [...]. Man kann sagen, daß ihre Intelligenz nicht einfach andersgeartet ist als die unsrige; sie ist ihr weit unterlegen."[431] *(Eigene Rasse hat die beste Veranlagung [Rb 45]).*

Immanuel Kant wie auch Georg Wilhelm Friedrich Hegel glaubten feststellen zu können, „Neger" hätten eine inhärente geistige Minderwertigkeit (Kant)[432] und seien zu „keiner Entwicklung und Bildung fähig, und wie wir sie heute sehen, so sind sie immer gewesen."[433] In diesem Sinne argumentierte auch J. A. de Gobineau, der Schwarzen eine unüberwindliche „Abneigung gegen ,Ideen', sowie gegen abstraktes und schematisches Denken"[434] zuschrieb. Und der französische Anthropologe Jean Louis Armand de Quatrefages de Bréau (1810-1892), war der Meinung, der

> „Neger ist eine intellektuelle Mißbildung. [...] Nun, der Neger ist ein Weißer, dessen Körper die definitive Gestalt der Gattung Mensch annimmt, aber dessen Intelligenz völlig stehengeblieben ist."[435] *(Gendefekt [Rb 29]; Intelligenz der Weißen ist am höchsten entwickelt [Rb 45]).*

Für den französischen Ethnologen Lucien Lévy-Bruhl (1857-1939) war der „Afrikaner, Neger oder Bantu" nicht fähig zu denken, zu überlegen oder zu folgern":

> „Einen Plan ernsthaft auszuarbeiten, mit Intelligenz eine Induktion auszuführen – das geht über seine Kräfte. [...] Der Afrikaner denkt nichts bis zu Ende durch, wenn er dazu nicht gezwungen wird. Das ist sein schwacher Punkt, das ist sein charakteristisches Merkmal."[436] *(Sind zu keiner anspruchsvollen geistigen Tätigkeit fähig [Rb 45]; Afrikaner würden sich im Allgemeinen mit der praktischen Durchführung von Projekten schwer tun [Rb 7]).*

Auch für den von George Fredrickson zitierten US-amerikanischen Soziologen Frank H. Hankins (1877-1970) war die

> „Rückständigkeit des Negers [...] das Ergebnis biologischer Faktoren, insbesondere der Gehirngröße, und lasse sich daher nicht ,aus einem Mangel

---

[431] Zit. in: Poliakov, Rassismus 77.
[432] Zit. in: El-Tayeb, Schwarze Deutsche 13.
[433] Hegel, Vorlesungen über die Philosophie 144.
[434] Steins, Das Bild des Schwarzen 104.
[435] Armand de Quatrefages. Zit. in: Poliakov, Rassismus 106.
[436] Zit. in: Attikpoe, Folgenschwere Konstrukte 20.

an Chancen erklären.'"[437] *(Afrikaner können nicht genau arbeiten [Rb 7];*
Afrikaner können keine Entscheidungen treffen [Rb 13]).

Insbesondere die Politisch-anthropologische Revue aus dem Jahrgang 1906/07
befasste sich in mehreren Artikeln mit der „geistigen Minderwertigkeit der
Negerrasse":

> „Denn zweifellos ist der Neger minder begabt, als die weiße Rasse."[438]
> oder
> „[...] schlechterdings nichts an der Tatsache ändern, daß der Neger toto
> coelo von den Weißen verschieden ist und niemals dessen geistige Stufe
> erreichen kann."[439]
> oder
> „daß die Negerkinder bis zur Pubertät in ihrer Intelligenz sich von Kin-
> dern der weißen Rasse nicht unterscheiden, während sie als Erwachsene
> weit unter dem Durchschnitte zurückbleiben. [...] Die physiologische
> Ursache liegt [an der] Hemmung in der Entfaltung des Gehirns."[440]
> oder
> „Die schwarze Rasse (Homo niger) umfaßt die dunkelsten und in der
> leiblichen wie geistigen Entwicklung am weitesten zurückgebliebenen
> Menschen."[441] *(Westtansanier brauchen etwas lange zum Nachdenken*
> *[Rb 26]; Weiße begreifen schneller als Schwarze [Rb 32]).*

Und auch für Bismarck (1815-1898) bestand ein vitales Interesse daran, dass
„die ,*Überführungen von Rassentypen*' für Völkerschauen und wissenschaftliche
Zwecke in der von Hagenbeck und Virchow gewählten Form durchgeführt
wurden", damit sich die Auffassung „die ,weiße Rasse' sei die intelligenteste
und entwickelste"[442] ins kollektive Gedächtnis einschreibe.

Diese wenigen Vergleiche sollen zeigen, wie die aktuellen Bewertungen der
Reisenden bezüglich der „afrikanischen" Intelligenz einzuschätzen sind, da sie
ihr Pendant bereits in der Vergangenheit haben bzw. umgekehrt, als Stereotypen und Vorurteile aus der deutschen Kolonialzeit bis in die Gegenwart fort-
geschrieben wurden. Es handelt sich somit um keine isoliert zu wertenden
Ausdrucksformen einiger Reisenden, im Sinne einer rein individuell zu ver-
ortenden Diskriminierung, sondern sie erwachsen aus einem durch Tradie-
rung genährtem Fundament. Im ausgehenden 19. Jahrhundert bis zur Mitte
des 20. Jahrhunderts ging es eben primär darum, die intellektuelle Minderwertigkeit der Schwarzen herauszustellen; „damals fiel es fast niemand ein, an

---

[437] Fredrickson, Rassismus 163.
[438] Politisch-anthropologische Revue. Monatsschrift für das soziale und geistige Leben der
       Völker. 5. Jahrgang, Leipzig 1906/07, S. 179.
[439] Politisch-anthropologische Revue. Monatsschrift für das soziale und geistige Leben der
       Völker. 5. Jahrgang, Leipzig 1906/07, S. 481.
[440] Woltmann, Die Ursachen der geistigen Minderwertigkeit der Negerrasse 113.
[441] Wilser, Rassengliederung 438.
[442] Eißenberger, Entführt, verspottet 182 (Kursiv wie Original).

der Überlegenheit der Weißen zu zweifeln."[443] Statt aber bestehende Vorurteile zu revidieren, werden erneut durch die Reiseberichtformulierungen Stereotypen bestätigt und verfestigt; und statt Unterschiede als gleichwertig einzustufen, wird das Fremde in eine selbstkonstruierte Hierarchie eingeordnet. Das ist insofern problematisch, da der

> „Glaube an Rassenunterschiede [...] dann zu Rassismus [wird], wenn solche Überzeugungen dazu dienen, Ansprüche auf besondere Vorrechte für Angehörige der vermeintlich eigenen Rasse herzuleiten oder Angehörige der vermeintlich anderen Rassen herabzusetzen oder zu schädigen."[444] *(Nun endlich aber wurden Entscheidungen gefällt, und zwar von uns [Rb 13]).*

Zudem wird in den Formulierungen, durch die kontinentale Zusammenfassung der Menschen Afrikas,[445] wiederholt assoziiert, „Afrikaner" seien eine invariable Einheit, deren biologische Konstitution determiniert sei. Unberücksichtigt bleibt dabei, dass

> „[I]ndividuals differ from one another in their ability to understand complex ideas, to adapt effectively to the environment, to learn from experience, to engage in various forms of reasoning, to overcome obstacles by taking thought. Although these individual differences can be substantial, they are never entirely consistent: A given person's intellectual performance will vary on different occasions, in different domains, as judged by different criteria."[446]

Dass die unterstellte, biologische Determiniertheit der „Afrikaner", bezogen auf ihre Intelligenz, nicht den natürlichen Gegebenheiten entspricht, findet in den Reiseberichten wenig Widerhall. Doch muss zur Entlastung der Reisenden angemerkt werden, dass Menschen nicht bloß in der Kleidung, im Auftreten, in ihrer Gestalt und Gefühlsweise ein Resultat der Geschichte sind, sondern auch die Art, wie und was sie wahrnehmen, „von dem gesellschaftlichen Lebensprozess, wie er in den Jahrtausenden sich entwickelt hat, nicht abzulösen"[447] ist. Nur vor diesem Hintergrund, in dem der Gedanke verlernt hat „sich selbst zu denken"[448], ist die Tiefenstruktur des Rassismus, wie sie auch aus den Reiseberichten ersichtlich wird, erklärlich, da diese gerade in westlichen Gesellschaften, nicht nur in „Randgruppen", existiert, sondern „aufs engste verbunden [ist] mit der Normalität des *mainstreams*".[449]

---

[443] Poliakov, Rassismus 21.

[444] Fredrickson, Rassismus 157.

[445] Hund, Rassismus 87.

[446] Report of a Task Force Established by the American Psychological Association: Intelligence: Knowns and Unknowns 77. In: http://www.gifted.uconn.edu/siegle/research/Correlation/Intelligence.pdf (01.07.2012).

[447] Schwibbe, Wahrgenommen 8.

[448] Adorno, Minima Moralia Nr. 127 (Wishful Thinking) 262.

[449] El-Tayeb, Schwarze Deutsche 211 (Kursiv wie Original).

Damit wird erklärlich, warum Reisende einerseits bereit sind, andere Perspektiven kennenzulernen, offen und positiv fremden Kulturen gegenüberzutreten und sich zur afrikanischen Bevölkerung hingezogen fühlen, die kulturellen Unterschiede erahnen, erkennen und geradezu ersehnen; dies aber andererseits „noch lange nicht bedeutet, dass sie die Unterschiede auch verstehen, also geistig und begrifflich durchdringen, oder gar ihre eigenen Verhaltensweisen entsprechend ausrichten."[450] Hier zeigt sich die von Burkhart Lauterbach festgestellte Diskrepanz zwischen Intention und Realisation; und das von Adorno formulierte Hindernis, unvoreingenommen zu denken. Denn durch die „planetarische Dummheit, welche die gegenwärtige Welt daran verhindert, den Aberwitz ihrer eigenen Einrichtung zu sehen"[451], wird eine mögliche Unvoreingenommenheit vereitelt. Intentionen der Reisenden, die über eine gewisse Oberflächlichkeit nicht hinausgehen sowie deren tradierte Konditionierung, bilden eine Schere, weshalb die von Burkhart Lauterbach als Zitat gebrachte Forderung

> „Es ist zweifellos ein legitimer Ansatz, vom Reisenden zu verlangen, daß er sich mit der Kultur und Geschichte des bereisten Landes auseinandersetzt, daß er wenigstens versucht, sich auch auf die Sprache des Gastlandes vorzubereiten, und daß er sich bemüht, das Land in seinen vielfältigen ökonomischen, ökologischen und kulturellen Erscheinungen zu akzeptieren."[452]

von den Reisenden noch nicht konsequent erfüllt wird.

Ergänzende Schlussbemerkungen

a) Die in diesem Kapitel dargestellten wissenschaftlichen Argumente die gegen eine genetische Prädisposition sprechen, wurden und konnten von den Reisenden nicht berücksichtigt werden; es ginge über das Maß eines Reiseberichtes hinaus. Doch mit der Reduktion auf ein „afrikanisches Gen", einem „Gendefekt" oder der „afrikanischen Denkweise" als Erklärungsmuster für Imponderabilien organisatorischer oder technischer Art, darf es auch in einem Reisebericht nicht getan sein. Zumindest hätte man polemik- und diskriminierungsfreie Formulierungen, ohne vereinfachende Abwertungen und Verzerrungen, erwarten können. Das ist aber nicht der Fall, weshalb die simplifizierenden, auf das afrikanische Gen abstellenden Äußerungen, in toto diskriminierend sind. Sie wären es nicht, wenn man sich die Mühe gemacht hätte, andere Einflussgrößen, die zu diesen zeitlichen, technischen oder sonstigen Irritationen führten, zu berücksichtigen oder die jeweilige Interaktion seriös in einen Kontext zu stellen. Das aber hatte man nicht getan. Vielmehr gilt als nicht intelligent, wenn die geistigen Fähigkeiten ihrer Kommunikati-

---

[450] Lauterbach, Tourismus 128.
[451] Adorno, Minima Moralia Nr. 127 (Wishful Thinking) 263.
[452] Lauterbach, Tourismus 135.

onspartner nicht kompatibel mit europäischen Erfordernissen (Organisationstalent, Logistik, Technik) waren. Das heißt, entscheidend für die Beurteilung der Reisenden war – neben den mitgebrachten Stereotypen und Vorurteilen – die mangelnde Kompatibilität der geistigen Eigenschaften gewesen. Fehlte diese, dann wird, weil von eigenen „Intelligenz-Denkmustern" ausgehend und diese als Norm setzend, das „schwarze" Gegenüber als „dümmlich" eingestuft ohne alternative Denkansätze zu akzeptieren.

b) Auch bleibt der Aspekt unberücksichtigt, dass Dummheit oder intelligentes Verhalten, immer auf die Normalität eines als Norm verstandenen, gesellschaftlichen Verhaltens bezogen ist. Eric Voegelin bemerkt dazu:

> „Was in einer bestimmten Gesellschaft und historischen Situation als dumm zu gelten hat, kann vielleicht in einer anderen Situation als tüchtig gelten. In ungeordneten, chaotischen Zeiten, in denen man sich durch Schlauheit, Gerissenheit und Gewalttätigkeit das Leben erhalten muß, sind diese Qualitäten und Leistungen eben nötig und erforderlich um sich durchzusetzen, und wer sie nicht erbringen kann, ist leistungsunfähig und geht deswegen vielleicht zu Grunde. In geordneten Verhältnissen aber sind Gerissenheit, Gewalttätigkeit, Mißbrauch von Vertrauen usw. Symptome von Dummheit, weil ein Mensch, der sich so verhält, sozial boykottiert wird. Die Dummheit ist also immer auf soziale und historische Leistung bezogen zu verstehen."[453]

c) Die getroffenen Formulierungen zeigen ferner, dass die Reisenden auch von „Afrikanern" die Anwendung der „Prinzipien der abendländischen Logik"[454] erwarten. Falls sie diese Grundsätze aber nicht oder nur zum Teil befolgen, werden sie als „dümmlich", begriffsstutzig und mit geringerem Organisationstalent ausgestattet eingestuft. Maxime der Intelligenz sind demzufolge die europäischen, von der Industrie, der Technik und der Wirtschaft benötigten Erfordernisse[455], obschon zum Überleben der Menschen, die unter anderen Bedingungen bestehen müssen, andere Intelligenzen (räumliche, interpersonale, praktische) relevant sind. Der Gesichtspunkt, Wissen immer auch in Relation zur jeweiligen Kultur zu betrachten bzw. im Kontext der spezifischen Sozialisierung zu verstehen, scheint in keinem der ausgewerteten Reiseberichte auf. Vielmehr wird den anderen Intelligenzvarianten ein Platz in einer Intelligenz-Rangliste zugeordnet, der unter dem der „europäischen" Intelligenz liegt. Dass diverse Varianten, nebeneinandergestellt, eben nur anders, aber nicht besser oder schlechter sind, bleibt unberücksichtigt.

---

[453] Voegelin, Hitler und die Deutschen 98.
[454] Schmerl, Sozialisation 76.
[455] In Europa lernen Kinder früh zu vergleichen, zu unterscheiden, Reihenfolgen zu bilden und zu ordnen. In: http://de.wikipedia.org/wiki/Kritik_am_Intelligenzbegriff (01.07.2012).

d) Wie eine Umfrage von Reichart-Burikukiye unter Berliner Schülern zum Afrikabild zeigt, besteht nach wie vor eine klischeehafte Vorstellung von den Bewohnern dieses Kontinents:

> „Was in Europa normal ist, ist für die meisten Schülerinnen und Schüler den Menschen in Afrika (wesens)fremd, z.B. Technik und eine (gute) Bildung. Tägliches Leben in Afrika sehen sie fast immer als Dorfleben. [...] Entsprechend sehen die Befragten ihre eigene Kultur in jedem Fall als intellektuell und materiell überlegen, teilweise als eine Kultur der Helfer [...].[456]

Dass sich Meinungen dieser Art bilden können, liegt neben der Existenz tradierter Stereotypen und Vorurteile auch an den Medien.

> „Medien und Öffentlichkeit [konstruieren] andauernd ein verzerrtes Bild von ‚Schwarz-sein' [...]: Schwarze Menschen werden gezeigt als seien sie überwiegend hungerleidende Opfer, allen AfrikanerInnen wird unterstellt, dass sie ‚aus Organisationsschwäche Schwierigkeiten' hätten. Schwarze Menschen werden dargestellt als goldkettchenbehangene Zuhälter, Dienstboten, Dealer oder Gewalttäter, sexualisiert, exotisiert, als Objekte und Unpersonen verzerrt und auf ihr Schwarzsein reduziert, sind im besten Fall Sänger oder Sportlerin... nichts was in irgendeiner Hinsicht mit Intellekt in Verbindung zu bringen wäre. Anders als im echten Leben sind Schwarze im deutschen TV nur in den seltensten Ausnahmefällen Anwälte, erfolgreiche Kaufleute, Informatiker, Dozentinnen, Hausfrauen oder KFZ-Mechaniker."[457]

Zur Verfestigung dieser Meinungen tragen auch die – zugegebenermaßen – kleinen Diskursfragmente aus den Reiseberichten bei, die ihrerseits einer oberflächlichen, undifferenzierten Wahrnehmung, ohne eines wirklichen Überdenkens der Stereotypen, geschuldet sind. Ein sich stets selbst bestätigender Kreislauf, bei dem Negativismen aus der Vergangenheit für die gegenwärtige Wahrnehmung aktiviert und durch aktuelle, selbsreferenzielle Negativismen bestätigt werden. Mit der Folge, dass sich im Grunde Meinungen nicht oder nur zögerlich ändern.

---

[456] Poenicke, Afrika in deutschen Medien und Schulbüchern 8f.
[457] http://www.derbraunemob.de/deutsch/index.htm (01.07.2012).

3.6 Diskriminierungen in Bezug auf die „Zeit"[458]

> „Quid est ergo tempus? Si nemo ex me quaerat, scio;
> si quaerenti explicare velim, nescio"[459]
> *Augustinus von Hippo (354-430), Confessiones (XI, 14)*

„Some things are not easily bent to simple linear description. Time is one of them"[460] schreibt Edward Hall in *The Dance of Life*. Darin mag eine der Ursachen liegen, warum differierende und scheinbar nicht kompatible „Zeit"vorstellungen, die zwischen „Afrikanern" und „Europäern" bestehen, von den Reisenden so häufig thematisiert werden. Denn neben, auf dem „afrikanischen" Gen rekurrierenden Diskriminierungen, gibt es zahlreiche abwertende Äußerungen, die sich auf die „Zeit" und den damit verbundenen, unterschiedlichen Auffassungen zwischen Reisenden und Bereisten beziehen. Wenngleich in den meisten Kulturen gleiche Zeitperspektiven und -horizonte (Alltagsleben, Lebenszeit, Epochenzeit, Sakralzeit)[461], sowie die beiden Fragerichtungen, nämlich die nach der *Zeitdauer* bzw. dem *Zeitpunkt*[462] bestehen, ferner das menschliche Bewusstsein als Zeitbewusstsein existiert, das „durch Sukzession und Nacheinander von Vergangenheit, Gegenwart und Zukunft"[463] geprägt ist, sind die Vorstellungen über die „Zeit" selbst, kulturell verschieden.

> „Time is not just an immutable constant, as Newton supposed, but a cluster of concepts, events, and rhythms covering an extremely wide range of phenomena.[464]

Das heißt, gleich ist zwar, dass es in jeder Kultur Vorstellungen von „Zeit" gibt; aber die Auffassung darüber – beispielsweise über die Zeitdauer für bestimmte Tätigkeiten, deren zeitliche Abwicklung oder die Wichtigkeit eines bestimmten Zeitpunktes – differiert zwischen den in der Regel kapitalistisch-

---

[458] Der Begriff „Zeit" ist deshalb in An- und Abführungszeichen gesetzt, weil in den „vielfältigen Zeitgestalten, -strukturen, -momenten [und] -modalitäten" zwar stets von *der Zeit* die Rede ist, aber es „keinen Oberbegriff ‚Zeit' gibt, unter den sich die Zeitstrukturen, -momente usw. als Artbegriffe subsumieren ließen." In: Gloy, Zeit I. S. 507.

[459] „Was also ist die Zeit? Wenn niemand mich danach fragt, weiß ich es; wenn ich es jemandem auf seine Frage hin erklären will, weiß ich es nicht." In: Augustinus, Confessiones, Liber XI, S. 192f.

[460] Hall, Dance of Life 15.

[461] Rosa, Beschleunigung 19-38.

[462] Nach Karen Gloy werden die beiden Fragen „entweder durch Vergleichsangaben wie ‚länger', ‚kürzer', ‚gleichlang'", also durch relative Vergleiche, bzw. bezogen auf ein bestimmtes Ereignis (Ostern Weihnachten etc.) oder eines bestimmten Zeitpunktes, z.B. Montag 17.15 Uhr), beantwortet. In: Gloy, Zeit I, S. 505.

[463] Gloy, Philosophiegeschichte der Zeit 116.

[464] Hall, Dance of Life 15.

effizient geprägten Reisenden und den Bereisten, die anderen Überlebenssituationen ausgesetzt sind. Das zeigt sich in den Reiseberichten insofern, als das unterschiedliche Zeitempfinden der „Afrikaner" in immerhin 19 Reiseberichten (42,2 %) thematisiert wird. Der Faktor „Zeit" scheint aufgrund seiner häufigen Erwähnungsfrequenz für die Reisenden ein wichtiges Qualitätselement für einen gelungenen Urlaub zu sein. Pünktlichkeit, Effizienz, hoher Zeit-Nutzungsgrad und Zeitoptimierung wird demnach auch in der Urlaubszeit erwartet, damit sich in die zur Verfügung stehende Zeit mehr „gelebte" Zeit hineinpacken lässt.

So wird von den Reisenden nicht nur die andere Einstellung der „Afrikaner" zur „*Zeit*" reklamiert (Rb 13, 18, 26, 32, 35, 41, 45):
- „*Kapitän [...] der in tansanischen Begriffen etwas in Hektik war*"
- „*Tansanier sind oft langsam*"; „*typisch tansanisch*"
- „*Aber in Afrika hat man ja Zeit*"
- „*Zeit ist offenbar das einzige, was Afrika im Überfluss hat*"
- „*Jetzt brauchte ich wieder Zeit, denn wenn du in Afrika reist und keine Zeit mitbringst dann bleibe lieber zuhause*"
- „*Diese saublöde Gleichgültigkeit und Gelassenheit... Ich hätte ihn erschießen können!!*"
- „*Seit wann kommt's denn hier auf Pünktlichkeit an, wir sind doch schließlich in Afrika*"
- „*Aber wer erwartet schon in Afrika Pünktlichkeit?*"

Sondern es wird, die daraus – zumindest aus europäischer Sicht – resultierende *Ineffizienz*, die sich in Unpünktlichkeit und Langsamkeit zeigt, bemängelt, weil damit längere Wartezeiten für die Reisenden verbunden sind und deshalb Zeit „vertan" wird (Rb 10, 12, 13, 20, 24, 29):
- „*Endlich passiert mal was produktives, wir bekommen einen Stempel ins Carnet*"
- „*Mit unendlicher Geduld und in zeitlupenähnlicher Geschwindigkeit nimmt er unsere Dokumente entgegen und blättert langsam die Seiten durch*"
- „*Ich bin mit einer Flughafenangestellten zur Deklaration gegangen, das heißt, sie suchte im Schneckentempo die Formulare zwischen altem Gepäck*"
- „*Das! [sic] man für einen Stempel in den Pass viel Zeit braucht, ist hier ja normal*"
- „*Es dauerte ziemlich lange, bis dieser zurückkam und anschließend durften wir nochmals auf die Rückkehr des Kellners mit dem Wechselgeld warten*"
- „*Viele Stunden haben wir bei der Bank vertan*".

Eine Steigerung der negativen Beurteilung des afrikanischen Umgangs mit der „Zeit" zeigt sich in Äußerungen, in denen der Begriff *Faulheit* zwar nicht direkt verwendet wird, aber diesen zum Inhalt hat (Rb 2, 17, 39):

- *„...machten die Einwohner einen totalen 0-Bock Eindruck auf uns. So lagen viele Kasesen[465] einfach nur im Schatten von Bäumen oder Häusern herum – den kompletten Tag"*
- *„Vermutlich sind die Männer überzeugt, dass das malische Wetter nur liegend und Tee trinkend [...] auszuhalten ist"*
- *„Wir schauten den Männern beim Nichtstun zu".*

Die europäische Einstellung zum „afrikanischen Zeitgefühl" zeigt sich auch dadurch, dass Reisende „überrascht" sind, wenn *Fahrpläne eingehalten* oder *schnell gearbeitet* wird, ein „Afrikaner" *pünktlich* ist oder sich für *Verspätungen entschuldigt* (Rb 2, 17, 20, 24, 25, 35, 36, 42):

- *„Zu unserer Überraschung legte das Schiff exakt nach Zeitplan an"*
- *„Zum Glück arbeiteten wenigstens die Kassiererinnen flott"*
- *„Am Gepäckband tauchten unsere Koffer und Taschen erstaunlich rasch auf"*
- *„Nach erstaunlich kurzen zwei Stunden hatten wir unser Visum"*
- *„An der Fähre ging erstaunlicherweise alles sehr schnell"*
- *„Für afrikanische Verhältnisse werden wir schnell erlöst"*
- *„Am Zoll hatte ich überraschenderweise keine Probleme"*
- *„Da sag mal einer, dass die Afrikaner nicht pünktlich sein können!"*
- *„Mit Verspätung erreichte der Zug sein Ziel; die Zugbegleiter waren untröstlich und entschuldigten sich etliche Male bei uns".*

Wird andererseits der afrikanische Umgang mit der „Zeit" Bestandteil ihrer eigenen Terminplanung und weicht die Realität von der europäischen Erwartungshaltung ab, da nach Rudolf Wendorff „in den fremden Kulturen gegliederte, gemessene Zeit meist weniger ernstgenommen"[466] wird, dann wird dies ebenfalls kritisiert. Postamt: *„wir waren 10 Minuten zu spät, es hatte schon geschlossen. Na ja, man darf nie zu viel erwarten"* (Rb 13). Es sei denn, die Einhaltung der Zeit ist den „Afrikanern" von Deutschen beigebracht worden: *„Der Fahrer unseres Busses, ist in der DDR gewesen. Da muss ihm preußische Pünktlichkeit beigebracht worden sein. Als morgens um vier noch nicht alle Passagiere im Bus sitzen regt er sich höllisch auf, ‚bleibt zu Hause', flucht er, ‚ich habe doch nicht umsonst ins Fenster geschrieben, dass dieser Bus um vier abfährt!' Von wegen this is africa"* (Rb 35). Wie überhaupt in punkto Effizienz und Ordnung wiederholt auf den guten Einfluss, den die deutschen Kolonisten auf die „Afrikaner" ausübten, hingewiesen wird: *„Die Deutschen haben ihnen während der Kolonialzeit gezeigt, wie man das macht. Deutsche Sauberkeit konnten sie ihnen offensichtlich nicht näher bringen"* (Rb 7, weitere in Rb 17, 29, 38).[467] Selbst

---

465 Kasese ist eine Stadt im Südwesten Ugandas mit etwa 67.000 Einwohnern. Sie ist die Hauptstadt des gleichnamigen Distrikts Kasese. In: http://de.wikipedia.org/wiki/Kasese (20.10.2021).

466 Wendorff, Die Zeit 142.

467 Allerdings gab es auch Reiseberichte, in denen der deutsche Kolonialismus und seine Auswirkungen kritisiert wurden (Rb 18, 25, 32, 35, 37).

kostenoptimale Transportorganisation – ein an sich in Europa vertrautes und akzeptiertes Beförderungsprinzip – wird beanstandet, wenn sie mit der Zeitnutzenvorstellung der Reisenden kollidiert (Rb 17): *„Busse fahren erst ab wenn so gut wie alle Plätze belegt sind (das kann Stunden dauern)"* bzw. *„das Motorboot fährt erst los, wenn mindestens 8 zahlende Touristen Platz nehmen"*

Fasst man die einzelnen Formulierungen zusammen, dann ergibt sich die Kernaussage, dass eine Diskrepanz zwischen „Afrikanern" und „Europäern" im Verständnis, wie mit der „Zeit" umzugehen sei, besteht, wobei die abendländische Zeitauffassung,[468] zu der es „seit jeher zur Tradition [gehört], daß Zeit eine kostbare Gabe ist"[469], die richtige ist.

Eine Verstärkung dieser pejorativen Beurteilung zeigen einige Formulierungen, in denen Adjektive wie *„komplett*(en Tag") (ganz, endgültig), *„saublöd"* (bedarf keiner Erläuterung), *„erstaunlich"* (abnorm, auffallend, befremdend, seltsam); Adverbien wie *„schließlich"* (an sich, im Grunde, in Wirklichkeit), *„nur"* (schlecht und recht, zu wenig, bloß, lediglich), *„wenigstens"* (zumindest, immerhin); Verben wie *„vertan"* (vergeuden, verschleudern, verlieren, verschwenden) oder Substantive wie *„Schneckentempo"* (besonders langsam, Zeitverlust), *„Überraschung"* (Befremden, Erstaunen, Verblüffung, Irritation) und *„Nichtstun"*, verwendet werden. Letzteres ist ein passivischer Begriff „der in jedem Fall Schnittmengen mit dem Begriff der FAULHEIT oder auch der TRÄGHEIT aufweist".[470] Diskriminierend, weil indirekt auf „Faulheit" anspielend, sind die Bemerkungen *„0-Bock"* bzw. *„Schneckentempo"*. Während erstere für sich spricht, wird letztere, abgesehen von den obigen Nebenbedeutungen, auch mit Behäbigkeit, Desinteresse, Phlegma, Stumpfheit und Trägheit in Verbindung gebracht.[471]

Im Beispiel „Vermutlich sind die Männer überzeugt..." (Rb 2), ist „vermutlich" zwar nur ein vager Ausdruck um die Einstellung des Verfassers zu signalisieren, doch im Verbund mit dem vorausgesetzten, tradierten Wissenkontext der Leser über den „faulen Afrikaner" wird diese Formulierung zur Gewissheit und damit zu einer impliziten sprachlichen Diskriminierung. Beigetragen zu diesem Wissenskontext haben u.a. Beiträge in Printmedien während der deutschen Kolonialzeit und später, wie beispielsweise in der

---

[468] „[D]ie abendländische Zeitauffassung ist die Verbindung von Zeit und Zahl: Zeiten werden durch Zahlen gemessen, indem jedem Zeitabschnitt eine Zahl in sukzessiver Folge zugeordnet wird, so daß sich die unendlich fließende Zeit und die unendlich fortschreitende natürliche Zahlenreihe entsprechen." In: Gloy, Zeit I, S. 507.

[469] Wendorff, Die Zeit 142.

[470] Fuest, Poetik des Nicht(s)tuns 14 (Versalien wie Original).

[471] Alle Nebenbedeutungen sind entnommen aus: Dornseiff, Der deutsche Wortschatz nach Sachgruppen. In: http://wortschatz.uni-leipzig.de/abfrage/ (01.07.2012).

Illustrierten Fremdenzeitung von 1926. Hier wurde über die Faulheit der Somali-Männer[472] geschrieben:

> „Der Somali-Mann glaubt viel getan zu haben, wenn er sich abends nach süßem Nichtstun auf das Lager streckt. [...] Ansonsten betätigten sich die ‚Somalis' gerne als Hirten, weil diese Tätigkeit ihrem Hang zum Nichtstun und Träumen am ehesten nahe käme."[473]

Ebenso zeigt die Verwendung der Worte „überraschenderweise, erstaunlicherweise, Überraschung, erstaunlich" das Merkmal einer bewertenden, negativen Einstellung. Die Begriffe sind so eindeutig in die jeweiligen Formulierungen eingefügt, so dass diese als realisierte Diskriminierungen eingestuft werden können. Wie scheinbar harmlose Begriffe und Füllwörter in Verbindung mit dem Wissensstand der Reiseberichtleser diskriminierendes Potential beinhalten, zeigen die wenigen, beliebig herausgegriffenen Beispiele: Durch das Abtönungspartikel „ja" in den Beispielen „In Afrika hat man ja Zeit" (Rb 32) bzw. „...ist hier ja normal" (Rb 20), wird implizit darauf hingewiesen, dass nach Meinung der Verfasser, bei den Lesern der Reiseberichte eine ähnliche Einstellung zum Zeitverständnis der „Afrikaner" existiert. Auch die beiden Partikel in der Formulierung „...wir sind doch schließlich in Afrika" (Rb 35) sind nicht nur als Füllwörter zu sehen, sondern als Wörter mit Bedeutung zu interpretieren. Sie spiegeln zum einen die Einstellung des Verfassers zur „afrikanischen Pünktlichkeit" wider und zugleich wird eine Bestätigung dieser seiner Meinung im Wissenskontext der Leser der Reiseberichte unterstellt.

Die Funktionsfacetten des Trennens, Fixierens und Devaluierens sind ersichtlich: Wir, die Pünktlichen, rationell die Zeit Nutzenden, stehen im Gegensatz zu ihnen, den Unpünktlichen, Langsamen und Ineffizienten. Mit Langsamkeit und Ineffizienz werden dabei ganze ethnische Gruppen (Kasesen, Tansanier, Malier) oder gar alle „Afrikaner" fixiert („Seit wann kommt's denn hier auf Pünktlichkeit an, wir sind doch schließlich in Afrika"; aber wer erwartet schon in Afrika Pünktlichkeit"). Auf der Grundlage dieser Fixierung ergibt sich die Devaluierung, „Afrikaner" können nicht effizient mit der „Zeit" umgehen (Aber in Afrika hat man ja Zeit; Diese saublöde Gleichgültigkeit und Gelassenheit... Ich hätte ihn erschießen können!!).

Diese Einwertung ist ebenfalls – wie das schon bei den vorangegangenen Diskriminierungsvarianten der Fall war – einer oberflächlichen Beurteilungsperspektive geschuldet, denn im interkulturellen Vergleich zeigt sich, dass der Umgang mit der „Zeit" keine fixe, homogene Größe darstellt:

---

[472] Die Somali sind eine Ethnie am Horn von Afrika der etwa acht Millionen Menschen angehören. In: http://de.wikipedia.org/wiki/Somali_(Volk) (20.10.2021).

[473] Illustrierte Fremdenzeitung, 19. Jg., Nr. 18 (1926), S. 372. Zit. in: Dreesbach, Gezähmte Wilde 167.

„In Lateinamerika mag ein Eintreffen zu einer privaten Zusammenkunft 30 Minuten nach der angegebenen Zeit und bei einer geschäftlichen Vereinbarung 15 Minuten später als ausgesprochen pünktlich bewertet werden. In Industrieländern dagegen rechnet man im Geschäftsleben und bei offiziellen Veranstaltungen mit der Minute."[474]

Der von den Reisenden als Norm gesetzte, europäisch-effiziente Umgang mit der „Zeit" erhält durch diese Normsetzung eine distinkte Qualität. Er wird zur Messlatte einer Zeitnutzungshierarchie, in der die europäische Vorstellung von „Zeit" als knappes Gut, das mit Geld gleichgesetzt werden kann, weil *alle Ökonomie zu Zeitökonomie wurde*[475] einen höherwertigen Rang einnimmt, als die „afrikanischen" Zeitvorstellungen.

„Die exakte Meßbarkeit der Zeit, die zunächst die Entwicklung der Naturwissenschaften ermöglichte, bestimmte zunehmend auch das Alltagsleben. Dasselbe Zeitmaß unterteilte alle Tätigkeiten, Arbeit und Muße, Essen und Schlafen, Alltag und Festtag. Arbeitsleistungen wurden meßbar und konnten nach dem Kriterium der Effizienz bewertet werden. Die Muße, in der Antike Ausdruck einer selbstbestimmten, nicht auf Erwerb und Nutzen gerichteten Tätigkeit, sah man nun als ‚Müßiggang', als unfruchtbare Vergeudung von Zeit. Das Motto ‚Zeit ist Geld' wurde zur Lebensmaxime einer sich am Maßstab von Effizienz und Funktionalität orientierenden Gesellschaft."[476]

Und tatsächlich agiert man in Industrieländern, in denen die meisten Menschen „nur noch als Rädchen im Betrieb" gelten und im Wirtschaftssystem „auf ihre verkaufte Arbeitskraft eingeebnet, reduziert, quantifiziert, [...] teils vermaßt, teils verapparatlicht, teils beides"[477] werden, grundsätzlich nach dem Prinzip „Zeit ist Geld"; weshalb eine „hierarchische Differenzierung von Graden der Pünktlichkeit"[478] oder eine Verlangsamung von Prozessen die auch schneller ablaufen könnten nicht nur unzweckmäßig, sondern sogar systemschädigend wäre.

Dieses Prinzip der Zeiteffektivität kommt auch in den Reiseberichten zum Ausdruck, weil von den Reisenden gefordert wird, ineffiziente und deshalb zu langsam vonstattengehende Tätigkeiten, wie das „Stempeln des Passes / Carnets oder das Prüfen von Dokumenten" (Rb 10, 12, 13, 20) zu beschleunigen, was jedoch keine praktische Auswirkung hinsichtlich der Akzeleration der einzelnen Aktionen gehabt, sondern vielmehr die Reisenden selbst unter Druck gesetzt hat. Mit ihrer auch im Urlaub praktizierten „Ungeduld" sind sie Opfer des eigenen Zeitregimes geworden, da sie den auf Effizienz und Funktionalität ausgerichteten Umgang mit der „Zeit" auf ihrer Reise nicht ablegen bzw. ablegen können. Das Zeitregime ist vielmehr fester Bestandteil ihres

---

[474] Wendorff, Die Zeit 154.

[475] Marx, Grundrisse 105.

[476] Kather, Über die Zeit 13. In: http://www.akademieforum.de/grenzfragen/open/Grundlagen/Ka_Zeit/frame.htm (01.07.2012).

[477] Bloch, Ästhetik des Vor-Scheins 2, S. 128.

[478] Wendorff, Die Zeit 154.

eigenen „Reisetempo" und ihrer Erwartungshaltung gegenüber den Menschen geblieben, mit denen sie aus reiseorganisatorischen Gründen zu tun haben, und entspricht dem Motto: *„[j]e mehr Erlebnisepisoden zur Bereicherung des Innenlebens in je weniger Zeit ausgekostet werden können, desto besser"*[479].

Nach dem Soziologen Hans-Werner Prahl ist Freizeit vor allem Konsumzeit[480] in der wir die Möglichkeit wahrnehmen wollen „an mehr Orten [zu] sein als früher, Ankunft und Abreise öfter [zu] genießen und in kürzere kosmische Zeit mehr gelebte zusammenzudrängen."[481] Das trifft auch auf die Reisenden zu, denn von ihnen wird konsumrelevanter Zeitgewinn höher eingestuft als Verlangsamung, Gelassenheit oder Entschleunigung. Ihr Urlaubsgenuss besteht nicht darin, wie es einst der römische Philosoph Seneca (1-65) formuliert hat, dass der „glücklichste und sorgenfreiste Besitzer seiner selbst [ist], der das Morgen ohne Unruhe erwartet"[482], sondern darin, mit Ungeduld Erlebnisse anzuhäufen; wobei jede Verzögerung oder Beeinträchtigung dieses Zieles als „vertane" Zeit gesehen wird. Wichtig ist der Aspekt der Akkumulation von Sehenswürdigkeiten, Begegnungen und Ereignissen; und das impliziert selbstredend den „Zwang zu zeitlicher Koordination"[483] zu der auch die Forderung nach Pünktlichkeit gehört. Dass dieser Zwang ein Indikator für die selbstauferlegte „Tyrannei der Zeit"[484] ist, und nach Ernst Bloch, Pünktlichkeit zwar „noch als eine Art Tugend anzuerkennen"[485] sei, aber in einer Hierarchie der Tugenden, ihr der Rang, den *„die blasseste aller Tugenden"*[486] innehat, zukomme, wird von den Reisenden nicht reflektiert. Durch den Wunsch, Sehenswürdigkeiten nach dem Prinzip der Zeiteffizienz zu „konsumieren", auch weil der touristische Raum „einen Warencharakter [...] besitzt"[487] in dem „Nutzungsrechte eines in Wert gesetzten Raumes für eine bestimmte Zeit"[488] angeboten werden, ergibt sich, dass jede „Zeit"-Störung (z.B. Wartezeiten, die über das europäische Zeitverständnis für Wartezeiten für eine bestimmte konkrete Situation hinausgehen) als Verlust an „Zeit" gesehen und als „typisch afrikanisch" diskriminiert wird. Diese Verzögerungen werden als *„unbeabsichtigte Nebenfolge"*[489] von Prozessen gesehen, die sich aus der Sicht der Reisenden beschleunigen ließen, wenn ein europäisches Zeitverständnis zugrunde läge.

---

[479] Schulze, Steigerungslogik 90f. (Kursiv wie Original).

[480] Prahl, Freizeitsoziologie 13.

[481] Ortega, Der Aufstand der Massen 35.

[482] Seneca, Vom glückseligen Leben 205.

[483] Wendorff, Die Zeit 154.

[484] Wendorff, Die Zeit 154.

[485] Wendorff, Die Zeit 154.

[486] Bloch. Zit. in: Wendorff, Die Zeit 154 (Kursiv wie Original).

[487] Wöhler, Karlheinz: Temporäres Sein in alltagsabgewandten Räumen und die Wissensproduktion darüber. Vortrag am 16.12.2008 an der LMU.

[488] Wöhler, Karlheinz: Temporäres Sein in alltagsabgewandten Räumen und die Wissensproduktion darüber. Vortrag am 16.12.2008 an der LMU.

[489] Rosa, Beschleunigung 144 (Kursiv wie Original).

„Problematisch und unmittelbar spürbar wird dies überall dort, wo hoch-akzelerierte Vorgänge auf ‚rückständige' Systeme treffen: Was schneller gehen kann wird durch das, was langsamer geht, immer wieder gebremst bzw. aufgehalten."[490]

Das zeigt sich in Situationsbeschreibungen, in denen Vorgänge mit Beschleu-nigungspotential mit, aus europäischer Sicht, „veralteten" Zeit-Organisations-strukturen zusammentreffen: „suchte im Schneckentempo die Formulare; blättert langsam die Seiten durch; es dauerte ziemlich lange, bis dieser zurück-kam" (Rb 12, 13, 24). Diese und ähnliche Formulierungen zeigen, dass zeitlich genau ausgearbeitete Urlaubsabläufe in Konfrontation mit einer scheinbar ver-altet-langsamen und somit dysfunktionalen Zeitauffassung stehen. So wie eine technische Beschleunigung eine Mengensteigerung mit sich bringt, so sollte die Zeiteffizienz im Urlaub die Option zu mehr Reiseerlebnissen bewerkstelligen. An die Stelle einer qualitativen Urlaubserfahrung ist die quantitative Erlebnis-maximierung getreten, die offensichtlich die neue Form der Reisequalität dar-stellt; das heißt, die Maßgröße für Qualität ist nun die Quantität.[491] Der dem westlichen Wirtschaftsleben zugrunde liegende Gedanke der (Gewinn)-Maxi-mierung gerinnt im Urlaub zur Zeit-Maximierung, wobei nach Ernst Bloch in beiden Gieriges liegt, denn „wird nicht Geld, sondern Zeit gerafft, so bleibt das gleichsam innerlich Böse des Tuns merkwürdig erhalten. Wogegen freundlich wirken kann, wenn sich einer Zeit lässt."[492] In Analogie zu dem, „wie die *tech-nische* Beschleunigung und die Erhöhung des *Lebenstempos* durch *quantitative Steigerung* kulturlogisch verknüpft sind"[493], lässt sich im Urlaub, durch die Steigerung der Anzahl von Erlebnisepisoden mehr erleben, was in der Gesamt-reisezeit zu einer Erhöhung der Qualität einer Reise beiträgt. Von dieser Vor-stellung ausgehend konnten die Reisenden unrationale Wartezeiten, Gelassen-heit und Langsamkeit nicht zulassen. Denn die erzeugten „Werte der Leistungsgesellschaft und die marktmäßige Konditionierung des Reisens, die bewußt- und verantwortungslose Haltung ‚Ich habe ein Recht auf das, was ich bezahlen kann'"[494], haben in diesem Denksystem Priorität.

Die Vorstellung einer möglichst maximalen Nutzung der „Zeit", zu der auch die Protestantische Ethik mit dem „Gebot der Zeiteffizienz, der intensiven Nutzung und Verwertung jeder Minute"[495] beigetragen hat, ist im europäi-schem Verständnis eine feste Größe.

---

490 Rosa, Beschleunigung 145.
491 Zur Transformation der Erlebnisgesellschaft siehe Kramer, Suggestion und entgangener Gewinn 29-41.
492 Bloch, Ästhetik des Vor-Scheins 2, S. 141.
493 Rosa, Beschleunigung 291 (Kursiv wie Original).
494 Kramer, Implikationen des direkten Kulturkontaktes 333.
495 Stolz, Grundzüge der Religionswissenschaft 51-57. Ebenso: Rosa, Beschleunigung 282.

„Im 17. und 18. Jahrhundert wurde besonders im Protestantismus, zumal im Calvinismus und Pietismus, dafür geworben, mit der Zeit verantwortungsbewußt umzugehen. Der Engländer Richard Baxter schrieb in seinem weitverbreiteten Christlichen Handbuch 1665: *Die Zeit gut anwenden heißt darauf achten, daß wir sie nicht für nichtige Dinge vergeuden, sondern jede Minute als höchst kostbar nutzen. [...] Die Zeit muß besonders auf Werke der öffentlichen Wohlfahrt verwandt werden. [...] Gott ist es, der dich zur Arbeit ruft.*"[496]

Die Einstellung der Reisenden, nicht nur sie selbst, sondern auch die Bereisten müssten stets „aktiv" sein, kommt zum Ausdruck in Formulierungen, die auf das Nichtstun bzw. die „Faulheit" der „Afrikaner" abstellen. Orientiert man sich an der Überlegung des Soziologen Max Weber (1864-1920), nach der Arbeit „als eine selbstverständliche Tätigkeit begründet werden [muss]. Und noch mehr als das, sie muss als eine moralische Pflicht erfahren werden"[497], dann wird das rationelle, aktivismusorientierte Agieren der Reisenden und deren Kritik an der Nicht-Arbeit verständlich. Die Wurzeln dieser Einstellung verweisen ferner auch auf die Zeit des deutschen Kolonialismus, wo es noch von „Afrikanerinnen" geheißen hat, sie seien „faul, dreist, heimtückisch, sie lügen und stehlen..."[498] bzw. im Jahre 1907 in der Politisch-anthropologischen Revue abgedruckt worden ist, dass die

„weit überwiegende Mehrzahl der Stämme [...] an Arbeit nicht gewöhnt und daher arbeitsscheu [ist]. Tritt dann einmal Hungersnot ein, so trifft sie den Neger völlig unvorbereitet. Denn nie baut er mehr, als bis zur nächsten Ernte unbedingt nötig ist. Er beruhigt sich in dem Gefühle seiner Ohnmacht, statt auf Verbesserung zu sinnen, und wenn die Not kommt, vegetiert er geduldig weiter."[499]

Ebenso wurde in Kindergedichten Anfang des letzten Jahrhunderts der Gegensatz von Weiß (= arbeitsam) und Schwarz (= faul) herausgestellt:

Teil eines Kindergedichtes von 1919:

„Als unsere Kolonien vor Jahren
noch unentdeckt und schutzlos waren
schuf dort dem Volk an jedem Tage
die Langeweile große Plage
denn von Natur ist nichts wohl träger
als so ein faultierhafter Neger.
Dort hat die Faulheit, das steht fest
gewütet fast wie die Pest. [...]"[500]

---

496 Wendorff, Die Zeit 142 (Kursiv wie Original).
497 Moser, Jeder, der will, kann arbeiten 37.
498 Mamozai, Frauen und Kolonialismus 134.
499 Politisch-anthropologische Revue. Monatsschrift für das soziale und geistige Leben der Völker. 5. Jahrgang, Leipzig 1906/07, S. 179.
500 Mergner, „Unser Nationales Erbe" 150.

Selbst die eingeschränkte Arbeitsfähigkeit der europäischen Kolonisten, die, bedingt durch die für sie ungewohnten klimatischen Bedingungen, zu einem reduzierten Arbeitsoutput geführt hat, „wurde [...] dem ‚faulen Neger' angelastet."[501] Und noch in Erdkundeschulbüchern in den 1990er Jahren sind, mittels Fotos und Bildlegenden, Schwarze in einer Art und Weise dargestellt worden, mit denen die „Vorstellung des passiven, faulen Afrikaners"[502] bestätigt worden ist. Nach diesen Vorgaben handelt es sich bei „Afrikanern" somit um Menschen, die einen Hang zur Faulheit aufweisen, und deren „‚Arbeitsunlust' nur durch ‚Zwang und Bevormundung' überwunden werden können".[503] Denn „[o]hne Zwang aber, mag dieser nun so oder so organisiert sein, arbeitet der Neger nicht"[504], weshalb sie die „Wut der Zivilisierten auf deren angeblich faule Unmittelbarkeit"[505] entfachen.

Weil Arbeit als elementarer Bestandteil unseres Lebens verstanden wird und ihr deshalb ein so hoher Wert innewohnt, fungiert die Vorstellung von der „moralischen Pflicht", die „Zeit" zu nutzen, auch als Movens für das Verhalten der Reisenden, wobei diese Auffassung auch von den Bereisten erwartet wird. Doch hat der Ethnologe Kurt Beck in seinem Beitrag „Die kulturelle Dimension der Arbeit" darauf hingewiesen, dass es für Europäer schwierig sei „zu bestimmen, was in einem konkreten Fall unter dem Begriff Arbeit zu fassen ist, schon gar nicht in einer fremden Gesellschaft. Hier existieren gewisse konzeptuelle und Wahrnehmungsprobleme."[506] Warum Kasesen „einfach nur im Schatten von Bäumen oder Häusern herumliegen" (Rb 17) oder „malische Männer das malische Wetter nur liegend und Tee trinkend aushalten" (Rb 2) ist „situativ schwer zu entscheiden und nur im sozialen Kontext zu begreifen."[507] Aus der bloßen Situation des „Nichtstuns" oder des „Liegens" allein, ist nicht seriös zu beurteilen, ob es sich um Nicht-Arbeit oder doch um Arbeit (z.B. dem Hüten von weiter entfernt liegenden Herden) handelt.

> „Wenn sich ein Bauer in Nordkordofan[508] auch nicht an der Uhrzeit orientiert, so hat er doch eine klare Vorstellung davon, wann es richtig ist, am Morgen auf sein Feld zu gehen und auch eine genaue Vorstellung davon, an welchen Tagen nicht gearbeitet werden soll."[509]

Die Äußerungen der Reisenden zum „Nichtstun" der Bereisten sind deshalb problematisch und zugleich oberflächlich, da sie keinen Zusammenhang herstellen innerhalb dessen Arbeit oder Nicht-Arbeit stattfindet. An dieser Stelle

---

[501] Eißenberger, Entführt, verspottet und gestorben 18.

[502] Poenicke, Afrika in deutschen Medien und Schulbüchern 30.

[503] Schubert, Der schwarze Fremde 114.

[504] Rohrbach. Zit. in: El-Tayeb, Schwarze Deutsche 79.

[505] Hund, Rassismus 66.

[506] Beck, Die kulturelle Dimension der Arbeit 157.

[507] Beck, Die kulturelle Dimension der Arbeit 157.

[508] Gemeint sind mehrere arabische Hirtenvölker, die in der Sahelzone der Provinz Nordkordofan in der Republik Sudan leben. In: Beck, Die kulturelle Dimension der Arbeit 159.

[509] Beck, Die kulturelle Dimension der Arbeit 164.

wird die europäische Sicht von Arbeit erkennbar, die von Indikatoren wie Tätigkeit, der zeitlichen und räumlichen Trennung von Freizeit und Arbeitszeit, von fixen Arbeitszeiten und von Arbeitskleidung ausgeht. Sind diese Hinweise nicht gegeben, läuft man Gefahr, zu falschen Beurteilungen zu kommen.

Neben der differierenden kulturell überformten Zeitauffassung, der ökonomischen Vorstellung von der Knappheit der „Zeit" und der arbeitsorientierten „Zeit"-Nutzung, sind die pejorativen Formulierungen der Reisenden auch der Tatsache der Begrenztheit des Lebens geschuldet, aus der die Sorge erwächst, in diesem endlichen Leben, „auf dem Markt multipler Optionen in unserer Gegenwartsgesellschaft"[510] etwas zu verpassen:

> „War einstmals die Dauer der Welt, von ihrer Erschaffung bis zu ihrem Untergang im Letzten Gericht, die Zeiteinheit, mit der die Menschen rechneten, so wird am Beginn der Neuzeit die Dauer des Lebens von der Geburt bis zum Tod zur bestimmenden Zeiteinheit. Was der Mensch jetzt belangreich findet, ist seine eigene Verweildauer *in der Zeit*. Der mittelalterliche Mensch war seiner eigenen Anteilhabe an der verbleibenden Zeit der alt gewordenen Welt über seinen Tod hinaus sicher. Er musste nicht fürchten, etwas zu versäumen."[511]

Die Vorstellung von der Endlichkeit des Lebens veränderte die genuin christlichen Konzeptionen der Ewigkeit als Ursprung und Ziel des Lebens.[512] Das führte zu einem selbstauferlegten Zwang, „jeden Tag, als ob er der letzte wäre, zu durchleben"[513], weil die

> „aufs Jenseits gerichteten falschen Konsumversprechungen [...] gegenüber den Einsichten der modernen Wissenschaft und den konkret hiesigen Konsumangeboten moderner Gesellschaften nicht mehr so richtig stand[halten]. Da aber die erfahrenen Mängel und Entbehrungen dieser Welt sich nicht mehr in eine jenseitige Welt abbiegen lassen, müssen dafür entsprechende irdische Blitzableiter gefunden werden."[514]

Das bedeutete: „Nachdem dem Menschen die Jenseitshoffnung abhanden kam, richtete er sich auf die Diesseitshoffnung ein"[515], was zu einer Fokussierung auf die kurze Lebenszeit, als einzige Gelegenheit, in der sich die Verlustangst ins Unerträgliche steigert,[516] führte. Einherging das „allmächtige Verfügen-Wollen über Zeit"[517], die „Ich-Verwirklichung jedes Einzelnen im Hier

---

[510] Hitzler, Eventisierung 17.

[511] Gronemeyer, Das Leben als letzte Gelegenheit 119 (Kursiv wie Original).

[512] Gloy, Philosophiegeschichte der Zeit 100.

[513] Kaiser Marc Aurel, Wege 173.

[514] Jäger, Rassismus und Rechtsextremismus 22. In: http://library.fes.de/fulltext/asfo/01014001. htm (01.07.2012).

[515] Gronemeyer, Das Leben als letzte Gelegenheit 37.

[516] Gronemeyer, Das Leben als letzte Gelegenheit 37.

[517] Jeggle, Ordnungsvorstellungen 93.

und Jetzt"[518], mit der durch Schnelligkeit wettgemacht werden sollte, was dem Leben an Länge abgeht.[519]

> „Die Kluft zwischen Lebenszeit und Weltmöglichkeit ist so tief beunruhigend, dass [der Mensch] darüber in Panik zu geraten droht. Angesichts des Überangebots der Welt erfährt er seine Zeitknappheit erst recht quälend und die Angst, das Meiste, das Wichtigste oder das Beste zu versäumen, wird zum peinigenden Grundgefühl des Lebens. Von immer mehr Weltdingen wird seine Begehrlichkeit angestachelt, immer mehr Möglichkeiten sind in der Reichweite seines Zugriffs und immer ungünstiger gestaltet sich die Bilanz zwischen den ergriffenen und den versäumten Gelegenheiten.[520]

Relevant ist dann nur die Gegenwart als „Zentrum in der Zeit"[521] und ihre zum Zwang ausartende Nutzung durch unverzügliche Bedürfnisbefriedigung,[522] in der die zur Verfügung stehenden Optionen rationell und verzögerungsfrei ergriffen und erlebt werden müssen.

> „Weil die Lebensdauer des Menschen beschränkt, weil er sterblich ist, muß er die Entfernung im Raum und das Säumen der Zeit besiegen. Für einen Gott, dessen Dasein unsterblich ist, hätte das Automobil keinen Sinn."[523]

Die Gegenwart mit ihrer „Genieße-Jetzt-Mentalität"[524] hat sich als *die* dominante Größe aus dem „Verbund der übrigen Zeiten"[525] (der Historie und des Jenseitsgedankens) gelöst und ist unter die Vorherrschaft des Zeitregimes geraten; und mit ihr, die in dieser Zeit Lebenden.

> „Wohlstandsbürger in westlichen Konsumgesellschaften leben wie in einer ‚Verpaß-Kultur': Sie neigen zu sofortiger Bedürfnisbefriedigung. Ihre Ungeduld wächst. Sie kennen keinen längeren Schwebezustand zwischen Wunsch und Erfüllung mehr."[526]

Deshalb wird von den Reisenden aufgrund der Endlichkeit der „Zeit" jede zeitliche Verzögerung die der knappen (Lebens-)Zeit mit ihren Zeitnutzungsvorstellungen im Wege steht, als störend empfunden und führt zu Konfliktsituationen die in sprachlichen Diskriminierungen münden. Dieser Lebens-Zeit-Optimierungs-Zwang, dessen sich die Reisenden vermutlich nicht einmal bewusst sind, weil er als „Instant-Konsum"[527] fest etablierter Bestandteil

---

518 Gruner, Die egolose Gesellschaft 91.
519 Gronemeyer, Das Leben als letzte Gelegenheit 133.
520 Gronemeyer, Das Leben als letzte Gelegenheit 132f.
521 Wendorff, Die Zeit 169.
522 Opaschowsi, Verwöhnt, gelangweilt und erlebnishungrig? 206.
523 Ortega, Der Aufstand der Massen 35.
524 Opaschowsi, Verwöhnt, gelangweilt und erlebnishungrig? 206.
525 Hennig et al, Jetzt und dann 11.
526 Opaschowsi, Verwöhnt, gelangweilt und erlebnishungrig? 206.
527 Opaschowsi, Verwöhnt, gelangweilt und erlebnishungrig? 206.

unseres Alltags ist, findet seinen unreflektierten Ausfluss in der Interpretation der Gegensätze der zeitlichen Ordnungssysteme von Zeitverschwendung und Zeitnutzung. Dabei ziehen die Reisenden nicht einmal in Erwägung, sie selbst könnten sich im Lebenstempo irren, wie das schon der deutsche Philosoph Friedrich Nietzsche (1844-1900) reklamierte. Nietzsche hatte „das Denken ‚mit der Uhr in der Hand' und die damit einhergehende ‚Geistlosigkeit' gegeißelt",[528] wie auch den Verlust der „kontemplativen ‚Freude' beklagt und schließlich diese moderne Arbeits- und Freizeit- bzw. Erholungskultur kontrastiert [...] mit den antiken Vorzügen von ‚otium und bellum'".[529]

> „Zum Zeichen dafür, daß die Schätzung des beschaulichen Lebens abgenommen hat, wetteifern die Gelehrten jetzt mit den tätigen Menschen in einer Art von hastigem Genusse, so daß sie also diese Art zu genießen höher zu schätzen scheinen als die, welche ihnen eigentlich zukommt und welche in der Tat viel mehr Genuß ist."[530]

Für die Reisenden scheint jedoch das europäische Zeitverständnis die richtige Maxime, der richtige Taktgeber zu sein, weil nach ihren Vorstellungen die Ruhelosen mehr gelten als Menschen mit „Geduld, Gelassenheit und Langsamkeit"[531]. Die Formulierungen sind in diesem Sinn Indikatoren für Einstellungen gegenüber Menschen mit „unendlicher Geduld" (Rb 12) oder „saublöder Gelassenheit" (Rb 13), die mit den Mitteln der „Dominanzkultur"[532] – hier durch die sprachliche Diskriminierung anderer Zeitauffassungen – zum Ausdruck gebracht werden.

Ergänzende Schlussbemerkungen

a) Anstelle die Einzelfallsituationen kontextbezogen zu würdigen, stufen die Reisenden die „Afrikaner" in toto, als Menschen die „Zeit" haben und ineffizient mit ihr umgehen, ein; denn eine differenzierte Betrachtungsweise in Bezug auf kulturell unterschiedliche Zeitkonzepte findet sich in keinem der Reiseberichte. Zwar könnten die Reisenden gegen diese Behauptung einwenden, sie wüssten wohl, dass es auch in Deutschland Menschen gäbe, deren Zeitnutzungsgrad schwach ausgeprägt sei. Doch ist dazu anzumerken, dass dieses Argument üblicherweise individualisiert wird oder sich auf bestimmte Berufszweige bzw. Landstriche reduziert, und nicht auf alle Deutschen oder gar Europäer verallgemeinert wird, weshalb letztlich doch eine asymmetrische Verwendung der Diskriminierungsvariante „Zeit" gegeben ist. Wenn nun aber die Reisenden, aus einer komplexen, organisatorisch eng verzahnten Industrie-

---

528 Auch für Ortega y Gasset ist die „physikalische Zeit [...] das schlechthin Geistlose in der Welt". Ortega, Der Aufstand der Massen 35.
529 Fuest, Poetik des Nicht(s)tuns 201.
530 Nietzsche, Menschliches, Allzumenschliches Bd. 1, Nr. 284, S. 229.
531 Nietzsche, Menschliches, Allzumenschliches Bd. 1, Nr. 284, S. 230.
532 Foitzik et al, Ein Herrenvolk von Untertanen 24.

gesellschaft kommend, in der in hohem Maße die Zeitstruktur „geradlinig-einsinnig"[533] gerichtet ist, und in der die Zeit rigide geplant und sequenziert wird, auf Gesellschaften mit geringerer oder anderer Komplexität treffen, führt dies, wie die Beispiele zeigen, zu Verständnisproblemen. Die Situation, dass „a society so complex as ours probably could not function without relatively rigid time scheduling"[534], besteht eben nicht in der gleichen Form in allen bereisten afrikanischen Ländern. Andere Zeitauffassungen bedeuten aber nicht automatisch den unkontrollierten, arbiträren Umgang mit „Zeit", sondern sind Alternativen zur Strukturierung täglich stattfindender kultureller Äußerungen. Diese Tatsache wird von den Reisenden ignoriert oder gar nicht wahrgenommen. Vielmehr legen sie das aus der europäischen Systemstruktur resultierende Zeitregime auch bei ihren Interaktionssituationen als Beurteilungmaßstab zugrunde. Dabei zeigt sich, dass Zeitvorstellungen und Zeiteffizienzauffassungen, also die kulturell determinierten Zeiterfahrungen, die beim Zusammentreffen von Kommunikationspartnern aufeinandertreffen, nicht kompatibel sind. Doch anstelle die Problematik zu erkennen, zu akzeptieren, sich damit seriös auseinanderzusetzen oder sie gar als Alternative zum eigenen Zeitregime zu sehen, finden die Zeitdiskrepanzen einen abwertenden, diskriminierenden Widerhall in den Reiseberichten, der sich vor allem in der Ineffizienz der Zeitnutzung (Langsamkeit, Unpünktlichkeit) niederschlägt. Hier trifft zu, was der marxistische Philosoph Ernst Bloch (1885-1977) im Abschnitt „Zeitraffer, Zeitlupe und der Raum" in einem kurzen Satz so prägnant ausgedrückt hat: „Kurz oder lang, das scheidet viel."[535]

b) Der dem Kapitalismus systemimmanente „Zeit"-Druck führt bei den Reisenden zum einen zu einer Verpassensangst, etwas nicht zu sehen oder zu erleben; und zum anderen zu dem Wunsch bzw. der Forderung, die Urlaubs-Zeit rigoros nutzen zu können. Es zeigt sich das Ergebnis

> „eines sich in der Neuzeit entwickelnden kulturellen Programms, das darin besteht, durch beschleunigte ‚Auskostung von Weltoptionen' – d. h. durch Steigerung der Erlebnisrate – das je eigene Leben erfüllter und erlebnisreicher zu machen und eben dadurch ein ‚gutes Leben' zu realisieren."[536]

Die Reisenden handeln, indem sie sich negativ über andere Zeitvorstellungen äußern, ganz im Sinne einer modernen „„Disziplinargesellschaft' [die] ihre disziplinierende und disponierende Kraft ganz wesentlich über die Etablierung und Internalisierung von Zeitstrukturen entfaltet."[537] Aus dieser Tatsache heraus sind die Formulierungen zum „afrikanischen" Umgang mit der Zeit (unendliche Geduld, Gleichgültigkeit, Wartezeiten, Schneckentempo [Rb 10,

---

[533] Gloy, Zeit I, S. 506.
[534] Parsons, The Social System 302.
[535] Bloch, Ästhetik des Vor-Scheins 2, S. 141.
[536] Rosa, Beschleunigung 218.
[537] Rosa, Beschleunigung 30.

12, 13, 18, 20, 24, 26, 29, 32, 35, 41, 45]) nachzuvollziehen, wenngleich nicht zu billigen.

c) Vergleicht man die Formulierungen in den Reiseberichten in Bezug auf „Faulheit" (Rb 17) und „Nichtstun" (Rb 2, 39) mit den wenigen Beispielen aus der Kolonialzeit, dann zeigt sich – wider der Möglichkeit besseren Wissens –, dass nach wie vor bei der Beurteilung fremder Situationen „a priori-Überzeugungen so eindeutigen und beherrschenden Einfluss haben."[538] Jeder der Reisenden hätte sich bemühen können, sich zu informieren, warum gerade nicht gearbeitet wurde, anstelle nur „en passant" vorschnell zu urteilen und zu diskriminieren. Auch wenn man eine ausführliche Auseinandersetzung mit der historischen Entwicklung des Begriffs „Arbeit" und dessen variierender Wertschätzung von der Antike bis in die Jetztzeit von den Reisenden nicht erwarten kann und braucht, so muss doch darauf hingewiesen werden, dass zumindest der Gedanke hätte aufkommen können, es gäbe neben dem europäischen Diktat der Arbeit nach der Uhr, auch alternativ eine Arbeitszeit die sich an der Natur orientiert.

> „[I]n manchen Kulturen [wird] das gesamte Leben durch den Kalender und in anderen durch ‚natürliche' Ereignisse wie Geburt und Tod, Ernte, Siege usw. bestimmt [...]. Innerhalb der ‚Kalender-Kulturen' gibt es wiederum beträchtliche Unterschiede: Unsere Kultur kennt z.B. das zyklische Motiv kaum, bestenfalls in der Woche, während sich Monate und Jahre in einem endlosen System aneinanderreihen."[539]

Das Leben in Teilen von Zentralafrika ist von den Jahreszeiten bestimmt und die Menschen dort verlassen sich noch immer auf die Abläufe in der Natur.[540] Ähnliches gilt zum Beispiel für die Nuer „deren Kalender auf den jahreszeitlichen Veränderungen in ihrer Umgebung aufbaut."[541] Damit soll nur gesagt werden, dass die Reisenden undifferenziert von „Nichtstun", „herumliegen" oder „0-Bock" sprechen, ohne sich der Mühe einer Kontextbetrachtung zu unterziehen. Zwar werden Situationen geschildert, wie sie sich den Reisenden unverstellt darbieten, aber es mangelt an sachgerechter Beschreibung. Natürlich können von den Reisenden nicht alle denkbaren Ursachen des „Nichtstuns" ins Kalkül gezogen werden, aber ein gewisser Kausalitätsgedanke hätte, zumindest von den akademisch Ausgebildeten, erwartet werden können. Da dieser aber ausbleibt oder negiert wird, muss eine bewusste Diskriminierungsabsicht angenommen werden. Ihr europäischer Blickwinkel, mit der Normsetzung, was Arbeit ist und was nicht, führt sie vorschnell zu „begrifflichen Gegensätzen von Fleiß und Faulheit wie von Mühe und Müßiggang".[542]

---

[538] Gould, Der falsch vermessene Mensch 117.
[539] Kasakos, Zeitperspektive 50.
[540] Levine, Eine Landkarte der Zeit 129.
[541] Levine, Eine Landkarte der Zeit 135.
[542] Hund, Rassismus 64.

d) Zusammenfassend lässt sich festhalten, dass die Reisenden kein Verständnis für andere Zeitvorstellungen aufbringen; sie diskriminieren vielmehr jene ohne Berücksichtigung möglicher Ursachen. Dass „[j]ede Kultur ihre eigenen, einmaligen Fingerabdrücke"[543] aufweist, jeder mit der „Zeit" „gestaltend, wissend und wissend gestaltend"[544] umgeht und dass „fremde" Handlungszeiten[545] nicht mit „eigenen" Handlungszeiten, ohne kontextuale Berücksichtigung verglichen werden dürfen, ist zu wenig bedacht worden. Zum anderen sind sie selbst Opfer ihres Zeitdiktats und der daraus resultierenden Getriebenheit, die sich im Wunsch einer Maximierung von Begegnungen, Sehenswürdigkeiten und Eindrücken zeigt. Dass „Gigantisches jedenfalls [...] nicht das genuine Teil der Tiefe"[546] ist, weil Genuss auch im temporären Verzicht liegen kann bzw. die Reduktion per se und nicht die Jagd nach einem „immer mehr" einen höheren substanziellen Wert in sich tragen kann; dieser Gedanke scheint den Reiseakteuren fremd gewesen zu sein. Zwar lassen die Reisenden bei flüchtiger Betrachtung, aufgrund ihres grundsätzlichen Interesses an fremden Kulturen und ihrer Weitgereistheit, einen polyglotten Eindruck entstehen, doch bei genauerer Sicht entsprechen sie eher dem, was Marianne Gronemeyer für den modernen Menschen feststellt:

> „Der moderne Mensch ist *weltläufig*, nicht so sehr in der souveränen Attitüde des Kosmopoliten, sondern eher nach Art der Getriebenheit der brünstigen Hündin. Er hofft, sein Welthunger könne durch immer mehr Nahrungszufuhr gestillt werden, und er könne dann alt, beruhigt und weltsatt sterben. Er betreibt seine Weltkontakte wie ein Trophäensammler."[547]

---

[543] Rifkin. Zit. in: Levine, Eine Landkarte der Zeit 15.

[544] Herms, Zeit V, S. 533.

[545] Handlungszeit ist intersubjektiv. Sie setzt „das Zusammenwirken mehrerer voraus, einer sozialen Gruppe oder einer staatlichen Gemeinschaft. Sie kommt überall dort zum Tragen, wo es um Verabredung und Durchführung gemeinschaftlicher Aufgaben besteht". In: Gloy, Zeit I, S 509.

[546] Bloch, Ästhetik des Vor-Scheins 2, S. 144.

[547] Gronemeyer, Das Leben als letzte Gelegenheit 133f (Kursiv wie Original).

4. Schlußbemerkungen

4.1 Bilder aus der Vergangenheit

Stereotypen fallen nicht vom Himmel, schreibt Gottfried Mergner[548] und das hat sich auch in den Reiseberichtformulierungen gezeigt, wo sich die „koloniale Darstellungsstruktur [als] weitgehend ungebrochen"[549] herausgestellt hat. Durch die entsprechenden Ordnungspunkte konnten Parallelen aufgezeigt werden, die sich zwischen den damaligen Präsentationen in Bildern, Filmen und Völkerschauen und den diskriminierenden Formulierungen in den Reiseberichten ergeben haben. Romane, populärwissenschaftliche Bücher, Jugendliteratur, Beiträge in Kolonialzeitschriften und Karikaturen trugen zusätzlich zu den visuellen Bildern bei, die Vorstellung vom „Afrikaner" zu formen, was sich schließlich zu einem System ausbildete.[550]

> „Durch die Vervielfältigung des primären Kontrastbildes erscheint nun ein Komplex aus aufeinander verweisenden Bildern, die als bestimmte Perspektiven der Wirklichkeit aufgefaßt werden. Die Multiperspektive des Bildkomplexes hat Systemcharakter [...]. Es handelt sich um ein ‚pattern of stereotypes'.‚a set of relevant variables'".[551]

Zusammen stellten sie *die* Diskursfragmente dar, die sich zu einzelnen Diskurssträngen ausbildeten aus denen sich der Gesamtdiskurs ausformte und der geprägt war von Macht und Begehrlichkeiten, die sich in Inklusions- und Exklusionssystemen, inneren Prozeduren und doktrinären Vorgaben zeigten. Bei letzterem kam es zu einer zweifachen Unterwerfung unter den forcierten Diskurs derjenigen, die die Deutungsmacht innehatten. Denn zum einen wurden die Medien (vor allem in der NS-Zeit) als sprechende Subjekte zur Gleichschaltung gezwungen und zum anderen wurde der Diskursinhalt selbst den Machtinteressen unterworfen. Zu diesem gehörten Verbote, die gegen andere „Rassen" gerichtet waren, soziale Kategorien, die auf natürliche Faktoren reduziert wurden, sowie das als wahr darzustellen, was aufgrund des politischen, kolonialen und nationalsozialistischen Weltbildes dem Machterhalt und der Dominanz der „weißen (arischen) Rasse" diente. Am Laufen wurde der Diskurs gehalten, weil systemkonforme Primärtexte immer wieder in neu-

---

[548] Mergner, „Unser Nationales Erbe" 151.
[549] Poenicke, Afrika in deutschen Medien und Schulbüchern 7.
[550] Allerdings hat Robert Miles darauf hingewiesen, dass „Rassismus ebenso im Format fragmentarischer Bilder und diffuser Konzepte vom ethnisch Anderen zu Tage treten kann." In: Scherschel, Rassismus als flexible symbolische Ressource 58.
[551] Bleicher, Thomas. Zit. in: Zanella, Kolonialismus in Bildern 76 (Kursiv wie Original).

en Diskursfragmenten aufgegriffen wurden, wodurch dieser durch Wiederholung seine Bestätigung und Festigung erhielt. Zudem verliehen Wissenschaftler der vorherrschenden Meinung Autorität und Kompetenz und trugen dazu bei, dass „racism [as] a cultural phenomenon [...] in publicly circulating discourses"[552] erhalten blieb. Wie die pejorativen Formulierungen der Reisenden zeigen, existiert der Output der Strukturen des früheren Gesamtdiskurses noch immer, wenngleich die den Diskurs prägenden Bilder sowie die grundsätzlich rassistischen Intentionen verschwunden sind.

> „Diskurse hören nicht abrupt auf. Sie dauern an, entfalten und verändern ihre Form, indem sie nach Erklärungen für neue Umstände suchen. Sie transportieren oftmals viele derselben unbewußten Voraussetzungen und unüberprüften Annahmen in ihrem Blutkreislauf."[553]

An den Inhalten der Diskursfragmente hat sich bis jetzt wenig geändert, weil noch heute, um nur wenige Beispiele zu nennen, Schlagzeilen formuliert werden wie „Wie viel Islam verträgt Deutschland?"[554], es Autoren wie Huntington[555] oder Sarrazin[556] und Wissenschaftler wie Watson[557] gibt, und auch verbale, rassistische Ausfälle wie „Sch*** Neger"[558] keine Seltenheit darstellen.

Die Wirkung der diskriminierenden Formulierungen in den Reiseberichten ist nicht zu unterschätzen, da alle Diskursfragmente auch immer „einen Einfluss auf die sozialen Prozesse in der Gesellschaft"[559] haben. Sie beschränken sich nicht nur darauf, dass die individuellen Einstellungen der Reisenden gegenüber „Afrikanern" zum Ausdruck kommen, sondern diese pejorativen Beurteilungen beinhalten auch ein Beeinflussungspotential, das sich auf die Leser der Reiseberichte auswirkt. Das aber bedeutet zum einen ein hohes Maß an Subjektivität, da die in den Reiseberichten gebrauchten Formulierungen wenig über die Wirklichkeit der in Afrika lebenden Menschen aussagen; und zum anderen wirken sie selbstreferentiell und verstärken durch die stereotypisierenden Inhalte den eigenen Glauben und den der Rezipienten, zur überlegenen Gruppe zu gehören.[560] Ein Indikator dafür ist, dass die diskriminierenden Formulierungen in der der Reiseberichtdatei meist angefügten Kommentarmöglichkeit, zu keiner Kritik seitens der Rezipienten führten. Das gibt einen Aufschluss „über den Benutzer bzw. dessen Gruppe"[561], denn „Stereotypen, auch die Heterostereotypen, dienen in Wirklichkeit als Wegweiser hin zum

---

552 Hill, The Everyday Language of White Racism 18.
553 Hall, Rassismus und kulturelle Identität 174.
554 Schlagzeile der BILD-Zeitung vom 04.10.2010.
555 Samuel Phillips Huntington (1927-2008): Kampf der Kulturen.
556 Thilo Sarrazin: Deutschland schafft sich ab.
557 James Watson „Afrikaner haben einen niedrigeren IQ".
558 Bericht über die Passauer Maidult 2010 in der Passauer Woche: „Wie beschämend!" 12.05.2010, S. 4.
559 Plüss Siegrist, Diskriminierende Sprachformen 7.
560 Hahn/Mannová, Nationale Wahrnehmungen 23.
561 Hahn/Mannová, Nationale Wahrnehmungen 23.

Selbstbild und zur Befindlichkeit der Stereotypenbenutzer."[562] Es bestätigt sich damit die wechselseitige Affirmation und die selbstverständliche Akzeptanz, auf welcher hierarchischen Stufe Schwarze aus Sicht der Weißen zu stehen haben. Hinzu kommt, dass die diskriminierenden Formulierungen auch zur Revitalisierung und Aufrechterhaltung von Erinnerungsinhalten beitragen und damit werden „kollektive Erinnerungen nicht allein überliefert, sondern immer wieder neu konstruiert."[563] Insofern sind die Reiseakteure nicht nur subjektive Berichterstatter, sondern auch Meinungsbeeinflusser und Re-Konstrukteure von kolonialen Semantiken, Stereotypen und Vorurteilen.

Zusammenfassend lässt sich feststellen: die Diskriminierungen ähneln unter dem räumlichen (Europa vs Afrika), dem zeitlichen („Zivilisation" vs Rückständigkeit) sowie dem sozialen Gesichtspunkt (Intelligenz und Wissen vs Dümmlichkeit und Halbgebildetsein) denen, wie sie aus der Zeit des deutschen Kolonialismus bekannt sind; in ihrer hierarchischen Struktur sind sie sogar gleich geblieben. Sie stellen keine neue Variante althergebrachter Stereotypen und Vorurteile dar, sondern rekurrieren auf diese. Eine signifikante Verschiebung der Diskriminierungsrichtung von „Rasse" auf „Kultur" oder das Hinzukommen neuer, aktuellerer Diskriminierungsargumente lässt sich nicht feststellen. Vielmehr wird erneut das bemüht, mit dem schon früher „Afrikaner" diskriminiert wurden und was quasi symbolhaft für diese Menschen gilt.

Hinsichtlich der Aussagekraft der gezeigten Parallelen ist noch anzumerken, dass die aus der Textanalyse getroffenen Schlüsse, bezogen auf den ausgewerteten Textkorpus nicht nur subjektiv gewonnene Erkenntnisse sind, sondern sie stellen empirisches Wissen dar. Sie gehen damit über den Status des Meinens und Glaubens hinaus. Dieses Wissen ist aber eingeschränkt, insofern als es sich eben nur auf diesen Textkorpus bezieht und nicht auf alle verfügbaren Internet-Reiseberichte. So kann den Erkenntnissen eine gewisse Zufälligkeit nicht abgesprochen werden, denn sie sind ein Ausschnitt aus einer Gesamtmenge von Reiseberichten, die ihrerseits auch nur eine Teilmenge aller möglichen diskriminierenden Formulierungen in der Bevölkerung darstellen. Das heißt, die Aussagekraft der empirischen Erkenntnisse korreliert mit der Größe des jeweiligen Ausschnittes der ausgewählt wurde. Aufgrund dieses Sachverhalts sind die getroffenen Schlüsse eine nicht unumstößliche Erkenntnis, die im strengen Sinne Beweiskraft hätte, aber sie sind entsprechend der geschilderten Vorgehensweise insofern gerechtfertigt, als sie die Realität nicht gänzlich verfehlen.

---

562 Hahn/Mannová, Nationale Wahrnehmungen 23.
563 Förster, Postkoloniale Erinnerungslandschaften 347.

4.2 Absicht vs. Aussagen

Was lässt sich zu den im Auswertungsteil aufgeführten Beispielen anmerken? Die meisten Reiseberichte enthalten diskriminierende Formulierungen, von denen die Verfasser anscheinend überzeugt sind, sie seien gerechtfertigt, weil sie etwas so und nicht anders erkannt zu haben glauben bzw. etwas Bestimmtes der Fall sei. Es zeigt sich aber auch, dass

> „mainly due to the success of the civil rights movement, since the 1950s the old-fashioned, blatant, very direct racism has given way to a more indirect ,modern' form".[564]

Das heißt, rassische oder ethnische Diskriminierungen wurden eher in einer subtilen und verdeckten Weise formuliert und die verwendeten Begriffe klingen nicht mehr so plump wie die bis zur ersten Hälfte des 20. Jahrhunderts gebrauchten[565] (Wilde, Menschenfresser, Primitive). Doch erstreckt sich die Bandbreite auch in der moderateren Form von Ethnopaulismen, Stigmatisierungen und Verkörperungen, also von einer „Erniedrigung der Schwarzen [die] sich ausdrücklich über die Aversion gegen das Aussehen, ihren Körper vollzieht"[566] (z.B. „Sollten die 190 kg das Geld nicht annehmen, so würden uns die 189 kg in Rangeruniform den Schlagbaum öffnen" Rb 29; „korrupte Schweine" Rb 2; „Fettsack" / schmierbäuchiger Senegalese Rb 12; „Saubande" / „Nichtsnutze" Rb 35) bis zu impliziten Diskriminierungen (passim). Die Reisenden greifen bei ihren Beurteilungen stets auf die gleiche Infrastruktur der Diskriminierungsvarianten (Sexualität, Naturell, Hautfarbe, Faulheit, Intelligenz) zurück, die schon zur Zeit des deutschen Kolonialismus und in der NS-Zeit gelegt und benutzt wurde. Ihre Äußerungen stehen meist im Widerspruch zu den hehren Absichten, fremde Kulturen und Menschen *kennenzulernen*. Doch muss dazu angemerkt werden, dass sich dieser Widerspruch zwischen positiver Einstellung und negativer Beurteilung auch daraus ergeben kann, dass in der Regel von den Reiseveranstaltern mit Oppositionsbegriffen, die gerade die Differenz betonen, geworben wird (z.B. werden Reiseländer mit Fremdheit und Exotik einerseits und „westlichem Standard" andererseits vermarktet). Nur wird in der Tourismusbranche diese Differenz positiv dargestellt während sie im Kontext des Rassismus negativ konnotiert ist. Insofern besteht, was den Mechanismus und die Grenzziehung betrifft Parallelität, da sowohl der Tourismus als auch der Rassismus auf der Konstruktion von Grenzen und differierenden Kulturen basiert; so wie sich auch eine

---

[564] Graumann, Discriminatory Discourse 10.
[565] „Man nennt sie nicht mehr Wilde, sondern Wirtschaftsflüchtlinge; nicht mehr Menschenfresser, sondern Sozialschmarotzer; nicht mehr Primitive, sondern Kanaken". In: Eißenberger, Entführt, verspottet und gestorben 8.
[566] Lutz, Rassismus und Sexismus 66.

Schnittmenge von Tourismus und Rassismus durch die frühere koloniale und jetzt kapitalistische Expansion[567] in diese Länder ergibt.

Die in den Reiseberichten verwendeten euphemistischeren Termini dürfen nicht über das Vorhandensein von Wertigkeitsvorstellungen, die von „Weiß oben" und „Schwarz unten" geprägt sind, hinwegtäuschen. Das jetzt verwendete Vokabular und die Verlagerung auf implizite Diskriminierungen, sind lediglich als ein an die Zeit angepasster sprachlicher Output einzustufen, der nur kaschiert, dass die Reisenden erlebte Situationen doch so beschreiben wie sie von angelegten Strukturen geformt wurden. Das bedeutet aber, an der „Macht der Bilder"[568], an den „Bildern in den Köpfen"[569] „ändert auch die Tatsache nichts, daß sie im allgemeinen subtiler geworden sind."[570] Oder anders ausgedrückt: bei den diskriminierenden Formulierungen kommt es nicht so sehr auf deren Direktheit an, die dann als harmlos eingestuft werden könnten weil diese fehlt, sondern auf die darunter liegende Struktur. Nur Gesetze oder der Zeitgeist verhindern nämlich das radikale sprachliche Ausleben dieser stets gleichen, von unterschiedlichen Wertigkeiten ausgehenden Struktur.

> „Das Vokabular ist weniger wichtig als die Struktur. Ob der Mythos vom Patienten neu geschaffen oder der Tradition entlehnt wird, in beiden Fällen entnimmt er seinen individuellen und kollektiven Quellen [...] nur das Bildmaterial, das er verarbeitet; die Struktur aber bleibt dieselbe, und durch sie erfüllt sich die symbolische Funktion."[571]

Wie eingeschrieben die hierarchisch orientierte Struktur ist, zeigt sich auch an der Unfähigkeit der Reisenden, Distanz zum Alltag zu gewinnen. Zwar ist ein Motiv des Reisens die Distanzierung vom Alltag, und mit dieser Distanz könnte eine Strukturverschiebung zugunsten der Auflösung hierarchischer Denkschemata einhergehen. Doch wird diese Option von den Reisenden nicht genutzt; vielmehr kommt es zu einer „Fortführung dessen, für das man sich als Akteur [...] kompetent weiß"[572], nämlich um das Wissen von der Überlegenheit der Weißen gegenüber den Schwarzen. Wie stark diese hierarchische Denkweise auch im Referenzrahmen Urlaub erhalten bleibt, zeigt sich, weil die Reisenden auf ihrer Reise zwar vom Alltagsballast, der beruflichen Weisungsgebundenheit oder sonstigen hierarchie-relevanten Zwängen grundsätzlich befreit gewesen wären, aber trotzdem gegenüber Schwarzen so agieren, als wenn eine Hierarchie, nun aber gegen Schwarze, auch im Urlaub noch bestehen würde. Zwar sind sie durch ihre Reise aus dem Alltag ausgezogen „aber der Charakter dieses Auszugs ist von denselben Zwängen bestimmt, und

---

[567] Goethe, Das Erlebnis der Grenze 15f.
[568] Reiche, Macht der Bilder 10-19.
[569] Hüther, Die Macht der inneren Bilder 7-19.
[570] Poenicke, Afrika in deutschen Medien und Schulbüchern 7.
[571] Lévi-Strauss, Strukturale Anthropologie 224.
[572] Prahl, Freizeitsoziologie 111.

ehe der Tourist am Ziel seiner Wünsche ist, haben sie ihn schon wieder ein-geholt [...]."[573]

Aufgrund dieses Strukturerhalts zeigen die Reisenden auch jetzt noch Unverständnis gegenüber anderen Verhaltensformen, werden qualifizierte Urteile anhand unveränderlicher Merkmale wie ethnische Zugehörigkeit oder Hautfarbe gefällt, wird die eigene Kultur nicht infrage gestellt, die Selbstdefi-nition „Weiß" zu sein und die damit verbundenen Implikationen nicht distan-ziert-kritisch hinterfragt, erfolgt eine Begegnung mit anderen Ethnien nicht auf Augenhöhe und findet keine wirkliche Auseinandersetzung mit den bereis-ten Kulturen statt.

> „Auch heute grassiert – quasi hinter dem Rücken der angeblichen Auf-klärung – eine Ideologie der Ungleichwertigkeit. Sie ist keineswegs histo-risch überholt, sondern tritt in ‚moderaten' Formen auf, ist aber stets latent vorhanden und kann im Rahmen eskalativer Aktionsformen in-strumentalisiert werden."[574]

4.3 Bildungsstand und Aussagen

Bedauerlicherweise kann die von Hans-Werner Prahl getroffene Feststellung „Aufgeschlossenheit für Reisen läßt sich sehr gut auch am Einfluß der Schul-bildung nachweisen. [...] Bessere Schulbildung und Ausbildung machen freier und aufgeschlossener für andere Dinge"[575], in den Reiseberichten nicht bestä-tigt werden. Die Tendenz zu Verallgemeinerung, der Mangel an Empathie und Selbstreflexion, das Denken in Stereotypen und Vorurteilen, die Tren-nung in „wir" und „sie" sind sowohl bei Akademikern als auch bei Nicht-Akademikern – aber eben Weißen, die sich Schwarzen gegenüber aufgrund ihres Weißseins überlegen fühlen – gleichermaßen erkennbar. Birgit Rommel-spacher spricht deshalb nicht umsonst „von einem ‚Wohlstandschauvinis-mus', d.h. die Gewinner der gesellschaftlichen Modernisierung sind in erster Linie diejenigen, die ausgrenzen."[576] Sie bezieht sich auf eine Studie, in wel-cher sogar festgestellt wurde, dass Menschen mit niedrigerem sozioökonomi-schen Hintergrund „hoch signifikant weniger ausländerfeindlich sind als die Nicht-Benachteiligten."[577] Dass es „unter Arbeitern, die sonst als reinstes Beispiel dessen gelten konnten, was wir Masse genannt haben, Menschen von hervorragender seelischer Zucht"[578] gibt, stellt auch der Philosoph Ortega y Gasset (1883-1955) fest; wie auch Eric Voegelin „Störungen von Persönlich-keit" gerade nicht in den Unterklassen, sondern bei den „Honoratioren" ver-

---

[573] Kentler et al, Forschungsbericht 12.
[574] Heitmeyer, Deutsche Zustände, Bd. 6, S. 38.
[575] Prahl, Freizeitsoziologie 109.
[576] Rommelspacher, Rechtsextremismus und Dominanzkultur 83.
[577] Rommelspacher, Rechtsextremismus und Dominanzkultur 83.
[578] Ortega y Gasset, Der Aufstand der Massen 12.

ortet.[579] Und Heitmeyer kommt zu dem Schluss „dass rassistische und natio-
nalistische Einstellungen in breiten Teilen der Gesellschaft vorhanden sind"[580]
und Zustimmungen zu hierarchischen Konzepten „in den zentralen politischen und sozialen Bereichen der Gesellschaft entstehen und nicht an ihren
Rändern."[581]

Folgt man Eric Voegelin[582] und Ortega y Gasset, dann besteht bei Menschen mit und ohne akademischer Ausbildung in Bezug auf ihre Urteilsfähig-
keit, ihrem Geltungsanspruch und dem Mangel an historischem Wissen
Homogenität. Denn Ortegas Differenzierung folgt nicht sozialen oder Aus-
bildungsklassen, die zunehmend Pseudointellektuelle hervorbringen, sondern
orientiert sich an menschlichen Kategorien,[583] wo er zwischen Masse und
Elite unterscheidet: „Es ist haarsträubend, wenn man die verhältnismäßig
Gebildetsten über die einfachsten Tagesfragen sprechen hört. Sie wirken wie
grobe Bauern [...]"[584]. Das deckt sich auch mit der Auffassung Stefan Zweigs,
der überzeugt war,

> „daß man ein ausgezeichneter Philosoph, Historiker, Philologe, Jurist und
> was immer werden kann, ohne je eine Universität oder sogar ein Gymna-
> sium besucht zu haben."[585]

Dabei verhindere gerade historisches Wissen, „daß die naiven Irrtümer früherer Zeiten wiederbegangen werden"[586]; eine Bedingung, die aber von den
Reisenden nur akzidenziell erfüllt wird. Für Ortega y Gasset ist der „heutige
Wissenschaftler das Urbild des Massenmenschen"[587], weil er als Spezialist auf
seinem Gebiet vortrefflich zu Hause ist, aber ansonsten wenig Ahnung von
dem Rest besitzt.[588]

> „Er ist nicht gebildet, denn er kümmert sich um nichts, was nicht in sein
> Fach schlägt; aber er ist auch nicht ungebildet, denn er ist ein Mann der
> Wissenschaft und weiß in seinem Weltausschnitt glänzend Bescheid. Wir
> werden ihn einen gelehrten Ignoranten nennen müssen [...]."[589]

Eric Voegelin spricht, Robert Musil zitierend, sogar von intelligenter Dummheit,[590] zu der eben auch die Überheblichkeit der Weißen gegenüber den
Schwarzen zählt.

---

579 Voegelin, Hitler und die Deutschen 141.
580 Scherschel, Rassismus als flexible symbolische Ressource 25.
581 Scherschel, Rassismus als flexible symbolische Ressource 25.
582 Voegelin, Hitler und die Deutschen 79, 87-90.
583 Ortega y Gasset, Der Aufstand der Massen 12.
584 Ortega y Gasset, Der Aufstand der Massen 88.
585 Zweig, Die Welt von Gestern 118.
586 Ortega y Gasset, Der Aufstand der Massen 88.
587 Ortega y Gasset, Der Aufstand der Massen 107.
588 Ortega y Gasset, Der Aufstand der Massen 110.
589 Ortega y Gasset, Der Aufstand der Massen 110.
590 Voegelin, Hitler und die Deutschen 100.

„Diese höhere Dummheit ist die eigentliche Bildungskrankheit (aber um einem Mißverständnis entgegenzutreten, sie bedeutet Unbildung, Fehlbildung, falsch zustande gekommene Bildung, Mißverhältnis zwischen Stoff und Kraft der Bildung) [...] und sie zu beschreiben ist beinahe eine unendliche Aufgabe."[591]

Für die Frage, ob das Diskriminierungspotential zwischen Akademikern und Nicht-Akademikern differiert, sind diese Feststellungen insofern bedeutsam, weil sie eine Erklärung dafür liefern, warum in den Reiseberichten Gemeinplätze, Rassismen, Vorurteile und Stereotypen, unabhängig vom Ausbildungsstand, gleichermaßen bedient werden. Auch die Akademiker nutzen nicht die Möglichkeit, sich mit dem für jedermann zugänglichen Wissen über die bereisten Länder ausreichend auszustatten um fundiert differenzieren und kontextualisieren zu können. Hinzu kommt ein weiterer, von der schulischen Ausbildung unabhängiger Faktor. Wenn Menschen sich lange Fernreisen leisten können, müssen sie monetär gut ausgestattet sein, unabhängig, ob sie nun Akademiker oder Nicht-Akademiker sind. Das heißt, das von der Ausbildung heterogene aber von der Diskriminierungsbereitschaft homogene Urlaubsklientel, ist unter dem Gesichtspunkt der zur Verfügung stehenden Geldmenge, die für Reisen ausgegeben werden kann, ebenfalls homogen, weshalb sich auch deshalb vermutlich beim Diskriminierungspotential kein Unterschied zeigt.

Unabhängig von diesen Aspekten lässt sich nach dem Ethnologen Matthias Samuel Laubscher ganz allgemein festhalten, dass letztlich all dies auf einem uns Europäern eingewurzelten Überlegenheitsgefühls beruht, das gepaart ist mit dem Missionsgedanken bzw. mit der Vorstellung, wir hätten die Aufgabe, die restliche Menschheit mit unseren Lebensmaximen zu beglücken, sei dies Christentum, Wirtschaft, Technik, Sport, Freizeitgestaltung, im Sinne von „American Way of Life", oder der NS-Variante „am deutschen Wesen soll die Welt genesen". Auch wenn die Wortwahl sich verschoben hat, ist doch die Einstellung geblieben.[592] Und das bedeutet, dass die ganz zu Anfang zitierte Horazsche Feststellung „Coelum, non animum, mutant, qui trans mare currunt" nach wie vor Gültigkeit besitzt, weil das inkorporierte Überlegenheitsgefühl es den Reisenden schwer macht, das zu realisieren was Seneca (1-65) forderte, nämlich Animum debes mutare, non caelum.[593]

---

[591] Musil. Zit. in: Voegelin, Hitler und die Deutschen 101.
[592] Gespräch mit Professor Laubscher am 24.06.2011.
[593] Deine Geisteshaltung musst du ändern, nicht das Klima! Seneca, Annaeus, Epistulae morales ad Lucilium. Liber III, Epistula XXVIII 44-47.

4.4 Beurteilungsperspektiven

Fasst man die diversen pejorativen Formulierungen summarisch zusammen, kann unter Einbezug des historischen Bildinputs, zwischen verschiedenen Blickwinkeln, aus denen die Reiseakteure die Bereisten betrachten, unterschieden werden. Allen Perspektiven gemeinsam ist die Dichotomie von Schwarz und Weiß mit seiner ihr innewohnenden distinkten Qualität.

Hierarchische Perspektive: Die Sichtweise der Reisenden gegenüber den People of Color ist von Vorstellungen geprägt, unter die sich die Begriffe unzivilisiert, wild, rückständig, kindlich, unintelligent und seelenlos subsumieren lassen, weshalb letztere als zu Recht hierarchisch tieferstehend anzusehen sind.

Da im Kontext von Hierarchien groß geworden (Rommelspacher), haben die Reisenden keine Veranlassung dieses Oben-Unten-Verhältnis im Urlaub abzulegen oder gar moralische Erwägungen über die Unrichtigkeit ihrer Betrachtungsweise anzustellen. Jeder Mensch „ist an ein Set kulturell imprägnierter Wahrnehmungs- und Deutungsweisen (,belief systems') gebunden"[594] und dieses ist bei den Reisenden von hierarchischen Vorstellungen zwischen Schwarz und Weiß durchdrungen. Natürlich interpretiert jeder Mensch die sozialisierten Deutungsmuster unterschiedlich. Dabei darf jedoch die Macht eines tradierten Gesamtdiskurses über Schwarze und Weiße nicht hoch genug und die differierende Persönlichkeitsausstattung, die eigenes unabhängiges Wahrnehmen und Handeln hervorbringen könnte, nicht überbewertet werden.[595] Wie ausgeprägt die Hierarchievorstellungen bei den Reisenden sind, zeigt sich dadurch, indem sofort hierarchisch begründete Dominanz demonstriert wird, wenn sich im interkulturellen Dialog das Oben-Unten-Verhältnis, aufgrund von beispielsweise Polizei- oder Passkontrollen zugunsten Schwarzer, temporär verschiebt. Die Reaktion darauf ist entweder eine Formulierung wie „Mann, wie ticken die hier eigentlich" (Rb 35) oder, indem ein vertrautes „Du", wie das gegenüber Kindern üblich ist, im Gespräch mit Erwachsenen, aber eben „Afrikanern" verwendet wird („Verstehst du das?" Rb 41; die „Jungs hier im Kongo" Rb 10 [gemeint waren Polizisten, Zollbeamte]). Das Recht auf Dominanz aufgrund ihres „Weißseins" ist für die Reisenden in diesen und ähnlichen Situationen offensichtlich keine Frage, sondern die schwarze Fremd- und weiße Selbstwahrnehmung stellen für sie fixe, unverrückbare Größen dar.

---

[594] Neitzel/Welzer, Soldaten 23.

[595] Das Realexperiment „Nationalsozialismus" zeigte, wie schwach Differenzen in der Persönlichkeitsausstattung wirken. Es „reduziert die Bedeutung von Persönlichkeitsvariablen nicht auf null, sie misst ihr nur einen vergleichsweise geringen, oft sogar unerheblichen Stellenwert bei." In: Neitzel/Welzer, Soldaten 46.

Kulturtransferperspektive: Obwohl bei Individualreisen die Möglichkeit meist größer ist als bei vorkonfektionierten Gruppenreisen, Kontakte zur einheimischen Bevölkerung zu knüpfen, ist die Nutzung dieser Gelegenheit aus den Reiseberichten nicht zu erkennen. Die Option, sich mit der Lebensweise der Bereisten auseinanderzusetzen oder diese gar temporär zu adaptieren wird von den Reiseakteuren nicht wahrgenommen. Im Wesentlichen bleiben die Kontakte selbstbezogen und beschränken sich auf nichtssagende Kommunikation, bei der ein fruchtbarer interkultureller Kontakt im Sinne eines gegenseitigen Verstehens nicht zustande kommt. Offensichtlich ist es den Reisenden ein primordiales Anliegen, die für Europäer als typisch unterstellten Verhaltensweisen (Pünktlichkeit, Lebensrhythmus, Organisation) zu verteidigen („Diese Art von Ordnung würde eher nach Deutschland passen Rb 42) oder den Bereisten gar aufzuzwingen; sowie sie sich auch gegenüber deren Lebensalternativen abschotten, weil Zivilisation nur durch Weiße geschaffen werden kann („…verlassen Südafrika und damit die Zivilisation" Rb 2). Die Gelegenheit „den Aufenthalt unter fremden Völkern als Lernprozess für sich zu nutzen"[596] wird nicht ergriffen, denn wolle man etwas „Ordentliches erleben" musste man ein von Weißen geführtes Lokal aufsuchen („Ein Schweizer Paar hat hier eine Idylle geschaffen" Rb 2).

Die Überlegung, das Hindernis zu einem interkulturellen Austausch – den viele Reisende im Grunde anstreben – könnten die eigenen Vorurteile und Stereotypen sein, ist aus keinem Reisebericht zu erkennen, obwohl gerade die Negation ihrer Negativismen die Voraussetzung gewesen wäre, Menschen auf Augenhöhe zu begegnen. Wolf-Dieter Narr hat festgestellt:

> „Nationalismus und Rassismus sind nicht ideologische Waffen von irgendwelchen anderen, uns Fremden, es sind uns selbst behindernde Werkzeuge in unserem eigenen Arsenal der Weltdeutung und Zukunftsplanung."[597]

Unter dem Gesichtspunkt der Kulturtransferperspektive haben stets die „Afrikaner" die „andere" Mentalität, Sexualität, Ordnung etc. mit der man sich gerade nicht auseinandersetzen will, sondern diese vielmehr zum Vorteil der eigenen Argumentationsführung instrumentalisiert. Das von Christiane Schurian-Bremecker in ihrer Umfrage unter Urlaubern ermittelte Ergebnis, Individualreisende hätten eine „stärkere gefühlsmäßige Bindung" und ein „gesteigertes Interesse"[598] an ihrem Reiseland, kann bei den ausgewerteten Reiseberichten nicht bestätigt werden. Bestenfalls lässt sich ein verdinglichter Kulturtransfer, einerseits durch den Kauf von Souvenirs und andererseits durch das Weitergeben von mitgebrachten aber materiell geringwertigen Geschenken erkennen. Letztere sind jedoch nicht individuell auf die Bedürfnisse oder gar Wünsche der Beschenkten abgestimmt, sondern sind aus der Position einer verinnerlichten

---

[596] Mamozai, Frauen und Kolonialismus 136.
[597] Narr, Flüchtlinge 5.
[598] Schurian-Bremecker, Kenia in der Sicht deutscher Touristen 380.

Hierarchie zwischen Schwarz und Weiß überreicht und meist verteilt worden, um sich lästiger Bittsteller zu entledigen. Zudem wird der Geschenkvorgang für die Reisenden selbst als „gute Tat" ausgebeutet, so dass er als Handlung aus tradierten hierarchischen Vorstellungen und nicht im Sinne einer tatsächlichen Hilfe verstanden werden muss.

Beurteilungsperspektive: Die Kriterien, wie die Reisenden Menschen und Kulturen in Europa und Afrika taxieren und beurteilen, werden asymmetrisch angewendet. Anders ausgedrückt: die Eigen- bzw. Fremdbeurteilung differiert bei vergleichbaren Situationen, wobei das normgebende Weißsein, durchaus noch im Verständnis von Blumenbach, Linné u.a. die Basis darstellt, von der aus beurteilt wird. Zudem ist der Blickwinkel beeinflusst vom Erscheinungsbild des Schwarzen an sich, das, wie mehrfach ausgeführt, in der Vergangenheit nur negativ dargestellt wurde. Die Reiseakteure sind damit bei interkulturellen Begegnungen sozusagen a priori „on the basis of a speaker's appearance"[599] konditioniert, was eine höhere Diskriminierungsbereitschaft mit sich bringt, weil das Gegenüber eben Schwarz und nicht Weiß ist. Die von Asymmetrie geprägte Beurteilungsperspektive zu hinterfragen, das Denken über das, was, warum und wie man denkt zu aktivieren, ist in den Reiseberichten nicht zu erkennen. Es bleibt bei den Reisenden bei dem, was Eric Voegelin einmal in Verbindung mit Ernst Haeckel feststellte: „Der Mann lebt in dem, was er sich denkt, und was er sich denkt, tritt an die Stelle der Realität."[600] Die Dichotomie zwischen Schwarz und Weiß ist bei Beurteilungssituationen stets präsent, wobei kollektive Identitäten – insbesondere die „kontinentale Zusammenfassung der Menschen Afrikas zu unzivilisierten Eingeborenen"[601] – wie auch das undifferenziert positive Bild der Eigengruppe unterstellt werden. Aus dieser Überlegung heraus stellen die Reiseakteure die „afrikanische" kollektive Identität der eigenen kollektiven Identität als Negativfolie kontrastierend gegenüber, und diese Gegenüberstellung dient ihnen zugleich als Bestätigung und Bestandteil der Selbstkonstruktion[602].

> „Die Selbstbetrachtung Europas findet auch Ausdruck in ihrer deutlichen Abgrenzung gegenüber Afrika, was sich in der Charakterisierung des ‚typisch Afrikanischen' manifestiert. Nach diesem Grundsatz der Authentizität ist der Westen stets bemüht, die Identität der Afrikaner zu definieren und festzulegen."[603]

Die Realität der in Afrika lebenden Menschen findet in den Reiseberichten keinen Niederschlag, denn auf ihren Reisen haben demonstrativer Erlebniskonsum und die Anhäufung von Sehenswürdigkeiten Vorrang vor kritischer

---

[599] Hill, The Everyday Language of White Racism 12.
[600] Voegelin, Hitler und die Deutschen 129.
[601] Hund, Rassismus 87.
[602] Lutz, Rassismus und Sexismus 78.
[603] Attikpoe, Folgenschwere Konstrukte 23.

Sichtweise, weshalb für Beurteilungen unter Einbezug eines Kontextes aus zeitlicher Sicht kein Platz gewesen ist. Außerdem wird aus den Reiseschilderungen die „Ausblendung der afrikanischen Geschichte und der jahrhundertealten afrikanisch-europäischen Kulturkontakte"[604] ersichtlich. Historische interkulturelle Erwähnungen beziehen sich nämlich ausschließlich auf die Zeit des deutschen Kolonialismus und dessen noch sichtbare Relikte, die die Reisenden zudem meist oberflächlich positiv beurteilen. Konsequenzen, die sich aus der Kolonisation zu Lasten Afrikas ergaben, bleiben unberücksichtigt. Unterschiedliche Sichtweisen in ihre Beurteilung einfließen zu lassen, dazu sind die Reisenden nicht bereit gewesen bzw. auch gar nicht in der Lage, weil ihre Beurteilungsperspektive durch tradierte Vorstellungen so gefestigt wurde, und auch durch die Verbindung mit einem selbst auferlegten Zeitdiktat nicht modifiziert werden konnte.

> „Daß die eigene Behauptung vielleicht die Behauptung von Falschem wäre, kommt [...] nicht in Frage. Das ist der liberale, arrogante Dummkopf, wie er im Buche steht, der aber produziert worden ist von der akademischen Welt Deutschlands am Ende des 19. Jahrhunderts."[605]

Wahrnehmungsperspektive[606]: Die Wahrnehmung, wie die Reiseakteure Verhaltensweisen von Schwarzen zu erkennen glauben (träge, faul, langsam, rückständig, technisch ungeschickt, unlogisch etc.) ist von Oberflächlichkeit, vorgefassten Meinungen und Stereotypen bestimmt und sie erfolgt kontextlos und positivistisch analog der „überlieferten kulturellen Wahrnehmungs- und Denkmuster".[607] Es dominiert der Wunsch, exotische Menschen, den Ursprung des Menschwerdens, die Archetypen der Menschheit, „hier am Ende der Welt" (Rb 42), kennenzulernen. An die „Stelle der sinnhaften Verknüpfung komplexer Zusammenhänge [tritt] die *kurzatmige Erfassung isolierter Fakten*"[608], weil die Reisenden dazu tendieren, das nicht wahrzunehmen, was nicht ihren Vorstellungen entspricht, sondern nur das wahrzunehmen, was ihnen durch tradierte Bilder vermittelt wurde, also was sie erwarten und was sie sehen wollen[609]; das aber heißt, ihre Wahrnehmung der Welt ist nicht mit der Welt selbst identisch.[610]

Das bedeutet aber nichts anderes, als dass die Art und Weise der Wahrnehmung zum einen analog der Wahrnehmung der Vergangenheit erfolgt, also lediglich re-produziert wird; und zum anderen der aktuellen phänomenologisch-positivistischen medialen Berichterstattung entspricht, die sich auf posi-

---

[604] Hund, Rassismus 87.

[605] Voegelin, Hitler und die Deutschen 141.

[606] Nach dem Psychologen Heiner Legewie ist die Grenze zwischen „Wahrnehmung" und „Ansicht" fließend. In: Legewie et al, Psychologie 100.

[607] Attikpoe, Folgenschwere Konstrukte 21.

[608] Scherschel, Rassismus als flexible symbolische Ressource 45 (Kursivstellung wie Original).

[609] Zu diesem Phänomen (Rosenthal-Effekt) siehe Legewie et al, Psychologie 10-13.

[610] Hahn/Mannová, Nationale Wahrnehmungen 16.

tive Fakten beschränkt, ohne auf die Genese des jeweiligen Ereignisses einzugehen. Zudem reicht die Wahrnehmung der Reisenden nur zu Feststellungen mit geringer Faktizität, die meist über den Status von Vermutungen nicht hinausgehen. Doch findet diese Art der oberflächlichen Wahrnehmung grosso modo im „common sense" ihre Legitimation und Bestätigung. Sie ist in der Regel durch die Dominanz des westlichen Blickwinkels keiner Kritik ausgesetzt, denn „der weiße Rassismus gegen Afrika [ist] eine derart normale Denkweise [...], dass seine Manifestationen gänzlich unbemerkt bleiben."[611] Und das bedeutet für die Reiseakteure, sie liegen mit der Art, wie sie die Dinge wahrnehmen und in den Reiseberichten formulieren „absolut richtig".

4.5 Entlastungsfaktoren

Die Häufung der Rassismen und Diskriminierungen, wie sie in den Reiseberichten auftreten, rücken die Verfasser im Grunde in kein vorteilhaftes Licht. Auch deshalb, weil fünf Reiseberichte, bei ähnlichen Situationen, die sich im Ablauf ihrer Reise ergaben (Zoll, Verspätungen, Technik) ohne Negativismen auskommen. Die Ursache ihrer Imponderabilien werden dabei nicht im genetischen Unterschied zwischen Schwarz und Weiß gesucht, sondern menschlichen, kommunikativen oder sonstigen Unzulänglichkeiten, wie sie in jeder Gesellschaft auf der ganzen Welt existieren, zugeordnet. Doch müssen zur Entlastung der Verfasser, die immer noch in die Falle der Diskriminierung aufgrund genetischer Differenzen tappen, aus einer Vielzahl von Einflussgrößen zumindest einige erwähnt werden, die es ihnen schwer machen, das historisch geprägte Korsett abzulegen.

Das Diktat des Wirtschaftssystems und der Tourismusindustrie: Die europäischen Reisenden sind in der Regel in ein Wirtschaftssystem eingebettet, das ökonomisches Denken und rationale Kriterien wie Effizienz, Optimierung und Zeitnutzung nicht nur zum Inhalt hat, sondern in dem diese Eigenschaften Voraussetzung sind, um sich in diesem System behaupten zu können. „Damit verlieren jedoch Empfindungen wie Empathie oder Mitgefühl für das Schicksal anderer Menschen an Bedeutung"[612]; und das wiederum führt zur Vernachlässigung objektiver oder moralischer Maßstäbe bei der Beurteilung und Bewertung von Vorgängen und Personen. Bei dieser „Ökonomisierung des Sozialen"[613] gehören

> „Begriffe von Nützlichkeit, Kultur, Moral, Wahrheit, der Verweildauer in einem geographischen Raum, Natur und Intelligenz [...] zum Arsenal der

---

[611] Chinua Achebe. Zit. in: Attikpoe, Folgenschwere Konstrukte 24.
[612] Heitmeyer/Mansel, Gesellschaftliche Entwicklung 31.
[613] Heitmeyer/Endrikat, Die Ökonomisierung des Sozialen 55.

Etablierung von Ungleichwertigkeiten und machen anfällig für Eskalationsprozesse."[614]

Wenn das gegebene Wirtschaftssystem und dessen ökonomisierte Ausrichtung mit seiner Dominanz betriebswirtschaftlicher Prinzipien auch soziale Bereiche, im Grunde das ganze soziale Miteinander „besetzt"[615], dann sind „die basalen Prinzipien von Gleichwertigkeit" untergraben und es werden damit „abwertende und diskriminierende Übergriffe mit der Legitimation ökonomischer Prinzipien möglich".[616] Wie weit der Prozess des Ineinandergreifens von Ökonomie und Privatem mit der damit geforderten Flexibilität des Sozialen bereits gediehen ist, veranschaulicht Richard Sennett, indem er beschreibt, dass sich Mechanismen der kurzfristigen beruflichen Kosten-Nutzen-Beziehungen auch auf das soziale Leben im Ganzen übertragen.[617] Damit wird nachvollziehbar, warum sich in den Reiseberichten weder ein empathischer Hinweis findet, noch zum Beispiel die Hoffnung geäußert wird, den „Afrikanern" möge es einmal besser gehen wenn sie nicht mehr der Spielball der Großmächte sein werden. Stattdessen legen die Reisenden primär die Kosten-Nutzen-Kriterien bei ihren Interaktionen zugrunde, weil sie stets nur in europäischen, ökonomisierten Kategorien und ihrer wirtschaftlichen Überlegenheit gegenüber anderen Wirtschaftstrukturen denken können. Durch die Verschmelzung mit den heimischen ökonomischen Erfordernissen können die Reiseakteure die Prinzipien von „Normung, Montage und Serienfertigung"[618] auch auf ihren Individualreisen nicht ablegen, weil durch ihre, auf Kommerz ausgerichtete Konditionierung ein ungezwungener Umgang mit den Bereisten nicht möglich ist. Zudem wird ein wirkliches Kennenlernen der Menschen in den bereisten Ländern durch dort bereits realisierte Infrastrukturen (Urlaubsresorts, Campingplätze, organisierte Safaris) behindert, was bedeutet, dass eine Anpassung an und ein Verständnis für kulturelle Spezifika nicht erforderlich oder nur eingeschränkt möglich ist, bzw. sich auf Folkloreveranstaltungen reduziert.

Die Kraft des Diskurses und der Medien: „Rassistische Ideologeme existieren nicht isoliert als Einzelurteile oder singuläre Aussagen, sondern sie stehen in einem Zusammenhang mit gesamtgesellschaftlichen Vorgängen"[619], schreibt Karin Scherschel. Sie verweist damit auf die Mächtigkeit des massenmedialen Diskurses, der im Sinne von Stuart Hall ganz allgemein als der Diskurs des

---

[614] Heitmeyer, Die Ideologie der Ungleichwertigkeit 42.

[615] Heitmeyer/Endrikat, Die Ökonomisierung des Sozialen 56.

[616] Heitmeyer/Endrikat, Die Ökonomisierung des Sozialen 56.

[617] Sennett, Die Kultur des neuen Kapitalismus, passim.

[618] Hans Magnus Enzensberger hat an historischen Beispielen gezeigt, dass mit einem Reiseführer das Reisen genormt, durch Fahr- und Gutscheinhefte montiert, sowie durch die massenhaften Gesellschaftsreisen zur Serienreife geführt wurde. In: Prahl, Freizeitsoziologie 115.

[619] Scherschel, Rassismus als flexible symbolische Ressource 30.

„Westens und des Rests"[620] verstanden werden muss.[621] Diesem „sehr verbreitete[n] und einflußreiche[n] Diskurs [...], der dazu beitrug, die öffentlichen Wahrnehmungen und Haltungen bis in die Gegenwart zu prägen"[622], und der in vielfältiger Weise Formen des Rassismus beinhaltete, konnte und kann sich im Grunde niemand gänzlich entziehen. Zu sehr sind wir durch Narrative beeinflusst und geprägt, zu sehr haben falsch erzählte Geschichten unser Leben bestimmt, als dass es uns leicht fiele, unbefangen und losgelöst von historisch geformten Informationen zu denken und zu agieren. Denn, so schreiben die Autoren Samira El Quassil und Friedemann Karig: „Eine starke Geschichte kann die Welt retten [...] und Ungerechtigkeit zementieren."[623]

Wenn man bedenkt, dass neben der Institution Familie und dem Bildungssystem die Massenmedien mittlerweile die bedeutendste Sozialisationsinstanz moderner Gesellschaften sind[624], wird es auch schwierig, selbst in einer Demokratie,[625] eine andere Meinung zu vertreten, als die tradierte und durch die positivistische Berichterstattung der Medien beeinflusste, weil man dabei rasch in eine Außenseiterrolle geraten kann. Denn wenn „es genug Leute gibt, die eine Narretei glauben, dann wird die Narretei zur sozial dominanten Realität und derjenige, der sie kritisiert, rückt in die Position des Narren, der bestraft werden muß."[626] Das ist auch der Grund für die Schwierigkeit „gegen den Strom zu schwimmen" bzw. Diskriminierungen zu kritisieren, weshalb sich die „Stereotypie der Urteilsbildung keineswegs auf die vorurteilsvollen Charaktere" beschränkt, sondern sich „oft genug auch bei den vorurteilsfreien"[627] findet.

Auf die Problematik, gegen eine vorherrschende Meinung anzukämpfen, die sich aus „gesellschaftlichen Modi der Wahrnehmung und Konstruktion des Anderen"[628] generiert und die durch die zur Vereinfachung neigenden, etablierten und akzeptierten Diskurse (biologischer Diskurs, Diskurs der Werbung, Diskurs der Medien) ihre Unterstützung erfährt, weisen sowohl der französische Politikwissenschaftler Pierre-André Taguieff, wie auch die beiden Philosophen Max Horkheimer (1895-1973) und Theodor W. Adorno (1903-1969) hin.

---

[620] Hall, Rassismus und kulturelle Identität 142f, 173f.

[621] Es sei angemerkt, dass es selbstverständlich nicht nur einen Diskurs gab bzw. gibt, in dem über „Afrika" gesprochen wird. Auf die unterschiedlichen Diskursstränge kann nicht eingegangen werden.

[622] Hall, Rassismus und kulturelle Identität 141f.

[623] El Quassil/Karig, Erzählende Affen.

[624] Spitzer, Neorassismus und Europa 108.

[625] Zur individuellen Meinung in einer Demokratie siehe z.B. Alexis de Tocqueville, Über die Demokratie in Amerika. Bd. 1 und 2, insb. 113, 147f, 200, 272 oder Chomsky, Media Control 62-75.

[626] Voegelin, Hitler und die Deutschen 254.

[627] Horkheimer/Adorno, Vorurteil und Charakter (Auszug) 81.

[628] Taguieff, Die Macht des Vorurteils 56.

„Der Anspruch individueller Urteilsbildung macht sich nur noch als eine Art Störungsfaktor im Ablauf des gesteuerten Lebensprozesses geltend: nicht nur, daß sich die Menschen durch die Anwendung fertig bezogener Klischees und Wertungen das Leben bequemer gestalten und sich den Leitern als zuverlässig empfehlen – sie finden sich auch schneller zurecht und bleiben von der unendlichen Mühe befreit, durch die Kompliziertheit der modernen Gesellschaft hindurchsehen zu müssen."[629]

Dabei muss darauf hingewiesen werden, dass der öffentliche Diskurs über Fremde, von Personen der Öffentlichkeit über die Medien[630] bis zu den Stammtischen, zur unreflektierten Verwendung diskriminierender Formulierungen beiträgt, weil er eine Begrifflichkeit zur Verfügung stellt, deren diskriminierendes Potential nur dem achtsamen Leser oder Zuhörer überhaupt auffällt. Und darin liegt auch ein Problem für die Reiseakteure. Denn es ist für sie nahezu unmöglich sich aus dem Gravitationsfeld eines Diskurses mit hoher Anziehungskraft, bzw. den vermittelten Narrativen loszulösen, weil diese Faktoren „in der Lage [sind], die ,getrennte Masse' zu *versammeln,* kollektive Wissensstrukturen zu tradieren, zu reproduzieren und zu verändern"[631]. Das Nichtwissen um die Ambiguität der Sprache, der Mangel an Bewusstheit über subtile Schattierungen von positiven oder negativen Werturteilen, über Lob und Herabsetzung, betrifft nicht nur die Reiseberichte, sondern wird ebenso den Lesern unterstellt, da sonst die Autoren vermutlich einen sorgsameren Umgang mit der Sprache und den begrifflichen Mehrdeutigkeiten berücksichtigt hätten.

Geringe Bedeutung kolonialer Denkstrukturen: Neben der Schwierigkeit, eine oppositionelle Haltung gegenüber dem vorherrschenden Diskurs einzunehmen, ist die Häufung tradierter diskriminierender Begrifflichkeiten auch dem Umstand einer gewissen „Unwichtigkeit" geschuldet. Denn grundsätzlich handelt es sich um Diskriminierungen, die sich nicht an aktuellen Ereignissen oder politischen Vorkommnissen in „Afrika" orientieren oder einen direkten Bezug zur deutschen Migrationspolitik haben. Da sie auch nicht auf innerdeutsche soziale Brennpunkte rekurrieren, werden diese Diskriminierungen thematisch von den Medien nicht explizit herausgestellt, sondern gerade in ihrem Duktus medial selbst eingesetzt. Nach dem Sprachwissenschaftler Siegfried Jäger sind die Medien sogar „hauptverantwortlich für die derzeitige Eskalation rassistischer Diskurse und – in deren Gefolge – rassistisch motivierter Verbrechen."[632] Das bedeutet, eine Sensibilisierung gegenüber kolonial geprägten Diskriminierungen findet auf breiter Basis nicht statt, weshalb sie in

[629] Horkheimer/Adorno, Vorurteil und Charakter (Auszug) 82.
[630] Siehe dazu Plüss Siegrist, Diskriminierende Sprachformen 11-16, 26.
[631] Spitzer, Neorassismus und Europa 108 (Kursiv wie Original).
[632] Jäger, Rassismus 16. In: http://library.fes.de/fulltext/asfo/01014001.htm (01.07.2012).

der Regel von der Bevölkerung gar nicht als solche erkannt bzw. wahrgenommen werden.

> „Vieles wirkt häufig eher im Verborgenen, im ‚Privaten‘, äußert sich unterschwellig, ist in Gesetzesformulierungen, Gerichtsurteilen und Strukturen in institutionalisierter Form verankert und in dieser Form nahezu ‚selbstverständlich‘ und ‚normal‘."[633]

Sie werden aber auch deshalb nicht wahrgenommen, weil dieselbe Bevölkerung Stereotypen, Vorurteile und Diskriminierungen selbst hervorbringt, denn „Rassismen und Nationalismen [gehen] nicht von den Rändern der Gesellschaft aus, sondern sind ‚in der Mitte der Gesellschaft‘"[634] verortet. Das heißt, rassistisch orientierte Diskriminierungsbereitschaft reduziert sich nicht nur auf Neo-Nazis und ihnen nahestehende Gruppen – was bedeuten würde, wenn man nicht zu dieser Gruppe gehört, fände kein Rassismus statt – sondern ist in allen Gesellschaftsschichten anzutreffen. Deshalb sind die in den Reiseberichten formulierten, sowie die im Alltagsdiskurs verwendeten diskriminierenden Äußerungen aufgrund ihrer Normalität[635], meist nicht als solche erkennbar bzw. werden durch ihre „constant repetition [...] part of the basic cognitive tool kit."[636] Aber gerade darin liegt die Problematik, denn

> „[l]etztlich geht es darum, sichtbar zu machen, daß Gesellschaftsmitglieder als individuelle Akteure über ihre Abwertungshandlungen ihre alltägliche Lebenswelt (mit-)gestalten und dafür verantwortlich sind, ohne aber die Verantwortung für etwaige Folgen zu übernehmen. Das alltägliche Leben ist die Vorurteils- und Diskriminierungswerkstatt schlechthin: Alle schaffen in ihr und beteiligen sich durch alltägliche Sprachhandlungen, das Erzählen von Witzen, den Konsum von Comics, das Vermeiden von Kontakten u.a. an der Produktion und an der Distribution von abwertenden Handlungen."[637]

Trotz der Konsequenzen eines achtlosen bzw. bewusst diskriminierenden Sprachgebrauchs muss einschränkend hinzugefügt werden, dass auch das Nicht-Verwenden historisch belasteten Vokabulars, nicht zwangsläufig zum Verschwinden von persönlichen diskriminierenden Einstellungen führt.[638] Dazu wäre eine Auseinandersetzung mit dieser Thematik auf breiter Basis notwendig, die die Kraft hätte, den Diskurs dahingehend zu ändern, dass

---

[633] Foitzik et al, „Ein Herrenvolk von Untertanen 13.
[634] Foitzik et al, „Ein Herrenvolk von Untertanen 15.
[635] Jane Hill schreibt zur „Normalität": „we can understand that such utterances are part of a collective project, in which negative stereotypes are constantly naturalized and made normal, circulating without drawing attention to themselves." In: Hill, The Everyday Language 154.
[636] Hill, The Everyday Language 154.
[637] Markefka, Vorurteile X.
[638] Arndt/Hornscheidt, Afrika und die deutsche Sprache 23.

„historische Prägungen, rassistische Strukturen und Machtkonstellatio-
nen der Gesellschaft zur Sprache gebracht [werden], was eine prinzipielle
Sensibilisierung für Sprechen und andere rassistische Begriffe, auch künftig entstehende, zur Folge haben kann."[639]

Offensichtlich sind wir realiter von einem solchen Diskurs noch weit entfernt,
obwohl es an offiziellen Gegenmaßnahmen wie Diskriminierungsverbote,
Strafgesetze, Programme gegen Diskriminierung, Podiumsdiskussionen über
Menschenrechte, um nur einige zu nennen, nicht mangelt.

Eurozentrischer Blickwinkel: Wie bekannt, entstehen zwei Drittel der Berichte
über „Drittländer" in westlichen Redaktionen. Darin haben, wie eine Analyse
ergab, „drei Faktoren den höchsten Nachrichtenwert: Negativismus (ca. 85%
der Artikel behandelten negative Sachverhalte) und Auftreten internationaler
Organisationen oder westlicher Staaten (‚Elitenationen') als Handlungsträ-
ger."[640] In diesen Berichten wird aber nicht die Sichtweise der beschriebenen
Länder reflektiert,[641] sondern die der westlichen Medien, die damit als „primäre Quelle der Dritte-Welt-Bewusstseins-Vermittlung"[642] fungieren. Klaus
Geiger, der Leitartikel der FAZ auswertete, spricht sogar von Festungsgeschich-
ten, die „wie ein Bündel verschiedener vektoraler Kräfte in eine einheitliche
Richtung wirken, sowohl was das Weltbild, als auch was die Maßstäbe bei der
Definition und Bewertung von Identitäten betrifft"[643]:

> „Von der Mehrzahl der politischen Ereignisse, die unser Leben beeinflus-
> sen, haben wir keine anderen Zeugnisse als die Berichte der Massenme-
> dien. [...] Sicher ist, daß die Nachrichten von den Rezipienten in der
> Regel als verbürgte Zeugnisse des ‚tatsächlichen' Geschehens angesehen
> werden, daß sie also in ihren Wirkungen der Realität gleichzusetzen
> sind."[644]

Zudem ist in diesen Berichten die Benennungspraxis von Menschen aus „Afrika" noch immer an kolonialen Termini orientiert, weshalb man den Medien-
vertretern die grundsätzliche Frage stellen müsste, warum sie Ausdrücke „die
bekanntermaßen eine kolonialrassistische Herkunft haben, beleidigend und

---

[639] Arndt/Hornscheidt, Afrika und die deutsche Sprache 63.

[640] Poenicke, Afrika in deutschen Medien und Schulbüchern 18.

[641] „Es gibt keinen fundierten Beitrag zu den wirklichen wirtschaftlichen Schwierigkeiten und
ihren Ursachen, über Afrikanerinnen und Afrikaner wird respektlos berichtet (Tenor: sie
brauchen und fordern Hilfe, sind korrupt, wild, primitiv, können nicht mit Geld umgehen,
verstehen nichts von Politik), afrikanische Lösungsstrategien gehen in den Negativdarstel-
lungen unter, Maßstab ist Europa (jedenfalls so, wie es sich sieht), O-Töne von Afrikanerinnen und Afrikanern kommen kaum vor." In: Poenicke, Afrika in deutschen Medien und
Schulbüchern 27.

[642] Awes, Die schwarze Gazelle 9.

[643] Geiger, Deutsch-europäische Festungsgeschichten 163-184, hier 167.

[644] Schulz, Die Konstruktion 29.

nicht diskriminierungsfrei sind"[645] nach wie vor in ihren Zeitungsartikeln verwenden.

> „In Massenpublikationen und in den Köpfen von Mehrheiten schließlich vermischen sich das Pathos der Differenz und der Angsttraum der Verschmelzung mit dem Klammergriff an der Stufenleiter, wo ‚wir' auf der obersten Sprosse stehen, die ‚andern' aber unter uns."[646]

Wie eingangs bereits angesprochen fällt es somit schwer, in diesem Umfeld, das „sowohl auf struktureller und kultureller Ebene als auch im alltäglichen Denken Relevanz besitzt"[647], einen Gegendiskurs zur Aufarbeitung rassistischer Tendenzen zu initiieren, der dem der professionellen Sinnproduzenten ebenbürtig wäre. Oder, wie das die schwedische Reformpädagogin Ellen Key (1849-1926) bereits vor mehr als hundert Jahren forderte, den Mut aufzubringen, sich eine eigene Meinung zu bilden und die Kraft zu haben sie auch auszusprechen.[648] Weil aber der Diskurs in seiner Funktion der „Definition und Qualifizierung von Freund und Feind, [der] Konsensherstellung und Mobilisierung"[649] mit Bildern vom „typischen Afrika" nach wie vor durchdrungen ist, kann durch dessen Vehemenz und Langlebigkeit eine gegenläufige Strömung kaum realisiert werden; das heißt, die Durabilität der Narrative, bzw. der „erzählten Geschichten"[650] bestimmen noch immer unser Leben. Die über Jahrhunderte gehende und noch existente Denkweise über Schwarze macht auch deutlich, dass dieser Diskurs keine „‚Formation' der Vergangenheit und von bloß historischem Interesse"[651] ist, sondern, wie die Reiseberichte zeigen, der Output dieses Diskurses auch in der Gegenwart erkennbar ist. Dem Phänomen, dass „[s]ystems of constraint on thought like discourses, [...] exist below the level of consciousness"[652] sind auch die Reisenden ausgesetzt und diese Kohäsion mit dem medialen Diskurs ist es auch, was sie im Grunde von dem Faktum einer möglichen Diskriminierungsabsicht exkulpiert. Denn die diskursgesteuerten Deutungen „werden den Menschen zur zweiten Natur"[653] und sie „wirken, von den Akteuren unhinterfragt, wahrnehmungs- und handlungsleitend"[654].

> „Even when people do not believe the stereotypes in the usual sense of ‚belief', the stereotypes become easily accessible, become an element of

---

[645] http://www.derbraunemob.de/deutsch/index.htm (01.07.2012).

[646] Geiger, Deutsch-europäische Festungsgeschichten 167.

[647] Scherschel, Rassismus als flexible symbolische Ressource 31.

[648] Key, Das Jahrhundert des Kindes 206.

[649] Geiger, Deutsch-europäische Festungsgeschichten 168.

[650] El Quassil/Karig, Erzählende Affen.

[651] Hall, Rassismus und kulturelle Identität 179.

[652] Hill, The Everyday Language of White Racism 19.

[653] Spitzer, Neorassismus und Europa 110.

[654] Spitzer, Neorassismus und Europa 110.

automatic, unreflective action and reaction that is very difficult to notice and contest."[655]

Diese nur akzidentiell angesprochenen Meinungsbeeinflussungsgrößen tragen für die Reisenden wesentlich dazu bei, ihre Stereotypen und Vorurteile in Bezug auf „Afrika" nicht zu erkennen. Es entlastet sie hinsichtlich ihrer Diskriminierungsbereitschaft, denn es „ist für die Menschen ganz natürlich anzunehmen, dass ihnen ihre Sinne direkte wahrheitsgetreue Erkenntnisse vermitteln"[656], die ihnen durch das Wirtschaftssystem, den Diskurs, den Narrativen und den Medien dargereicht werden. Sie sind schließlich die Repräsentanten und Transporteure von sozialen Wahrheiten an die geglaubt wird, weil sie alltäglich produziert und re-produziert werden bzw. im Unterbewusstsein als Struktur präsent sind. Das Problem dabei ist, dass diese deutungsdominanten Größen an ein unterirdisches Verweissystem andocken, in das rassistische Vorstellungen der Vergangenheit inkorporiert sind. Dass Rassismus bewusst und offiziell abgelehnt wird, stellt dabei keinen Widerspruch zur Wirkmächtigkeit vergangener Einstellungen dar.

Aufgrund des eingewurzelten Überlegenheitsgefühls, ist man auch selbst nicht gegen clandestin vermittelten Rassismus gefeit. Deshalb ist es notwendig, die Sensibilisierung gegenüber dem eigenen Diskriminierungspotential wie auch gegenüber dem von dritter Seite zu aktivieren und sich bei der Verkündung von „Wahrheiten" über die Folgen der Wortwahl – auch der eigenen – im klaren zu sein; und, wie Jane Hill es fordert,

> „to choose the words that best represent it, [as] the meanings in words pass unproblematically from speaker to hearer, so that the truth is easily shared."[657]

Um dies zu erreichen, müssen alle Diskursfragmente mit denen man konfrontiert wird unter den Aspekten von Struktur, Vereinfachung, Generalisierung, Einseitigkeit und Wertigkeit kritisch hinterfragt werden; und zugleich ist zu prüfen, mit wie viel dargereichtem Rassismus man selbst noch konform geht. Zu dieser Prüfung gehört auch, sprachliche Äußerungen stets auf ihren Realitäts- und Diskriminierungsgehalt zu durchleuchten und gegebenenfalls argumentativ zu widerlegen; denn „[j]edes Nichteingreifen in rassistische Sprach-Handlungen ist eine rassistische SprachHandlung".[658]

Die Sensibilität für ein Gespür zu wecken, das auch in scheinbar harmlosen Formulierungen und subtilen Darreichungsformen angeschlagene rassistische Akkorde und Diskriminierungen erkennen kann, die Fähigkeit bewusst auf sprachliche Äußerungen in Bezug auf ihr Diskriminierungspotential zu

---

655 Hill, The Everyday Language of White Racism 45.
656 Zanella, Kolonialismus in Bildern 77.
657 Hill, The Everyday Language 178.
658 Nduka-Agwu/Hornscheidt (Hrg.): Rassismus auf gut Deutsch 43.

achten sowie ein Bewusstsein zu entwickeln, in welchen Varianten das Oben-Unten-Denken sich manifestiert, war neben der Sichtbarmachung der Diskriminierungsbereitschaft, als der eigentlichen Realität des Reisens und der Reisenden, Aufgabe dieses Buches. Zwar ist Vertrautsein mit der eigenen Ethnie und der Identitätswunsch, zu einer Gruppe zu gehören, eine notwendige Selbstverständlichkeit, doch ist auch das Bewusstsein, nicht zu einer überlegenen Teilmenge, sondern einer ebenbürtigen Gesamtheit der Menschen anzugehören, unumgänglich. Nur wenn man sich stets als gleichwertiger Teil unter Gleichwertigen versteht, kann Menschen mit Würde und auf Augenhöhe begegnet werden. Folgt man Jane Hill, dann ist die Hoffnung, dass diese Einstellung zur gelebten Idee wird, jedoch gering, denn sie glaubt

> „that White racism persits as well because beliefs and understandings that count as common sense among Whites, [...] encourage them to continue to think, speak, and act in ways that make the foundational ideas of White racism enduringly available to new generations."[659]

Trotz dieser pessimistischen Einschätzung muss die Gleichwertigkeit der Menschen in der Betrachtung „Anderer" bzw. vice versa die Maxime bleiben, ein tertium non datur.

---

[659] Hill, The Everyday Language 48.

Literatur

Abel, Richard: Speech & Respect. London 1994.

Adorno, Theodor, W.: Minima Moralia. Reflexionen aus dem beschädigten Leben. Frankfurt am Main 1986.

Ahlheim, Klaus: Die Gewalt des Vorurteils. Eine Textsammlung. Schwalbach/Ts. 2007.

Akashe-Böhme, Farideh: Exotismus, Naturschwärmerei und die Ideologie von der fremden Frau. In: Foitzik, Andreas; Leiprecht, Rudi; Marvakis, Athanasios; Seid, Uwe (Hrg.): „Ein Herrenvolk von Untertanen". Rassismus – Nationalismus – Sexismus. Duisburg 1992, S. 113-124.

Allport, Gordon, W.: Treibjagd auf Sündenböcke (Auszug). In: Ahlheim, Klaus: Die Gewalt des Vorurteils. Eine Textsammlung. Schwalbach/Ts. 2007, S. 15-39.

Allport, Gordon, W.: Treibjagd auf Sündenböcke. Berlin, Bad Nauheim 1951.

Alonzo, Christine: Rassenhygiene im Klassenzimmer. Ein Hakenkreuzzug gegen die Kinder im Namen der Rasse. In: Martin, Peter; Alonzo, Christine (Hrg.): Zwischen Charleston und Stechschritt. Schwarze im Nationalsozialismus. Hamburg, München 2004, S. 509-520.

Alonzo, Christine; Martin, Peter: Einleitung. In: Martin, Peter; Alonzo, Christine (Hrg.): Zwischen Charleston und Stechschritt. Schwarze im Nationalsozialismus. Hamburg, München 2004, S. 11-19.

Anderson, John, R.: Kognitive Psychologie. Berlin, Heidelberg [6]2007.

Anderson, John, R.: Kognitive Psychologie. Eine Einführung. Heidelberg 1988.

Aristoteles: Nikomachische Ethik. Leipzig 1921.

Armanski, Gerhard: Die kostbarsten Tage des Jahres. Massentourismus – Ursachen, Formen, Folgen. Berlin 1978.

Arndt, Susan; Hornscheidt, Antje (Hrg.): Afrika und die deutsche Sprache. Ein kritisches Nachschlagewerk. Münster [2]2009.

Atteslander, Peter: Methoden der empirischen Sozialforschung. Berlin [11]2006.

Attikpoe, Kodjo: Folgenschwere Konstrukte. Beobachtungen zu Afrika-Bildern in weißen Köpfen. In: Böhler, Katja; Hoeren, Jürgen: Afrika. Mythos und Zukunft. Bonn 2003, S. 18-28.

Augustinus Aurelius: Confessiones, Liber X et XI. Stuttgart 2008.

Awes, Maho, Abduraman: Die schwarze Gazelle. Vorurteile über Farbige in der Sportberichterstattung. Tübingen 1983.

Ayim, May: Die afro-deutsche Minderheit. In: Arndt, Susan (Hrg.): AfrikaBilder. Studien zu Rassismus in Deutschland. Münster 2001, S. 71-86.

Ayres, I.: Geschlecht und ethnische Diskriminierung im Kfz-Handel. Harvard Law Review, 104. Cambridge 1991, S. 817-872.

Ayres, I.: Nicht auf der Speisekarte: Diskriminierung in Verbraucherverträgen. Harvard Law Review, 122. Cambridge 1993, S. 419-442.

Backes, Martina; Goethe, Tina; Günther, Stephan; Magg, Rosaly (Hrg.): Im Handgepäck Rassismus. Beiträge zu Tourismus und Kultur. Freiburg (Breisgau) 2002.

Balke, Friedrich; Roloff, Volker (Hrg.): Erotische Recherchen. Zur Decodierung von Intimität bei Marcel Proust. München 2003.

Ballhaus, Edmund: Film und Feldforschung. Überlegungen zur Frage der Authentizität im kulturwissenschaftlichen Film. In: Ballhaus, Edmund; Engelbrecht, Beate (Hrg.): Der ethnographische Film. Eine Einführung in Methoden und Praxis. Berlin 1995, S. 13-46.

Baumgartner, Peter: Studieren und Forschen mit dem Internet – Wissensmanagement in der Informationsgesellschaft. In: Hug, T. (Hrg.): Einführung in das wissenschaftliche Arbeiten: Wie kommt Wissenschaft zu ihrem Wissen. Baltmannsweiler 311-324.

Bausinger, Hermann: Ethnizität – Placebo mit Nebenwirkungen. In: Köstlin, Konrad; Nikitsch, Herbert: Ethnographisches Wissen. Zu einer Kulturtechnik der Moderne. Wien 1999, S. 31-41.

Bausinger, Hermann: Volkskultur in der technischen Welt. Franfurt am Main, New York 1986.

Bechdolf, Ute: Kulturwissenschaftliche Medienforschung: Film und Fernsehen. In: Göttsch, Silke; Lehmann, Albrecht (Hrg.): Methoden der Volkskunde. Positionen, Quellen, Arbeitsweisen der Europäischen Ethnologie. Berlin 2001, S. 251-273.

Beck, Kurt: Brutstätten der Kreativität. Die Aneignung des LKWs im Sudan (Online-Publikation). München 2005. In: http://www.fak12.uni-muenchen.de/vka/Africars/docs/Beck/fsb.htm (01.07.2012).

Beck, Kurt: Die kulturelle Dimension der Arbeit in den nordkordofanischen Hirtengesellschaften. In: Laubscher, Matthias, S.; Turner, Bertram (Hrg.): Systematische Völkerkunde, Band 1. München 1994, S. 155-174.

Becker, Jörg: Alltäglicher Rassismus. Die afro-amerikanischen Rassenkonflikte im Kinder- und Jugendbuch der brd. Frankfurt am Main 1977.

Belting, Hans: Bild-Anthropologie. Entwürfe für eine Bildwissenschaft. München 2001.

Bendyshe, Thomas: The History of Anthropology. London 1865.

Bergler, Reinhold; Six, Ulrike: Psychologie des Fernsehens. Wirkungsmodelle und Wirkungseffekte unter besonderer Berücksichtigung der Wirkung auf Kinder und Jugendliche. Bern, Stuttgart, Wien 1979.

Bergmann, Werner: Was sind Vorurteile? In: Informationen zur politischen Bildung: Vorurteile (Heft 271)

Berichte und Notizen. In: Politisch-anthropologische Revue. Monatsschrift für das soziale und geistige Leben der Völker. 5. Jahrgang, Leipzig 1906/07, S. 179f. und S. 481.

Biemann, Ursula: Das Begehren nach Eroberung. Ein Versuch, die sexuelle Ökonomie neu zu kodieren. In: Backes, Martina; Goethe, Tina; Günther,

Stephan; Magg, Rosaly (Hrg.): Im Handgepäck Rassismus. Beiträge zu Tourismus und Kultur. Freiburg (Breisgau) 2002, S. 57-70.

Bier, August: Die Seele. München 1966.

Bieri, Peter: Wie wollen wir leben? In: ZEITmagazin Nr. 32, 2. August 2007, S. 26f.

Bloch, Ernst: Ästhetik des Vor-Scheins 2. Frankfurt am Main 1974.

Boas, Franz: The Methods of Ethnology. In: McGee, R. Jon; Warms, L.: Anthropological Theory. An Introductiory History. London 1920.

Bock, Philip, K. (Hrg.): Culture shock. A Reader in Modern Cultural Anthropology. New York 1970.

Bohannan, Paul: Concepts of Time among the Tiv of Nigeria. In: Myth And Cosmos: Readings in Mythology And Symbolism. American Museum Sourcebooks in Anthropology. New York 315-329.

Böhnigk, Volker: Kulturanthropologie als Rassenlehre. Nationalsozialistische Kulturphilosophie aus der Sicht des Philosophen Erich Rothacker. Würzburg 2002.

Bolz, Norbert: Das Abc der Medien. München 2007.

Bonacker, Thorsten (Hrg.): Sozialwissenschaftliche Konflikttheorien. Eine Einführung. Opladen 2002.

Bönisch-Brednich, Brigitte: Reiseberichte. Zum Arbeiten mit publizierten historischen Quellen des 18. und 19. Jahrhunderts. In: Göttsch, Silke; Lehmann, Albrecht (Hrg.): Methoden der Volkskunde. Positionen, Quellen, Arbeitsweisen der Europäischen Ethnologie. Berlin 2001, S. 123-136.

Bourdieu, Pierre: Soziologische Fragen. Frankfurt am Main 1993.

Bourdieu, Pierre: Über das Fernsehen. Frankfurt am Main 1998.

Braudel, Fernand: Sozialgeschichte des 15. bis 18. Jahrhunderts. Der Handel. Frankfurt am Main u.a. 1986, S. 505-527.

Brednich, Rolf Wilhelm: Bildforschung. In: ders. (Hrg.): Grundriß der Volkskunde. Einführung in die Forschungsfelder der Europäischen Ethnologie. Berlin ³2001, S. 201-220.

Brückner, Wolfgang: Hinterglasbildforschung. In: Harvolk, Edgar (Hrg.): Wege der Volkskunde in Bayern. Ein Handbuch / Veröffentlichungen zur Volkskunde und Kulturgeschichte, 25. München/Würzburg 1987, S. 191-208.

Brückner, Wolfgang; Pieske, Christa: Die Bilderfabrik. Dokumentation zur Kunst- und Sozialgeschichte der industriellen Wandschmuckherstellung zwischen 1845 und 1973 am Beispiel eines Großunternehmens. Frankfurt am Main 1973.

Brunner, Otto; Conze, Werner; Koselleck, Reinhart: Geschichtliche Grundbegriffe. Historisches Lexikon zur politisch-sozialen Sprache in Deutschland, Bd. 5. Stuttgart 1984.

Bryson, Norman: Das Sehen und die Malerei. Die Logik des Blicks. München 2001.

Bühl, Achim: Rassismus. Anatomie eines Machtverhältnisses. Wiesbaden 2016.

Butler, Judith: Haß spricht. Zur Politik des Performativen. Frankfurt am Main 2006.

Cain, GG: Die ökonomische Analyse des Arbeitsmarktes. Diskrimination: Ein Überblick. In Ashenfelter, O.; Layard, R. (Hrg.): Handbook of Labor Economics, Bd. 1. Amsterdam 1986, S. 693-709.

Childe, Gordon V: Soziale Evolution. Frankfurt am Main 1968 (Titel der Originalausgabe: Social Evolution 1951).

Chomsky, Noam: Media Control. Wie die Medien uns manipulieren. Hamburg · Wien 2003.

Clauß, Ludwig, Ferdinand: Rasse und Seele. Eine Einführung in den Sinn der leiblichen Gestalt. München 1943.

Cohen-Séat, Gilbert; Fougeyrollas, Pierre: Wirkungen auf den Menschen durch Film und Fernsehen. Köln, Opladen 1966.

Cremer, Hendrik: „...und welcher Rasse gehören Sie an?" Zur Problematik des Begriffs „Rasse" in der Gesetzgebung. Deutsches Institut für Menschenrechte. Berlin 2009.

Crone, Katja; Schnepf, Robert; Stolzenberg, Jürgen (Hrg.): Über die Seele. Berlin 2010.

Dammann, Ernst: Afrika III. In: Müller, Gerhard (Hrg.): Theologische Realenzyklopädie, Band I. Berlin, New York 1977.

Darwin, Charles: Über die Entstehung der Arten durch die natürliche Zuchtwahl oder die Erhaltung der begünstigsten Rassen im Kampfe um's Dasein. Kapitel 5: Gesetze der Abänderung. Wirkungen veränderter Bedingungen. In: www.textlog.de/23713.html (01.07.2012). Im Original S. 168-171.

Davidson, Brasil: Afrika, Stämme, Staaten, Königreiche. New York 1972.

Davis, Earle E.: Einige Grunderkenntnisse der Vorurteilsforschung. In: Vorurteile, Ängste, Aggressionen. Frankfurt am Main 1975, S. 41-61.

Deichsel, Alexander: Die Macht der leeren Worte. In: Hagener, Caesar; Korte, Hermann; Meissner, Kurt; Opp, Karl-Dieter; Teckentrup, Peter (Hrg.): Diagnose sozialen Verhaltens. Hamburg 1972, S. 239-258.

Deleuze, Gilles: Das Bewegungs-Bild. Kino 1. Frankfurt am Main ²1990.

Dering, Florian: Der Vergnügungspark. In: Münchener Messe- und Ausstellungsgesellschaft mbh, Münchner Stadtmuseum (Hrg.): Vom Ausstellungspark zum internationalen Messeplatz. München 1904 bis 1984, S. 67-75.

Deschner, Karlheinz: Der Moloch. „Sprecht sanft und tragt immer einen Knüppel bei euch!" Eine kritische Geschichte der USA. München 1994.

Deutelbaum Marshall: Structural Patterning in the Lumiére Films. In: Fell, John (ed.): Film Before Griffith. Bereley 1983, S. 299-310.

Diamond, Jared: Arm und Reich. Die Schicksale menschlicher Gesellschaften. Frankfurt am Main 2006.

Diamond, Jared: Warum macht Sex Spaß? Die Evolution der menschlichen Sexualität. München 2000.

Diederichs, Eugen (Hrg.): Deutsches Leben der Vergangenheit in Bildern (2 Bd.). Jena 1908. Reprint: Wolfenbüttel 2008.

Donohue, JJ; Siegelman, P: Der ständige Wandel der Diskriminierung am Arbeitsplatz. Stanford Law Review, 43. Stanford 1991, S. 983-1033.

Dornseiff, Franz: Der deutsche Wortschatz nach Sachgruppen. Berlin [7]1972 und 2004.

Dreesbach, Anne: Gezähmte Wilde. Die Zurschaustellung „exotischer" Menschen in Deutschland 1870-1940. Frankfurt, New York 2005.

Duerr, Hans Peter: Der Mythos vom Zivilisationsprozeß, Bd. 1: Nacktheit und Scham. Frankfurt am Main 1988.

Eco, Umberto; Trabant, Jürgen: Einführung in die Semiotik. Paderborn 1972.

Eder, Klaus: Zur Systematisierung der Entstehungsbedingungen von Klassengesellschaften. Eine Analyse der archaischen Systemgeschichte. In: ders. (Hrg.): Seminar: Entstehung von Klassengesellschaften. Frankfurt am Main 1973, S. 15-29.

Edwards, Paul: The Encyclopedia of Philosophy, Vol. 7. London, New York 1967.

Eibl-Eibesfeld, I.: Fremdenfurcht und Reaktion auf Außenseiter. In: Stadler, Klaus (Hrg.): Lust am Forschen – Ein Lesebuch zu den Naturwissenschaften. München 1989.

Eibl-Eibesfeldt, I.: Krieg und Frieden. München, Zürich 1975.

Eid, Volker: Die Reise zum Ich. Finde ich mich selbst in der Ferne? In: Bensberger Protokolle 92: Fernweh · Seelenheil · Erlebnislust. Von Reisemotiven und Freizeitfolgen. Bergisch Gladbach 1998, S. 129-150.

Eißenberger, Gabi: Entführt, verspottet und gestorben. Lateinamerikanische Völkerschauen in deutschen Zoos. Frankfurt 1996.

Elfferding, Wieland: „Funktion und Struktur des Rassismus". In: Autrata, Otger; Kaschuba, Gerrit; Leiprecht, Rudolf; Wolf Cornelia (Hrg.): Theorien über Rassismus. Eine Tübinger Veranstaltungsreihe (Argument-Sonderband as 164). Berlin 1990.

Elias, Norbert: Über den Prozeß der Zivilisation. Soziogenetische und psychogenetische Untersuchungen (2 Bde). Frankfurt am Main [1939] [17]1992.

Ellinghaus, Gert: Fernsehmacher. Tübingen 1975.

El-Tayeb, Fatima: Schwarze Deutsche. Der Diskurs um „Rasse" und nationale Identität 1890-1933. Frankfurt, New York 2001.

Engels, Friedrich: Zur Geschichte der Urgermanen I. In: Marx, Karl; Engels, Friedrich: Über Deutschland und die deutsche Arbeiterbewegung, Bd. 1. Von der Frühzeit bis zum 18. Jahrhundert. Berlin [7]1982, S. 11-20.

Evans-Pritchard, E. E.: The Nuer. A Description of the Modes of Livelihood and Political Institutions of a Nilotic People. Oxford 1940.

Fanon, Frantz: Black Skin, White Masks. New York 2008.

Fanon, Frantz: Die Verdammten dieser Erde. Frankfurt am Main 1966.

Fichter, Joseph H.: Grundbegriffe der Soziologie. Wien 1970.

Flecha, Rámon; de Botton, Lena u.a.: Equality of Differences versus Postmodern Racism. In: Macedo, Donaldo; Gounari, Panayota (Hrg.): The Globalization of Racism. Boulder, London 2006, S. 226-240.

Flusser, Vilém: Ins Universum der technischen Bilder. European Photography 1985.

Foitzik, Andreas; Leiprecht, Rudi; Marvakis, Athanasios; Seid, Uwe (Hrg.): „Ein Herrenvolk von Untertanen". Rassismus – Nationalismus – Sexismus. Duisburg 1992.

Förster, Larissa, Postkoloniale Erinnerungslandschaften. Wie Deutsche und Herero in Namibia des Kriegs von 1904 gedenken. Frankfurt/New York 2010.

Fredrickson, George, M.: Rassismus. Ein historischer Abriß. Hamburg 2004.

Freud, Sigmund: Totem und Tabu. Einige Übereinstimmungen im Seelenleben der Wilden und der Neurotiker. Frankfurt am Main 1971.

Früh, Werner: Inhaltsanalyse. Theorie und Praxis. Konstanz ^{5}2001.

Fuest, Leonhard: Poetik des Nicht(s)tuns. Verweigerungsstrategien in der Literatur seit 1800. München 2008.

Gagern, Axel von: Wandlungen in den Sozial- und Heiratsorganisationen bei den vorstaatlichen Wahehe. In: Lang, Werner; Nippold, Walter; Spannaus, Günther: Von fremden Völkern und Kulturen. Beiträge zur Völkerkunde. Düsseldorf 1955, S. 145-151.

Gaier, Ulrich: Lachen und Lächeln – anthropologisch, soziologisch, poetologisch. In: Assmann, Aleida; Gaier, Ulrich; Trommsdorff, Gisela (Hrg.): Positionen der Kulturanthropologie. Frankfurt am Main 2004, S. 61-89.

Galliker, Mark; Wagner, Franc: Ein Kategoriensystem zur Wahrnehmung und Kodierung sprachlicher Diskriminierung. In: Journal für Psychologie, 3. Jahrgang, Heft 3, 1995, S. 33-43.

Ganter, Stephan: Ursachen und Formen der Fremdenfeindlichkeit in der Bundesrepublik Deutschland (Electronic ed.). Bonn 1998. In: http://www.fes.de/fulltext/asfo/00256toc.htm (01.07.2012).

Gardner, Howard: Abschied vom IQ. Die Rahmen-Theorie der vielfachen Intelligenzen. Stuttgart 1991.

Gardner, Howard: Intelligenzen. die Vielfalt des menschlichen Geistes. Stuttgart 2002.

Gardner, Howard; Kornhaber, Mindy L.; Wake, Warren K.: Intelligence: Multiple perspectives. Orlando 1996.

Gasser, Georg: Einleitung: Die Aktualität des Seelenbegriffs. In: Gasser, Georg; Quitterer, Josef (Hrg.): Die Aktualität des Seelenbegriffs. Interdisziplinäre Zugänge. Paderborn 2010, S. 9-27.

Gebhardt, Hartwig: Kollektive Erlebnisse. Zum Anteil der illustrierten Zeitschriften im 19. Jahrhun-dert an der Erfahrung des Fremden. In: Greverus, Ina-Maria; Köstlin, Konrad; Schilling, Heinz (Hrg.): Kulturkontakt Kulturkonflikt. Zur Erfahrung des Fremden, Teil 2, S. 517-544.

Geiger, Klaus, F.: Deutsch-europäische Festungsgeschichten und die (Re-) Konstruktion des Feindes Islam. In: Foitzik, Andreas; Leiprecht, Rudi; Marvakis, Athanasios; Seid, Uwe (Hrg.): „Ein Herrenvolk von Untertanen". Rassismus – Nationalismus – Sexismus. Duisburg 1992, S. 163-184.

Gerhardt, Kurt: Aggression und Rassismus – elementare Verhaltensweisen? München 1973.

Gerndt, Cordula Carla: Anstelle eines Schlußworts. In: Gerndt, Helge; Haibl, Michaela (Hrg.): Der Bilderalltag. Perspektiven einer volkskundlichen Bildwissenschaft. Münster et al. 2005, S. 389-391.

Gerndt, Helge: Kultur als Forschungsfeld. Über volkskundliches Denken und Arbeiten. München ²1986, S. 70-84.

Gerndt, Helge: Mit Bildern leben. Die Visualisierung der Wissensgesellschaft in volkskundlich-kulturwissenschaftlicher Perspektive. In: Schweizerisches Archiv für Volkskunde 100 (2004), S. 173-203.

Gerndt, Helge: Studienskript Volkskunde. Eine Handreichung für Studierende. Münster, New York, München, Berlin ³1997.

Gerndt, Helge; Haibl, Michaela (Hrg.): Der Bilderalltag. Perspektiven einer volkskundlichen Bildwissenschaft. Münster et al. 2005.

Geulen, Christian: Geschichte des Rassismus. München 2007.

Gilroy, Paul: Against Race. Imagining Political Culture beyond the Color Line. Harvard 2000.

Girtler, Roland: Kulturanthropologie. Entwicklungslinien, Paradigmata, Methoden. München 1979.

Gloy, Karen: Philosophiegeschichte der Zeit. München 2008.

Gloy, Karen: Zeit I. In: Müller, Gerhard (Hrg.): Theologische Realenzyklopädie, Band XXXVI. Berlin, New York 2004, S. 504-516.

Gockerell, Nina: Bilder auf Möbeln. Ein Beispiel aus dem Bayerischen Nationalmuseum. In: Gerndt, Helge; Haibl, Michaela (Hrg.): Der Bilderalltag. Perspektiven einer volkskundlichen Bildwissenschaft. Münster et al. 2005, S. 327-331.

Godelier, Maurice: Rationalität und Irrationalität in der Ökonomie. Frankfurt am Main 1972.

Goethe, Tina: Das Erlebnis der Grenze. Über die Verwandtschaft von Rassismus und Tourismus. In: Backes, Martina; Goethe, Tina; Günther, Stephan; Magg, Rosaly (Hrg.): Im Handgepäck Rassismus. Beiträge zu Tourismus und Kultur. Freiburg (Breisgau) 2002, S. 13-28.

Gombrich, Ernst, H.: Zur Psychologie des Bilderlesens. In: ders: Das forschende Auge. Kunstbetrachtung und Naturwahrnehmung. Frankfurt am Main, New York, Paris 1994.

Göttel Stefan: „Hottentotten/Hottentottin". In: Arndt, Susan; Hornscheidt, Antje (Hrg.): Afrika und die deutsche Sprache. Ein kritisches Nachschlagewerk. Münster ²2009, S. 147-153.

Gottschalch, Wilfried: Stereotyp. In: Kerber, Harald; Schmieder, Arnold (Hrg.): Handbuch Soziologie. Zur Theorie und Praxis sozialer Beziehungen. Hamburg 1984, S. 580-582.

Götz, Irene: Nationale „Visiotype". Zur Wirkmacht inszenierter Bilder im Medienzeitalter. In: Gerndt, Helge; Haibl, Michaela (Hrg.): Der Bilderalltag. Perspektiven einer volkskundlichen Bildwissenschaft. Münster et al. 2005, S. 187-198.

Gould, Stephen, Jay: Der falsch vermessene Mensch. Basel, Boston, Stuttgart 1983.

Graf, Jakob: Vererbungslehre, Rassenkunde und Erbgesundheitspflege. Einführung nach methodischen Grundsätzen. München 1934.

Graumann, Carl, F.: Discriminatory Discourse. Conceptual and Methodological Problems. Bericht Nr. 71. Arbeiten aus dem Sonderforschungsbereich 245 „Sprache und Situation". Heidelberg 1994.

Graumann, Carl, F.: Sprachliche Diskriminierung. Ruperto Carola. Forschungsmagazin der Universität Heidelberg, 4, 1994, S. 9-13.

Graumann, Carl, F; Wintermantel, Margret: Discriminatory speech acts: A functional approach. In: Bar-Tal, D.; Graumann, C. F.; Kruglanski, A. W.; Stroebe, W. (eds.): Stereotypes and prejudice. Changing conceptions. New York 1989, S. 184-204.

Greverus, Ina-Maria: Kultur und Alltagswelt. Eine Einführung in die Fragen der Kulturanthropologie. München 1978.

Gronemeyer, Marianne: Das Leben als letzte Gelegenheit. Sicherheitsbedürfnisse und Zeitknappheit. Frankfurt am Main, Wien, Zürich 2003.

Gründer, Horst: Geschichte der deutschen Kolonien. Paderborn [5]2004.

Gruner, Stefan, T.: Die egolose Gesellschaft. Vom systematischen Ich-Schwund und der darauf folgenden Irrklage über Selbstbesessenheit. In: Essaywettbewerb: Eine egoistische Gesellschaft? Leben zwischen Individualismus und Solidarität. Frankfurt am Main, Wien, Zürich 2004.

Gunning, Tom: Vor dem Dokumentarfilm. Frühe *non-fiction*-Filme und die Ästhetik der *„Ansicht"*. In: KINtop 4, 1995, S. 111-121.

Gusinde, Martin: Monorchie der Buschmänner als ontogenetische Spezialisation. In: Lang, Werner; Nippold, Walter; Spannaus, Günther: Von fremden Völkern und Kulturen. Beiträge zur Völkerkunde. Düsseldorf 1955, S. 145-151.

Gyr, Ueli: Medien und Alltag – Alltag und Medien. In: Schweizerisches Archiv für Volkskunde 95 (1999) 145-151.

Habermas, Jürgen; Luhmann, Niklas: Theorie der Gesellschaft oder Sozialtechnologie – Was leistet die Systemforschung? Frankfurt am Main 1971.

Hahn, Hans Henning; Mannová, Elena (Hrg.): Nationale Wahrnehmungen und ihre Stereotypisierung. Beiträge zur Historischen Stereotypenforschung. Frankfurt am Main 2007.

Hall, Edward Twitchell: The Dance of Life. The Other Dimension of Time. New York u.a. 1983.

Hall, Edward Twitchell: The Hidden Dimension. New York u.a. 1982.

Hall, Stuart: Rassismus und kulturelle Identität. Ausgewählte Schriften 2. Hamburg 1994.

Halloran, James D.: Wirkungen des Fernsehens. Hamburg 1966.

Hamburger, Franz: Violence in the New Germany: Reflection about the Connection between Blocked Immigration, Politics, and Pedagogy. In: Macedo, Donaldo; Gounari, Panayota (Hrg.): The Globalization of Racism. Boulder, London 2006, S. 209-225.

Hamm, Wolfgang: Mehr als der Zauber der Trommeln. Vom Reichtum afrikanischer Musikkulturen. In: Böhler, Katja; Hoeren, Jürgen: Afrika. Mythos und Zukunft. Bonn 2003, S. 105-114.

Hammerich, Kurt (Hrg.): Soziologische Studien zu Gruppe und Gemeinde. Wiesbaden 2006.

Haushofer, Marlen: Die Wand. Frankfurt am Main, Wien, Zürich 2010.

Heckel, Theo, K: Die Seele im hellenistischen Judentum und frühen Christentum. In: Gasser, Georg; Quitterer, Josef (Hrg.): Die Aktualität des Seelenbegriffs. Interdisziplinäre Zugänge. Paderborn 2010, S. 327-342.

Hegel, Georg, Friedrich, Wilhelm: Vorlesungen über die Philosopie der Geschichte. Stuttgart 1945.

Heitmeyer, Wilhelm: Die Ideologie der Ungleichwertigkeit. In: Heitmeyer, Wilhelm (Hrg.): Deutsche Zustände, Folge 6. Frankfurt am Main 2008, S. 36-50.

Heitmeyer, Wilhelm; Endrikat, Kirsten: Die Ökonomisierung des Sozialen. Folgen für „Überflüssige" und „Nutzlose". In: Heitmeyer, Wilhelm (Hrg.): Deutsche Zustände, Folge 6. Frankfurt am Main 2008, S. 55-72.

Heitmeyer, Wilhelm; Mansel, Jürgen: Gesellschaftliche Entwicklung und *Gruppenbezogene Menschenfeindlichkeit:* Unübersichtliche Perspektiven. In: Heitmeyer, Wilhelm (Hrg.): Deutsche Zustände, Folge 6. Frankfurt am Main 2008, S. 13-35.

Hengartner, Thomas: Volkskundliches Forschen im, mit dem und über das Internet. In: Göttsch, Silke; Lehmann, Albrecht (Hrg.): Methoden der Volkskunde. Positionen, Quellen, Arbeitsweisen der Europäischen Ethnologie. Berlin 2001, S. 187-218.

Hennig, Anke; Koch, Gertrud; Voss, Christiane; Witte, Georg (Hrg.): Jetzt und dann. Zeiterfahrung in Film, Literatur und Philosophie. München 2010.

Herbers, Klaus: Reisen für das Seelenheil. Kommen Pilger Gott näher? In: Bensberger Protokolle 92: Fernweh · Seelenheil · Erlebnislust. Von Reisemotiven und Freizeitfolgen. Bergisch Gladbach 1998, S. 27-51.

Herms, Eilert: Zeit V. In: Müller, Gerhard (Hrg.): Theologische Realenzyklopädie, Band XXXVI. Berlin, New York 2004, S. 533-551.

Herrnstein, Richard J.; Murray, Charles: The Bell Curve. Intelligence and Class Structure in American Life. New York et al 1994.

Hey, Bernd: Und ewig lockt die Ferne? Anmerkungen zur Geschichte und Definition der Reise. In: Bensberger Protokolle 92: Fernweh · Seelenheil · Erlebnislust. Von Reisemotiven und Freizeitfolgen. Bergisch Gladbach 1998, S. 9-26.

Hill, Jane H.: The Everyday Language of White Racism. Malden MA 2008.

Hiltebrandt, Philipp: Die Grundlagen der abendländischen Kultur. Leipzig 1940.

Hirsch, E. E.: Diskriminierung. In: Bernsdorf, Wilhelm (Hrg.): Wörterbuch der Soziologie. Stuttgart [2]1969, S. 190f.

Hitler, Adolf: Mein Kampf, Bd. 1: Eine Abrechnung. München [563]1941.

Hitzler, Ronald: Eventisierung. Drei Fallstudien zum marktstrategischen Massenspaß. Wiesbaden 2011.

Hofhansl, Ernst: Farben/Farbensymbolik. In: Müller, Gerhard (Hrg.): Theologische Realenzyklopädie, Band XI. Berlin, New York 1983.

Horkheimer, Max: Sozialpsychologische Forschungen zum Problem des Autoritarismus, Nationalismus und Antisemitismus. In: Hartmann, K. D. (Hrg.): Vorurteile, Ängste, Aggressionen. Frankfurt am Main, Köln 1975, S. 19-24.

Horkheimer, Max; Adorno, Theodor, W.: Vorurteil und Charakter. In: Ahlheim, Klaus: Die Gewalt des Vorurteils. Eine Textsammlung. Schwalbach/Ts. 2007, S. 73-83.

Horstkotte, Gudrun: Wortbedeutung und Kontext. Eine Untersuchung zur Theorie des semantischen Gedächtnisses. Berlin 1978.

Huerkamp, Matthias; Jockisch, Heike; Wagner, Franc; Graumann, Carl, F.: Facetten expliziter sprachlicher Diskriminierung: Untersuchungen von Ausländer-Diskriminierungen anhand einer deutschen und einer ausländischen Stichprobe. Bericht Nr. 55. Arbeiten aus dem Sonderforschungsbereich 245 „Sprache und Situation", Heidelberg/Mannheim. Heidelberg 1993.

Huizinga, Johan: Herbst des Mittelalter. Studien über Lebens- und Geistesformen des 14. und 15. Jahrhunderts in Frankreich und in den Niederlanden. Stuttgart [12]2006.

Hund, Wulf D.: Rassismus. Bielefeld 2007.

Hüther, Gerald: Die Macht der inneren Bilder. Wie Visionen das Gehirn, den Menschen und die Welt verändern. Göttingen [4]2008.

Jäger, Siegfried: BrandSätze. Rassismus im Alltag. Duisburg [4]1992. In: http://www.diss-duisburg.de/Internetbibliothek/Buecher/Brandsaetze/BrandsaetzeSynoptischeAnalyse.htm (01.07.2012).

Jäger, Siegfried: Rassismus und Rechtsextremismus – Gefahr für die Demokratie. Bonn 1993. In: http://library.fes.de/fulltext/asfo/01014toc.htm (01.07.2012).

Jahn, Ilse: Geschichte der Biologie. Heidelberg u.a. [3]2000.

Jeggle, Utz: Ordnungsvorstellungen im Aberglauben. In: Ethnopsychoanalyse 1: Glaube, Magie, Religion. Frankfurt am Main 1990, S. 88-107.

Jentsch, Karl: Kultur und Zivilisation. In: Politisch-anthropologische Revue. Monatsschrift für das soziale und geistige Leben der Völker. 5. Jahrgang, Leipzig 1906/07, S. 92-100.

Joeden-Forgey, Elisa von: Die „Deutsche Afrika-Schau" und der NS-Staat. In: Martin, Peter; Alonzo, Christine (Hrg.): Zwischen Charleston und Stechschritt. Schwarze im Nationalsozialismus. Hamburg, München 2004, S. 451-460.

Jordan, Winthrop D.: White over Black: American Attitudes Toward the Negro, 1550-1812. North Carolina 1995.

Jordan-Ecker, Ute: Interkulturelle Kommunikation in internationalen Jugendaustauschmaßnahmen unter besonderer Berücksichtigung von Hauptschülern. Essen 2002.

Kagelmann, H. Jürgen (Hrg.): Tourismuswissenschaft. Soziologische, sozial-psychologische und sozialanthropologische Untersuchungen. München 1993.

Kaiser Marc Aurel: Wege zu sich selbst. Zürich und München 1951.

Kant-Lexikon: Nachschlagewerk zu Kants sämtlichen Schriften / Briefen und handschriftlichem Nachlaß. Hildesheim, New York 1979.

Kartarí, Asker: Deutsch-türkische Kommunikation am Arbeitsplatz. Zur interkulturellen Kommunikation zwischen türkischen Mitarbeitern und deutschen Vorgesetzten in einem deutschen Industriebetrieb. (Münchner Beiträge zur interkulturellen Kommunikation, 2). Münster u.a. 1997.

Kasakos, Gerda: Zeitperspektive, Planungsverhalten und Sozialisation. Überblick über internationale Forschungsergebnisse. München 1971.

Kaschuba, Wolfgang: Einführung in die Europäische Ethnologie. München ²2003.

Kather, Regine: Über die Zeit. In: http://www.akademieforum.de/grenzfragen/open/Grundlagen/Ka_Zeit/frame.htm (01.07.2012).

Kaufmann, Doris: „Rasse und Kultur". Die amerikanische Kulturanthropologie um Franz Boas (1858-1942) in der ersten Hälfte des 20. Jahrhunderts – ein Gegenentwurf zur Rassenforschung in Deutschland. In: Schmuhl, Hans-Walter (Hrg.): Rassenforschung an Kaiser-Wilhelm-Instituten vor und nach 1933, Bd. 4. Göttingen 2003, S. 309-327.

Kay, Rosemarie: Diskriminierung von Frauen bei der Personalauswahl. Problemanalyse und Gestaltungsempfehlungen. Wiesbaden 1998.

Kentler, H. et al: Forschungsbericht Jugend im Urlaub. Studienkreis für Tourismus (Hrg.). München 1965.

Kerber, Harald; Schmieder, Arnold (Hrg.): Handbuch Soziologie. Zur Theorie und Praxis sozialer Beziehungen. Hamburg 1984.

Kerkhoff-Hader, Bärbel: Die alltägliche Bilderflut. Werbung als kulturanalytisches Forschungsfeld. In: Gerndt, Helge; Haibl, Michaela (Hrg.): Der Bilderalltag. Perspektiven einer volkskundlichen Bildwissenschaft. Münster et al. 2005, S. 169-185.

Key, Ellen: Das Jahrhundert des Kindes. Studien. Weinheim und Basel 2000.

Kleinecke, Paul: Gobineaus Rassenlehre. Stuttgart ²1920.

Koch, Martin: An den Genen liegt es nicht. Sarrazin-Debatte: Warum die Biologie nicht als Gesellschaftstheorie taugt. In: http://www.ag-friedensforschung.de/themen/Rassismus/sarrazin6.html (01.07.2012).

Koller, Christian: Der „dunkle Verrat an Europa": Afrikanische Soldaten im Krieg 1914-1918 in der deutschen Wahrnehmung. In: Martin, Peter; Alonzo, Christine (Hrg.): Zwischen Charleston und Stechschritt. Schwarze im Nationalsozialismus. Hamburg, München 2004, S. 111-115.

Korff, Gottfried: Politischer „Heiligenkult" im 19. und 20. Jahrhundert. In: Zeitschrift für Volkskunde 71 (1975), S. 202-220.

Korte, Barbara: Der englische Reisebericht. Von der Pilgerfahrt bis zur Postmoderne. Darmstadt 1996.

Körtner, Ulrich, H. J.: Tier. In: Müller, Gerhard (Hrg.): Theologische Real-enzyklopädie. Berlin, New York 2002, S. 527-534.

Köstlin, Konrad: Die Erfahrung des Fremden. In: Greverus, Ina-Maria; Köstlin, Konrad; Schilling, Heinz (Hrg.): Kulturkontakt Kulturkonflikt. Zur Erfahrung des Fremden, Teil 1, S. 17-26.

Kramer, Dieter: Implikationen des direkten Kulturkontaktes: Die touristische Begegnung. In: Greverus, Ina-Maria; Köstlin, Konrad; Schilling, Heinz (Hrg.): Kulturkontakt Kulturkonflikt. Zur Erfahrung des Fremden, Teil 1, S. 329-338.

Kramer, Dieter: Suggestionen und entgangener Gewinn: Zur Transformation der Erlebnisgesellschaft. Ein Interview mit Gerhard Schulz. In: ders. (Hrg.): Voyage. Jahrbuch für Reise- & Tourismusforschung. 2001. Köln 2001, S. 29-41.

Kreuzer, Helmut (Hrg.): Fernsehforschung – Fernsehkritik. Göttingen 1980.

Kuper, Adam: The Culture of Discrimination. In: Byron, Reginald; Kockel, Ullrich (Eds.): Negotiating Culture. Moving, Mixing and Memory in Contemporary Europe. Berlin 2006.

Kürzeder, Christoph: „Ich sehe dich in tausend Bildern". Marienbilder und ihre Verehrung. mpz-Themenhefte zur Volkskunde, Museum im Herzogschloß Straubing, München 1996.

Lauterbach, Burkhart: „München 1908" – Eine Ausstellung. In: Münchener Messe- und Ausstellungsgesellschaft mbh, Münchner Stadtmuseum (Hrg.): Vom Ausstellungspark zum internationalen Messeplatz. München 1904 bis 1984, S. 37-41.

Lauterbach, Burkhart: Ein Ausstellungspark entsteht. In Münchener Messe- und Ausstellungsgesellschaft mbh, Münchner Stadtmuseum (Hrg.): Vom Ausstellungspark zum internationalen Messeplatz. München 1904 bis 1984, S. 32-36.

Lauterbach, Burkhart: Exakt lesen lernen ... Fotografieanalytische Anleitungsmodelle in der Kritik. In: Gerndt, Helge; Haibl, Michaela (Hrg.): Der Bilderalltag. Perspektiven einer volkskundlichen Bildwissenschaft. Münster et al. 2005, S. 311-325.

Lauterbach, Burkhart: Tourismus. Eine Einführung aus Sicht der volkskundlichen Kulturwissenschaft. Würzburg 2006.

Lederbogen, Jan: Fotografie als Völkerschau. In: Fotogeschichte. Beiträge zur Geschichte und Ästhetik der Fotografie. 1986, Jahrgang 6, Heft 22. Frankfurt am Main 47-64.

Lehmann, Albrecht: Bilder als Vorbild. Zur Ikonologie des „landschaftlichen Auges". In: Gerndt, Helge; Haibl, Michaela (Hrg.): Der Bilderalltag. Perspektiven einer volkskundlichen Bildwissenschaft. Münster et al. 2005, S. 157-168.

Lehmann, Alfred: Zeitgenössische Bilder der ersten Völkerschauen. In: Lang, Werner; Nippold, Walter; Spannaus, Günther (Hrg.): Von fremden Völkern und Kulturen. Beiträge zur Völkerkunde. Düsseldorf 1955, S. 31-38.

Lenk. Carsten: Die Erscheinung des Rundfunks. Einführung und Nutzung eines neuen Medium 1923-1932. Opladen 1997.

Lepenies, W.; Ritter, H. H. (Hrg.): Orte des wilden Denkens. Zur Anthropologie von Claude Lévi-Strauss. Frankfurt am Main 1970.

Levine, Robert: Eine Landkarte der Zeit. Wie Kulturen mit der Zeit umgehen. München, Zürich 1998.

Lévi-Strauss, Claude: Strukturale Anthropologie. Frankfurt am Main 1967.

Lewerenz, Susann: Die *Deutsche Afrika-Schau* (1935-1940). Rassismus, Kolonialrevisionismus und postkoloniale Auseinandersetzungen im nationalsozialistischen Deutschland. Frankfurt am Main 2006.

Lotz, Rainer, E.: Schwarze Entertainer in der Weimarer Republik. Gegen den Rhythmus der Grossstadt. In: Martin, Peter; Alonzo, Christine (Hrg.): Zwischen Charleston und Stechschritt. Schwarze im Nationalsozialismus. Hamburg, München 2004, S. 254-273.

Lüke, Ulrich: Seele – was ist das? Ein interdisziplinärer Verständigungsversuch zwischen Biologie und Theologie. In: Gasser, Georg; Quitterer, Josef (Hrg.): Die Aktualität des Seelenbegriffs. Interdisziplinäre Zugänge. Paderborn 2010, 285-308.

Lutz, Helma: Rassismus und Sexismus, Unterschiede und Gemeinsamkeiten. In: Foitzik, Andreas; Leiprecht, Rudi; Marvakis, Athanasios; Seid, Uwe (Hrg.): „Ein Herrenvolk von Untertanen". Rassismus – Nationalismus – Sexismus. Duisburg 1992, S. 57-79.

Macedo, Donaldo; Gounari, Panayota: Globalization and the Unleashing of New Racism: An Introduction. In: dies. (Hrg.): The Globalization of Racism. Boulder, London 2006, S. 3-35.

Magg, Rosaly: Wild – Fremd – Frau. Weiblichkeitsbilder im Tourismus. In: Backes, Martina; Goethe, Tina; Günther, Stephan; Magg, Rosaly (Hrg.): Im Handgepäck Rassismus. Beiträge zu Tourismus und Kultur. Freiburg (Breisgau) 2002, S. 71-84.

Magiros, Angelika: Foucaults Beitrag zur Rassismustheorie. Hamburg 1995.

Malinowski, Bronislaw: Geschlechtstrieb und Verdrängung in primitiven Gesellschaften. Hamburg 1962.

Mamozai, Martha: Frauen und Kolonialismus – Täterinnen und Opfer. Eine historische Entdeckungsreise. In: Foitzik, Andreas; Leiprecht, Rudi; Marvakis, Athanasios; Seid, Uwe (Hrg.): „Ein Herrenvolk von Untertanen". Rassismus – Nationalismus – Sexismus. Duisburg 1992, S. 125-142.

Marinkovic, Peter: Seele – Geist ohne Körper. Exegetische Anmerkungen zum Personverständnis im Judentum der persischen und hellenischen Zeit. In: Gasser, Georg; Quitterer, Josef (Hrg.): Die Aktualität des Seelenbegriffs. Interdisziplinäre Zugänge. Paderborn 2010, 309-326.

Markefka, Manfred: Vorurteile – Minderheiten – Diskriminierung. Ein Beitrag zum Verständnis sozialer Gegensätze. Neuwied, Kriftel, Berlin [7]1995.

Martin, Peter: ... Als wäre gar nichts geschehen. In: Martin, Peter; Alonzo, Christine (Hrg.): Zwischen Charleston und Stechschritt. Schwarze im Nationalsozialismus. Hamburg, München 2004, S. 700-710.

Marx, Karl: Das Kapital. Kritik der politischen Ökonomie, Bd. I: Der Produktionsprozeß des Kapitals. Frankfurt am Main u.a. [3]1969, S. 703-715.

Marx, Karl: Grundrisse der Kritik der politischen Ökonomie. Frankfurt, Wien 1971.

Marx, Karl: Grundrisse der Kritik der Politischen Ökonomie. In: Marx, Karl; Engels, Friedrich: Werke, Bd. 42. Berlin 1983.

Marx, Karl; Engels, F.: Über Deutschland und die deutsche Arbeiterbewegung, Bd. 1-3. Berlin [7]1982.

Massaquoi, Hans J: „Neger, Neger, Schornsteinfeger! München 2002.

Maupassant, de, Guy: Bel-ami. Olten, Stuttgart, Salzburg 1958.

Mayring, Philipp: Qualitative Inhaltsanalyse. Grundlagen und Techniken. Weinheim, Basel [10]2008.

McRae, Verena: Die Gastarbeiter. Daten, Fakten, Probleme. München 1980.

Meixner, Uwe: Die Seele als natürliche Instanz der Freiheit. In: Crone, Katja; Schnepf, Robert; Stolzenberg, Jürgen (Hrg.): Über die Seele. Berlin 2010, S. 371-389.

Memmi, Albert: Rassismus. Frankfurt am Main 1987.

Mergner, Gottfried: „Unser Nationales Erbe" des deutschen Kolonialismus. Rassistische Bilder – Mitleid mit den Opfern – die Unschuld der Erben. In: Foitzik, Andreas; Leiprecht, Rudi; Marvakis, Athanasios; Seid, Uwe (Hrg.): „Ein Herrenvolk von Untertanen". Rassismus – Nationalismus – Sexismus. Duisburg 1992, S. 143-162.

Merkenschlager, Friedrich: Rassensonderung, Rassenmischung, Rassenwandlung. Berlin 1933.

Meyer, Erich; Dittrich, Werner: Erb- und Rassenkunde. Breslau 1933.

Mikl-Horke, Gertraude: Soziologie. Historischer Kontext und soziologische Theorie-Entwürfe. München 2001.

Mohn, Jürgen: Zeit II. In: Müller, Gerhard (Hrg.): Theologische Realenzyklopädie, Band XXXVI. Berlin, New York 2004, S. 516-520.

Moll, Helmut: Die katholischen deutschen Martyrer des 20. Jahrhunderts. Paderborn, München, Wien, Zürich [3]1999.

Moser, Johannes: Jeder, der will, kann arbeiten. Die kulturelle Bedeutung von Arbeit und Arbeitslosigkeit. Wien, Zürich 1993, S. 7-13, 43.

Mosse, George, L.: Die Geschichte des Rassismus in Europa. Frankfurt am Main 1990.

Moßmann, Walter: Ein Pfahl im Löß. Über Antisemitismus in einer Region. In: Foitzik, Andreas; Leiprecht, Rudi; Marvakis, Athanasios; Seid, Uwe (Hrg.): „Ein Herrenvolk von Untertanen". Rassismus – Nationalismus – Sexismus. Duisburg 1992, S. 95-112.

Muckermann, Hermann: Grundriß der Rassenkunde. Paderborn 1934.

Müller, Gerhard (Hrg.): Theologische Realenzyklopädie, Band XXX. Berlin, New York 2001.

Müller, Klaus E. (Hrg.): Menschenbilder früher Gesellschaften. Ethnologische Studien. Zum Verhältnis von Mensch und Natur. Frankfurt am Main, New York 1983.

Münchener Messe- und Ausstellungsgesellschaft mbh, Münchner Stadtmuseum (Hrg.): Katalogteil, S. 109-176.

Nagel, Stefan: Schaubuden 141-150.

Nägeli, Carl: Entstehung und Begriff der Naturhistorischen Art. Rede in der öffentlichen Sitzung der katholischen Akademie der Wissenschaften am 28. März 1865. München ²1865.

Narr, Wolf-Dieter: Flüchtlinge, Asylsuchende, die Bundesrepublik Deutschland und wir. Sensbachtal 1991.

Nduka-Agwu, Adibeli; Hornscheidt, Antje Lann (Hrg.): Rassismus auf gut Deutsch. Ein kritisches Nachschlagewerk zu rassistischen Sprachhandlungen. Frankfurt 2010.

Neitzel, Sönke; Welzer, Harald: Soldaten. Protokolle vom Kämpfen, Töten und Sterben. Frankfurt am Main, Zürich, Wien 2011.

Nietzsche, Friedrich. Das Hauptwerk. Menschliches, Allzumenschliches, Band 1. München 1990.

Nipperdey, Thomas: Deutsche Geschichte. 1866-1918, Band II, Machtstaat vor der Demokratie. München 1992, 629-654.

Norton, Heather, L.: Convergent evolution of light skin. In: Oxford Journals, MBE Advance Access. Oxford 2006. In: http://mbe.oxfordjournals.org/content/early/2006/12/20/molbev.msl203.full.pdf (01.07.2012).

Opaschowski, Horst W.: Verwöhnt, gelangweilt und erlebnishungrig? Die Erlebnisinflation und ihre Folgen. In: Bensberger Protokolle 92: Fernweh · Seelenheil · Erlebnislust. Von Reisemotiven und Freizeitfolgen. Bergisch Gladbach 1998, S. 195-220.

Ortega y Gasset, José,: Der Aufstand der Massen. Frankfurt am Main, Wien 1997.

Ostermann, Änne; Nicklas, Hans: Vorurteile und Feindbilder. München, Berlin, Wien 1976.

Parsons, Talcott: The Social System. New York 1951.

Pfau, Armin: Innere Bilder und Imaginationen. Persönlichkeitsentwicklung und gesundheitliche Hilfen durch sinnorientierte Arbeit mit inneren Bilder/Imaginationen. In: Nürnberger Laienforum für Psychoanalyse e.V. In: www.psychoanalyse-laienforum.de (01.07.2012).

Philberth, Karl: Komplementaritäten der Physik – Körper, Seele, Geist des Menschen. In: Möllenbeck, Thomas (Hrg.): Geist – Natur. Schöpfung zwischen Monismus und Dualismus. Münster 2009, S. 181-194.

Pickett, Kate; Wilkinson, Richard G.: The Spirit Level. Why More Equal Societies Almost Always Do Better. London 2009.

Plüss Siegrist, Daniela: Diskriminierende Sprachformen. „Er ist Tamile, aber er ist sehr nett." Zürich 1997.

Poenicke, Anke: Afrika in deutschen Medien und Schulbüchern. Sankt Augustin 2001.

Poenicke, Anke: Jenseits vom Forschungsstand: Biologiebücher heute. Ein Beispiel für die Beharrlichkeit von Vorurteilen. In: Martin, Peter; Alonzo, Christine (Hrg.): Zwischen Charleston und Stechschritt. Schwarze im Nationalsozialismus. Hamburg, München 2004, S. 711-715.

Poliakov, Léon; Delacampagne, Christian; Girard, Patrick: Rassismus. Über Fremdenfeindlichkeit und Rassenwahn. Hamburg, Zürich 1992.

Politisch-Anthropologische Revue. Monatsschrift für das soziale und geistige Leben der Völker. Fünfter Jahrgang 1906/07. Leipzig 1907.

Pöppel, Ernst: Was ist Wissen? Vortrag an der Universität zu Köln am 19. Oktober 2001. In: www.uni-koeln.de/organe/presse/reden/poeppel_fest.doc (01.07.2012).

Pöppel, Ernst; Edingshaus, Anna-Lydia: Geheimnisvoller Kosmos Gehirn. München 1994.

Prahl, Hans-Werner: Freizeitsoziologie. Entwicklungen – Konzepte – Perspektiven. München 1977.

Preston-Whyte, Eleanor: Kinsip and Marriage. In: Hammond-Tooke, W.D. (Ed.): The Bantu-Speaking Peoples of Southern Africa. London 1974, S. 177-210.

Proesler, Hans; Beer, Karl: Die Gruppe – The Group – Le Groupe. Ein Beitrag zur Systematik soziologischer Grundbegriffe. Berlin 1955.

Quassil El, Samira; Karig, Friedmann: Erzählende Affen. Mythen, Lügen, Utopien. Wie Geschichten unser Leben bestimmen. Berlin 2021.

Quitterer, Josef: Das Erklärungspotential des Seelenbegriffs. In: Gasser, Georg; Quitterer, Josef (Hrg.): Die Aktualität des Seelenbegriffs. Interdisziplinäre Zugänge. Paderborn 2010, S. 271-283.

Reiche, Jürgen: Macht der Bilder. In: Haus der Geschichte der Bundesrepublik Deutschland (Hrg.): Bilder die lügen. Ausstellungskatalog Berlin 2003, S. 10-21.

Reitzenstein von, Ferdinand: Das Weib bei den Naturvölkern. Berlin 1923.

Reiwald, Paul: Malinowski und die Ethnologie. In: Malinowski, Bronislaw: Eine wissenschaftliche Theorie der Kultur. Frankfurt am Main 1975, S. 7-18.

Report of a Task Force Established by the American Psychological Association: Intelligence: Knowns and Unknowns. In: American Psychologist, Vol. 51, No. 2, 1996, S. 77-101. In: http://www.gifted.uconn.edu/siegle/research/Correlation/Intelligence.pdf (01.07.2012).

Rex, John: „Rasse" und „Ethnizität" als sozialwissenschaftliche Konzepte. In: Dittrich, Eckhard, J.; Radtke, Frank-Olaf (Hrg.): Ethnizität. Wissenschaft und Minderheiten. Opladen 1990, S. 141-153.

Ritter, Gerhard A.: Historisches Lesebuch 2, 1871-1914. Frankfurt am Main 1967, S. 300ff.

Ritter, Joachim; Günder, Karlfried: Historisches Wörterbuch der Philosophie, Bd. 8. Darmstadt 1992.

Roberts, Celia; Davies Evelyn; Jupp, Tom: Language and Discrimination. A Study of Communication in Multi-ethnic Workplaces. London, New York 1992.

Rogge, Jan-Uwe: Kinder können fernsehen. Reinbek ²1999.

Rohrmoser, Günter: Nietzsche als Diagnostiker der Gegenwart. München 2000.

Rommelspacher, Birgit: „Rechtsextremismus und Dominanzkultur". In: Foitzik, Andreas; Leiprecht, Rudi; Marvakis, Athanasios; Seid, Uwe (Hrg.): „Ein Herrenvolk von Untertanen". Rassismus – Nationalismus – Sexismus. Duisburg 1992, S. 81-94.

Ronneberger, Franz: Soziologie. In: Bildungsbuch der Büchergilde, Bd. II, Geisteswissenschaften. Frankfurt am Main u.a. 1962.

Rosa, Hartmut: Beschleunigung. Die Veränderung der Zeitstrukturen in der Moderne. Frankfurt am Main 2005.

Rössler, Patrick: Inhaltsanalyse. Konstanz 2005.

Rummer, Ralf; Grabowski, Joachim; Hauschildt, Andrea; Vorwerg, Constanze: Reden über Ereignisse: Der Einfluß von Sprecherzielen, sozialer Nähe und Institutionalisierungsgrad auf Sprachproduktionsprozesse. Bericht Nr. 56. Arbeiten aus dem Sonderforschungsbereich 245 „Sprache und Situation", Heidelberg/Mannheim. Heidelberg 1993.

Saller, K.: Der Rassebegriff in der modernen Anthropologie. In: Gesellschaft für christlich-jüdische Zusammenarbeit München e.V. (Hrg.): Rassenfrage – heute. München ²1963, S. 27-41.

Saller, Karl: Rassengeschichte der Menschen. Stuttgart u.a. 1969.

Sandkühler, Hans Jörg (Hrg.): Europäische Enzyklopädie zu Philosophie und Wissenschaften, Bd. 4. Hamburg 1990.

Schaesberg, Petrus: Das aufgehobene Bild. München 2007.

Schäffer, E.: Volk und Vererbung. Eine Einführung in die Erbforschung, Familienkunde, Rassenlehre, Rassenpflege und Bevölkerungspolitik. Leipzig, Berlin 1934.

Scharfe, Martin: Wandbilder in Arbeiterwohnungen. In: Zeitschrift für Volkskunde 77 (1981) 17-36.

Scheidt, Jürgen vom: Innenweltverschmutzung. Die verborgene Aggression: Symptome · Ursachen · Therapie. München 1973.

Schenda, Rudolf: „Populärer" Wandschmuck und Kommunikationsprozeß. In: Zeitschrift für Volkskunde 66 (1970), S. 99-109.

Scherschel, Karin: Rassismus als flexible symbolische Ressource. Eine Studie über rassische Argumentationsfiguren. Bielefeld 2006.

Scheuch, E. K.: Soziologie der Freizeit. In: König, R. (Hrg.): Handbuch für empirische Sozialforschung, Bd. II, Stuttgart 1969.

Schmerl, Christiane: Sozialisation und Persönlichkeit. Zentrale Beispiele zur Soziogenese menschlichen Verhaltens. Stuttgart 1978.

Schmidt, Wilhelm: Lexikalische und aktuelle Bedeutung. Ein Beitrag zur Theorie der Wortbedeutung. Berlin 1963.

Schmuhl, Hans-Walter: Rasse, Rassenforschung, Rassenpolitik. Annäherung an das Thema. In: ders. (Hrg.): Rassenforschung an Kaiser-Wilhelm-Instituten vor und nach 1933, Bd. 4. Göttingen 2003, S. 7-37.

Schopenhauer, Arthur: Aphorismen zur Lebensweisheit. Stuttgart 1974.

Schrattenecker, Gertraud: Die Beurteilung von Urlaubsländern durch Reisekonsumenten. Die Anwendung von Konsumverhaltensmodellen in der Tourismusforschung. Wien 1984.

Schreiber, Norbert: Wie mache ich Inhaltsanalysen? Vom Untersuchungsplan zum Ergebnisbericht. Frankfurt am Main 1999.

Schubert, Michael: Der schwarze Fremde. Das Bild des Schwarzafrikaners in der parlamentarischen und publizistischen Kolonialdiskussion in Deutschland von den 1870er bis in die 1930er Jahre. Stuttgart 2003.

Schultz, Bruno: Erbkunde, Rassenkunde, Rassenpflege. Ein Leitfaden zum Selbststudium und für den Unterricht. München 1933.

Schulz, Winfried: Die Konstruktion von Realität in den Nachrichten-Medien. München 1976.

Schulze, Gerhard: „Steigerungslogik und Erlebnisgesellschaft". In: Politische Bildung, Jg. 30, Heft 2, S. 77-94

Schumann, Siegfried: Repräsentative Umfrage. Praxisorientierte Einführung in empirische Methoden und statistische Verfahren. München, Wien ²1999.

Schurian-Bremecker, Christiane: Kenia in der Sicht deutscher Touristen. Eine Analyse von Denk-mustern und Verhaltensweisen beim Urlaub in einem Entwicklungsland. In: Greverus, Ina-Maria; Köstlin, Konrad; Schilling, Heinz (Hrg.): Kulturkontakt Kulturkonflikt. Zur Erfahrung des Fremden, Teil 1, S. 379-382.

Schütze, Jochen: Bildet Reisen? Was wir auf Reisen lenen können. In: Bensberger Protokolle 92: Fernweh · Seelenheil · Erlebnislust. Von Reisemotiven und Freizeitfolgen. Bergisch Gladbach 1998, S. 75-86.

Schwemmer, Oswald: Kulturphilosophie. Eine medientheoretische Grundlegung. München 2005.

Schwibbe, Gudrun: Wahrgenommen. Die sinnliche Erfahrung der Stadt. Münster, New York, München, Berlin 2002.

Seneca, L. Annaeus: Epistulae morales ad Lucilium. Liber III / Briefe an Lucilius über Ethik. 3. Buch. Stuttgart 1985, S. 44-47.

Seneca: Vom glückseligen Leben. Stuttgart 1978.

Sennett, Richard: Die Kultur des neuen Kapitalismus. Berlin 2005.

Sesín, Claus-Peter: Sind Weiße klüger als Schwarze? Der rassistische Streit um den Intelligenzquotienten in den USA. In: http://www.sesin.de/images/Rassismus.html (01.07.2012).

Simon, Jeannine: Wirkungen von Daily Soaps auf Jugendliche. München 2004.

Smith, Melanie K.: Issues in Cultural Tourism Studies. London, New York 2003.

Sokolowsky, Alexander: Carl Hagenbeck und sein Werk. Leipzig 1928.

Sommer, Carlo Michael; Burkhard Freitag; Graumann, Carl, F.: Aggressive Interaction in Perspectival Discourse. Bericht Nr. 54. Arbeiten aus dem Sonderforschungsbereich 245 „Sprache und Situation", Heidelberg/Mannheim. Heidelberg 1993.

Sontag, Susan: On Photography. New York 1977.

Spitzer, Charlotte: Neorassismus und Europa. Rassistische Strukturen in der Selbstvergewisserung europäischer Identität. Frankfurt am Main 2003.

Staemmler, Martin: Rassenpflege im völkischen Staat. München 1933.

Stagl, Justin: Die Entwicklung der Ethnologie. In: Fischer, Hans; Beer Bettina (Hrg.): Ethnologie. Einführung und Überblick. Neufassung, Berlin 2003, S. 32-52.

Stein, Gerd (Hrg.): Die edlen Wilden. Die Verklärung von Indianern, Negern und Südseeinsulanern auf dem Hintergrund der kolonialen Greuel. Vom 16. bis zum 20. Jahrhundert. Frankfurt am Main 1984.

Stein, Martin: Das Bild des Schwarzen in der europäischen Kolonialliteratur 1870-1918. Frankfurt am Main 1972.

Steins, Martin: Das Bild des Schwarzen in der europäischen Kolonialliteratur 1870-1918. Ein Beitrag zur literarischen Imagologie. Frankfurt am Main 1972.

Stoa und Stoiker: Die Gründer · Panaitios · Poseidonios. Zürich, Stuttgart ²1964.

Stöckel, Sigrid: Säuglingsfürsorge zwischen sozialer Hygiene und Eugenik. Das Beispiel Berlins im Kaiserreich und in der Weimarer Republik. Berlin, New York 1996.

Stolz, Fritz: Grundzüge der Religionswissenschaft. Göttingen ³2001.

Strube, Gerhard: Wortbedeutung als psychologisches Problem. Zur Konkurrenz von Forschungsprogrammen in der Sprachpsychologie. München 1977.

Suaudeau, Jacques: „Safe Sex". In: Lexikon Familie. Mehrdeutige und umstrittene Begriffe zu Familie, Leben und ethischen Fragen. Paderborn, München, Wien, Zürich 2007.

Sweet, Frank, W.: The Paleo-Etiology of Human Skin Tone. Essays on the Color Line and the One-Drop Rule. 2002. In: http://backintyme.com/essays/item/4 (01.07.2012).

Taguieff, Pierre-André: Die Macht des Vorurteils. Der Rassismus und sein Double. Hamburg 2000.

Taureg, Martin: The Development of Standards for Scientific Films in German Ethnography. In: Studies in Visual Communication. Vol. 9, no. 1 (1983), S. 19-29.

Tiemann, Friedrich; Heeger, Heiko: Fernsehen und Freizeitgestaltung. Einschränkung oder Bereicherung durch Kabelfernsehen. Berlin 1990.

Timm, Uwe: Das Nahe, das Ferne. Schreiben über fremde Welten. In: Lützeler, Paul, Michael (Hrg.): Der postkoloniale Blick. Deutsche Schriftsteller berichten aus der Dritten Welt. Frankfurt am Main 1997, S. 34-48.

Tocqueville, Alexis de: Über die Demokratie in Amerika. Stuttgart 1985.

Tsiakalos, Georgios: Interkulturelle Beziehungen: steht ihnen die „Natur" entgegen? In: Foitzik, Andreas; Leiprecht, Rudi; Marvakis, Athanasios; Seid, Uwe (Hrg.): „Ein Herrenvolk von Untertanen". Rassismus – Nationalismus – Sexismus. Duisburg 1992, S. 35-56.

Tuplin, Christopher: „Greek Racism?" Observations on the Character and Limits of Greek Ethnic Prejudice". In: Gocha R. Tsetskhladze (Hrg.): Ancient Greeks. West and East. Leiden u.a. 1999, S. 47-75.

Veblen, Thorstein: Theorie der feinen Leute. Eine ökonomische Untersuchung der Institutionen. München 1981.

Velden, von den: Zur Psychologie der Negerrasse. In: Politisch-anthropologische Revue. Monatsschrift für das soziale und geistige Leben der Völker, 5. Jahrgang, Leipzig 1906/07, S. 111f.

Vester, Heinz-Günter: Tourismustheorie. Soziologische Wegweiser zum Verständnis touristischer Phänomene. München, Wien 1999.

Voegelin, Eric: Hitler und die Deutschen. München ²2009.

Voegelin, Erich: Die Rassenidee in der Geistesgeschichte von Ray bis Carus. Berlin 1933.

Voegelin, Erich: Rasse und Staat. Tübingen 1933.

Wagner, Franc: Implizite sprachliche Diskriminierung als Sprechakt. Lexikalische Indikatoren impliziter Diskriminierung in Medientexten. Studien zur deutschen Sprache, Bd. 20. Tübingen 2001.

Wagner, Ulrich; van Dick, Rol; Zick, Andreas: Sozialpsychologische Analysen und Erklärungen von Fremdenfeindlichkeit in Deutschland. In: Zeitschrift für Sozialpsychologie, Vol. 32, Nr. 2. Bern 2001. S. 59-79.

Waibl, Gunther: Fotografie und Geschichte (II). In: Fotogeschichte. Beiträge zur Geschichte und Ästhetik der Fotografie. 1986, Jahrgang 6, Heft 22. Frankfurt am Main 3-10.

Warneken, Bernd Jürgen; Wittel, Andreas: Die neue Angst vor dem Feld. Ethnographisches research up am Beispiel der Unternehmensforschung. In: Zeitschrift für Volkskunde 93/1997, S. 1-16.

Watzlawick, Paul: Wie wirklich ist die Wirklichkeit? Wahn · Täuschung · Verstehen. München, Zürich ¹¹1983, S. 7-10.

Weber, Max: Wirtschaftsgeschichte. Abriß der universalen Sozial- und Wirtschaftsgeschichte. Berlin 1958.

Weber-Kellermann, Ingeborg; Bimmer, Andreas C.; Becker, Siegfried: Einführung in die Volkskunde/Europäische Ethnologie. Stuttgart ⁴2003.

Weikart, Richard: From Darwin to Hitler. Evolutionary Ethics, Eugenics, and Racism in Germany. New York 2004.

Weingart, Peter; Kroll, Jürgen; Bayertz, Kurt: Rasse, Blut und Gene. Geschichte der Eugenik und Rassenhygiene in Deutschland. Frankfurt am Main 1988.

Weiss, Anja: The Racism of Globalization. In: Macedo, Donaldo; Gounari, Panayota (Hrg.): The Globalization of Racism. Boulder, London 2006, S. 128-147.

Wendorff, Rudolf: Die Zeit, mit der wir leben. Herne 1991.

Wesel, Uwe: Juristische Weltkunde. Eine Einführung in das Recht. Frankfurt am Main ⁵1990.

Wienker-Piepho: „Deutschland – ein Villenmärchen". Wie nimmt das Medium Fernsehen das Alltägliche wahr? In: Schweizerisches Archiv für Volkskunde 95 (1999), S. 185-195.

Wilser, Ludwig: Die Rassengliederung des Menschengeschlechts. In: Politisch-anthropologische Revue. Monatsschrift für das soziale und geistige Leben der Völker, 5. Jahrgang. Leipzig 1906/07, S. 436-445.

Woltmann, Ludwig: Die Ursachen der geistigen Minderwertigkeit der Neger-rasse. In: Politisch-anthropologische Revue. Monatsschrift für das soziale und geistige Leben der Völker, 5. Jahrgang. Leipzig 1906/07, S. 112f.

Woltmann, Ludwig: Ein vorurteilsvolles Buch über das Rassenvorurteil. In: Politisch-anthropolo-gische Revue. Monatsschrift für das soziale und geis-tige Leben der Völker, 5. Jahrgang. Leipzig 1906/07, S. 501-507.

Wundt, Wilhelm: Methodenlehre. Logik. Eine Untersuchung der Principien der Erkenntniss und der Methoden wissenschaftlicher Forschung, Band II. Stuttgart 1883.

Zanella, Ines Caroline: Kolonialismus in Bildern. Bilder als herrschaftssichern-des Instrument mit Beispielen aus den Welt- und Kolonialausstellungen. Frankfurt am Main 2001.

Zeller, Joachim: Kolonialdenkmäler und Geschichtsbewußtsein. Eine Unter-suchung der kolonialdeutschen Erinnerungskultur. Frankfurt am Main 1999.

Zick, Andreas: Die Konflikttheorie der Theorie sozialer Identität. In: Bona-cker, Thorsten (Hrg.): Sozialwissenschaftliche Konflikttheorien. Eine Ein-führung. Opladen 2002.

Zick, Andreas; Küpper, Beate; Hövermann, Andreas: Die Abwertung der Anderen. Eine europäische Zustandsbeschreibung zu Intoleranz, Vorurtei-len und Diskriminierung. Berlin 2011. In: http://library.fes.de/pdf-files/do/07905-20110311.pdf (01.07.2012).

Zimmermann, Harro: Friedrich Schlegel oder Die Sehnsucht nach Deutsch-land. Paderborn, München, Wien, Zürich 2009.

Zimmermann, Marita: Implikationen des direkten Kulturkontaktes: Die Kul-turbeziehung beim Wort genommen. In: Greverus, Ina-Maria; Köstlin, Konrad; Schilling, Heinz (Hrg.): Kulturkontakt Kulturkonflikt. Zur Erfahrung des Fremden, Teil 1, S. 323-327.

Zweig, Stefan: Die Welt von Gestern. Erinnerungen eines Europäers. Frank-furt am Main 1984.

Lexika

Der Neue Brockhaus. Allbuch in vier Bänden und einem Atlas, Band 3. Leip-zig [2]1941.

Der Neue Brockhaus. Allbuch in vier Bänden und einem Atlas, Band 4. Leip-zig [2]1942.

Herder Lexikon Soziologie. Freiburg 1976.

Lexikon der Biologie, Band 4. Freiburg 1985.

Staatslexikon. Recht, Wirtschaft, Gesellschaft, Görres-Gesellschaft (Hrg.), Band 2. Freiburg, Basel, Wien [7]1986.

Staatslexikon. Recht, Wirtschaft, Gesellschaft. Görres-Gesellschaft (Hrg.), Band 4. Freiburg, Basel, Wien [7]1986.

Wörterbuch der Völkerkunde. Berlin 1999.